国务院侨务办公室立项

彭磷基外招生人才培养改革基金资助

高等院校广播电视学系列教材

编 委 会

高等院校广播电视学系列教材

TV Program
Production

电视节目制作

（第四版）

谢　毅　张印平　编著

暨南大学出版社
JINAN UNIVERSITY PRESS

中国·广州

图书在版编目（CIP）数据

电视节目制作/谢毅，张印平编著. —4 版. —广州：暨南大学出版社，
2013.7（2017.1 重印）
（高等院校广播电视学系列教材）
ISBN 978 - 7 - 5668 - 0175 - 3

Ⅰ.①电…　Ⅱ.①谢…②张…　Ⅲ.①电视节目制作—高等学校—教材
Ⅳ.①G222.3

中国版本图书馆 CIP 数据核字（2012）第 071106 号

电视节目制作
DIANSHI JIEMU ZHIZUO
编著者：谢　毅　　张印平

出 版 人：徐义雄
策划编辑：李　艺
责任编辑：李　艺
责任校对：黄　球
责任印制：汤慧君　周一丹

出版发行：暨南大学出版社（510630）
电　　话：总编室（8620）85221601
　　　　　营销部（8620）85225284　85228291　85228292（邮购）
传　　真：（8620）85221583（办公室）　85223774（营销部）
网　　址：http：//www.jnupress.com　http：//press.jnu.edu.cn
排　　版：广州市天河星辰文化发展部照排中心
印　　刷：佛山市浩文彩色印刷有限公司
开　　本：787mm×960mm　1/16
印　　张：24
字　　数：458 千
版　　次：2001 年 9 月第 1 版　2013 年 7 月第 4 版
印　　次：2017 年 1 月第 18 次
印　　数：58001—61000 册
定　　价：42.00 元

（暨大版图书如有印装质量问题，请与出版社总编室联系调换）

新闻传播类教材建设
与改进教学方法刍议（代总序）

吴文虎①

新闻传播类教材林林总总，大体上可分为新闻、广播电视、广告公关和编辑出版四个系列。现在呈献在广大读者面前的这些教材，虽然说不上是千淘万漉、披沙沥金，但毕竟凝聚了老中青教师的共同努力，也是大家的一番心血。

戏剧界有句行话："剧本剧本，乃一剧之本。"有本可依，演员方能在舞台上施展才华，演出令观众为之动容的好戏。我们也可以说："教材教材，乃施教之材。"有了出色的教科书，教师便有章可循，在讲台上挥洒自如，令学生如沐春风，得益匪浅。

教材，是培养和教育一代新人的不可或缺的主要载体。说起新闻教育的教材，首推的自然是 1919 年北京大学新闻学研究会出版的徐宝璜的《新闻学》。这是中国人自撰的第一本新闻学论著。这本理论专著，是他以北京大学新闻学研究会的讲稿为基础修改而成的。换言之，这本专著是应教学之需而诞生的。类似的情况还有很多。如邵飘萍的《实际应用新闻学》。我国思想家孔子和瑞士语言学家索绪尔生前都是"述而不作"，只讲课不写书，他们的讲稿也是由弟子或学生（一说同事）整理、汇编成传世之作，这就是孔子的《论语》和索绪尔的《普通语言学教程》。

那么，怎样才算是一本好的新闻传播类教材？

---

① 吴文虎，暨南大学新闻与传播学院教授，主编全国高等教育自学考试指定教材《传播学概论》、面向 21 世纪课程教材《新闻事业经营管理》（获教育部全国普通高校优秀教材二等奖）等。

　　笔者涉猎不多，以为最耐看而且令人深受启发的教材都有以下一些共同特点：一是在学理上或对有关原理讲得相当通透，并能追踪当时学术和理论上的最新发展，符合大学教育的"三基"（基础理论、基本知识、基本技能）要求。二是凡实务型教材，都能紧贴现实，可操作性和实战性强。三是教材反映出作者的独特见解，既融会贯通又另辟蹊径，编排也独具匠心。

　　这里，要强调的是，编撰者在教材中要善于处理博采众长与独特见解的关系。笔者以为，前者固然重要，但后者更能体现作者的功力和底蕴。好教材要言人之所未言，或说人之不曾说透者。这样，才能起到醍醐灌顶的作用。

　　新闻教育是培养通才还是专才，决定着新闻课程和新闻教材的具体安排与不同比例。教材因课程而设，如果是培养专才，那就势必要增加新闻传播类教材在全部课程中所占的比例，并忽视其他有助于提高新闻学专业学生整体素质和知识水平的课程。在这方面，我们应当注意到民国时期新闻教育十分强调培养通才，专业课和教材则要求少而精。比如，1947年暨南大学新闻系所开课程中，专业课非常有限，大量开设的是文史哲类课程。同期全国6所新闻院校中，民治新闻专科学校开设专业课最多，但也只占58.3%；政治大学开设专业课程最少，仅占27.7%。[①]　因此，按照上述思路，我们在编写教材时也应贯彻"少而精"的原则，既要加强各校优秀教材的相互交流，又要精编自己撰写的教材，防止和杜绝那些内容芜杂、质量不高的山寨版教材出笼。

　　教材建设应因时而异，与时俱进，要适应不同时期传播媒介和传播方式的发展态势。暨南大学新闻系首任系主任冯列山当年提出了"大新闻"的超前见解，在广播、电影问世不久，就把电子媒介纳入了新闻学研究及教学的范畴和视野。他认为，以报纸为研究对象的科学，应称作"报学"，而以新闻事业为研究对象的科学，才可以称作"新闻学"。他把新闻学"描画"为理论新闻学和实用新闻学两个部分。理论新闻学包括新闻哲学、新闻伦理、比较新闻学、新闻法、舆论研究、言论原理、新闻原理、报业史、杂志史、广播史、电影史、出版业史、宣传学、新闻政策、时事分析。实用新闻学包括采访、新闻写作、编辑、社论、报业管理、广告、印刷、电讯、杂志业、广播业、电影业。他打破了我国多年来新闻学研究以报业为中心的理论格局，把广播、电影视为新闻传播的重要组成部分。[②]　这一立论，不仅对新闻学理论研究有着积极

---

　　①　龙伟，任羽中等．民国新闻教育史料选辑·代序．北京：北京大学出版社，2010.3.

　　②　冯列山．什么是新闻学？报学杂志，1948，1（5）．转引自李秀云．中国新闻学术史．北京：新华出版社，2004.216.

意义，而且拓宽了新闻教学和教材建设的内容，即使在今天，对编写新闻传播类教材仍然有其参考价值。

与新闻传播类教材建设直接相关的一个问题是教学方法。20 年前，笔者访问美国时曾亲身参与得克萨斯大学传播学博士生的多次课堂讨论，感受到现场集体参与、积极探讨的活跃学术气氛和事前做好充分准备的状况。回国后，又接触到引入我国的哈佛大学案例教学法及有关教材。联想至此，深有感触，为此，笔者建议，我们的新闻传播教学能不能在教材上换个写法、在课堂上换个讲法？如果我们将以课堂宣读为主变为以课堂讨论为主，那么教学方式将会是积极的互动式的，学生是群体的参与者，老师是引导、启发、掌控方向和进度的领路人。两者携手并进，可令教学相长，取得更好效果。

哈佛大学提出的案例教学法告诉我们：它是一种多方位的学习模式，而不是自上而下的灌输式教育。它允许学习过程中的不确定性、偶然性和冲突。收获来自所有参与者思想火花的碰撞。讨论答案没有对错之分，只是鼓励作出更为合适的回答。它有利于拓宽学生分析思路，培养和提高学生解决问题的思考能力。[①]

哈佛案例教学法应用范围很广。在国外应用的学科领域包括法学、医学、工商管理、跨文化比较、社会学、社区心理学、新闻、政治等等，近年来已陆续引入我国多个学科领域，如 MBA 课程，以及广告、公共关系等。

哈佛案例教学法对教材建设也有其不同要求。教师应精编多讲，力求深入浅出，而不要包罗万象，细大不捐。要给教师讲授和指导讨论、学生理解留下更多的空间。

总之，新闻传播教育界应当重视教材建设，把它视为提升新闻传播教育水平的重要一环。要锐意革新，站在新的制高点上，重新审视以往教材建设之成败得失，汲取经验教训，继续上路。在以教材为本的课堂教学中，要不断改进教学方法。从宣讲式照本宣科逐步发展到互动式课堂讨论，积极介入案例教学法，在教学过程中不断完善和撰写新的教材。

---

① ［美］威廉·埃利特. 案例学习指南. 刘刚等译. 北京：中国人民大学出版社，2009.8.

目　　录

导引
从一次电视新闻直播节目看今日电视

电视，已走过了半个多世纪的历程，是20世纪最伟大的发明之一。它以其无可比拟的优势，后来居上，一跃而为众传播媒体之首。今天，国际互联网号称继报纸、广播、电视之后的第四媒介，发展浪潮扑面而来，它广采众长，汇集各媒体之优势，迫使人们重新审视和认识电视的地位和特性，密切注视它的发展。

21世纪，电视将以什么样的面貌继续它的辉煌之旅呢？

新世纪第一天，暨南大学新闻系几位学生以未来记者的身份来到广东电视台新闻中心采访，见证和实录广东电视台21世纪第一场电视新闻直播节目的上演，考察新闻部门的运作与节目制作流程，并借此踏上电视新闻学探索和实践之路。

与世纪曙光同在

罗映纯（新闻系2000级研究生）：

5:40，天还未亮。街上除了过往的车辆，没有几个行人，少了很多白天的喧闹。我们走出校园，前往广东电视台。今天是2001年1月1日，新世纪的第一天，一个特殊的日子。张老师和谢老师特地带我和几个本科生到电视台采访，见证广东电视人如何迎接新世纪的第一缕曙光。

6:30，晨曦初露。我们到达电视台大楼前。楼里灯火通明，很安静。已有几个人匆匆赶来上班了。乘电梯到达5楼，这里的新闻播出室和新闻编辑室早已是一派紧张、热闹的景象。新闻编辑室与新闻播出室面对面，仅一走廊之隔。新闻播出室分两个区，一个区接收外地信息，一个区进行电视节目播出。

此时工作人员正在紧张地工作着。因为广东电视台的迎新节目——"拥抱新世纪"8 小时特别现场直播节目 7:00 就要开始播出了。新闻中心的石振新主任拿着节目串联表在播出室与编辑室间不断穿梭。当我们向他提出采访要求时，他连说不行不行，现在很忙。化好妆的三位节目主持人徐浩然、李涵、竺宇也陆续走进演播室。此时此刻，我们的确不能打搅这些全神贯注、高度紧张的人们。于是，我们透过播出室的玻璃墙，观看里面的播出情况。

7:00，特别节目准时播出。随着节目主持人在屏幕上出现，一声声热情洋溢、凝聚着幕后电视人辛勤汗水的祝福，传送到了千家万户。此刻，新世纪的曙光已降临大地，窗外天色大亮。通过直播串联表，我们了解到这台现场直播分为三大部分：新世纪新开始、新世纪新生活、新世纪新希望，内容有新闻、专题、现场直播、人物访谈、歌曲、"新世纪论坛"、"社会纵横"等特别节目，是一个熔知识、新闻、娱乐为一炉的丰富多彩而又完整紧凑的大板块节目。节目播出时，副台长张惠建及其他几位负责人都来到现场，不时听到石主任在提醒字幕员打字幕……

电视新闻现场直播是最具挑战性的节目播出方式，对各方面的播出要求都相当高，虽然条件已渐趋成熟并步入常规，但因为受到诸多因素的牵制，不可预料的情况还是会不时发生，随时考验着电视人的应变能力。这一次，学生们就目睹了这扣人心弦的一幕。

直播前的小插曲

杜燕蓓（新闻系 1997 级学生）：

6:55，5 分钟之后，"拥抱新世纪"8 小时特别节目的第一个重头戏——微波传送广东各地新世纪早晨盛况的直播就要开始了，这几个地方分别是广州、深圳、东莞和韶关。按计划，广州是直播的第一站，直播现场设在二沙岛。从演播室最前面的一排排监视器上，我们可以看到各地直播现场严阵以待的准备情况。这时，新闻中心演播室里突然充满了紧张的气氛，值班主任石振新接到一个电话后表情凝重起来，只见他拨了另一个电话："喂，东莞台吗？这里是省台新闻中心，现在二沙岛的信号不行，由你们先出镜，快点准备好，明白了吗？快一点！"

石主任刚放下电话，徐浩然和李涵两位主持人已经在荧屏上开始了他们的串联词："观众朋友，大家好，随着 2000 年日历最后一页的翻去，我们一起走进了 21 世纪，在新世纪第一天的新起点上，我们为观众捧出'拥抱新世纪'8 小时特别节目……"

简短的开场白只有一分钟，镜头就切换到"东莞早晨"了。时间的临时变动，东莞电视台主持人显得有点慌乱，但很快就调整过来了。经过简短的串联，他们再把镜头切换到虎门炮台现场。由于临时改阵再加上线路延迟，现场的主持人再一次显示了慌乱，出现了好几秒无效镜头。电视上的几秒钟经常让观众觉得像几分钟，编辑室里从台长到实习生都对此惋惜不已。

主持人 30 秒串联之后，"深圳早晨"主持人顺利接过广东电视台的镜头，在皇岗口岸现场成功地进行了一系列的采访，效果不错，大家这才松了一口气。

之后转接的是"韶关早晨"，他们的题目是"新世纪山区新景象"，一开始还是主持人的现场陈述，后来却切换到资料镜头，石主任急得向控制室大叫"撤掉"！荧屏上的"现场直播"字幕迅速被撤去。

最后一部分是"广州早晨"，二沙岛的线路故障被排除了，通过镜头我们看到了一身红衣、喜气洋洋的广东台主持人王晓秋，她身后还有一批一大早赶来看广州新世纪第一缕阳光的市民，主持人频繁的走位有效地带出了现场活跃的气氛。

广州是这次"拥抱新世纪"各地连线直播的最后一站，也是传送效果最好的一站。主演播室主持人 30 秒串联之后，各地连线直播节目结束了，画面转入广告，张惠建副台长说了一句："接得不错，很有气氛。"编辑室里气氛顿时松弛下来，大家开始从大纸箱里拿出分好的一份份早餐大嚼起来，当然也不忘点评一下刚才的直播效果。

7:50，编辑室门外传来一阵清脆的女声，走进来的是时政组记者马晓燕，"我昨天晚上 3 点钟就出去拍片了，到现在什么都没吃，可饿坏了"。接着还有经济组的范萍和社会生活组的李重平、曹雉文、吴伟光等记者，他们刚从外面拍完片子回来，一下子都涌到编辑室来了，直嚷着"肚子饿"。后勤人员忙把早餐递过去，他们却说外录组的兄弟都没吃，自己也不吃。

节目空隙的采访

罗映纯：

7:50，专题片"中国百年回眸"的播放时间。这时才开始有人用早餐，工作人员也稍有时间放松一会儿。抓住这个空隙，我们分头采访。我采访了字幕员和信号切换员。从到达播出室开始，就见他们一直在忙乎着。他们告诉我，今天要一直忙到下午3点。像这样的情形，他们已习惯了。

紧接着，我和1997级的谢绮珊等几位同学采访了电视台副台长张惠建。张台长沉稳而又亲切，在与他轻松自然的交谈中，我们了解到很多东西。"我昨晚3点才睡，6点就起床了。而我们的记者3点多就起来，4点爬上白云山拍日出，要到7点才能拍到。"张副台长一见面就和我们侃上了，"今年我们准备了一个从早上7:00到下午3:00的特别节目，这类节目属于传统的大型节目。如去年迎国庆我们直播16个小时，迎澳门回归直播28个小时，迎新千年直播26个小时。今年的迎新节目，规模就没有那么大了。"

记者问："现在直播节目多，您对直播节目有哪些看法呢？""从去年下半年开始直播节目就以常规报道形式出现。"张副台长回答说，"过去搞新闻直播，包括广东台、中央台，都是特别节目，时间可以是半小时、一小时、几个小时。去年下半年我们把直播引用到新闻节目中，还采用省市台对播。现在我们的'630新闻'要求是每个星期一到星期五都要有省市台对播。可以说直播节目现在慢慢搞得比较成熟了。"

记者又问："您认为你们的直播节目有需要改进的地方吗？""当然有，如衔接问题，刚才直播时，广州直播点的微波线路就出了问题，没有了信号；第二个选材也很重要。对直播的要求是要有动态性新闻和突发性新闻，但这类新闻不常有。上次东莞塌楼事件我们就是直接切换到现场的。直播形式在国外已被熟练操作，运用得很多，广东台新闻直播在全国省市台中应该说是走在前面的。""这次节目你们策划了多长时间？"对于记者的这一提问，张副台长坦然相告说："策划得较晚，去年11月中旬才开始着手策划，对于这个8小时的特别节目而言还是显得比较仓促。今年节目的特点是联合了几个电视台：广州台、深圳台、东莞台、韶关台。""为什么要选这几个台呢？"记者进一步追问。"广州是肯定要的。"张副台长说，"深圳是特区，能以小见大；东莞地处珠三角，经济活跃，知名度也高，虎门更是鸦片战争和经济发展的今昔见证；韶关是山区市，有代表性，它的新景象体现了扶贫工作两大会战在山区的成果。"接着他又告诉我们："10:00还要直播花车巡游，分两段进行。这样就可以避免整段直播的单调和冗长，中间还穿插了一些访谈节目等。"

采访完张副台长不久，我们又逮着机会采访了正在用早餐的主持人徐浩然。录像播出的"社会纵横"特别节目大约20分钟，主持人只能抓住这个空当吃早餐。徐浩然是全国主持人金话筒金奖得主之一，毕业于北京广播学院。他既做记者，又做主持人，又撰写稿件，采编播三合一。对于主持人，徐浩然有自己的精辟见解："主持是一种经验。对于主持人，经验很重要，这种经验包括临场处理一些突发现象，也包括良好的心理素质。经验多了，心理素质自然会好。心理素质主要靠两方面的积累：一是平时积累，这主要指文化积累。如博士、教授，他们的知识就很渊博，但由于他们平时上电视少，所以主持直播节目可能就不行。二是经验积累。如一个学生，如果他天天在电视上讲话，面对直播就不会怕。但是万一临时要改内容，加词减词，他就不行了。而直播没有不改的。我们的串联单昨天还在变，稿子随时改，所以知识底蕴也很重要。我原来是做记者的，我觉得新闻是最基本的，属于打底的东西。没有新闻基础，任何节目都做不好。做记者就应该出镜。这次的串联词，80% 是我写的。主持人应该是能写、能采、能播的……"一席中肯的话，说得我们频频点头。看着他手上拿着厚厚一份为这次特别节目所写的几经修改后完稿的串联词，我们不禁为这位主持人的才华横溢而折服。徐浩然的早餐用完了，我们对他的采访也结束了，他又匆匆走进演播室。

同一时间，1997 级学生胡键采访了新闻中心主任石振新；1998 级学生谷虹、黄玲采访了采编部副总监蔡仲煌。这些被采访者既是节目播出的指挥人员，又担负了这场特别节目策划的重要角色。

胡键（新闻系 1997 级学生）：

从设备技术检测到节目内容审读，从演播室现场监控到千里之外的微波传送，从人员的指挥调配到节目次序的临时调整……新闻中心主任石振新眼观六路、运筹帷幄，直到专题节目开始后才得以走出直播室到走廊"透透气"。记者见缝插针，立马采访。

记　者：新千年的第一天，广东电视台为什么选择现场直播节目作为"拥抱新世纪"的方式？

石振新：用直播节目为观众朋友做一份"世纪大餐"是最高难度也是最好的烹饪手法。要怎样做好"厨师"，如何"烧出好菜"呢？我们抓住了三大"材料"。首先是"直击报道新世纪"，通过对广州、东莞、韶关、深圳这四个各具特色，又能从面上代表广东特点的城市的现场直播报道，反映广东人迈向新世纪的决心和勇气，体现新世纪新生活的理念，节目新鲜宛如"活鱼"。其次是"中国百年回眸"，以中国百年历史为主线，侧重介绍广东情况，以历史的厚重感酿出观众喜闻乐见的"百年老窖"。最后，则以"新世纪新希望"为主题，通过表现"追求新生活的宝安人"和"步入信息化社会的南海人"，向观众展现了多姿多彩的新生活。

记　者：直播节目在整个板块节目中占有多大的分量？

石振新：占了主要的部分。直播能让观众具有更强的现场性和真实性。我们在整个节目的进行当中都尽可能切入直播的内容，比如我们在 10:00 要进行广州花车巡游的新闻直播；在 13:00 推出"生存大挑战"两个小时的直播节目，让观众感受摄制组远在丹东挑战生命极限的现场气氛。

记　　者：作为新闻中心的主任，您觉得组织、策划大型的直播类节目有压力吗？难度在哪里？

石振新：有相当的压力，因为直播类节目有许多不可预测的因素，要求有很强的应变能力。比如刚才的早间新闻直播，本来是安排广州第一个直播，但由于微波信号故障，只能安排到最后。这常常要求我们要临时改变节目方案，导致在具体执行上存在相当难度。

记　　者：直播节目进行的时候，台里各个部门的协调是否存在一定难度？

石振新：广东电视台已有多次直播大型节目的经验，各个部门经过多次的磨合已不存在协调上的问题。台里授权新闻中心策划、组织节目，其他部门各司其职、通力合作，整个流程都非常顺畅。

（采访采编部副总监蔡仲煌）

谷虹、黄玲（新闻系 1998 级学生）：

直播类节目在广东电视台新闻节目中所占的比例大吗？

蔡仲煌：直播新闻的比例正在不断加大，以前是每月 1～2 次，但从 2000 年 6 至 9 月份以来，直播的新闻题材有 38 条，其中社会新闻占 80%，直播场数达到 60 多次，数量和质量比以往都有提高。

记　　者：新闻直播对记者、编辑有何特殊要求？

蔡仲煌：新闻直播对记者、编辑工作的流程和实际操作不存在特殊的要求，但由于直播工作时间紧，就要求编辑、记者有更好的配合，有良好的应变能力和心理素质。比如，2000 年 8 月 15 日下午，正在为"630 新闻"准备有关"120 新旧换线"直播的策划直播组接到采编部指令，立即赶赴广州华侨医院直播 60 多名食物中毒患者被送往医院救治的情况。鉴于时间紧急，我们立即请播出部派微波人员做好微波中转准备工作。在"630 新闻"直播结束后，原班人马立刻移师广州华侨医院，顾不上吃饭就马上架接微波，直播人员对新闻事件进行采访，晚上 10 点钟珠江台终于顺利播出。后来，播出的沙河地区大塞车也是在两个多小时内就完成直播的准备工作。

记　　者：在直播的过程中，作为省台的广东台和地方台的合作上存在着什么难题？

蔡仲煌：主要存在两个方面的问题：一是设备技术上微波信号不稳定。对此，我们逐步改进微波传送技术，通过卫星连线的办法把其他电视台的节目通过卫星接收到我们版面中来。二是节目内容上地方台质量不稳定。对此，我们通过信息反馈帮助地方台提高节目制作水平，对于一些比较重要的节目，则由省台派人与地方台合作完成。

　　记　者：与报纸相比，大型的电视新闻直播节目的策划有何特点？

　　蔡仲煌：广州是个资讯非常发达的地区，传媒业的竞争非常激烈，报纸也经常利用节日进行一些大规模的新闻策划。但相比而言，电视节目策划具有更大的难度和更高的要求。因为大型电视直播节目除了内容的策划之外，还受到包括技术、天气等多种因素的影响。

　　记　者：能否谈谈今后新闻直播的发展方向？

　　蔡仲煌：从一次性逐步向滚动性过渡是新闻直播发展的方向。现在的新闻直播不是一次性完成就万事大吉，而是要根据新闻事件的发展状况来决定直播的次数和内容。比如 2000 年 8 月 29 日首批三峡移民到达广东的新闻事件，我们就根据这一事件的发展进度跟踪策划了三场不同内容的现场直播。

　　1997 级的谢绮珊、杜燕蓓、陈声是应届毕业生，她们已在电视台实习了几个月，对新闻中心的运作程序、采访和编辑等制作环节已有相当的了解。对今天的直播活动和节目的编制过程，她们作了一番有声有色的描述。

一切如箭在弦

谢绮珊、杜燕蓓、陈声：

　　8:30，喧哗了一会儿的编辑室突然间又静下来了，原来记者们都到 4 楼制作区用电脑打稿子，然后编辑新闻图像，这些新闻都要赶在今天 10 点钟的"正午新闻"里播出，个个都不敢怠慢。

　　9:25，进入 10 点"正午新闻"编辑劳德祺的冲刺时段了。本是午间新闻版编辑的他正在忙而不乱地审稿、编稿，只见他在编辑室一台电脑前用自己的账号打开"方正电视新闻采编系统"，制作串联单。一条条昨天夜里到今天清晨发生的新闻被他提取出来，斟酌修改，然后把题目加入串联单，为主持人列出串词。我们几位同学就在另一台电脑上看着串联单上新闻越来越多。这个时候还有最新赶到的新闻源源不断地从记者的电脑里提交到编辑这里。

　　在这档 20 分钟的新闻里还有 3 分钟广州市花车巡游的新闻直播，原来总监的座位也由张副台长亲自坐镇指挥，只见他气定神闲，审稿和观看电视节目两不误。新闻中心石振新主任、采编部总监徐惠如、直播策划组负责人庄贞耀等也在目不转睛地盯着电视机，加上我们几个实习生便济济一堂了。

　　总监徐惠如来到劳德祺身后，提出意见："国际新闻这里'打死士兵'就尽量不用了，还有'新千年'的用词要改成'新世纪'，符合我国的习惯。"

劳德祺说："好，反正后面还要接花车巡游的现场直播，干脆国际新闻就作备用吧。"

时近10点，新闻版面一定，打字员小阮便将串联单打印、复印出来。

9:50，4楼编辑机房。经济组记者吴琳琳正在编最后几个镜头，急得直叫"赶不及了赶不及了"，她对杜燕蓓说："帮个忙，去叫人把字幕调出来，谢谢！"杜燕蓓飞快地跑去新闻制作室，工作人员刚把字幕调出来，排好版，吴琳琳就飞奔进来了。把文字改正、核对好之后，就开始把同期声字幕套上编好的新闻带中。新闻里最后一个受访者话音未落，吴琳琳叫一声："不好，收迟了！再来一遍。"原来这个受访者同期声太短，字幕收慢了就套到下个镜头去了。终于套好字幕，吴琳琳抓着带子夺门而出，冲上5楼交带子了。

5楼，10点新闻已进入倒计时阶段。新闻演播室内一片灯火通明，主持人、摄像员早已准备就绪，播出控制室里编辑、技术人员等各就各位之后，一切如箭在弦。

10:20，又一档新闻顺利播出，张副台长从演播室出来，喜形于色地说："切换得很好！"

演播室和编辑室的采访告一段落，学生们来到15楼的新闻中心采编部。这里是记者的大本营，但是今天，偌大的办公室里寥无几人，记者们都外出采访了。今天的新闻多，也很重要，越是节假日，记者编辑们就越忙。实习生们对这一情况已有不少感触，她们的同学吴慧仪今天一早就回来了，此时正在随记者外出采访的途中……

在新闻第一线的记者与外录组人员

吴慧仪（新闻系1997级学生）：

8:15，我来到1楼的外录组，这里是技术员的办公室，技术员主要负责拍摄、直播方面的工作，每天都与摄像机打交道。每次外出采访，都是记者与外录组协同作战，在技术员配合下，记者才得以更多地走到镜头前作现场报道和访问，有更充裕的时间采集新闻。因此，他们可以说是与记者"共同作战"的最佳拍档。

与平日不同的是，今天坐在这里的几个技术员都是一脸疲惫，不说不知道，虽然现在才8点多，但他们已经从采访现场工作完回来了。他们今晨拍回来的新闻片段，有的已经在7:00新闻中播出，有的将赶在10:00这档新闻中播出。为了配合新世纪第一个元旦采访报道计划的进行，外录组大部分技术员都是昨晚零点前后出发到广州各地进行拍摄工作，早上四五点还没有睡熟就又出发去赶拍另一条新闻，在忙碌的工作中迎来新世纪的晨光。

我采访了一位技术员卢德文，他说，昨晚出去拍市民过元旦，今早5点又出发了，根本就没有睡觉。以往每到节日，他们几乎都是这样度过的。

8:25，一辆直播车回来了，一群技术员面带倦容地走下车，并把一堆摄影器材搬下来，他们刚从二沙岛做完直播回来，今早4点多就出发到现场做准备，就是为了完成今天"8小时直播"节目中的二沙岛直播部分。

8:30，一位记者来到外录组，他是时政组的傅群山，今天上午要到华南植物园和广州海洋馆采访市民过节的情况。

他说："以往每到五一、国庆、元旦这种喜庆节日，我们都会去各大游乐场所、公园采访一下市民们过节的情况，拍一拍反映节日气氛的镜头。华南植物园以前没有报道过，今年是第一次。"

吴：今年是新世纪第一个元旦，采访组方面除了上面说的这类采访安排以外，还有哪些特别的计划？

傅：除了我们各自的任务以外，主要就是今天广东卫视的"8小时直播"节目。今天3个部分的节目，专题节目占了相当部分，像今天的"社会纵横"就是把以往播过部分分段重新组合，制作成一期全新的节目。

吴：这次8小时的直播节目，你们记者有参与策划吗？

傅：记者主要是负责提供信息，原则上每一个人都参与了这次直播的策划。

8:30，我随傅群山出发去采访，途中，他还告诉我，今天采访的两地点都搞现场报道，主要是为了突出节日的喜庆气氛。我们首先来到华南植物园，这儿有正在举行的潍坊风筝艺术展，采访车来到风筝展的主场地，记者的原计划是拍摄当天市民放风筝的场面，并以此为背景作现场报道。但由于当天风不大，来放风筝的游人比较少，不利于镜头表现节日气氛。尽管如此，技术员还是抓紧时间拍摄了一些游人和风筝等镜头，记者决定再等一等，希望一会儿会出现更多游人。

10:15，游人的数量仍未有预期的多，记者认为气氛不够，又要赶往下一站采访了，因此临时决定取消现场报道，只对华南植物园的节日情况作一般新闻报道。

10:40，记者赶到广州海洋馆，主要想拍摄海豚表演的场馆，这里的气氛比华南植物园要好，观看海豚表演的人数比较多。观察了一下海豚表演场的情况后，记者对技术员提出拍摄要求：拍一拍观众观看表演时的表情、动作，尤其是鼓掌的场面，观众走下台与海豚一起玩耍的情景，以及观众观看完毕后从出口处退场的拥挤情况等。

趁着技术员忙于拍摄，记者就抓紧时间构思现场报道时的串联词，并决定现场报道时以观众退场的画面为背景。记者又找来表演场地的通讯员，向她询问有关广州海洋馆的一些背景资料，作为稿件的材料。当技术员拍摄工作快要完成时，记者又开始初步构思这篇稿件的写作。离海豚表演结束还有 5 分钟，记者催促技术员结束场内拍摄，马上到场外架好三脚架，准备好，待观众一退场，马上作现场报道，记者也对着镜头站好位置，再念一念刚才构思的串联词。

11:10，观众开始退场，一时间场馆外挤满了人，节日气氛很浓，对现场报道极为有利。于是，记者立刻对着镜头开始现场报道，第一次，串联词有点念错，再来一次，还是有点错；第三次，一气呵成，现场报道完成。这样，今天上午的采访工作也随即完成，他们马上驱车赶回电视台制作新闻。

11:25，回到台里。记者第一时间用电脑通过新闻编辑系统把题目提交给当日的值班编辑，然后在电脑中输入构思好的稿件，稿件内容除了反映今天海洋馆的情况外，还添加了从通讯员手中拿到的相关资料。稿件输入完毕后，编辑可以从系统中决定是否挑选该稿件到当天新闻的串联单，这一切都可以通过电脑处理，非常快捷、方便。

今天 12:30 新闻的值班编辑王文健最后决定把记者的关于华南植物园和海洋馆的报道连同其他几位记者的采访作综合报道，晚上 7:30 播出。知道这个安排后，记者又赶去 4 楼的编辑机房编新闻，记者首先在前面编上一段现场报道的画面作引导，然后接上一些有节日气氛的镜头，播出约有几十秒。

时近中午，学生们有的到 15 楼通联组了解情况，有的就在 5 楼继续采访。

通联组副监制徐瑞萍和编辑郭海鸥正在处理各地方台发回来的新闻，编辑何广新不停地忙着打电话与地方台联系。徐瑞萍拿着一份今天的工作安排向我们介绍说，今天要传送新闻的有深圳台、珠海台、汕头台、韶关台等，还有北京、上海、重庆记者站发回来的报道。通联组要负责随时接收这些台通过卫星或微波线路传回来的新闻图像和传真过来的文字稿，然后编辑处理，交当天值班编辑安排播出。节日里，他们的工作量是相当大的。

采编部的新闻制作监制梁朱珠也接受了我们的采访，对今日电视的发展特点，她作了详尽的剖析。

今日电视新闻的发展

记　者：请问现在的电视新闻有什么新变化呢？

梁朱珠：现在制作电视的手法比过去丰富多了。与过去不同的是，现在的信息量大，新闻来源也大大增加了。在进入"信息时代"的今天，人们对信息的需求，促使电视行业，特别是电视新闻的播报方面，要不断地扩大报道的内涵、增大信息量和增加信息的传播速度。这就要求我们的新闻报道不能光靠自己本台记者采访的那些本省、本地区的一小部分新闻事实，而是要利用当今传播的各种手段来得到更多的新闻信息。例如，我们广东电视台现在每天有 9 档新闻（包括广东卫视和珠江两个频道的新闻），播出的总时间约 3.5 个小时，加上简明新闻和报摘，时间会更长些。

记　者：可以介绍一下新闻的来源吗？

梁朱珠：这些新闻的来源除了一部分是本台记者采拍的之外，还有就是从报纸上选摘的"早晨报摘"、从卫星传送来的"国际新闻"（来自英国路透社，图像是每天从卫星传来，稿子是每天传真过来）和"卫星放送"，另外，还有"晓琳话九州"的新闻节目，也是利用卫星发射、接收，把全国各省台的节目，通过互相交流得来的。再有就是从微波、光纤等传输来的"地方台新闻"。现在我省各地方当天或当时发生的重大新闻，我台都能够同时直播。如我台珠江频道今年开通的"630 直通车"，卫视新闻联播的"两地连线"就是这种直播。

记　者：请问网络化的发展给电视新闻带来什么影响？

梁朱珠：这些影响主要表现在：一是收集信息更多更快；二是观众参与性更强。具体来说，因为当今通信科技的发达，卫星、微波、光纤传输的出现，信息高速公路、互联网的开通使信息的收集和传播速度大大加快了。例如，我们的早晨新闻，过去要从报纸上获得信息，就要求广州地区的各大报社，一大早就给我们提供报纸大样，我们还要派人骑摩托车到报社去取。而现在，只要打开电脑，在各报社的网页上轻轻一点，就轻而易举地把国外、国内和各省市的报摘新闻下载了。

过去外地、外国的电视新闻磁带，是要通过飞机、火车寄达广州，然后我们还要派人到机场和火车站去取邮包。现在就可以通过卫星、微波发射接收，光纤传输等同步进行。就像我们今天的新闻直播节目和每天的晚间新闻中"卫星放送"栏目，就是通过微波或卫星传送的。

还有，我们做好的节目也是发射上卫星就可以覆盖世界上的很多地区了。像我们广东卫视在全国32个省、自治区和直辖市的观众都可以收看到，节目还覆盖到俄罗斯、非洲、东欧、东南亚、澳大利亚、新西兰等地。

观众参与性方面，现在无论是新闻节目、评论节目还是文艺、社教等节目，观众的参与积极性都特别高。例如本台的"新世纪论坛"、"女性时空"、"欢乐有约"等都是需要观众参与的节目，每次请来做节目的嘉宾都是热情高涨地参与节目，协助制作人员把节目做好。而互联网的开通更是把这种参与性推进了一步。观众只要在自己的电脑上打开某个电视台的网页，就可以详细了解到电视节目的方方面面，这对于观众有目的地收视和参与非常有帮助。

另外有些节目，观众还可以通过互联网直接参与。去年，我们在"迎接新千年"的特别节目中就尝试过一个节目，在荧屏上直接播出观众在网上发来的"贺新年"或"诉说新年愿望"的E-mail（电子邮件）。还有，我们每天看到的本台"财经在线"节目和广东经济电视台播出的"商谭股市"，也都是主持人和嘉宾股评专家利用有线网络接收到股市信号，然后给观众解答、分析股市的走势和个股的情况。总之，进入了新世纪，科技的发展更加日新月异，办电视的形式也随之更加多样化。现在已经有人提出建设网络电视，相信不久的将来就会实现的，而且还将会有更多的新东西出现。

中午，新世纪特别节目进入"生存大挑战"直播阶段，这是社教部记者远赴正在飘雪的辽宁丹东拍摄的节目，今天是摄制组跟随拍摄活动的最后一站。这是广东电视台首次在大风雪天气中进行远程直播。

罗映纯：节目的直播活动仍在继续……

我们将返回学校。马路上，刚刚参加完巡游活动的花车一辆接一辆地在我们面前开过，吸引着路人驻足观看。灿烂的阳光普照大地，真是一个万人狂欢的好日子。然而，回望电视新闻中心大楼，那些不知疲倦的电视人，仍在继续着他们的节目。他们以饱满的热情，以一丝不苟的态度肩负着社会与人民赋予他们的使命。

1

电视节目制作概述

本章要求

- [ ] 认识电视节目制作方式与播出模式的分类和发展。
- [ ] 了解节目制作人员分工及其职责。
- [ ] 了解节目制作各环节使用的设备及其功能。
- [ ] 了解节目制作的各个阶段及其工作任务。
- [ ] 从直播节目中了解电视制作流程和电视新闻部门的运作过程。理解电视新闻节目制作与播出的关系。掌握电视新闻现场直播的特点和要求。

1.1　电视技术的发展与电视工作者的素质要求

　　电视，已走过了半个多世纪的历程。电视的发展与科技发展密切相关，广播电视技术的发展经历了许多重大的转变，大体上来说，在信号载体和电视拍摄技术上，主要经历了从电影胶片拍摄到录像拍摄的转变；在编辑技术应用上，经历了以影片为载体的早期的非线性编辑到以录像磁带为载体的线性编辑再到以计算机硬盘为载体的数字信号的非线性编辑的转变；在电视接收设备上，经历了从黑白电视到彩色电视再到高清晰度电视或数字电视的转变；在电视制作技术上，经历了从模拟技术到数字技术运用的转变；在电视传输方式上，经历了无线传输的微波通信到卫星电视广播的发展阶段，有线电视的电缆传输到光纤传输的发展阶段，并开始进入网络电视的发展阶段。

　　电视节目制作必须依赖电视科技发展的客观条件，电视记者等各工种人员作为节目制作的主体，其素质要求与电视科技发展同样密切相关，电视技术和电视设备的不断更新，对电视从业人员的实际应用能力和办节目理念，不断提出新的要求和挑战。

　　中国电视事业的发展，从20世纪50年代起步到目前，如果以设备的更新换代作为标志的话，经历了以下4个阶段的变化，从中可以看到随着电视技术和设备的进步对记者编辑要求的不断提高：

　　（1）从中国电视事业发展初期到20世纪70年代末80年代初，16mm电影摄影机是此阶段的代表。摄影机拍摄的一个主要特点是声画不同步，拍摄的是无声影片，在电视新闻播出时，必须与播音员录制好的解说词同步配合播出。初期节目播出时间少，一般只在晚间播出节目。到70年代，电视才逐步划分节目类型，增加播出时间，才出现记者、编辑等人员分工。这一阶段由于设备的限制，新闻时效要求不高，对记者、编辑的学历、知识、技能的要求也不是很高。

　　（2）20世纪80年代初开始，电子摄像和编辑技术逐步普及，电视节目录制实现了声画同步，节目制作突破了电影制作模式的制约，电视传播的优势得以显现。电视转播车的运用使电视新闻现场直播成为可能，新闻时效性和现场性大大加强，从而对记者、编辑提出了新的要求，记者除了懂得采编摄等业务知识外，还要能面对镜头作出现场报道和主持节目，口头表达能力、分析能力和现场应变能力等要求也随之提高。

（3）20世纪90年代初、中期，随着计算机技术的飞速发展和电脑应用的普及，通信卫星、光纤、网络的出现，电视新闻事业进入了飞速发展时期。采编人员的笔被键盘所代替，无纸化办公不仅为写作提供了极大的方便，电信传输还实现了稿件的远距离传送，通信卫星技术使新闻报道能与事件同步传播到世界每一角落。工具的先进促进了工作效率的提高，资讯传播快捷，资源得到共享，这又要求新闻采编人员除了有传统的知识技能外，还应该不断拓展和更新知识能力，例如熟练的电脑操作能力，包括文字编辑和网络阅读、资料搜集和信息传递等；同时还要具备外语采访与写作能力，以适应电视传播全球化发展的趋势。

（4）20世纪90年代末以来，数字技术在电视领域的逐步普及运用，为我国电视业发展带来了一场革命。数码摄录机、非线性编辑机、虚拟演播室等新设备的应用，使电视节目在新闻现场可以同步实现节目的摄录、编辑、制作和合成，新闻直播和现场报道的运用也由此逐步走向常态，节目质量不断提高。由于先进的数码设备功能强大，操作简便，记者、编辑、制作等工作可以集于一身，人员分工从电子摄录阶段的分又趋向于合，这样，对记者专业知识和技术技能掌握的要求就更高了。

电视制作和传播的技术发展速度加快，技术因素对节目制作方式和节目质量的影响越来越大，尤其是面对数字化设备功能开发的日新月异，制作人员基本技能要求中的技术含量不断增加，而人员的应用和操作能力往往滞后，因此，只有不断加强学习，优化知识结构，掌握新技能，才能跟上科技发展的步伐，使其先进高效的性能充分为节目所用。

由此可见，在对电视工作者各项素质要求中，电视设备性能掌握和相应的技术操作能力培训是必备的基础。电视传播采编手段的多样性和复杂性首先源自设备和技术条件的必要保障，这是直接制约着电视节目传播方式和传播质量的不可忽视的因素。

电视摄录设备性能的提高和自动化程度的加强，为节目制作带来了前所未有的便利，但专业的电视工作者仍然必须精通相关学科的基本理论和专业知识，掌握必要的许多技能技巧。此外，还必须具备艺术家的眼光和独特的心理学素质。毕竟，电视的精髓不但表现在技术方面的优越性，更在于其语言表达的精彩和思维方式的独特以及良好的沟通互动意识。

为适应电视事业发展的需要，电视记者不但应像文字记者一样熟悉多种文体的综合应用，他们还必须掌握包括采访、拍摄、写作、编辑、主持、播出的专业技能和各项新技术，以及现场报道、现场直播必须具备的语言描述能力和快速反应能力。其中采访能力就包括现场观察能力、判断新闻价值的能力、准确提问的能力、外语采访能力等。就是说，电视记者必须能够同时兼备技术素质、思维素质和语言表达能力，对新闻节目从内容到编排到播出的各项技术要求都能熟练掌握，才能适应当今社会对电视专业人才的高标准要求。

1.2　电视节目及其制作方式的演变和分类

电视节目在其发展演变过程中，表现内容越来越广泛，表现形式越来越丰富，科学的分类有利于正确认识不同类型节目的特性和规律，也是制作节目、办好节目的依据。最基本的分类形式通常是按传播功能与传播内容，将电视节目分为新闻类节目、言论类节目、教育知识类节目、娱乐类节目等。其中新闻类节目的发展主要经历过口播新闻、图片新闻、图像新闻等形态。按节目体裁分类有信息类、专题类、综合类等；而按节目播出方式则经历了由影片播出、录像播出到现场播出等阶段的发展。在各种类型的电视节目中，谈话类节目、评论类节目、主持人方式的节目代表着现阶段节目形式发展的趋向。

电视节目的发展和变化历来与科技发展同步，在电视摄像、制作、传送和播出等设备和技术的不断改进及其性能不断完善的条件下，电视节目质量得到不断提高，节目形态随之而来的发展和变化则标志着电视特性渐趋完善、传播范围和影响的日益扩大以及与受众距离的逐步缩短。

电视节目制作虽然有各种不同的方式，但其制作的本质是一样的，区别只是体现在节目信号载体、制作场所、播出方式、设备数量规模大小等方面。例如，按储存信号载体区分的制作方式有影片制作方式、录像制作方式和数字信号方式；按播出时效区分有现场直播法、录像带编辑法；按制作场所区分有演播室制作方式和现场制作方式；按设备数量区分有多机制作方式和单机制作方式；而常用的新闻节目制作方式主要有 ENG 方式、EFP 方式和 SNG 方式等。

1.2.1 影片制作方式

早期的电视节目全部采用电影胶片拍摄和制作，经历过黑白影片和彩色影片两个阶段。16mm 电影摄影机的问世，以其轻便、灵活和耗费低廉的优势，很快就取代了用 35mm 电影摄影机制作电视影片的方式，成为电视节目尤其是电视新闻节目制作的主要工具。16mm 影片制作的图像清晰度高，影片宽容度范围大，每幅图像的像素高达 100 多万个。画面中的像素分解得越细小则像素越多，像素越多画面的清晰度就越高，而电视的每帧画面由 625 行扫描行构成的像素只有约 50 万个，只有提高扫描行数，发展高清晰度电视才能超越电影胶片的清晰度。此外，用摄影机拍摄可以单人操作，灵活方便，即使在缺少电源的地方，也可以用发条驱动使用。但缺点是摄影和录音通常要分开进行，编辑时声画难以同步，声音制作大部分依靠后期配音，现场声运用很不方便，新闻节目基本上是画面加解说的模式，缺少现场感。而且，影片拍摄后必须经过冲洗加工、编辑和配音合成等阶段，新闻的时效性受到限制。由于无法在拍摄的同时知道画面效果，较难控制图像拍摄质量，所以对摄影师的拍摄水平要求很高。

1.2.2 录像制作方式

是指采用摄像机拍摄，将光学信号转变为电信号并以磁带记录制作电视节目的方式。录像磁带代替了电影胶片成为图像和声音信号录制、储存和播放的载体，以录像带为基础的录制系统经历了从模拟录像系统到数字录像系统的发展，模拟录像方式是把信号的模拟量（即信号的幅度变化与电压或电流的振幅成正比例）直接实现调频后记录在磁带上；数字录像方式是先把信号的模拟量变成相应的数字量，经过调频后记录在磁带上，重放时经过 D/A 转换器（数/模转换器）解调，还原为模拟信号。录像机处理和记录信号的方式又分为复合方式、Y/C 分量方式和 RGB 方式。复合系统把彩色信号和亮度信号录制在同一磁迹上，重放时输出复合彩色电视信号；Y/C 分量信号系统则把亮度信号和色度信号分开处理和传送，它消除了复合录像系统中存在的亮度信号和彩色信号互相干扰等问题，提高了画面清晰度和信噪比；RGB 系统将红绿蓝三个信号分开处理和传送，它的优点是即使信号经过多次转录，其质量也不会随之下降。

与影片制作方式相比，录像制作方式的优点是声画同步，录像机能同步记录图像信号和声音信号，编辑时既可以同时组合原始的声画信号，也可以单独插入新的声音或图像信号，从而能够重组声画关系并延伸声画的含义，丰富了节目的表现空间。采用录像制作，在拍摄时可以在监视器上同步监测，及时调整和控制画面构图、色彩、光线、声音等效果，保证拍摄质量。此外，录像磁带可以反复使用，相对于一次性使用的电影胶片来说，能够节省制作费用。

录像设备和技术还具有更新换代快的特点，设备的不断改进被称为"减轻重量的革命"。早期的摄录设备就像庞然大物，难于随意移动，更无法想象离开演播室来到环境各异的事件现场，当时的电视新闻是使用 16mm 电影摄影机拍摄后再转换成电视信号播放。20 世纪 70 年代以后，设备已逐步从笨重的室内拍摄向着轻便化、一体化、数字化方向发展，节目制作从单一的演播室方式扩展到各种事件和活动现场的制作方式，录像机在逐步普及和广泛使用后就基本上取代了 16mm 摄影机成为各类电视节目制作的主要工具，80～90 年代后，其更新换代更得到突飞猛进的发展。

录像技术的发明和它的每一步改进，都对电视节目制作带来积极的影响。它改变人们对电视制作的观念，改进电视制作的方式并催生新的节目形态。录像制作的普及尤其是 ENG（电子新闻采集）和 EFP（电子现场制作）等方式的应用，给电视节目制作及其表现手法带来质的飞跃。

1.2.3　数字信号方式

是以数字摄录机摄取信号，以计算机为工作平台，采用非线性编辑手段制作电视节目的方式。目前数字技术已广泛应用于摄像系统、录像系统和非线性编辑系统，最新一代的电子新闻摄像机可以将节目信号直接录制到数字录像带或计算机磁盘上，它小型轻便却具有质素高、性能高的特点。数字信号方式将来的发展趋向是从以录像带为基础的数字录像方式逐步过渡到完全以光盘为基础的录制方式。数字录像的优点是可以制作出高质量的图像和声音，可以直接在计算机上操作非线性编辑，进行数字后期制作，计算机储存信号的方式使节目即使经过大量复制后仍然保持质量，而且，数字信号可以大量储存和长时间保存，信号传送可以更加快捷方便。总之，数字技术的开发和应用，几乎克服了模拟信号方式的所有缺点，当它从局部的数字化技术应用发展到真正意义上的全数字电视，即从摄像、录像、编辑到节目传送、发射、接收的全过程都采用数字信号和数字设备的时候，电视节目制作方式将再次发生革命性的变化。

1.2.4 现场直播法

对一些重大的、突发性的新闻事件，大型的文艺节目、体育比赛等，常常采用电视现场直播的方法，节目制作和播出的时间与事件现场时间是同步的，这种方式目前已越来越广泛地被采用。但实际上，早期的电视节目制作都是现场直播的，并不是因为当时技术已能适应新闻节目的时效要求，而是因为录像磁带还没有发明，电视图像不能录下来，只能一边拍摄，一边播放，制作过程和播出过程同步，既不能中断，也无法修改失误的镜头，制作的节目也只能播出一次，无法保留，因此被称作"原始直播"。当时制作的节目类型大多数是一些在演播室拍摄的表演性节目或一些简单的电视剧。与现在的现场直播相比，无论是在表现能力、节目质量，还是在播出范围等方面，都不可同日而语。现在不但能对可预料发生的重大事件进行现场直播，即使是对突发性新闻事件也可以立即将电视转播车开到现场即时报道，并将摄取的图像和声音信号同时以微波或光缆传送方式传回电视台播出，或用卫星传送方式接收异地传来的节目信号，观众可以在第一时间同步接收，时间和距离不再成为障碍，新闻时效大大加强。

1.2.5 录像带编辑法

录像带编辑法是指节目采用录像拍摄，经过后期编辑制作后播出的方式。磁带记录技术、电子编辑技术的发展和完善改变了电视节目制作和播出的方式，从原始的直播方式过渡到大部分用录像编辑播出，从而对节目编辑方法、完善节目质量带来极大的影响。虽然节目制作与播出的时间并不同步，但与影片编辑和原始直播方式相比，录像带编辑法具有明显的优点，它拥有更充裕的时间对节目素材进行后期编辑，编辑精确度高，在采用原始素材基础上，可以组合各种相关的资料素材，包括画面素材和音效素材，还可以加上字幕和各种特技效果，对节目进行再创作和加工处理，有利于提高节目质量。灵活的编辑方式有利于各类节目的排列组合，然后选择在合适的节目时段播出。而保留下来的节目还可以用于重播、交流和作为资料保存备用。

所有录像制作系统都具有线性特点，就是说录像带是连续性地记录信息，镜头剪接时必须根据录像素材的顺序进行线性编辑，无论是搜索镜头还是编辑时的预卷、倒卷、进带、倒带等程序都必须按照顺序进行，不能跨越前面的镜头直接进入后面的某一个镜头，操作烦琐耗时，不适应新闻快速的要求。随着数字化技术发展，录像带编辑已逐步进入计算机时代。

1.2.6　演播室制作方式

也称 ESP，即"电子演播室制作"（Electronic Studio Production），通常是指在演播室内用多机拍摄、录像制作节目或现场直播节目的方式。ESP 方式是传统的和常规的电视制作，具有专门建造的拍摄空间（演播室）和制作场所（控制室），并有完备的电视制作系统，通常用于制作和播出常规的电视栏目，如新闻节目、评论节目、谈话节目等。设备主要包括质量档次较高的广播级摄录设备、光学条件良好的灯光照明、声学条件良好的拾音设备以及高质量的数字特技、模拟特技、动画特技系统等，加上背景道具的配套完善，制作程序规范，对摄像机位调度、灯光、音响、背景、道具、拍摄对象的表演空间等都可以控制自如，节目质量更易于掌握。ESP 方式可以是边拍边录，与录像合成编辑后播出；也可以是即拍即播，或与录像合成直接播出，做到制播同步完成。

1.2.7　现场制作方式

指离开演播室，在外景活动或事件现场制作电视节目的方式，一些大型活动、重大事件和突发性新闻经常采用这种方式。用于现场制作的设备通常包括两台以上的摄像机、视频切换台、音响操作台以及灯光、话筒等辅助设备。现场制作的一种类型是在现场先录像，节目经过编辑后再播出；另一种类型是实地拍摄，同步播出。现场制作方式扩展了电视节目制作场所，丰富了电视节目的表现形式和内容，使节目更具现场性和真实感，更加贴近生活原貌，对观众更具吸引力。随着节目制作技术和设备条件以及节目信号传送水平的不断完善，采用现场制作方式的节目比例将不断增加。

1.2.8　多机制作的方式

指使用多台摄像机同时拍摄制作电视节目的方式，摄像的过程就是镜头选择、编辑的过程，录像或播出都可以同时进行。在演播室内的节目制作或一些较大型外景节目的现场制作时多采用这种方式，摄像人员各自操作一台摄像机从不同位置和角度拍摄，导演或导播通过视频切换器选择来自不同摄像机的信号，有效地保持现场活动的连贯性，也可以适当加进已录制好的资料镜头。这个选择过程和信号切换过程就是对节目进行编辑的过程。

在这种制作方式中，第一种情况是采用多台摄像机以不同机位拍摄，通过视频选择器选择编辑，使编辑过程与摄像同步，与事件发展同步，省略了节目的后期制作过程；第二种情况，同样是多台摄像机分别以不同角度拍摄，通过导播台调度，按要求交替切换来自各摄像机的信号，然后录制在磁带上，既可以同步播出，也可以经过后期编辑修改和增加资料后播出；第三种情况是每台摄像机单独对应录像，分别记录下每一路摄像信号，后期编辑时可以更精心灵活地选择画面和插入镜头。

1.2.9 单机制作的方式

这是指自始至终只用一部摄像机变换不同角度拍摄，节目经过编辑后播出的方式，是在 ENG 电子新闻采集系统中普遍使用的方式。早期的设备是一台摄像机和一台便携式录像机配套使用，之间用一条电缆连接起来，操作不够方便。摄录一体化设备的出现改变了这种情况，一体机小型轻便，可以单人操作，适应记者灵活方便地进行现场采访报道。单机制作的特点与传统的影片制作方式相仿，即前期拍摄，后期编辑。单机制作方式在演播室中采用，可以根据一台摄像机的拍摄需要，精心布置背景、道具、灯光、话筒、人物活动范围，并能方便地进行后期编辑和配音。

1.2.10 ENG 方式（Electronic News Gathering）

即电子新闻采集的方式，是指采用电子摄录设备采访拍摄电视新闻的方式。与以往用 16mm 电影胶片拍摄新闻节目相比，ENG 方式最明显的特点是快，它节省了冲洗胶片的时间，简化了后期配音和声画合成的过程，为新闻时效赢得了宝贵的时间。ENG 的装备主要由摄像机和录像机组成，如果能配备小型的微波发射器，就能够在新闻现场直接将节目信号发回到电视台，节目经过编辑后播出，也可以做到现场直播，回途的时间和距离的遥远都不再成为障碍。ENG 方式还具有声画同步、拍摄质量能同步监控、节省胶片成本和更新换代快等优点。ENG 设备在 20 世纪 70 年代已投入使用，由于受当时技术还未完善等条件限制，不能马上普及应用。在一些电视台里，ENG 方式较长时间一直与影片制作方式共同存在，随着摄录像设备不断向轻便化、一体化和摄像元件固定化的发展，在 80 年代中期就逐步、全面地取代了电视新闻影片制作方式。

1.2.11　EFP 方式（Electronic Field Product）

即电子现场制作的方式，是指采用多机拍摄和即时切换编辑技术，在事件或活动的现场制作电视节目的方式。相对于电视台演播室内的制作方式而言，它就像在某一个拍摄现场建立一个临时演播室。当然它的规模要小于真正的演播室制作系统，设备主要包括多路摄像机、录像机、视频切换台、调音台、特技机、同步机、字幕机、监视机以及灯光、话筒等相应设备和用于运载设备、接收和传送信号的电视转播车。对现场录制信号作出编辑的设备通常安置在转播车上，转播车接收到现场拍摄的电视信号，可以即时作出切换编辑、配置字幕和特技效果等，完成现场制作，并将信号传送回电视台进行现场直播，也可以用于录像播出。

由于 EFP 的节目是在现场制作完成的，简化了节目制作工序，加快了节目播出时效，因此更强调整个摄制组的协调合作精神，在导播的指挥和调度下，及时对不同对象、景别、角度、技巧、节奏变化、镜头穿插等作出合理的安排。又由于 EFP 方式的制作过程与事件的发生、发展同步进行，现场性强是其最突出的优点，最能发挥电视独特的优势，所以又称为"即时制作方式"。

1.2.12　SNG 方式（Satellite News Gathering）

即卫星新闻采集方式，是指利用可移动运载转播车安装地面卫星发射站装置传送现场拍摄制作的新闻节目，被认为是 ENG 方式的发展形态。装备包括摄录像和编辑设备、小型卫星地面发射站、电视转播车等。在现场新闻采访的同时，只需接通线路、调整天线，就能将视频信号和音频信号直接上连发射到通信卫星，再由地面电视台通过天线和其他设备接收从卫星下连的信号，就能实现即时播出。SNG 方式的新闻时效快、传播距离远、范围广，在所有的制作方式中具有最为突出的传播优势。卫星新闻采访车（SNV）可在到达现场15 分钟内播出现场拍摄的新闻，在 20 世纪 90 年代海湾战争时期，SNG 方式已经显露其独特的优势，近年来在各种重大新闻事件和体育竞赛等活动中也大派用场，但因为费用昂贵等因素的限制，这种方式未能如 ENG 等方式般普及。

1.3　节目制作人员的组成和职责

1.3.1　节目组人员

节目组人员是指从事把节目构思、剧本、文稿或事件最终发展成屏幕图像的人，主要由节目策划、设计、执行等人员组成，通常包括制片人、监制、编剧、导演或编导、场记、编辑、助理编辑等。在多数情况下，他们参与从节目前期到后期制作的全过程，在节目制作中发挥主要作用。

1.3.2　技术组人员

技术组人员负责从节目构思到最后呈现为有声有色的屏幕图像提供有效的技术服务和必要的技术保障，主要由设备操作人员组成，通常包括摄像师、音响工程师、灯光工程师、录像员、美工、视讯人员以及相关的工程人员，负责全部技术设备的正常运转和维修工作。

1.3.3　新闻节目制作和播作人员

新闻部门在各个电视台的地位向来举足轻重，是发挥重要传播职能的部门，每天都要制作大量的新闻节目，因此必须配备自己的一套节目制作人员。他们通常包括节目监制、制片人、责任编辑、记者、节目主持人或播音员等节目组人员以及摄像员、录像剪辑、资料储存、美工、打字员等制作组人员。在实行新闻节目二级导播的电视台，还包括与节目接收传送和现场播出工作有关的播作人员，如演播室摄像、灯光、导播、放像员、音响操作员、字幕员、工程技术人员等。

节目总监：或称值班主任，作为每一档新闻节目的总负责人，必须为节目制作和播出承担主要责任而参与节目制作的全过程。他要参加每天的编辑会议，选定报道题材，安排和布置重大的采访任务等整体的工作，密切关注各工种环节的运作和执行情况，掌握一切与制作有关的活动。具体工作包括：审定稿件、建议采用和报道有较大价值的新闻并指派制作组人员协助制作、审定节目串联单、审片、监看新闻节目的播出、及时处理播出过程中的紧急情况等。

制片人：负责某一栏目或一档新闻节目的整体工作，对整个节目制作小组人员负责，确定节目的计划和具体安排，通常还负责管理预算，协调各部门、各工种环节的工作关系，有时还需要充当节目撰稿和导演。

监制：负责具体某一档新闻的执行编辑，或称总值编辑。工作包括与值班主任商量并确定选用新闻题材，通过新闻编辑网络系统，了解和掌握记者发回的新闻提要，在电脑终端机上建立当次新闻节目的串联单，调出记者稿件并审看修改，检查播音、剪辑以及各工种的到岗和进展情况，提交节目串联单给值班主任审定，选定节目提要，检查各环节的播出准备工作，监看播出过程等。技术监制则负责保证播出工作正常安全进行以及播出设备的运行和维护。

记者：负责采访新闻，作消息报道、专题报道、评论报道等，常常在事件现场出镜头采访或直接作现场报道，并对节目录像进行剪辑，在联网电脑上撰写新闻稿，为节目提供或自己操作配备必要的字幕与图表。记者的工作不但负责前期采访，而且参与后期的编辑制作，常与编辑的工作融为一体。

摄像员：操作摄录机，调节最佳拍摄效果，根据报道需要和记者要求在采访现场或演播室拍摄、录像。在外景拍摄时，有时还负责为简单节目作灯光照明。

播音员：属于后期制作和节目播出环节的工种，工作包括配音和播音。配音是在节目播出之前根据文字稿为节目图像配录报道词；播音是在节目直播时直接播讲文字稿。工作要求必须熟悉稿件内容和节目之间的串联词，尽量使之口语化。

节目主持人：主持人的工作基本上与播音员相仿，但他更多的是以记者的身份参与节目的策划、制作和播出的过程，并直接面对镜头主持节目或报道新闻，通常负责主持新闻专题类等栏目的制作和播出。

编辑副班：负责后期制作中各项具体的编辑执行工作，其中包括及时将值班主任审定的稿件打印并送到剪辑处以备录音，根据总值编辑的安排制作字幕新闻，根据审定的节目串联单制作内容提要并录音，将值班主任审定的录像带及时送到播出机房，算好新闻时间表等。

录像剪辑：负责后期制作中图像剪接、节目串联、录音等工作，除了检查播音员配录的报道词，核准声音与图像的长度外，录音工作还包括配音乐和各种现场效果声等，有时还必须为录像带配制字幕和特技效果。

资料员：后期制作中负责收集各类节目的文字和录像资料，其中包括播出过的节目和相应的节目素材，并把这些资料归类储存，以备随时调用。

美工：后期制作时配合节目内容绘制相关的图画，为节目内容作补充说明，如地图、地名、人名、图表、静态的图片或照片、节目版头等。通常在电脑或特技机上制作。

字幕员：后期制作或节目播出时为画面加上相关的字幕以及某些特技处理。如作为打字员，其任务是根据节目安排将一些需要输入电脑的稿件打好并提交给总值编辑，从电脑中调出节目串联词打印，并到演播室协助播音员调出串联词。

演播室摄像：在与新闻播出中心控制室相邻的演播室内，节目播出时通常只有播音员或其他参与节目演出的人员和摄像师。按照播讲人数和一些与节目相关的摄制内容，一般需要安置两台以上摄像机，分别拍摄播音员的特写镜头、双人镜头、演播室全景镜头和图片、照片等内容。除了精通摄像工作原理和操作外，摄像师通常还兼任灯光照明，负责操作调光台，调试演播室的灯光设备，并检查电脑提词器的工作状况，确保提词卡图像输出。

灯光师：负责为演播室播出节目的人员、布景、道具、节目标志等提供理想的照明效果。在演播室的天花板上排列着一排排灯具，它们的位置、照明方向、光束范围可以调整，通过电脑程序可以确保最佳状态的灯光照明效果。在每天常规的同类节目中，调整好的灯效比较固定，有时只需要作一些小的调整，而作特别节目时就要作专门的设定，平时则需要对这些照明设备提供维护和保养。

切像员：在视频切换台工作，熟悉切换台工作原理和各项切换功能。在控制台前一排排的监视器上，监看各路来源的视频图像，根据节目串联表进程，选择来自摄像机或其他来源的视频信号，及时准确地作出切换，导播工作关系到整套节目播出的衔接是否连贯顺畅，为观众提供最终形成的完整的节目样貌，稍有疏忽或延误都会带来不良的影响。

放像员：在新闻节目直播时，已编辑好准备播出的新闻通常会分别录制在各盒录像带上，放像员按照节目串联表的顺序，以几台录像机轮换进行重放，这样的安排可以方便节目编排的随时调整，及时加插最新消息或删除超时的部分，并能避免因机器故障可能造成的播出中断。

音响操作员：在控制室视频切换台旁边的是音响控制台，音响操作员负责混音和调音的工作，准确调试音频系统和监听系统，以控制来自演播室摄像机或其他来源的音量，保证各路信号的音频效果。

1.3.4　电视新闻编辑的多元化角色

电视新闻编辑与广义的新闻编辑工作其特征是相通的。但是由于电视新闻的传播特性和规律，它的编辑工作具有某些特殊的意义，其中一个最明显的特点就是，电视新闻编辑工作已不局限在"编辑"这一个环节，而是体现在新闻报道从策划到采、编、播的全过程之中。由于这一特殊性，电视新闻编辑就日趋体现出多元化角色的特点。

1. 作为策划者的编辑

在电视新闻工作中，编辑担负着决策与统筹的使命，人们把策划比喻为节目的灵魂，称它为节目成败的关键。从理论上讲，策划是一种辩证的思维；从客观上讲，策划必须具有一定的信息依据，必须建立在大量的调查研究基础上。因此，从编辑系统整体工作看，它就不局限于某一个环节、某一项工种人员所负担的任务，而是渗透在各个环节、各种手段的运用之中。在电视新闻报道中，它体现在从新闻的选题、报道重点、报道方式的确立到具体执行、实施方法以及效果评估的全过程之中。不同工种的人员分工虽有不同，但目标只有一个，就是在策划的大前提下工作。可以说，没有一个好的新闻节目不是经过周密的策划，由记者出击，由集体合力完成的。

策划的作用如此重大，策划者无疑是节目的统帅、指挥官。在电视新闻工作部门，这个角色就是编辑部，作为一个整体的编辑部门，它应当包括上层的策划人员和具体执行实施后期各项工作的人员，以保证编辑部的统帅、指挥作用及其编辑工作的操作运行。但是长期以来，在一些电视台的新闻部门，主管新闻工作的领导、负责人，实际上已取代了编辑的角色。由他们策划、制定一个阶段的报道方针、计划，并具体部署、安排每一天的报道工作。本来，这种统领和宏观上的指导作用有利于把握报道的大方向，但是领导者往往并不参与具体实施工作，而参与执行具体工作的编辑人员和负责各条战线采访的记者一般很少参与决策过程，这就造成了决策与实施的脱节。新闻报道形成了从上级决策到下达记者再到编辑后期处理这样一个工作流程。这种体制上的缺陷，造成了编辑人员完成自我角色的种种局限。长期以来，人们认为编辑工作不过是剪刀加糨糊的修补改工作，这种为他人作嫁衣的身份，造成电视新闻编辑地位低，工作被动，成为缺乏积极性的一个重要原因。

在近年新闻改革中，不少新闻单位做了有益的尝试。在体制上打破了一些旧框框，逐步改变了编辑被动等待的局面。比如，在一些新闻部门，实行了制片人栏目的方式，制片人在节目制作中拥有决策权、人事权，并参与经济预算。在他们管辖的栏目中，不少优秀节目往往是记者、编辑"混合双打"的结晶，即编辑既参与前期策划，又参与或兼任采访和后期编辑。有的制片人本身也是编辑，他不但策划每次节目，同时又是节目的编辑者，这就有效地避免了决策层与编辑工作的脱节。

2. 采、编合一的角色

采访和编辑历来是新闻报道的两大类别。从学校的新闻专业课程设置到新闻单位的部门设置，历来也按此分为前期和后期两大类。然而，在电视新闻部门，这种传统的分类格局正在发生改变，记者与编辑的距离正在缩小，或者说，二者的功能和角色已更多地融为一体。

从电视新闻特性来分析，电视不同于报纸的最大特色，是融文字、声音、画面于一体。记者在采访过程中，既采访新闻事实，又在同一时间拍摄现场的新闻事件，记者对现场的种种因素包括图像和声音的选择拥有完全的主动权。在画面表达上，是遵循事件顺序规律；在文字和声音素材的运用上，要符合声画合一的规则。这样，记者采拍完成的新闻，已是基本定型甚至是已经完成的成品了。电视新闻编辑不可能像报刊编辑那样，从文章稿件的结构安排、行文布局、词语表达等作一番再创作，他不能改变画面的拍摄效果，也不能安排记者对某一事件重拍、补拍，也不能对文字与相对应的画面作任意的修改。这就决定了编辑的职责范围在这一环节上相当有限，造成记者掌握主动、施展空间大，而编辑相对被动、施展空间小的局面。

再从传播特性看，电视新闻最注重时效快速，当天的新闻甚至是与播出时间同步发生的事情，观众也能够在第一时间看到。在事件发生时间与播出时间差距大大缩短的情况下，记者前期采访拍摄与后期的画面剪接、录音、配音等环节的距离也大大缩短甚至同步完成。在传播技术和制作手段上，现场声同步收录，画面即时剪接，图像与声音即时合成的实现，使电视新闻直播得以广泛运用。这样，记者的采访过程实际上已必须融入严格的筛选、布局和编辑的过程。即使时间上来得及作一些后期处理，记者也愿意亲力亲为完成，而不必交给对事件摸不着头脑的编辑去处理。这种采编合一的做法，使编辑的作用更显得微乎其微，往往只局限于编排节目串联、复印稿件等事务之中。

本来，狭义的编辑是特定在新闻的后期制作这一阶段，编辑应拥有再创作的广阔空间，这是最能体现编辑本身职能的工作。尤其是在传播技术、制作手段日趋先进和丰富的情况下，编辑拥有更完备的制作手段，对新闻从文字稿到画面到屏幕文字的处理作全盘考虑。只是，这种创作的过程已逐渐融入记者前期拍摄阶段和更多的即时报道之中。我们常说，记者要学习编辑工作，记者要具备编辑意识就是这个道理。

　　由此看来，编辑的角色，已不应再局限在办公室之中被动地等待后期阶段的修改润饰和一些包装性的工作，而应将自己的工作更多地与记者、制作人员的职责融为一体。编辑只有提前进入角色，更多地参与或与记者商讨从策划到采访，从选题到报道计划实施的过程，才能找回自己的主动权和施展空间，实现自身的价值。事实上，不少新闻单位已作出这样的尝试，打破记者与编辑的职业分工界限，采访与编辑成为每一个从事电视新闻工作的人员必须掌握的基本技能。在人员安排上，编辑人员同时也可以是记者，记者也参加编辑工作的值班。这种做法有利于提高人员的整体素质，确保电视新闻质量不断提高，已被证明取得了很好的效果。

　　3. **参与播出的环节**

　　播出环节的工作，向来是技术部门的职责。当新闻节目走向更多的现场直播方式，向主持人形式发展时，便出现了专门的职务分工——节目主持人的角色，同时也带来了记者或编辑走向节目前台的可能。这种局面的形成使主持人的话题不断升温，其中谈论最多的，也许就是关于主持人职责范围界定和职业素质的培养了。人们认为，当一名主持人局限在播讲别人的节目或稿件时，他是不应称为主持人的，他虽有良好的播音素质，也可能代表着一个电视台的形象，但由于没有参与采编过程，他的发言是间接的和缺少权威性的。于是，人们就对主持人提出种种要求，在这些必须具备的条件中，我们不难发现，这些要求无一不是把他们的工作纳入采编职责范围之中，以记者的要求，以编辑的要求作为衡量标准，这无疑是一个理想的目标。然而事实上，我们也发现，从播音员走向一名优秀的新闻节目主持人，也许并不是一条捷径，或者说，的确有点勉为其难。而相反，我们看到大量的典型的成功范例，则是从记者、编辑走向主持人的角色。无论从中央台到地方台的一些优秀栏目，如"东方时空"、"焦点访谈"、"城市话题"、"社会纵横"等等，还是从美国的 CBS "60分钟时事杂志"中，从港台地区制作的资讯节目中，都不乏这样的优秀主持人的代表。他们的成功主持，使节目脱颖而出，熠熠生辉。许多出色的集采、编、播于一身的节目主持人，由于具有丰富的采访阅历，雄厚扎实的新闻专业知识基础，他们在自采自编自播的节目中得心应手，成为有代表性的、有权威性的发言人，使节目更具吸引力。

　　一个完整的新闻节目，必须在播出的同时才算是最后形成，因此，编辑工作还必须贯穿到包括技术性的播出导播这最后一环工作之中，他们必须和技术人员一起完成最后的播出任务。其中包括准确地执行播出编排，字幕合成，现场声处理，以及应付播出过程中随时发生的变化，如加入最新消息、及时发现差错、处理故障等。总之，编辑必须对新闻节目从内容到编排到播出的各项技术要求都能熟练掌握。

4. 走多元化发展之路

综上所述，在电视新闻采、编、播的整体系统工程中，能够对节目从部署策划采访到编辑合成播出贯穿始终、发挥作用的非编辑莫属，编辑扮演着最重要的、最多元化的角色。虽然我们知道，每一个编辑人员在具体的工作过程中不可能事无巨细地包揽，狭义的编辑仍然是指某些具体细致的工作，但这绝不应是编辑的全部含义，我们不应停留在这些局限和要求上。不可否认，电视新闻的采、摄、编、播各项分工依然存在，但界限已变得相对模糊。以往的分工精细、各司其职、职责分明造成编辑人员工作空间狭窄，各工种人员各自为战，整体作用难以发挥，这种局面正在逐渐发生转变。

电视新闻编辑工作的特殊性，带来了编辑角色的不确定性，这一方面是以往工作被动的原因所在，另一方面又应成为突破局限的原动力，促使编辑走多元化角色发展之路。而多元化角色的实现更多的是对编辑意识的培养和全面素质提高而言，多元化角色的形成将促使编辑突破单一环节工作的局限，在角色的转换中名副其实地实现自身的价值。

1.4 节目制作主要设备

1.4.1 前期制作设备

前期制作的设备主要包括摄像机、照明器材、固定设备、话筒、调音台、录音机等等。

1. 摄像机

在小型录像机发明之前，电视台的新闻都是用 16mm 的电影胶片拍摄的，拍回的片子要经过冲洗、剪接、拷贝后才能播出，而且由于条件的限制，先期录音设备很昂贵，很难做到声画同步。常常是画面外配旁白，影片中很少有被采访对象讲话的实况画面，当然也极难做到迅速、及时。随着电子技术的进步，厂家又生产出了小型的摄像机和携带式录像机，这就出现了电子新闻采集系统（Electronic News Gathering，简称 ENG）。最初，ENG 的摄像机与录像机是分开的，靠用一根 2 米长的电缆连接起来工作。这在进行机动性较大的采访时，因摄像师背后有一录像机的"尾巴"，显得很累赘。特别是拍那些国宾访问时，摄影师为了抢拍镜头，必须跑东跑西，后面的录像师就得拉着那根电缆跟东跟西，很不方便。为了割去"尾巴"，厂家花去几年时间，研制出体积更小，摄像机和录像机装在一体的所谓"一体机"，重量只有十几千克。近年来由于微电子技术的发展，已做到广播级的一体机清晰度高达 700 线以上，重量连电瓶在内仅 7 千克，这给新闻采访带来许多方便，民用的摄录一体机重量已做到 1 千克以下，被称为"手掌机"。

目前在我国各级电视台广泛使用的主要是 SONY 公司、松下公司和安培公司生产的 1/2 英寸的 Betacam – SP 和 MII 摄录设备。SONY 公司的产品主要有 BVW –507、BVW –570、BVW –590 等。BVW –507 设备性能价格比较高，且使用简单、方便、可靠，因此，我国很多电视台和教育部门都使用这种录制设备。松下公司生产的 1/2 英寸摄—录一体化录制设备中，较早的有 WV – F200 和 AU –400 组成的一体化录制设备，以后有 AQ –20 和 AU –410 组成的一体化录制设备等。WV – F200 和 AU –400 组成的一体化录制设备与 SONY 公司的 BVW –507 录制设备的性能和使用方法都差不多，所以我国也有不少单位采用。

2. 照明器材

前期使用的照明器材属于便携式照明器材。一般可以把它分为聚光灯和泛光灯两大类。

（1）聚光灯。便携式聚光灯轻便、耐磨损、有效（指相对于灯具的尺寸，光输出量很大）、容易安装和运输，尺寸也足够小，即使在一个拥挤的室内也能有效地藏在摄像机视线以外。

聚光灯中，最常用的有外反光镜聚光灯、内反光镜聚光灯和 HMI 菲涅尔聚光灯（菲涅尔碘水银聚光灯）三种。

①外反光镜聚光灯。考虑到重量和灯光的效率，外反光镜聚光灯没有镜头，因此，也称为开口聚光灯。外反光镜聚光灯相对较轻，携带方便，但聚焦的光束在离物体较近时，光束不均匀，光束的边沿相当强烈，而光束的中央则有一个低强度的暗点。

②内反光镜聚光灯。这种聚光灯看上去像一个过大的、略微被挤压的家用灯泡。由于内反光镜聚光灯通常是夹在某样东西上，所以也称为夹子式灯。夹子式灯用来照亮小的区域，以及在不能被其他便携式灯具照亮的区域补充灯光。夹子式灯便于使用，是一个在难于达到灯光要求的区域提供额外的和微妙

的高光和重点光的绝佳装置。内反光镜聚光灯有不同类型的光束分布，从柔和的、漫射的光束到强的、相当准确集中的光束（经常称为 PAR 38 灯泡）。为了更好地控制光束和保护内反光镜灯泡，这种灯具可以装在一个带门的金属灯箱内使用。

③HMI 灯。HMI 灯（碘水银灯）是一种菲涅耳聚光灯，在电子现场制作（EFP）、较大的实地拍摄和电影制作中获得极大的成功。菲涅耳聚光灯根据 19 世纪早期法国物理学家奥古斯汀·菲涅耳的名字命名，他发明了使用于聚光灯中的镜头。菲涅耳聚光灯广泛地应用于电视演播厅制作。它相当轻便灵活，光线输出很强。它的光束能够由一个聚焦装置调整粗细。这个聚光灯能够被调整到一个"泛光"光束的位置，它发出一个相当宽泛的光束；或者它能够被"集中"，聚焦于一个锐利的、明确界定的光柱。

HMI 灯有一个弧形灯泡，能产生一个同样瓦数的白炽石英灯具 3～5 倍的照明亮度，而且使用较少的电能和产生较少的热量。为了达到这样一个效果，每个灯具需要它自己的启动器和镇流器，所以相当笨重。

（2）泛光灯。所有的便携式泛光灯都是开口灯具，它们是没有镜头的。泛光灯又可分为白炽泛光灯、荧光泛光灯、手持灯等种类。另外，照明控制设备还包括钢管架和平衡架、C-螺丝夹、滑动杆和伸缩架，以及各类灯架挡光板、各类网罩等配套设施。

3. 话筒

电视是视听媒介，但长期以来，声音在电视中一直没有得到足够的重视。主要原因是传统电视系统信号构成方法中对声音性能的局限、电视节目制作中方法和观念方面的局限以及接受点重现声音方法的局限。

自 1984 年美国推出电视广播立体声以来，电视在声音方面已经有了积极的改善，表现在前期的实地录制、后期的配录及合成混录各个方面都有长足的进步。包括录像机声音部分的高质量趋势，音响混合的高性能化及前期采访话筒的细分和高质。

话筒的主要功能是捡拾实地的声音并导入电视录制系统——拾音。拾音是声音制作的第一个环节，也是最重要的环节，之后的一切声音信号的处理都是以此为基础进行的。话筒属于一种特殊的音响设备，它的功能是把声音转换成为电能。

话筒可以有多种分类方法：按用途分，可分为通信用、录音（广播）用、家用、测量用等等；按声学结构分，可分为压强式、压差式、复合式等；按能源分，可分为有源和无源；按指向性分，可分为无指向性（全方向性）、双指向性（8 字形指向性）、心形指向性、锐心形指向性（超指向性）等；按工作原理分，可分为电动式（动圈式、代时）、电容式、压电式等等。

1.4.2 后期制作设备

后期制作设备主要包括录像机、编辑机、编辑控制台、视频切换台、电视字幕机等。

1. 录像机

磁带录像机的主要任务是实现对视、音频信号的记录和重放。目前使用的磁带录像机种类很多，各电视台较为常用的是 Betacam – SP 录像机，其主要的机型（广播级）有 BVW – 60P、BVW – 65P（DT）、BVW – 70P 和 BVW – 75P（DT）等等。

2. 编辑机

编辑机是指带有电子编辑功能的录像机。一般具有诸如编辑状态的选择、编辑点的插入、修改或消除以及编辑点处画面的预演和审看等功能。除此之外，编辑录像机还能在快速搜索状态下提供可辨画面，且能在正常速度的 0 至 ±1 倍状态下快速找到编辑点，以及通过遥控电缆在功能板上对放像机进行遥控，不需附加其他控制硬件就能实现两台机器的对编。此外，当将 BVW – 70P、BVW – 75P（DT）以及 AU – 650 等编辑录像机用遥控电缆与装有动态跟踪（DT）磁头的放像机相连时，这些录像机能记忆放像机无噪声重放速度（– 1 至 + 2 倍正常带速）的数据，在预演和自动编辑过程中，能根据所存速度的数值，重新产生这些速度，实现动态运动控制（DMC）编辑。

3. 编辑控制台

编辑控制台是编辑系统中，对录像机、视频切换台和调音台及所有相关设备进行控制并完成指定功能的装置。简单的编辑控制器是能够进行程序编排的开关控制器，仅对录像机起遥控作用。高级的编辑控制器内部装有微型计算机、数据存储单元等，能对编辑程序进行编程，并将其存储起来，实现自动化编辑。需要注意的是，系统能否进行电子编辑主要取决于使用的录像机是否具有电子编辑功能，编辑控制器只是起了使系统性能高度自动化和多样化的作用。较常用的编辑控制器有 RM – 450CE、BVE – 600、BVE – 800、BVE – 900、BVE – 2000 等等。

4. 视频切换台

早期的视频切换台主要用于节目播出。随着录像机及编辑控制器的发展，视频切换台除了用于节目播出外，更多的是用于节目后期制作，它可以实现多路视频输入信号源之间的切换、混合、划像和键控。切换台有模拟复合、模拟分量和数字分量等几种类型，不同型号视频切换台的性能和外部结构不尽相同，使用时必须认真阅读使用手册。

1.5　节目制作三个阶段

根据电视节目制作的操作流程，我们可以把它划分为不同的阶段。一般来说，一个节目的制作可以划分为三个主要阶段：前期制作、制作、后期制作。每个阶段又可细分为若干步骤：第一阶段包括节目的构思、草拟剧本或提纲、节目的初步策划（制作说明的初步讨论、舞美设计草图、照明、化妆、服装、设备等方面的考虑）、剧本定稿、细节规划、资料准备等内容；第二阶段要进行剧本排演、演播室排练、最后排演、试录和正式录制等步骤；第三阶段又可分为编辑、审看、修改、复制等等。当然也存在一些特例，如现场直播，就把节目的前期采录和后期编制合而为一，形成一个不可分割的整体过程。总的来说，电视节目制作是一个复杂的过程，制作中的各个工序是紧密联系的，每一个环节及各个环节配合、衔接的好坏，不仅影响制作成品的质量，甚至关系到节目的成败。因此，制作者要熟悉各个工序，根据节目内容和规模，具体问题具体分析，采用合理的步骤，高质高效地完成制作过程。

1.5.1　前期制作阶段

节目的前期制作，包括节目的选题设计、报道提纲、预访和实地勘察、节目策划书和拍摄日程表几个部分。

1. 节目的选题设计

节目的选题设计要考虑四个方面的问题：主题、处理、视觉潜力以及可行性。

选定主题是构思策划阶段的核心，也是整个节目制作的核心。

确定选题，首先要对受众和既有节目进行分析以确定节目的指向。然后要尽可能多地占有指向群体受众的相关资料，对所占有资料进行全面的分析和思考，了解受众的需要和要求，根据受众的需要，设计节目的目的、节目内容、表现形式、进行程序和方法，以及可能发生的后果和影响等等，特别是对传播效果，要有冷静的分析和估计。有关主题和观众的信息可以通过相关的基础研究来汇集。在美国，广播工作者一般通过系统研究以及与公众领袖会谈来弄清他们的社会需求，然后设计广播电视节目来满足这些需求。很多播出节目系列的职员中包括一个或多个研究员，他的工作就是了解观众感兴趣的主题。在新闻节目操作中，责任编辑决定当天哪一些报道对收视观众最具重要性或有潜在的兴趣，并将这些题目分配到各个电子新闻采集制作小组。

一旦题材已明确，需要确定如何来体现节目观点。不仅节目的样式必须明确，而且还要作出在选定的样式内确定主题处理的方式。例如，就盲目开采自然资源而言，一些制作者可侧重环境和后代的忧患意识，而另一些制作者会引申出贫穷和教育的问题。同一题材的不同制作者能找出自己的特定切入点。

视觉思维是电视的生命所在，在选题时要考虑到题材视觉表现力。在评估题材的视觉潜力时，制作者不仅应当考虑是否一个题材比另一个题材具有更多的视觉潜力，而且也应当考虑任何题材的视觉潜力的可扩展程度。访谈的地点、摄像机位置、镜头的选择以及照明，都以增加访谈的视觉潜力为主要考虑因素。

节目计划的可行性是至关重要的。应当考虑制作者获得接近题材的能力以及支持制作的资源可用性。制作资源包括经济支持（偿付制作的足够预算）、人力（实施制作的付酬的和业余的人员）、设备和工具。

2. 报道提纲

在大多数电子新闻采集（ENG）以及在很多其他制作情况下（如电视专栏片段），可能不像电视剧那样需要正式脚本，而是采用一个报道的提纲。报道的提纲是用在报道中的主要元素的清单。通常，它详细说明了涉及的地点、在各个地点录制的基本的视觉素材以及任何采访片段的对象。偶尔，也指明了特别推荐的镜头、过渡镜头以及开始或结尾镜头。

有时报道的提纲未写出来，而代由节目的制作者对制作成员的口头描述。这种制作计划（或根本没有计划）不适合初学者。

专业人员能够利用这种方法主要在于，他们已习惯作为整体在一起工作，而更重要的是因为他们懂得电视的规律。他们知道需要拍摄什么以获得足够的素材进行编辑。即使没有脚本，摄像机操作者知道需要什么镜头，并且会对整个报道中重要的特定镜头和片段予以多次拍摄。在这种情况下，制作者可能列出一些问题或处理采访题材的提纲。

3. 预访和实地勘察

预访就是在制作之前对节目对象的一次采访。预访对节目制作者和被采访者都是相当重要的。从制作者的角度来看，一次预访建立了与被访对象的接触并给予制作者对实际制作节目的最初的允诺。根据节目的设计，预访是依据节目的人物和内容对主题增进熟悉的一个重要环节。预访可以提供有关节目的结构和内容的最初的信息；提示编入到节目片段中的视觉素材的可能性；对其他人的来访或在其他场地采访以获得关于节目的额外信息的可能性。

实地勘察可以提供关于将要进行拍摄的实地的重要信息，包括照明、电源和声音以及安全因素。

4. 节目策划书和拍摄日程表

前期构思策划和准备工作完成后，就需要落笔成文，形成正式的节目策划书。根据不同的情况，策划书将含有下列因素的部分或全部：

（1）论述。一个方案的叙述性的描述，应当将传达方案的基本观点以及它的重要性和需求方面表现出来。

（2）主要元素提纲。这一项应当表现节目的主要元素。如果你的方案是用于一个娱乐或纪录片节目，这一项明确了节目的最重要部分。如果制作的是教育性节目，这一项将概括出主要目的或目标，或许以列单的形式，指出从节目中将学到什么。

（3）地点和场景的清单。地点和场景关系到如何预算制作时间，因而是相当重要的。地点是即将要进行拍摄的地方，而场景是指拍摄地点的具体拍摄内容。

（4）计划拍摄日程表的提纲。拍摄日程表勾勒出每一制作日将如何安排的实际估计。提纲应当包括希望进行拍摄的每一片段的时间量以及更具体的情况，诸如路程、设备安装和工作人员的休息时间等的分解。

（5）关于技术可行性的注释。应当提出有关实地进入、人群控制、电源或足够的光线配备等任何问题。如果已经完成一个现场的查勘，就能够提供关于现场计划实施的最重要问题的答案。

（6）脚本。是任何制作都必备的一个重要部分。如果你的节目将完全依照脚本，那么一部脚本的拷贝或一本来自脚本的节录应当包括在计划中。如果你的节目是纪录片或基于访谈的内容，那就应当有一个体现节目主要成分的提纲。

（7）评估。计划应当含有一个评估节目有效性方式的描述。节目的有效性评估能够采用多种形式，如提供对观看节目人数的估计，或者电台及有线电视台播出的次数等。如果节目以特定的学习目的作为目标，你可能期望检验你的观众看到并记住了多少由节目所传达的信息。

（8）预算。节目计划要包括一个节目的预算。预算应当是与制作相关的所有价格的实际估计。电视制作者在各类制作状况下具有不同的预算。例如，大学制作课程中的学生，可能发现与制作相关的仅有的代价是录像带的价格；独立制作者可能必须为现场拍摄租借大量的设备并为后期制作编辑租借编辑工具。总之，应当从设备、地点、声音、灯光、服装以及道具的需要作出合理的预算。

策划书完成后，要送给电视台的节目部门负责设计或审查的人员进行审查。审查的标准包括：节目的内容是否恰当、主题意识是否正确、节目形态是否生动、节目内容是否具有吸引力、题材是否适宜制作电视节目、受众是否能产生良好的反应、时间长度或每周播出次数是否适宜、跟其他已有节目有无类似之处、预算是否合理等等。

审查人员根据以上各项内容作出审查意见（或完全接受、或部分修改、或拒绝采纳）送交电视台的节目负责人，由节目负责人作最后决定。

1.5.2　制作阶段

策划书通过审查批准后，就可以进入节目制作的第二个阶段——制作阶段。制作阶段根据不同的节目类型有很大的不同。总的来说，有两个关键因素是必须考虑到的：

1. 拍摄需要的设备必须齐全

实地勘察将告诉制作者在拍摄中需要多少设备，最好把所有需要的设备列成一张清单，这样便于制作过程中的设备管理。如果实地勘察不能够进行，应该携带比你认为可能需要的设备更多一些的设备，特别是有关配套设备，诸如灯具、话筒、电缆等。

2. 人员分工必须清楚

电视制作是协同性很强的工作，人员分工必须清楚明白。

制作组成员的规模和职责在不同类型的制作中是变化的。一个电子新闻采集小组可能由两个人组成：摄像机操作者和出镜记者。摄像机操作者的职责是操作一体机录制图像和声音，他必须作出关于摄像机位置、镜头角度、变焦的变化以及重要素材的重摄决定，确保编辑处理的足够素材被录制。记者通常是节目或报道的制作者，具有传达报道提纲的细节到摄制、建议所需要的视觉画面、进行所要求的采访、提供画面中的主持介绍和概括总结、写出和提供任何其他的画外音讲述等职责。要求较高的电子新闻采集小组可能包括专门的录音员等其他人员。

在制作过程中，要树立镜头第一的意识。在突发事件采访中的新闻采集人员，必须在现场就拍摄什么和以什么顺序拍摄作出最快决定。专栏节目的制作者必须决定将被录制的采访和补拍的视觉素材的次序，以及分派多少时间给拍摄的各个元素。戏剧脚本的导演需要分解脚本使之成为分镜头，并决定如何最好地使用各个男女演员和各个场景。

制作过程中还应强调协作精神。一个良好的效率高的制作小组往往是一个团结的协作小组。大家互不计较，互相帮助，主动补台，一切为制作，一切为镜头。所以制作组的成员也应是多面手，既明确分工，又团结协作，只有这样，才能高效地制作出好的电视节目。

1.5.3 后期制作阶段

后期制作阶段一般分为磁带审看、粗编、执行编辑三个环节。

1. 磁带审看

编辑在拿到制作阶段拍摄好的磁带后，首先必须进行审看——观看所有的录像带。审看的作用有两个：第一，让编辑观看所有拍摄的素材并作出记录；第二，让编辑就素材内容的好坏、是否予以采用作出初步的判断。审看是录像带编辑者决定编辑节目的基本结构和内容的最初步骤。

2. 粗编

审看结束后，开始进行编辑。第一步是制作出一份初步的编辑稿。编辑稿是一份制作编辑的书写计划，由所有使用的镜头清单、分镜头的简要叙述和每一镜头的入、出点（图像或声音的开始和结束）的记号等组成。之后，根据编辑稿进行粗编，并根据预先设定的意思表达需要和时间限制进行修改，产生最终的编辑稿。

3. 执行编辑

在节目最终的编辑稿产生后，即可按图索骥，进行最终的编辑。执行编辑时，应当特别注意节目的图像和声音，如果需要，可以动用专用设备对其进行润色，使节目达到预期的效果。

1.6　电视新闻节目的制作与播出

1.6.1　电视新闻节目制作与播出的关系

电视新闻节目制作与播出的关系非常密切。本来，现场直播是一种播出形式，是属于技术部门负责的工作环节，而节目制作是新闻部门的工作环节，但由于电视的特殊性，电视节目有不同的播出方式，因此对各种节目制作的程序、方式、要求也各有不同，它们与记者的采访、写作、编辑等具体工作做法关系很大。现在很多电视台里，新闻中心（或新闻部）实际上就是新闻工作与技术工作的结合部，在新闻节目的播出环节上独立于电视台的技术部门而自成体系，由专门的技术人员负责节目的二级导播。

二级导播是新闻播出的一种方式。一级导播是指新闻节目在录像制作后，送到电视台中心播出，电视台的各类节目都由这个播出中心负责播出。二级导播是在新闻部门设立播出机构，即新闻中心，一到新闻节目时间，电视台播出中心就将播出任务转到新闻中心，由新闻中心直接负责播出，由此形成电视台播出中心（大中心）和新闻中心二级导播。

实行二级导播后，新闻节目的后期制作就包含了制作和播出两个环节，它避免了制播分离所产生的脱节，使新闻节目的时效性得到加强，延迟了截稿时间，并为新闻直播创造了条件，给节目制作和处理过程中各环节的工作带来更大的灵活性和准确性，有效提高了电视新闻节目的质量。

1.6.2　电视新闻现场直播

电视新闻现场直播，是指在新闻事件的现场将采访拍摄新闻的过程与播出的过程同步进行的一种电视节目形式，是将先进的传播手段与新闻时效性特点相结合的一种最佳节目形态。现场直播的实现，首先依赖于传播新技术的发展，而且观众需求大量的新信息，新闻传播速度要求更快，前者是客观条件，后者是主观需求，两者同时具备才使现场直播成为可能，并且得以迅速发展。所以说，它是一种最能发挥电视优势、最符合新闻传播特点的节目制作和播出形式。

电视新闻现场直播的最显著特点是时效性和现场感。时效性是指时间接近、传播速度快。因为是第一时间同步播出，观众获知事件发生和发展的时间与事件发生和发展的时间差距缩到最短，时间差几乎为零。

现场感是指距离接近，因为是在事件的第一现场采访报道，观众感受信息的距离与从其他媒介渠道和电视的其他播出方式相比大大缩短，如同近距离亲历现场，感同身受，一睹为快。当记者以现场采访的方式作报道时，现场报道与现场直播的特点相结合，具有面对面人际传播交流的特点，能提高观众的参与意识，现场直播的优势就能得到更充分的发挥。

此外，由于现场直播的报道是连续进行的，因此能给观众展现较为详尽完整的事件全过程，使报道更具真实性。

现场报道虽然具有明显的优势，但同时受到很多客观条件的制约，有赖技术条件的支持才能得以广泛应用。早期的现场直播由于技术设备等条件的限制，不能经常采用，一般只用于重大的新闻事件，而且绝大多数是可以预料的，事先做好周密的计划和部署，直播时出动多机、多车、多人数，以大兵团作战的方式完成。因此，对是否采用直播方式的衡量条件，一是看新闻节目是否突出、重大，是否有直播价值；二是看技术条件和客观条件是否同时具备，例如设备条件和发射条件，如用微波传送，传播范围内是否有障碍物阻挡；如远距离传送，能否使用卫星线路；有的节目还涉及直播权的问题，是否有足够的费用等等。在这样的情况下，电视新闻的现场直播受到诸多限制而无法普及应用。

目前，这种情况已得到很大改变，技术和设备条件正逐步改进和完善，微波传送、光纤传送、卫星传送越来越普及，加上新闻制作人员直播意识的加强，直播的样式渐趋多样化、规范化，并逐渐进入到日常的新闻节目之中。

本章小结

本章以不同的分类标准介绍了电视节目制作的各种方式及其发展变化对电视节目形态产生的影响。对节目制作人员的组成和职责、节目制作的主要设备和制作阶段分别作出概述，并阐述了电视新闻节目制作与播出的关系和电视新闻现场直播形式的意义和特点。

复习思考题

1. 如何理解电视科技发展给电视节目形态带来的变化？
2. 对现阶段电视节目形式的发展趋向和新闻直播节目的运用及操作情况作出调查和分析。
3. 认识电视新闻编辑工作的多元化角色。
4. 通过分析各类节目的制作特点和播出情况，参与节目制作的实务训练，并对参与完成电视节目制作全过程任务作出总结。

2

电视摄像技术基础

本章要求

- □ 了解和掌握电视摄像机的工作原理。
- □ 掌握电视摄像机的基本操作方式和技巧。

2.1 电视摄像机的基本结构和工作原理

摄像机一般由镜头、主机（包括摄像单元和录像单元）、寻像器、话筒、附件几部分组成。其内部结构如图2-1所示。所有的摄像机，都以同样的基本原理工作：把光学图像转化成电子信号。具体过程是：景物通过透镜组聚焦在摄像器件的"靶面"上，透镜组可进行聚焦、变焦及光圈调整。"靶面"是一种光电导材料，它能按照像的亮暗程度将光学像变成电信号，并经过电路处理后，送到录像单元，记录在磁带（或磁盘）上。话筒拾取声音信号并将其变成电信号，与图像信号同时记录在磁带（或磁盘）上。

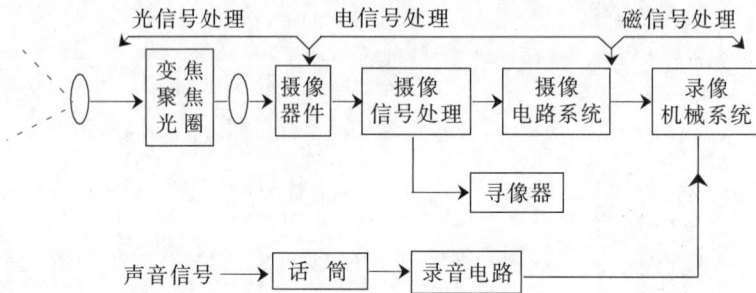

图2-1

2.1.1 镜头

与照相机的镜头形式相似，摄像机的镜头也是由若干组透镜组成的，被摄景物通过镜头成像在摄像器件上。镜头可分为固定镜头和变焦镜头。固定聚焦镜头又可分为标准镜头、长焦镜头和短焦镜头。而变焦镜头则是把这三类镜头组合在一起，并可以在相互之间连续变化。现在广泛使用的是变焦镜头。变焦镜头的最长焦距与最短焦距之比为变焦倍数。

1. 镜头的焦距

从技术上讲，焦距是指从镜头的光学中心到镜头中影像聚焦的那一点的距离，如图2-2所示。

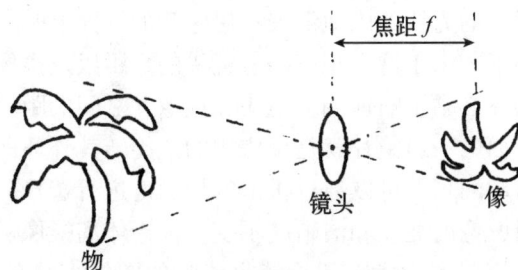

图2-2

从操作上讲焦距是镜头的一个基本特性，它可以决定影像的放大倍数和镜头所摄的水平视角的大小。焦距越短，水平视角就越开阔，影像也就越小。标准镜头拍出的景物的大小、比例、距离感与人眼直接看到的景物最接近。短焦距镜头（广角镜头）拍出的景物比标准镜头小而远，但可视范围广、视角大。长焦距镜头（望远镜头）可以把远处的景物变近、放大，但视角小。三种不同镜头的成像效果如图2-3所示。

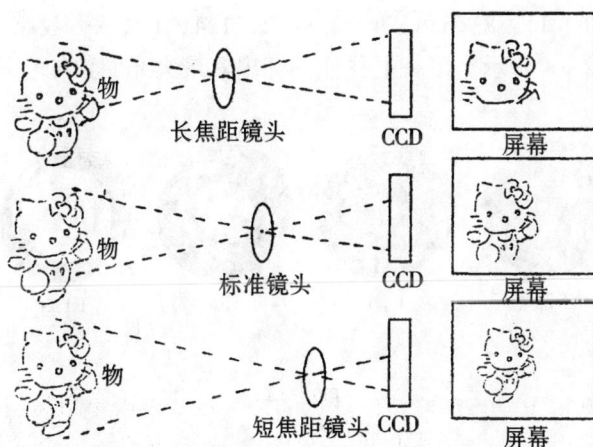

图2-3

因此，焦距决定一个特定的摄像机视域的宽广，对变焦镜头而言，镜头可在其最宽的水平视角到其最窄的水平视角的整个范围内连续变化，水平视角在变焦过程中随着焦距的增加而变窄，被摄物体随之变大，摄像师可从任一焦距开始以任意速度推、拉变焦镜头，以改变被摄体的大小和水平视角的范围。

2. 镜头的聚焦

当穿过镜头后部的光线准确地汇聚在摄像管的屏面上时，该摄像机图像便处于焦点调好之中了。由于这个距离随着镜头的焦距以及摄像机至被摄体距离的变化而变化，因此必须不断地调节镜头和摄像管之间的距离，以便保持准确的聚焦。镜头最前面的一组镜片就是聚焦用的，旋转其外环即可进行调整。聚焦调整有手动和自动两种，可以通过机上的控制键进行选择。对变焦镜头最基本的要求是变焦时图像的亮度和清晰度不变。被摄体离摄像机镜头愈近，镜头与摄像管之间的距离就要愈大，才能获得清晰的图像。所有镜头（变焦和固定焦距的镜头）均有一个最小的被摄体聚焦距离，亦即被摄体和镜头之间可以允许的最短距离，在此距离上仍能获得对焦清晰的图像。一般地说，焦距较短的镜头比焦距较长的镜头可以拍摄距离镜头更近的被摄体，因为短焦距使得镜头与摄像管之间的距离无须很大也能进行清晰的对焦。然而，随着焦距的增加，镜头与摄像管之间的距离也要随之加大。

3. 镜头的光圈

光圈的作用是控制进入镜头光线的强弱。当外面光线强时，应缩小光圈，当光线弱时，应增大光圈，使得通过镜头的光线强度保持稳定，从而使得到的图像不致过亮或过暗。光圈的大小用光圈指数 F 表示。F 的标值通常为这样一组数字：22，16，11，8，5.6，4，2.8，2，1.4，1.2……数字越小，表示光圈越大，如图 2-4 所示。镜头上往往都标出其最大光圈数如"F1.2"。

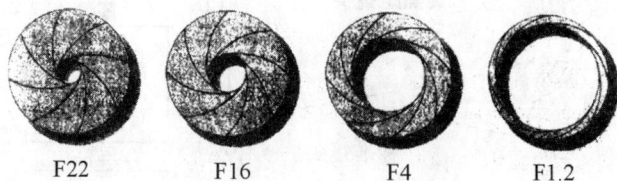

F22   F16   F4   F1.2

图 2-4

2.1.2 摄像单元

摄像单元的作用是把经过镜头送入的光信号变为电信号，再经过各种电路处理，最后得到被称为视频信号的电信号。

1. 摄像器件

摄像机使用的摄像器件可以是摄像管或 CCD 半导体片。外界景物通过镜头所成的像恰好落在摄像器件的感光面上。感光面上排列着许多感光小单元，称为像素，如图 2 - 5 所示。每个像素都可把感受的光线变成电信号。在同一面积的感光面上，像素越多，分辨图像能力越强，获得图像的清晰度也就越高。我们把分辨图像的能力称为解析力（分解力），用在整个画面的水平方向上能分辨多少黑白相间的线条来表示。如水平分解力为 600 线（TV 线），表示在荧光屏上有 600 条黑白相间的垂直线条能看清楚。

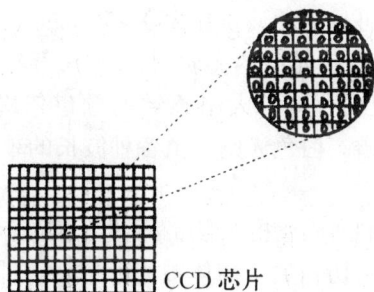

CCD 芯片

图 2 - 5

摄像器件的各个像素将产生各自对应图像的电信号，其中包含了图像的亮度、对比度、色度等各种信息。图像的亮度是指整个图像的明暗程度；对比度是指图像中亮暗部分的对比程度（或黑白反差度）；色度包括色调和色饱和度，色调表示图像的颜色，色饱和度表示颜色的浓淡深浅。所有这些电信号送到后面的电路中进行加工处理。

2. 信号处理电路

图像信号处理有许多环节、方式与步骤，这里主要介绍几部分。

（1）增益。即电路对信号的放大。从摄像器件送出的电信号非常微弱，必须通过电路把信号放大到一个标准值，以便送到录像机及监视器的荧光屏上。信号的大小随被摄物的明暗程度变化而变化。在光线较暗的场合拍摄，光圈又开到最大仍不能得到正常的图像，这时就需加大增益。增益的单位是分贝（dB）。信号每放大一倍，相当于增益增加6dB。正常的增益是0dB，增益一般分为 +6dB、+9dB、+12dB、+18dB、+24dB 等若干档，应根据不同的环境场合选择使用。

增益越大，摄像机在暗处拍摄能力越强，其灵敏度便越高，摄像机灵敏度指标可表示为当一台摄像机处于最大增益时，拍出亮度合适图像的最低环境照度，单位用勒克司（lx）表示。但是，增益越大时，电路中的噪声也同时被放大，在图像上表现为杂波增加，颗粒变粗，信杂比（有用信号与杂波之比）下降，画面质量受损。

（2）白平衡。是图像信号处理电路中的一个重要环节，它直接关系到图像色彩还原的准确程度。

白平衡是摄像中的常用名词之一，要理解白平衡的概念，还得先从光和色说起。

光是一种电磁波，可见光的波长在 380～780nm（纳米）范围内，不同波长的光波在人眼内不仅引起光亮的感觉（亮度），而且引起不同的颜色感觉（色调）。波长由长到短变化时，人眼感觉的颜色依次为：红、橙、黄、绿、青、蓝、紫，合称为光谱。白色光则是由各种波长的单色光混合起来作用于人眼产生的。

在日常生活中，我们所看到的景物的颜色不仅与其本身的物理特性有关，而且还与照射它的光源密切相关。物体被光照射时，能够吸收某些波长的光，反射或透射另一些波长的光，这部分反射或透射的光作用到我们眼中引起的颜色感觉就是物体的颜色。例如在日光照射下，红花能反射红光，吸收其他颜色的光，因而呈现红色；白色物体能反射各种波长的光，因而呈现白色。如果用红色光照射白色物体，则会呈红色。这表明，光源的色调会影响人眼对物体的颜色感觉，因此要正确再现物体的颜色，就必须选择合适的光源。

光源的色调通常用色温表示。将一种"绝对黑体辐射体"（如一个绝对不反射入射光的封闭的炭块）燃烧，在不同的温度下，它发射出的光的颜色不同，当某一类光源与绝对黑体在某一特定温度下辐射的光具有相同的特性时，这个特定温度就被定义为该光源的色温，用热力学绝对温标开尔文来表示，单位为 K。开氏温标的 0K 为摄氏温标的 −273°C。任何光源，都可以用色温来表示。以下列出几种典型光源的色温：

蜡烛光	1 930K	钨丝白炽灯	3 000K
碘钨灯	3 200K	水银灯	4 500~5 500K
日光灯	6 000K	阴雨天的天空光	7 000K
日出、日落	2 000~3 000K	烟雾弥漫的天空光	8 000K
没有太阳的昼光	4 500~4 800K	晴天无云的天空光	10 000K
中午的阳光	5 000~5 400K		

由此可以看出，光源色温低，光线偏红；光源色温高，光线偏蓝。要正确再现景物的色彩，就必须控制光源的色温。

摄像机将其拍摄下来的信号再经荧光屏还原成图像显示出来时，应该仍能反映出原来的颜色，这就是色彩还原。自然界物体的颜色成千上万，摄像机如何处理如此众多的颜色呢？人们发现，颜色的种类虽然多，但都可分解成红、绿、蓝三种基本颜色，在摄像机中只要对这三种基本颜色分别进行放大处理即可合成各种色彩。白平衡电路实际上就是可对这三种颜色对应电信号分别调整放大的电路。因为白色刚好包含了全部三基色，如果白色调好了，其他色也就正确了。而且白色也是一种敏感的颜色，最容易看出是否偏色。因此，摄像机调白平衡是以白色物体为基准，调整电路中对红、蓝两种颜色的放大量（绿色的放大量保持不变），以达到白色平衡，使其输出到电视机荧光屏上时，能够不偏色地显示出原白色图像，如图2-6所示。只要白色图像正确还原了，其他颜色图像也就能够得到正确的显示。

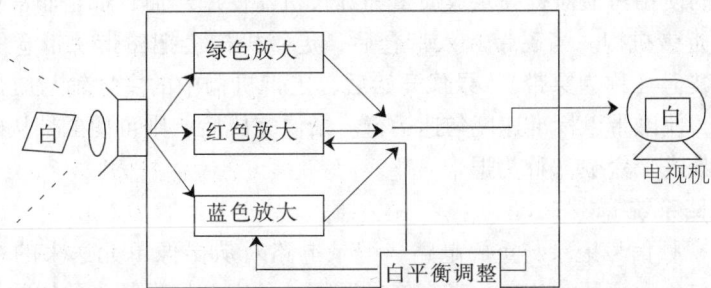

图2-6

（3）信号数字化。对图像信号进行数字化处理是当今的发展趋势。数字化后的信号在进行传输、处理和存储时有许多优点，如抗干扰能力强、稳定性好、损耗小，易于元件集成化，便于大量快速存储，便于与计算机联机处理等。数字化是摄像机提高使用性能，增加新功能（如数码变焦、油画、频闪、静帧效果等）的基本条件。

3. 控制电路

摄像单元中，还有许多控制电路，用以控制摄像机的各种功能。有些功能是自动控制，如自动聚焦、自动光圈等。通常自动控制是通过检测电路检测出偏离状态，经过比较计算，产生一个误差电压，再送到控制电路将偏离状态纠正成正常状态。有些功能是手动控制，使用时应根据实际情况进行操作。

2.1.3　录像单元

录像单元就是一台录像机，其功能是把摄像单元送来的视频信号和话筒送来的音频信号转换成磁信号记录在磁带上，它也可以作为放像机来使用。录像单元由机械系统（带仓、磁头、走带机构）和电路系统（记录与重放电路、伺服电路、控制电路）两大部分组成。

1. 机械系统

（1）带仓。是放入和取出磁带盒的精密机械系统，通过触按 EJECT 按钮，带仓可自动升起，便于取放磁带。

（2）磁头。是录像机的重要器件。它的功能是把电信号变成磁信号。录像机的磁头包括音频磁头、视频磁头、消磁磁头和控制磁头几种。其中视频磁头是录像机中最容易损坏的部件，保持清洁的使用环境，使用高质量的磁带和养成良好的使用习惯对提高录放质量和延长机器使用寿命，都是非常重要的。

（3）走带机构。当磁带放入带仓后，走带机构会把磁带从带仓中拉出并缠绕在磁鼓上（称为穿带）。录像开始后，走带机构中的主导轴与压带轮负责驱动磁带，使磁带以标准速度匀速运行。录像完成后，则可使磁带从磁鼓上退下并自动收进带盒中（称为退带）。

2. 电路系统

（1）视频信号记录与重放电路。记录电路对从摄像单元送来的视频信号进行亮度与色度信号的分离、亮度信号调频、色度信号降频、预加重等技术处理后再录制。放像时重放电路则把从磁带上获得的信号进行色度信号升频、亮度解调、去加重等处理而得到标准视频信号。

（2）音频信号记录与重放电路。从送入录像机的声音信号（话筒和线路）中选出一路，经放大处理后，送到声音录/放磁头录制。重放时，从声音录/放磁头拾取微弱信号,经放大处理后送出。

(3)伺服电路。能精确控制磁鼓旋转的速度及磁带行走的速度,使两个速度保持同步,录制时能在磁带上录出标准的磁迹,重放时保证磁迹与磁头对准,使磁头在高速旋转时能准确地从视频磁迹上拾取信号,从而保证图像质量的稳定。

(4)控制电路。可通过控制按钮的操作确定录像机的工作状态,控制磁带的运行。还可通过自动控制电路进行带头带尾自动检测、长时间暂停后自动停机、潮湿自动停机等自动控制功能的实现。

2.1.4 寻像器

摄像机的寻像器实际上是一个微型监视器,其作用是用来取景。只有在通电的情况下才能使用。

寻像器的荧光屏一般多为黑白显像管,显现的是黑白图像。寻像器前面加有一个目镜,是一个凸透放大镜,目镜与荧屏的距离是可调节的,以适合不同人眼的屈光度,以便看清细节。寻像器的画面上还可以显示各种文字、数字、符号等说明字符,以及摄像机的工作状态指示、自动告警指示等。

2.1.5 附件

1. 交流电源适配器

交流电源适配器可以把 220V 电压变成低电压直流输出,通过电缆线送到摄像机上,作为摄像机的电源动力。一般输出直流电压有 6V 和 12V 两种。交流电源适配器通常也具有充电器的功能,可以对充电式电池进行充电。

2. 电池

在没有交流电的地方,摄像机用电池来供电。摄像机用的电池是充电电池。此外,作为记忆时钟和日期的电源,通常是另外用 1~2 枚纽扣电池,这种电池不能充电,但由于耗电极少,所以能用很长时间,不必经常更换。

3. 录像带

录像带用来记录、储存信息。录像带不像录音带,它没有 A、B 面之分,不能翻面使用。磁带的底边有一录制检测用方孔,孔上有防误抹片遮挡时可以录制;把防误抹片拨开露出检测孔时可禁止录像机进入录制状态,此时只能放像。

2.1.6 输入与输出接口

1. 视音频输出接口

这组接口可通过视音频电缆直接输出视音频信号作另一设备的输入信号。

2. 视音频输入接口

这组接口用于接收另一设备的输出信号。

3. 耳机插孔

用于接耳机监听拍摄或放像时的声音。

4. 话筒插孔

接机外话筒。接通外接话筒时，机内话筒不工作。

5. 交流适配器插口

交流适配器的输出电缆接到此插口送入直流电源。

2.1.7 按钮、开关

1. 电源开关

接通或切断摄像机的电源。有些机器此开关增设一档，可单独接通录像单元的电源，用于放像或编辑磁带。

2. 弹出钮

按下此钮，带仓即弹出，便于取出或插入录像带。

3. 磁带操作钮

分别使磁带停止、倒带、快进、放像、暂停、录制。录像时录制钮应与放像钮同时按下。有些机器还有后配音钮与插入编辑钮，与放像钮配合使用，可在已录制的磁带上后配音或修改图像。

4. 开始/停止钮

通常在持机的右手大拇指所在的位置设有一个红色的开始/停止钮。在摄录像时，把它按一下即开始录像，磁带行进，再按一下，录像暂时停止。

5. 待命钮

摄像机处于摄录暂停状态时，若短时间内不再拍摄，可按下此钮（STAND BY），这样能节省电池能量的消耗，并防止误触其他钮。解除此状态时仍用此钮。

6. 电动变焦钮

按 T 端，被摄物变近、放大；按 W 端，被摄物变远、缩小。

7. 跟踪调节钮

在磁带重放时，调节此钮可获得信杂比最好的图像。若调偏，画面可能出现杂波。

以上介绍的一些按钮开关一般在各种摄像机上都有，另外还有许多控制、操作、调整按钮，各个机器有所不同，可以参看各机的说明书。

2.2 电视摄像机的分类及其主要性能

2.2.1 摄像机的分类

摄像机种类繁多，用途广泛，其分类方法有多种：

1. 按性能分类

摄像机的性能决定了其主要用途。对于同一代产品而言，按摄像机的性能高低，我们可以把它们分为广播级、业务级和家用级三个档次。

广播级摄像机是最高档的。其性能稳定，图像质量最好，彩色、灰度都很逼真。在允许的工作范围内，图像质量变化很小。即使在工作环境恶劣的情况下，如寒冷、酷热、低照度、潮湿等状态下，也能拍出比较满意的图像。主要用于广播电视领域，体积较大，价格也最高。

业务级的摄像机主要用于电化教育、闭路电视、工业、医疗等领域。图像质量低于广播级，价格相对较便宜，也更小巧、轻便。

家用级摄像机主要用于家庭娱乐，如旅游、婚礼等场合。图像质量相对较差，但体积较小，便于携带，价格也最低廉。

2. 按制作方式分类

按摄像机主要使用场合的不同，可将其分为：演播室摄像机，包括 HDTV（高清晰度电视）摄像机；ENG/EFP 摄像机和摄录机；家用的或者小型的摄录机。

这种分类并不决定它们的专用范围或者相对质量。例如，演播室摄像机经常用于现场；现场摄像机，如便携式的ENG/EFP摄像机，也被用于演播室。

　　然而，摄像机的各种类型在制造时对其功能和应用是预先有设想的。一些类型的摄像机更适宜于电视剧的制作；另一些更适合于报道城区的一场火灾或一个关于污染的纪录片的制作；还有一些则适宜在假期里记录一些值得记忆的景象。

　　（1）演播室摄像机。是一种高质量摄像机。它非常沉重，如果没有机架或一些其他类型的摄像机底座设备，就无法根据需要进行移动。演播室摄像机用于各种各样的演播室节目的制作，诸如新闻、谈话和小组讨论等节目，或每日播出的连续剧。另外，在音乐会、大会堂、足球场、网球场或医院设施等这样一些"现场"中也被使用。

　　标准的演播室摄像机和 ENG/EFP 以及家用摄像机之间的明显区别是，演播室的摄像机只能作为摄像机系列的一部分起作用，而所有其他类型的摄像机都是自足的，能够不用其他辅助的控制设备工作。

　　演播室摄像机的最大优点是可获取高质量的图像，缺点是结构笨重、复杂。实际使用时，要根据需要来进行选择。如果画面质量是最重要的，例如在广告、医疗卫生节目或情节剧的制作中，无疑应该选择高级的演播室摄像机。或者估计有大量的后期制作，演播室摄像机的高质量画面也是特别重要的。因为估计后期的制作越多，最初的视频质量应该越高。

　　高清晰度电视（HDTV）摄像机产生的画面有超级的分辨率、色彩逼真性和明暗对比度，使用高质量的 CCD 作为它的成像装置。HDTV 摄像机之所以超过最高质量的演播室摄像机，是因为它增加了扫描线的数量。就像增加像素的数量会提高图像的分辨率一样，增加扫描线的数量也是如此，扫描线越多，可以想象能够看到的细节也会越多。HDTV 中的扫描线数量（1 125 条线）是正常的 PAL 系统（625 条线）的近两倍。因此，HDTV 显示了一个比常规电视大得多的对比度（即在图像中最明亮和最黑暗的部分之间有更多的层次），同时它有更多的色彩变化，这使它成为 35mm 电影的一个强有力的对手。

　　HDTV 是高度专门化的电视系统，它要求整个系统的所有设备都是高清晰度的，除了 HDTV 的摄像机镜头、电子线路和 16∶9 的取景器外，还要求有高清晰度的摄像机、录像机、监控器以及视频放映设备，因而特别昂贵。目前它尚未用于日常的电视广播，而是用于许多非电视广播的领域，如电子化的电影制作、医学等领域的教育研究和广告的制作。将来，HDTV 摄像机则可能会有更大的作为。

　　（2）ENG/EFP 摄像机和摄录机。通常是由摄像机操作员扛着或放在一个简单的三脚架上面。它们是自足的，在摄像机头里包含了整个的摄像机系列。ENG/EFP 摄像机附带着它们内在的控制设备，它被设计来制作高质量的画面，并被记录在一个分开的录像机上。一个小型的录像机可以和摄像机组合在一起。摄像机和录像机组合在一起或把录像机做在摄像机里面，就构成了一个摄录机。ENG/EFP 摄录机和小型的家用摄录机以同样的基本原则操作，但是它的录像带具有更高的质量。现在，家用摄像机的一些自动特性，诸如自动曝光，也被结合进了专业的摄录机。这些特性使得在剧烈变化的条件中不用调节摄像机就可以制作出可接受的图像。高级的 ENG/EFP 摄像机的图像质量很好，因此经常被用作演播室摄像机。

（3）家用摄录机。家用摄录机的摄像机和录像机是一个做在一起、不可分割的整体，而不像可组装的 ENG/EFP 摄像机可以通过加上一台录像机使它从一个常规的 ENG/EFP 摄像机变成一个摄录机。大多数家用摄录机十分类似，都有一个单芯片的成像装置和或多或少相同的制动装置，如自动对焦、自动光圈等。一些高级的家用摄录机有 3 个 CCD，类似于专业摄像机，但是图像质量相差很多。

3. 按摄像器件分类

根据摄像器件的种类不同，可以把摄像机分为摄像管摄像机和固体摄像机两大类。

摄像管摄像机的质量常常用摄像管靶面材料来衡量。广播级摄像机常用氧化铅作为靶面材料，称氧化铅管摄像机。其图像质量好，灵敏度高，光电转换性好。业务级摄像机常用硒、砷、碲 3 种硫属化合物作为靶面材料，称硒砷碲管摄像机，图像质量、性能都不错，价格便宜。

固体摄像机的光电转换是电荷耦合器件（CCD）构成的。其主要方式有 3 种：行间转移方式，简称 IT 方式；帧间转移方式，简称 FT 方式；帧—行间转移方式，简称 FIT 方式。

4. 按摄像器件的数量分类

（1）三管和三片摄像机。摄像机采用 3 只摄像管或 3 个 CCD 芯片，分别产生出红、绿、蓝 3 个基色信号，能够得到很高的图像质量，彩色还原好，清晰度与信噪比高，用于广播级和业务级摄像机。

（2）两管和两片摄像机。图像质量低于三管和三片摄像机，价格较贵，是一种过渡型机种。

（3）单管和单片摄像机。摄像机采用 1 只摄像管或 1 个 CCD 芯片，用特殊的方法产生出红、绿、蓝 3 个基色信号，图像质量一般，多用于监视系统及家庭娱乐类摄像机。

5. 按摄像器件的尺寸分类

摄像器件的尺寸大小与图像质量有着直接的关系，尺寸大，有效像素数多，图像清晰度自然就好，灵敏度也高，当然体积也大。

摄像管摄像机以摄像管的直径大小衡量，CCD 摄像机以 CCD 芯片感光区面积等同于相应的摄像管的靶面面积的管的直径衡量。

（1）1.25 英寸管摄像机。尺寸最大的摄像管摄像机，灵敏度与清晰度最好，体积最大，只能作为演播室用摄像机。

（2）1 英寸管摄像机。其清晰度和灵敏度略逊于 1.25 英寸管摄像机，体积稍小，作为演播室和现场节目制作用摄像机。

（3）2/3 英寸管摄像机。图像质量好，体积小，重量轻，能作为演播室级现场节目制作用摄像机，更加广泛地应用于电子新闻采集场合。

（4）1/2 英寸管摄像机。多为单管机，图像质量低，作为家用摄像机。

（5）2/3 英寸 CCD 摄像机。图像质量好，是广播级和业务级摄像机中使用最广泛的。

（6）1/2 英寸 CCD 摄像机。三片形式，图像质量较好，可作为业务级摄像机；单片形式，可作为家用级摄像机。

2.2.2　摄像机的主要技术指标

1. 灵敏度

灵敏度是用在同一照度下，拍摄同一景物得到额定输出时所用的光圈的大小来衡量的。通常在照度为 2 000lx（勒克斯），色温为 3 200K，拍摄白反射系数为 89.9% 的景物，信号输出为 700mV。此时使用的光圈越小，表示摄像机的灵敏度越高。例如，光圈为 F5.6 的就比光圈为 F4 的灵敏度要高。

2. 信噪比

信噪比是在标准照明度（2 000lx）下，摄像机图像信号的峰值与视频噪波的有效值之比。信噪比的数值与测量条件有关。信噪比是不同档次摄像机的主要指标，该指标越高越好。

3. 清晰度

图像清晰度是指摄像机分解黑白细线条的能力，通常用图像中心部分水平分解力表示。水平分解力 700 线表示在拍摄一幅水平方向具有 700 条黑白相间垂直线条的图像时，监视器上重现图像的中心部分还能看清楚黑白线条。水平分解力越高，图像的清晰度就越高。对于 CCD 传感器，全图像内的水平清晰度都是一致的。

4. 最低照度

最低照度是指在一定的信噪比条件下，比较被摄景物所需照度的大小。照度越低，说明摄像机灵敏度越高。

摄像机还有其他一些指标，如几何失真、重合精度、自动化程度、耐冲击震动能力、工作环境温度范围及信号接口的多功能化、操作的方便性等等，都是选用时需考虑的因素。

2.3　电视摄像机的基本操作

2.3.1　摄像操作

1. 正确的执机方法

摄像操作时，首先要掌握正确的执机方法，不正确的执机姿势会影响摄像机功能的发挥，影响摄像效果。一般情况应尽量使用支撑装置，如三脚架等。没有条件时，通常使用站姿、全蹲姿、举姿、跪姿几种相对稳定的姿势进行拍摄，如图2-7所示。肩扛执机式是最基本的操作方法，具体做法是：右肩扛住摄像机，右手握住手柄，操纵电动变焦键和记录启停键。左手配合右手进行其他操作，如扶住或转动寻像器进行手动聚焦、手动变焦、日期显示等。拍摄时还要尽量利用身边的依靠物，如树木、扶梯、墙壁等，使摄像机保持相对稳定。边走边拍时，为减轻因走路而产生的垂直震动，双膝应略弯曲，脚与地面平行擦地移动，并放慢和减小步幅。

图 2-7

2. 摄像操作程序

（1）准备。检查所有开关是否处于正常位置，不同的机器有不同的检查项目，一般的共有如下几项：

·所有电源开关（POWER）应置于关闭位置（OFF）。

·增益选择开关（GAIN）应置于"0dB"位置；光圈、聚焦、白平衡选择开关拨至自动（AUTO）位置。

·检查录像带的防误抹片是否完整。

（2）设备调整。

·选择摄像机滤色片（FILTER）：正常情况选择 5 600K 档，若阳光较强或拍高反射物时选 5 600K + 1/4ND 档。

·开机，插入磁带：将所有电源开关拨至 nm 开启位置，并使摄像机处于摄像状态，除下镜头盖，数秒钟后可在摄像机寻像器上看到图像。

·检查取景器上任一警告信号：BATTERY（电池）、LIGHT（照明）、TAPE（磁带）、DEW（潮湿）等。也需检查 E 和 F 显示字符间的 4 个线条，它指示电池电力情况。

电池电力余量指示：

E－－－－F——完全饱满。

E－－－F、E－－F——正常电压。

E－F、BATTERY——电池完全欠压。

BATTERY 闪烁——检查电池充电情况。

TAPE 闪烁——录像带没有装到机器上或录像带的防误抹片被拆。

DEW 闪烁且摄像机保持关机状态（没有任何一种工作状态可被选

择）——要等过潮状态消除之后，才能开始工作。

LIGHT 闪烁——需提供较强照明（亮度不足）。

·选择适当的镜头工作方式。根据拍摄需要，选择变焦距镜头上光圈、变焦距及聚焦的方式。有自动、手动两种方式可供选择。

·摄像机黑白平衡调整。根据环境需要，选择使用自动或手动白平衡。

（3）确定机位、实拍。选择合适的拍摄方向、高度与距离，准确选景与构图，然后按"开始/停止"钮。寻像器上出现"REC"，指示摄像开始。在实拍过程中，可利用推、拉、摇、移、跟、甩及模拟推拉等摄像技巧，获得丰富多彩的画面内容与形式。再按"开始/停止"钮，摄像停止，完成了一个镜头的拍摄。

对于初学者，在拍完一场录像后，用录像机审看拍摄内容时，常常会发现这样的问题：有一个镜头明明记得是拍下来了，但录像带上却没有（假录像），或者录像中间突然有一段乱七八糟并未有意拍摄的镜头（假暂停）。出现"假录像"现象的原因是摄像机实际上正处于暂停状态，而自己却以为是开机了。为避免这种现象，一定要养成"开机看灯亮"或"开机看'REC'"的习惯（即开机时，一定要看录像指示灯是否点亮或寻像器上是否有"REC"字母显示）。"假暂停"出现的原因是摄像机实际上正处于摄像状态，自己却以为已经停止了录像。为避免该现象出现，要养成"暂停看灯熄"或"暂停看'PAUSE'"习惯（即暂停时，一定要看录像指示灯是否熄灭或录像器上是否有"PAUSE"字母显示）。

2.3.2　主要功能的运用技巧

1. 白平衡调整

白平衡调整分为自动和手动两种，由白平衡方式选择开关（WHT BAL）控制，当选择自动白平衡调整时，只要把按钮拨到自动位置（AUTO），机器会自动进行白平衡调整，无须任何操作。

手动白平衡的调整步骤：

第一步：将一个标准的白色物体放置在拍摄现场的光照之下，白色物必须是标准白色测试卡纸，如果没有，也可以用不掺杂色的较白的纸。把白纸放在被摄主体的位置，注意不要出现反光点。

第二步：把摄像机镜头对准白色物，改变镜头焦距，使白色物充满寻像器屏幕。

第三步：拨动或按下手动白平衡调整按钮，数秒钟后，寻像器上的白平衡指示灯亮或显示出"OK"、"COMPELET"等字样,表示白平衡已经调好。若指示灯不亮或显示"NG"(不好),表示白平衡未能调好,可能是光线太暗或者光源色温与3 200K相差太远,应先解决照明问题或加合适的滤色片,然后再进行调整,直到调好。

在拍摄中,如果拍摄现场的照度发生变化或拍摄现场转移,都必须重新调整白平衡,每次拍摄前,都应确认白平衡已调整好。

自动白平衡使用方便、简单,但自动调整范围有限,在以下几种情况下,自动白平衡调整不能提供正确的白平衡,最好使用手动白平衡调整:

· 被摄景物或摄像机处于阴影中;

· 使用氖灯、水银灯等特别明亮的光源时;

· 照度不足时;

· 景物有强烈的彩色照明时,如日出、日落、蓝天、雪地等;

· 拍大特写镜头时;

· 进行微距拍摄时。

2. 光圈的运用

拍摄时,变焦镜头的光圈大小必须根据外界光线的强弱来作相应的调整,以保证摄像器件有适当的曝光量。光圈调整分为自动光圈调整和手动光圈调整。

(1)自动光圈。是根据整个图像的平均亮度来确定曝光值。当照明均匀,景物明暗反差适中时,可使用自动光圈。此时,光圈可以在一个较大的亮度变化范围内灵活选择和正常工作。当光的照度发生变化时,机器会自动调整进入镜头的光线,保证合适的进光量。

但是在特殊情况下,自动光圈可能产生曝光不准的问题。例如,以晴朗天空为背景拍摄人物时,人物的曝光则不足;以黑夜为背景拍摄人物(用人造光源照明)时,人物的曝光则过度。此外,所有的技巧性镜头,在推、拉、摇、移等拍摄过程中,都会遇到景物平均亮度不一的情况,由此而产生的光圈变化使画面效果忽明忽暗,影响画面质量。以下列出部分不宜使用自动光圈的情况:

· 景物的亮度不均匀,尤其是亮度反差很大时;

· 景物的亮度同环境的亮度反差很大或者环境的亮度变化不定时;

· 景物的亮度不足或特别亮时;

· 景物的亮度显著变化时;

· 运用技巧性镜头时。

(2)手动光圈。使用手动光圈时,必须先调整寻像器的亮度与对比度,使它能对影调正确再现，不致令拍摄者对影调的判断产生太大误差。调整的方法是：开启彩条开关，寻像器上出现彩条的黑白图像，调节寻像器的对比度与亮度，使寻像器中彩条的黑白图像层次清楚。调整好寻像器，就可以进行光圈值的确定。一般先利用自动光圈的测光性能来测定光圈值，然后采用手动方法控制光圈值以取得较理想的曝光。具体做法有以下几种：

·当景物亮度不足或特别亮时，先使用自动光圈方式。光圈将以景物的平均亮度值测量，并停在一相应的光圈值位置上，然后将光圈方式选择按键拨到手动位置，再改变半档或一档光圈实际使用。

·当景物的亮度不均匀或亮度反差很大时，先用自动光圈方式，在同一焦距下分别测得景物亮部与暗部的光圈值。然后由拍摄者决定，是通过照明来改善景物的亮度比，还是对景物的亮部或暗部进行取舍。如果选择后者，就要用手动光圈。这时，把光圈选择按钮由自动拨到手动，调整光圈，同时观察寻像器上的画面效果，直到自己需要特别表现的部分景物得到很好表现为止。

·运用技巧性镜头时，如果景物亮度显著地变化就需要用手动光圈。第一种处理方法是以自动光圈方式测出起幅的光圈值与落幅的光圈值，再取两者的中间值，然后采用手动光圈拍摄。第二种处理方法是以落幅画面的光圈值为准，以保证落幅画面的质量。因为一个镜头的连续画面中，落幅画面常常是这个镜头所表现内容的重心，对它的画面质量要求较高。

在遇到景物亮度不足或过强，光线不均匀或光比太大的情况时，要拍出理想的画面，最有效的办法是合理布光、调整光线。在根本来不及或无法调整光线、专门布光的情况下，就要想办法用手动光圈来控制画面的曝光量。

3. 调整焦距的方法

焦距调整有手动变焦、电动变焦两种。

电动变焦通常用来进行平稳、均匀的变焦。要得到特写镜头，按压电动变焦钮 W，可以实现由长焦到广角镜头的变换；要进行远距离的拍摄，按压电动变焦钮 T，可以实现由广角到长焦镜头的转换。手指按压变焦的压力大小，还可调节变焦的速度。压力大则变焦的速度快，压力小则变焦的速度慢。

有些情况下，镜头需要急拉急推，实现画面景别的瞬间变化，如从全景一下子变为特写，或从特写一下子变为全景，这时电动变焦就无能为力了，必须采用手动变焦即操纵手动变焦杆或镜头变焦环来实现这种快动效果。

4. 聚焦

根据景物到摄像机的距离来调整摄像机的焦点，得到轮廓清晰的景物图像的过程称为聚焦。摄像机上的聚焦控制部件主要有聚焦方式选择开关（FO-CUS AUTO MANUAL SWITCH）、手动聚焦环。当聚焦方式选择开关拨到自动

（AUTO）位置时，可进行自动聚焦调整；当聚焦方式选择开关拨到手动（MANUAL）位置时，可进行手动聚焦调整。

（1）自动聚焦。自动聚焦在许多情况下都可得到清晰的画面，操作起来也方便、省事。但在特殊情况下，无法得到精确的聚焦效果。以下是自动聚焦无法解决的几种情况：

·透过不清洁的玻璃拍摄物体时；

·拍摄表面光泽的物体时；

·被摄物体的一部分靠近镜头，而另一部分远离镜头时；

·拍摄有鲜明平行条纹的物体时；

·拍摄白墙等平面物体时；

·拍摄大特写或特殊镜头以及使用滤光镜时；

·拍摄快速运动的物体时；

·拍摄较暗的物体时；

·有意拍摄聚焦不实的虚像画面时。

（2）手动聚焦。实际拍摄中经常用到下面几种手动聚焦方法。

①特写聚焦法。这是一种最常用的聚焦方法。镜头对准被摄主体，按变焦控制钮 T 或手动变焦杆推到特写或大特写，再以寻像器中画面的虚实来调节聚焦环。这样，被摄主体处在景深范围的中间，在景深范围被摄主体的图像都比较清晰。

当光线较弱时，或是由于光圈较大、焦距较大，导致景深较小时，如果被摄主体在作前后方向的运动，就很容易超出景深范围，使图像变得模糊不清。这种情况，往往采用跟焦点法。

②跟焦点法。采用这种方法往往是由于被摄体处在运动状态，或者由于摄像机运动，或者由于两者同时运动，导致摄像机与被摄体之间的距离不断变化。跟焦点的具体做法是确定好第一焦点和第二焦点。在拍摄前，对准起幅画面调焦点，称为第一焦点；对准落幅画面调焦点，称为第二焦点，记住它在聚焦环上的位置。在拍摄过程中，将聚焦环第一焦点变动到第二焦点，变动焦点的速度要均匀，要与主体的速度相吻合，以保证摄像过程中画面的清晰度。能否跟得好，主要取决于操作的熟练程度和对主体运动方向、速度判断准确与否。

③超焦距法。这种方法借鉴于摄影。使用超焦距法能获得较大的景深范围，对风光片拍摄特别有利。超焦距法的具体操作是：把镜头超焦距作为焦点来聚焦，则从这一距离的一半至无限远之间的每一景物都相当清晰。镜头的超焦距可以用公式求出：超焦距 $H = 1\,000 \times$（镜头的焦距÷光圈 F 值）。例如，

我们选用一个 80mm 的镜头，光圈为 4，用公式即可求出相应的超焦距：$H = 1\,000 \times (80 \div 4) = 20\,000\text{mm} = 20\text{m}$，再把镜头的焦点对准 20m 处聚焦，这样在 10m（即超焦距 20m 的一半）到无限远的范围中景物都是清晰的。如果把光圈收到 16，根据公式计算，这时的超焦距 $H = 5\text{m}$，对准 5m 处聚焦，从 2.5m 到无限远之间的景物都可以得到清晰的图像。

特写聚焦、跟焦点、超焦距都是手动聚焦的具体方法。手动聚焦不仅是一个技术问题，也是一个艺术问题。通过变焦点，可以使画面中的前景清晰，背景模糊，起到支配观众注意力的作用。在拍摄风光片的过程中，通过调整焦点，时而使远处山峦清晰，近处花朵模糊，时而使远处山峦模糊，近处花朵清晰；也可以使用超焦距，使近处的花朵与远处的山峦之间的每一景物都鲜明清楚。手动聚焦不仅是支配观众注意力的一个重要手段，它还能创造艺术美。

2.4　Panasonic AG – DVC180AMC 摄像机的操作和调整

2.4.1　主要规格

摄像器件：1/3 英寸 CCD（×3）

像素数：总数：470 000；有效像素总数：440 000

环境工作温度：0℃ ~ +40℃

环境工作湿度：10% ~85%（不包括电池和附件）

重量：1.69kg（不包括电池和附件）

尺寸：139mm×160mm×364mm（宽×高×深）

录制格式：数码视频 SD 格式

磁带格式：小型 DV

录制的视频信号：625i（PAL）

拍摄模式：50i（625i）

录制的音频信号：PCM 数码录制 16bit：48kHz/2 声道 12bit：32kHz/4 声道

录制磁道：螺旋形磁道

磁带速度：SP 模式：18.831mm/s LP 模式：12.568mm/s

镜头：莱卡 DICOMAR 光学影像稳定镜头，电动/手动模式切换，10 倍变焦 F1.6（F=4.5~45mm）（相当于 35mm：32.5~325mm）

光学系统：光学棱镜

ND 滤光镜：1/8，1/64

增益：0dB，+3dB，+6dB，+9dB，+12dB，+18dB（50i 模式）；0dB，+3dB，+6dB，+9dB，+12dB（渐进模式）

快门速度：预设

50i 模式：1/50s（OFF），1/60s，1/120s，1/250s，1/500s，1/1 000s，1/2 000s

25P 模式：1/25s，1/50s（OFF），1/60s，1/120s，1/250s，1/500s，1/1 000s

同步扫描

50i 模式：1/50.2~1/248.0s

25P 模式：1/25.1~1/248.0s

慢快门

50i 模式：1/3s，1/6s，1/12s，1/25s

25P 模式：1/3s，1/6s，1/12s

最小被摄物体：3lx（F1.6，18dB 增益，50% 视频输出）

滤光镜直径：72mm

LCD 监视器：3.5 寸 LCD 彩色监视器，200 000 像素

寻像器：0.44 英寸 LCD 彩色寻像器，180 000 像素

内部麦克风：立体声麦克风

内部扬声器：直径 20mm

视频：采样频率 Y：13.5MHz，PB/PR：6.75MHz

量化：8bit

视频压缩系统：DCT+可变长度码

错误校正：Reed – Solomon 产品代码

音频：采样频率：48kHz/32kHz

量化：16bit/12bit

频率响应：20Hz~20kHz

晃抖度：低于可测限值

接口：VIDEO IN/OUT、S – VIDEO IN/OUT、AUDIO IN/OUT、DV 符合

IEEE 1394 标准、INPUT 1、INPUT 2

DC INPUT：7.9V

PHONES：立体声（直径 3.5mm）

CAM REMOTE：小型插孔（直径 2.5mm）

电压：DC 7.2V（电池）

DC 7.9V（AC 适配器）

电源消耗：6.8W（使用寻像器时）

7.8W（使用 LCD 监视器时）

9.2W（最大）

2.4.2 部件及其功能

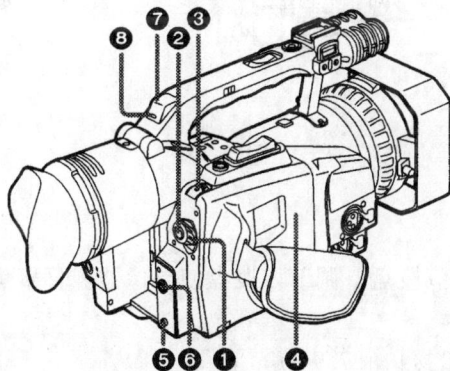

图 2－8

1——POWER 开关。按锁定释放键的同时移动此开关。

2——START/STOP 键。在摄像机模式下按此键，可开始或停止拍摄。使用 CAMERA/VCR 键可在摄像机模式和 VCR 模式间切换操作。

3——EJECT 开关。要打开盒式磁带托架，按锁定释放键的同时沿箭头方向滑移此开关。

4——盒式磁带托架。

5——CAM REMOTE 插孔（2.5mm 小型插孔）。遥控器与此插孔连接，通过遥控器能启动变焦和录制开始/停止。

6——PHONES 插孔（3.5mm 立体声小型插孔）。头戴耳机与此插孔连接以监控声音。

7——遥控传感器（后）。

8——记录灯（后）。根据摄录一体机的状态，此灯点亮或闪烁。

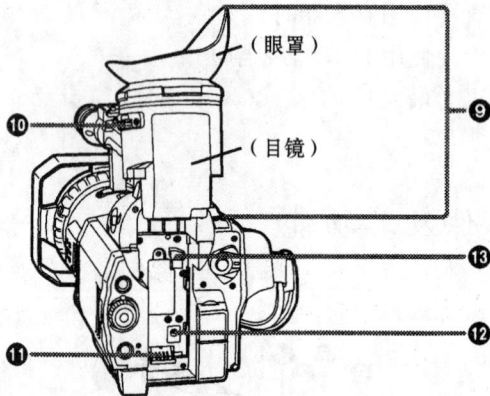

图 2-9

9——寻像器。

10——屈光度调节拨盘。调节该拨盘使寻像器屏幕聚焦清晰。

11——电源插座。

12——DC INPUT 接口（7.9V）。

13——电池弹出键。

14——CAMERA/VCR 键和指示灯。

①每次按此键时，操作模式在摄像机模式和 VCR 模式间切换，且所选模式的指示灯点亮。

②选择摄像机的拍摄模式。

③选择 VCR 模式检查磁带内容或输入并录制外部信号源的视频信号。

15——场景文件拨盘。

①用于选择场景文件。

②为各种不同的拍摄条件而编制的各种设置保存于此拨盘的各个位置中。

③拍摄期间，使用此拨盘可立即装载必要的文件。

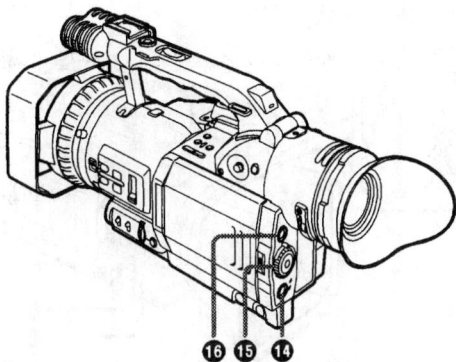

图 2 – 10

16——EVF DTL/END SEARCH 键。在摄像机模式下按下此键时，寻像器中和 LCD 监视器上的影像轮廓增强，因此容易聚焦。但此时录制的影像是正常的影像，其轮廓并未增强。"EVF DTL ON"也将在画面中心显示约 2 秒钟。

再按一次该键设备恢复原来状态。

"EVF DTL OFF"也将在画面中心显示约 2 秒钟。

在 VCR 模式下按此键时，搜索视频带上未录制的空白部分，且在未录制的空白部分前约 1 秒钟设立静止影像模式。使用设置菜单 PLAY BACK FUNC-TIONS 屏幕上的 END SEARCH 项目设置还可以搜索最后拍摄的部分。

①更换磁带时，不能用此键搜索最后拍摄的部分。

②如果磁带没有录制任何信号，磁带将停在磁带末端。

③如果在磁带开头附近或中间的某一处有未录制的空白，此功能可能无法正常操作。

④继续录制之前，先检查搜索到的图像。

17——GAIN 开关。当摄像机屏幕太暗时，改变此开关的设置以提高增益并使屏幕更亮。使用设置菜单 SW MODE 屏幕上的 MID GAIN 项目和 HIGH GAIN 项目设置 M 和 H 增益值。

L：开关通常处于此位置（0dB）。

M：提高摄像机视频放大器增益（出厂设置：6dB）。

H：进一步提高摄像机视频放大器增益（出厂设置：12dB）。

18——WHITE BAL 开关。用于设置白平衡。

A 和 B：

由 AWB 键调节的白平衡值储存于存储器中。

白平衡传感器

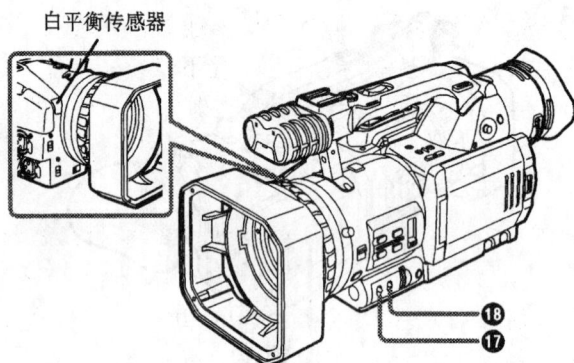

图 2 – 11

PRST（预设）：

如果没有时间调节白平衡，可将开关设在此位置。3 200K 和 5 600K 白平衡值储存于存储器中。按 AWB 键在这两个值之间切换。

使用设置菜单 SW MODE 屏幕上的 ATW 项目可将 ATW（自动追踪白平衡）功能分配到 A、B 或 PRST 位置。

拍摄期间使用什么样的光源由白平衡传感器决定。

拍摄期间请勿用手或任何其他物体挡在白平衡传感器的前面，否则 ATW 功能将无法正确操作。

变焦环插销

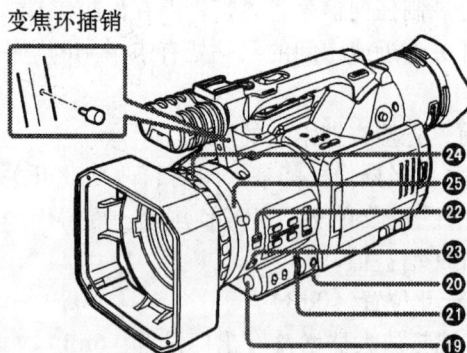

图 2 – 12

19——AWB 键。WHITE BAL 开关设在 A 或 B 位置时按此键，将自动调节白平衡且白平衡值被储存于存储器中。如果接下来按住此键，则调节黑平衡。

WHITE BAL 开关设在 PRST 位置时按此键，显示当前的白平衡值。再次按 AWB 键时，交替选择 3 200K 和 5 600K 白平衡值。录制正在进行时，不能调节黑平衡。

20——IRIS 键。每次按此键时，调节镜头光圈的方法在自动模式和手动模式之间切换。

21——IRIS 拨盘。用于调节镜头光圈。当 IRIS 键设在手动模式时，此拨盘用于调节镜头光圈。即使在自动模式下，也可用此拨盘调节镜头光圈。使用设置菜单 SW MODE 屏幕上的 IRIS DIAL 项目可以设置 IRIS 拨盘旋转的方向和光圈控制。

22——FOCUS 开关。用于选择控制聚焦的方法。

A（AUTO）：自动聚焦模式。

M（MANUAL）：手动控制聚焦环。

∞：焦距设为无限远后，设立手动聚焦模式。

23——PUSH AUTO 键。按此键且 FOCUS 开关设为 M（MANUAL）位置时，设立自动聚焦模式并调节聚焦。

24——聚焦环。

25——变焦环。

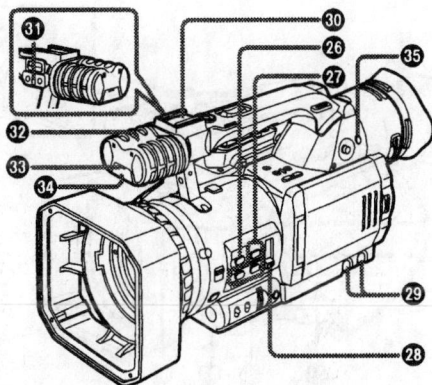

图 2-13

26——AUTO 键。按 AUTO 键时，"A"出现在寻像器和 LCD 监视器的上部。自动操作模式（自动光圈、自动增益控制、自动追踪白平衡或自动聚焦）被设置。再次按该键时，取消该设置。

27——USER1、USER2 和 USER3 键。11 种功能中的某种功能可以依次分配给 USER1、USER2 和 USER3 键中的每一个键。根据有关的被摄对象，可以即时选择拍摄条件或为影像添加淡入淡出效果。

28——ND FILTER 开关。用于选择要使用的 ND 滤光镜。

OFF：不使用 ND 滤光镜。

1/8：光量减到约八分之一。

1/64：光量减到约六十四分之一。

29——AUDIO 控制键。用于调节输入到内置麦克风和 INPUT 1 和 2 接口的音频信号的录制电平。

30——灯靴。可装接视频灯。

31——麦克风靴。麦克风固定器装接到此靴上，以便安装麦克风等。

32——麦克风（内置，立体声）。请勿对此麦克风施加来自外部信号源的强负载，否则会损坏麦克风。

33——记录灯（前）。

34——遥控传感器（前）。

35——MENU 键。按此键时，设立菜单模式，并在寻像器中和 LCD 监视器上显示设置菜单屏幕。再次按此键时，取消菜单模式。

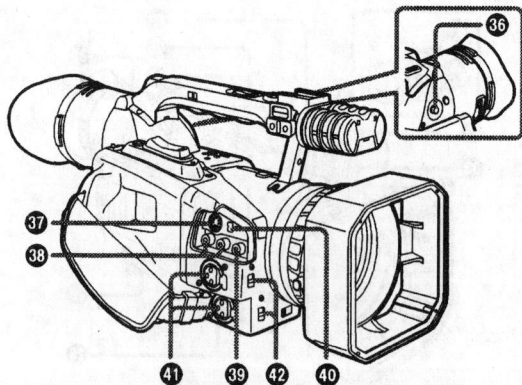

图 2-14

36——OPERATION 杆。此杆用于操作 VCR 和进行菜单操作。

［在 VCR 模式下］

"▶"：在停止模式下，当此杆沿"▶"方向倾斜时，播放磁带。播放期间将此杆沿相同方向倾斜时，设立变速搜索模式，且磁带以 1 倍的速度播放。

"▶▶"：在停止模式下，当此杆沿"▶▶"方向倾斜时，快进磁带。播放期间将此杆沿相同的方向倾斜时，磁带以 10 倍的速度快进。

"◀◀"：在停止模式下，当此杆沿"◀◀"方向倾斜时，磁带倒卷。播放期间将此杆沿相同的方向倾斜时，磁带以 10 倍的速度倒带。

"■"：当此杆沿"■"方向倾斜时，磁带停止转动。

"▮▮"：播放期间按此杆时，磁带设为暂停模式。

［在菜单模式下］

"▲"：当此杆沿"▲"方向倾斜时，显示在菜单屏幕上的项目向上移动。

"▼"：当此杆沿"▼"方向倾斜时，显示在菜单屏幕上的项目向下移动。

"▮▮"：按此杆改变设置。

［在摄像机模式下］

"▶▶"：在拍摄暂停模式下，将此杆沿"▶▶"方向倾斜时，在此杆倾斜期间，磁带以 1 倍的速度沿"▶▶"方向播放。

"◀◀"：在拍摄暂停模式下，将此杆沿"◀◀"方向倾斜时，在此杆倾斜期间，磁带以 1 倍的速度沿"◀◀"方向播放。

在拍摄暂停模式下可以检查到现在为止所拍摄的场景。

37——S - VIDEO IN/OUT 接口。S - 视频输入/输出接口。

38——AUDIO IN/OUT CH1 和 CH2 接口（接触插孔）。音频信号的输入/输出接口。

39——VIDEO IN/OUT 接口（接触插孔）。视频信号的输入/输出接口。

40——DV 接口。IEEE 1394（4 芯）电缆连接口。视频信号、音频信号或时间码均可采用数码输入或输出。

41——INPUT1、2 接口（XLR，3 芯）。外接麦克风或音频设备连接口。

42——INPUT 1/2 开关。用于切换连接到 INPUT 1 和 2 接口上的音频输入信号。

LINE：选择作为线路输入的音频设备输入信号。

MIC：选择来自外接麦克风的音频输入信号。

43——ZOOM 开关。用于选择马达驱动变焦操作还是手动变焦操作。

SERVO：马达驱动变焦操作（在此位置，请勿尝试进行手动变焦操作，否则可能会导致故障）。

MANU：手动变焦操作。

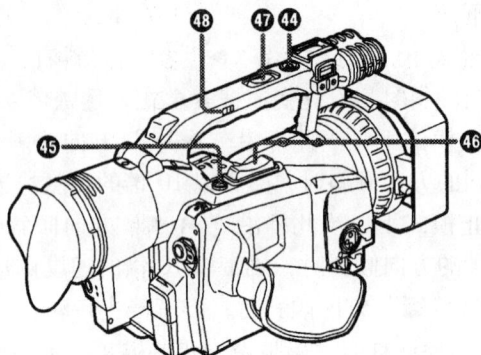

图 2 - 15

44——START/STOP 键（在手柄上）。在摄像机模式下，按此键时，选择拍摄开始或停止。使用 CAMERA/VCR 键切换摄像机模式和 VCR 模式。

45——REC CHECK 键。在拍摄暂停模式下按此键时，播放几秒钟拍摄停止前刚摄入的影像和声音，且在磁带的原来位置设立拍摄暂停模式。

46——变焦键。当 ZOOM 开关处于 SERVO 位置时，进行马达驱动变焦操作。轻按此键时，变焦操作以低速进行；用力按此键时，变焦操作以高速进行。

47——变焦键（在手柄上）。

48——HANDLE ZOOM 开关。此开关用于选择使用手柄上的变焦键进行变焦操作的三个速度之一。使用设置菜单 SW MODE 屏幕上的 HANDLE ZOOM 项目设置速度。

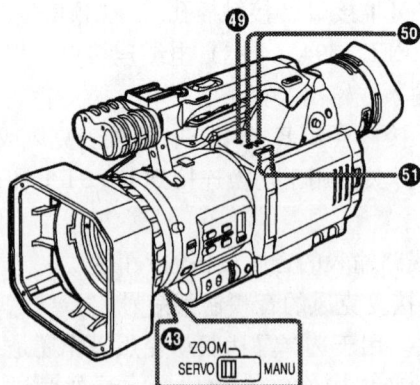

图 2 - 16

49——AUDIO DUB 键。在 VCR 模式下设立暂停状态并按此键时,可启动音频复制的模式。按 OPERATION 杆的"▮▮"开始录音。要停止录音,沿"▮"方向倾斜 OPERATION 杆。使用设置菜单 AV IN/OUT SETUP 屏幕上的 ADUB INPUT 项目设置用于音频复制的音频输入。

进行音频复制之前,请选择"32K(12bit)"作为设置菜单 RECORDING SETUP 屏幕上的 AUDIO REC 项目设置然后开始拍摄。

50——VCR REC 键。在 VCR 模式的停止状态下同时按此二键时,录制来自所连接设备的视频信号。在 VCR 模式的播放暂停模式下同时按此二键时,设立录制等待状态。每次按 OPERATION 杆的"▮▮"时,状态在录制和录制等待间切换。

要停止录制,沿"▮"方向倾斜 OPERATION 杆。

51——AUDIO MON/VAR 键。这些键用于调节从内部扬声器或 PHONES 插孔输出的声音音量。在变速搜索模式下可改变播放方向和播放速度。在暂停状态下按这些键时,磁带将一帧一帧地播放。

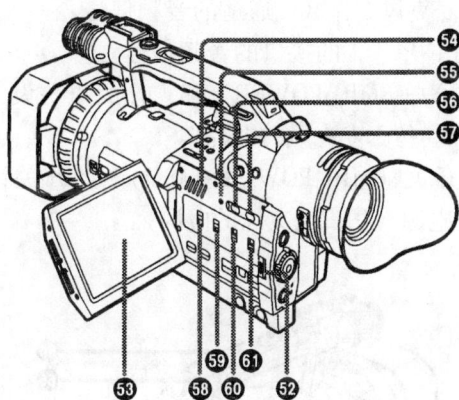

图 2-17

52——OPEN 键。沿箭头方向按 OPEN 键打开 LCD 监视器。LCD 监视器打开时,寻像器上的影像切换到 LCD 监视器上。使用设置菜单 DISPLAY SETUP 屏幕上的 EVF MODE 项目可切换影像。

53——LCD 监视器。

54——内部扬声器。

　　55——RESET 键。如果在电源打开时也无法操作摄录一体机或发生其他故障，请用尖的物体按 RESET 键启动复位系统微机。即使启动复位后，输入的设置菜单值和存储器内容不会被消除。摄录一体机正在正常工作时，切勿按 RESET 键。

　　56——SHUTTER 键。按此键改变快门速度。按此键后，按 SPEED SEL 键选择快门速度。在慢快门模式时此键不能操作。

　　57——SPEED SEL 键。按下 SHUTTER 键后，或建立慢快门模式时，按此键选择快门速度。

　　58——CH1 SELECT 开关。用于选择将被录制在音频通道 1 音轨上的输入信号。

　　INT（L）：内部麦克风左（L）通道的音频信号。

　　INPUT1：输入到 INPUT 1 的接口的音频信号。

　　INPUT2：输入到 INPUT 2 的接口的音频信号。

　　59——CH2 SELECT 开关。用于选择被录制在音频通道 2 音轨上的输入信号。

　　INT（R）：内部麦克风右（R）通道的音频信号。

　　INPUT2：输入到 INPUT 2 的接口的音频信号。

　　60——INPUT 1 开关（MIC POWER ＋48V）。此开关设为 ON 时，向 INPUT 1 接口提供 ＋48V 电源（仿真麦克风的电源）。

　　61——INPUT 2 开关（MIC POWER ＋48V）。此开关设为 ON 时，向 IN-PUT2 接口提供 ＋48V 电源（仿真麦克风的电源）。

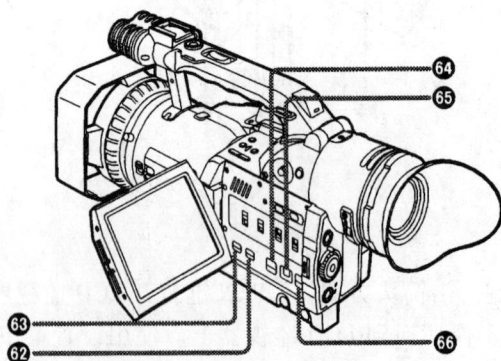

图 2－18

62——COUNTER RESET 键。此键用于将计数显示屏上的计数值和存储器中的计数值复位至 0。它不能复位时间码或用户比特。

63——COUNTER 键。此键用于选择在寻像器的计数显示区和 LCD 监视器上要显示什么数据。每次按此键，要显示的数据随之改变。

COUNTER：显示计数值。

M COUNTER：显示存储器停止模式下的计数值。

TC：显示时间码。

UB：显示用户比特。

FR：要在渐进模式下拍摄时显示帧速率信息（25P）。

空白显示：不显示数据。

64——MODE CHK 键。按此键时，可在寻像器中或 LCD 监视器上检查当前的摄像机状态设置。

65——ZEBRA 键。在摄像机模式下按此键时，斑马线图案或标记出现在寻像器和 LCD 监视器上，使用条带状图案显示因曝光过度而发白的部分，以便于调节待检被摄对象的亮度。

66——OIS 键。此键用于将摄像机晃动补偿设为 ON 或 OFF。可根据拍摄条件选择 ON 或 OFF。使用三脚架拍摄时，建议选择 OFF 设置。

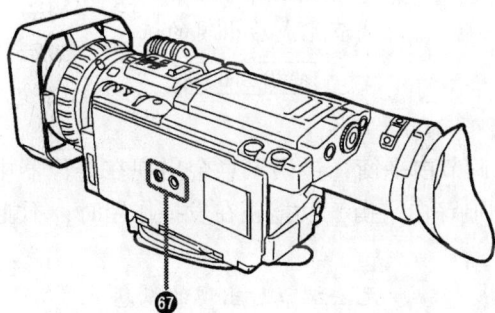

图 2 - 19

67——三脚架安装孔。

2.4.3 操作与调整

1. 调节白平衡

白平衡调节值可保存在存储器中 WHITE BAL 开关的 A 和 B 位置。使用 A 和 B 中最适合相关拍摄条件的那一个。3 200K 和 5 600K 白平衡值已保存在存储器 WHITE BAL 开关的 PRST 位置。当 WHITE BAL 开关处于 PRST 位置时按 AWB 键，显示当前的白平衡值。再次按 AWB 键时，交替选择3 200K和5 600K 白平衡值。

（1）设置快门速度。

（2）在与光源照明的被摄对象同样条件之处竖立一白色图形，拉近，并用白色充满整个屏幕。确保屏幕上没有高亮度的聚光点。

（3）可将 WHITE BAL 开关设为 A 或 B 位置并可将此处的白平衡值保存在存储器中。将开关设在保存白平衡调节值的位置上（A 或 B），并按 AWB 键。

完成调节需几秒钟（下列讯息出现在屏幕上）。

调节正在进行时出现的讯息

AWB Ach ACTIVE

调节完成后出现的讯息

AWB Ach OK

如果无法自动调节白平衡，错误讯息会出现在寻像器中或 LCD 监视器屏幕上。ATW（自动追踪白平衡）功能正在发挥作用时，不能自动调节白平衡。

无法调节时出现的讯息

AWB Ach NG

错误讯息	对　策
LOW LIGHT	增加光量或提高增益
LEVEL OVER	减少光量或降低增益

如果出现上述错误讯息之一，执行建议的对策，然后再尝试调节白平衡。

2. 调节黑平衡

通常情况下，无须重新调节黑平衡，仅在下列情况下需要调节。

（1）首次使用摄录一体机时。

（2）长时间没有使用摄录一体机后要重新使用时。

（3）在环境温度波动很大的情况下使用摄录一体机时。

（4）已经选择了标准（OFF）快门速度或慢快门模式时。

（5）渐进模式切换为标准（50i）模式或从标准（50i）模式切换为渐进模式时。

按 AWB 键自动调节白平衡，如果此后按下此键，则调节黑平衡。

（1）按 AWB 键时，首先调节白平衡。因此，在按此键前，确保满足调节白平衡所需的条件。

（2）录制正在进行时，不能调节黑平衡。

调节正在进行时出现的讯息

ABB ACTIVE

调节完成后出现的讯息

ABB END

3. ATW（自动追踪白平衡）功能

使用设置菜单 SW MODE 屏幕上的 ATW 项目可将 ATW 功能分配给 WHITE BAL 开关（A、B 或 PRST 位置）。

同样，使用设置菜单 AUTO SW 屏幕上的 ATW 项目可将 ATW 功能分配给 AUTO 键。使用 ATW 功能进行拍摄、录制时将自动连续地调节白平衡。

2.5 DSR－PD150P（190P）摄像机的操作和调整

DSR－PD190P 是 PD150P 的替代产品，它在 PD150P 的基础上提高了低照度性能，增加了内置镜头盖的遮光罩、大型高密度黑白寻像器和眼罩、新开发的集成式液晶屏和安装在手柄上的变焦控制杆和录制键，另外，随机标配了广角镜和广角镜遮光罩。在控制器功能及操作方法上，与 PD150P 基本相同。

2.5.1 主要技术规格

视频记录系统：两个旋转磁头、螺线式扫描系统

音频记录系统：旋转磁头，PCM（脉冲编码调制）系统，
Fs 32kHz、Fs 48kHz

可使用的磁带：印有 $\boxed{\text{DVCAM}}$ 标记的小型 DVCAM 磁带
有 "DV" 标记的小型 DV 磁带

寻像器：电子寻像器（黑白）

成像器件：1/3 英寸 CCD（3 片电耦合器件）大约 450 000 像素（有效像素：大约 400 000）

镜头：组合式电动变焦镜头，滤镜直径 58mm，12X（光学）、48X（数字），F1.6～2.4

焦距：6～72cm

最低照度：2lx（F1.6）（PD150P）
1lx（F1.6）（PD150P）

输入/输出接口：S VIDEO、VIDEO、AUDIO CH1/CH2、耳机插孔、IN-PUT1/INPUT2 接口、DV 输入/输出

液晶屏：2.5 型对角测量 49.9×37.3mm，点数总计 200 640（880×228）

重量：1.8kg（包括电池、NP – F330、磁带 PDVM – 40ME、话筒和支架）

2.5.2　控制器及其功能

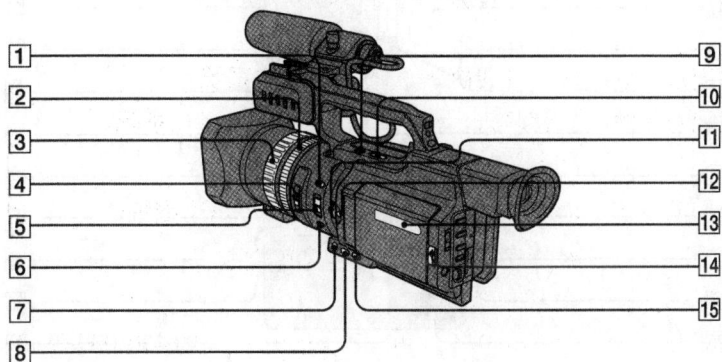

图 2 - 20

1——INDEX MARK（索引标记）键。

2——变焦环。

3——聚焦环。

4——ND FILTER（中密度滤色片）选择开关。

5——聚焦选择开关。

6——PUSH AUTO（瞬时自动）。

7——FADER（淡变）键。

8——BACK LIGHT（逆光）键。

9——END SEARCH（结尾搜索）。

10——EDIT SEARCH（编辑搜索）。

11——IRIS（光圈）拨轮。

12——IRIS（光圈）键。

13——显示窗。

14——OPEN（打开）键。

15——SPOT LIGHT（聚光灯）键。

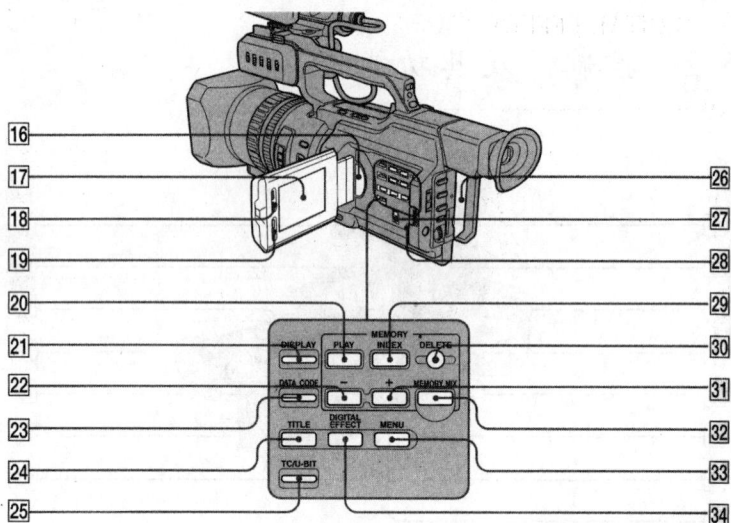

图 2 – 21

16——扬声器。

17——液晶屏。

18——液晶屏 BRIGHT（亮度）键。

19——VOLUME（音量）键。

20——MEMORY PLAY（内存重放）键。

21——DISPLAY（显示）键。

22——MEMORY（内存）键。

23——DATA CODE（数据码）键。

24——TITLE（标题）键。

25——TC/U – BIT（时间码/用户比特）键。

26——电池。

27——ZEBRA（斑马纹）选择开关。

28——RESET（复位）键。

29——MEMORY INDEX（内存索引）键。

30——MEMORY DELETE（内存删除）键。

31——MEMORY（内存）键。

32——MEMORY MIX（内存混合）键。

33——MENU（菜单）键。

34——DIGITAL EFFECT（数字特技）键。

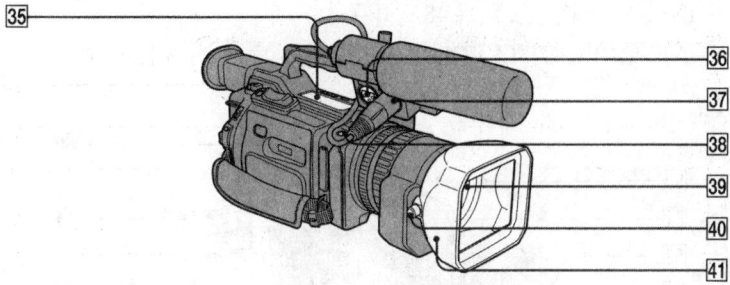

图 2 – 22

35——视频控制键。

36——INPUT2（输入 2）接口。

37——INPUT1（输入 1）接口。

38——REC START/STOP（记录开始/停止）键。

39——镜头。

40——镜头罩固定螺丝。

41——镜头罩。

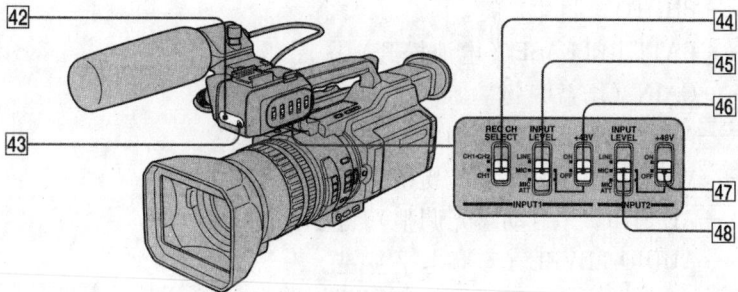

图 2 – 23

42——遥感器。

43——摄像机记录灯。

44——INPUT1 REC CH SELECT（输入 1 记录声道选择）开关。

45——INPUT1 INPUT LEVEL（输入 1 输入电平）选择开关。

46——INPUT1（输入 1） +48V 开关。

47——INPUT2（输入 2） +48V 开关。

48——INPUT2 INPUT LEVEL（输入 2 输入电平）选择开关。

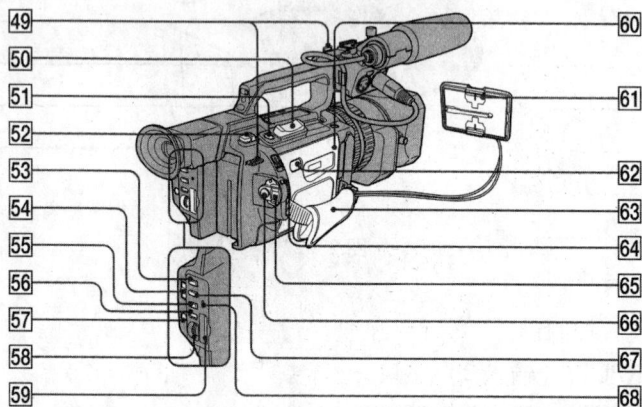

图 2－24

49——肩带挂钩。

50——电动变焦杆。

51——PHOTO（照片）键。

52——BATT RELEASE（电池松开）。

53——GAIN（增益）键。

54——AUTO LOCK（自动锁定）选择开关。

55——WHT BAL（白平衡）键。

56——AE SHIFT（自动曝光调整）键。

57——AUDIO LEVEL（音频电平）键。

58——SEL/PUSH EXEC（选择/执行）拨轮。

59——MEMORY STICK（记忆棒）插槽。

60——带仓盖。

61——镜头盖。

62——PUSH（推动）键。

63——手带。

64——LOCK（锁定）开关。

65——POWER（电源）开关。

66——START/STOP（开始/停止）键。

67——SHUTTER SPEED（电子快门速度）键。

68——存取指示灯。

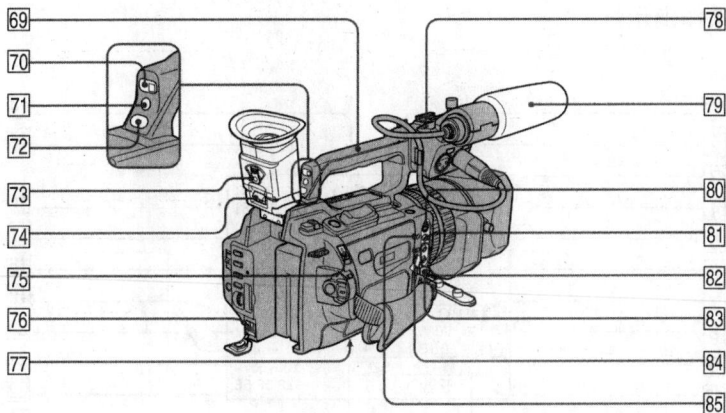

图 2 – 25

69——手柄。

70——遥感器。

71——摄像机记录灯。

72——CUSTOM PRESET（用户预置）键。

73——寻像器镜头调整杆。

74——移动寻像器的开关。

75——EJECT（出带）键。

76——DC IN（直流输入）插孔。

77——三脚架接口。

78——智能插槽。

79——话筒。

80——S VIDEO（S–视频）插孔。

81——VIDEO（视频）插孔。

82——AUDIO CH1/CH2（音频声道1/声道2）插孔。

83——DV IN/OUT（DV 输入/输出）插孔。

84——LANC 插孔。

85——耳机插孔。

2.5.3 操作和调整

1. 操作指示灯

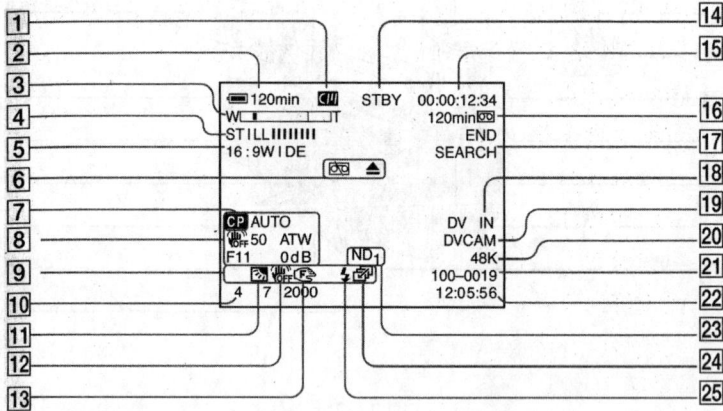

图 2-26

1——带盒存储器指示灯。

2——剩余电池时间指示灯。

3——变焦指示灯/数据文件名指示灯。

4——数字特技指示灯/FADER（淡变）指示灯/MEMORY MIX（内存混合）指示灯。

5——16:9WIDE（宽屏）指示灯/PROG. SCAN（逐行扫描）指示灯。

6——警告指示灯。

7——用户预置指示灯。

8——数据码指示灯/AE SHIFT（自动曝光调整）指示灯/GAIN（增益）指示灯/IRIS（光圈）指示灯/STEADYSHOT OFF（光学平稳摄像关闭指示灯）/白平衡指示灯/电子快门速度指示灯。

9——液晶屏亮度指示灯/音量指示灯。

10——日期指示灯。

11——逆光指示灯/聚光灯指示灯。

12——超级平稳摄像 OFF（关闭）指示灯。

13——手动聚焦/无限大指示灯。

14——待机/记录指示灯/视频控制模式指示灯。

15——时间码指示灯/自诊指示灯/照片模式指示灯/图像数量指示灯。

16——剩余磁带指示灯/内存重放指示灯。

17——END SEARCH（结尾搜索）指示灯/FRAME REC（逐帧记录）指示灯/间隔记录指示灯。

18——DV IN（DV 输入）指示灯/AV→DV OUT（输出）指示灯。

19——DVCAM 格式指示灯/DV 格式 SP 模式指示灯。

20——音频模式指示灯。

21——数据文件名指示灯。

22——音频输入电平/时间指示灯。

23——ND（中密度）滤色片指示灯。

24——连续模式指示灯。

25——视频灯已准备好指示灯。

当使用视频灯时，该指示灯出现。

2．调整光圈

（1）根据景深手动调整光圈。

①当摄录一体机处于待机、记录或内存模式时，将 AUTO LOCK（自动锁定）选择开关设置在中间（自动锁定解除）位置。

②按下 IRIS（光圈）键，光圈指示灯出现在液晶屏上或寻像器中。

③转动 IRIS（光圈）拨轮以调整光圈。

如要较小的光圈，请选择一个较高的值。

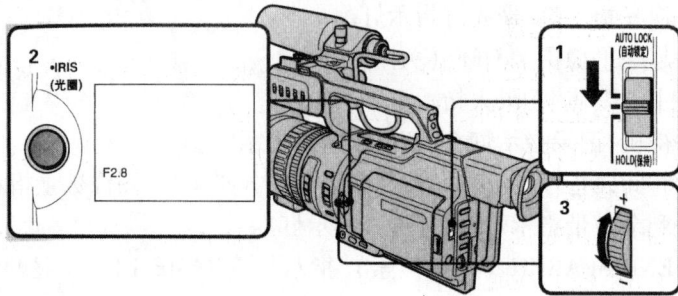

图 2 – 27

（2）回到自动光圈模式。将 AUTO LOCK（自动锁定）选择开关设置为
AUTO LOCK（自动锁定）或再次按下 IRIS（光圈）键，光圈指示灯从液晶屏
或寻像器中消失。

3. 调整增益

（1）当摄录一体机处于待机、记录或内存模式时，将 AUTO LOCK（自动
锁定）选择开关设置在中间（自动锁定解除）位置。

（2）按下 GAIN（增益）键，增益指示灯出现在液晶屏或寻像器中。

（3）转动 SEL／PUSH EXEC（选择／执行）拨轮调整增益。

转动拨轮时，增益值在 0dB 和 18dB 之间变化。

要回到自动增益模式时，将 AUTO LOCK（自动锁定）选择开关设置为
AUTO LOCK（自动锁定）或再次按下 GAIN（增益）键，增益指示灯就从液
晶屏或寻像器中消失。

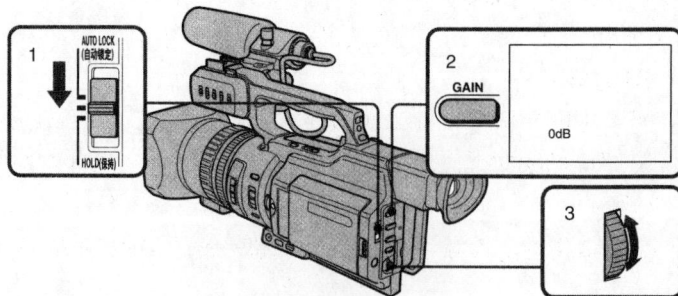

图 2 – 28

4. 调整电子快门速度

（1）当摄录一体机处于待机、记录或内存模式时，将 AUTO LOCK（自动锁定）选择开关设置在中间（自动锁定解除）位置。

（2）按下 SHUTTER SPEED（电子快门速度）键，电子快门速度指示灯出现在液晶屏或寻像器中。

（3）转动 SEL/PUSH EXEC（选择/执行）拨轮选择所需要的速度。转动拨轮时，电子快门速度变化如下：

$1/3 \longleftrightarrow 1/6 \longleftrightarrow 1/12 \longleftrightarrow \cdots\cdots \longleftrightarrow 1/3\ 500 \longleftrightarrow 1/6\ 000 \longleftrightarrow 1/10\ 000$

要提高电子快门速度，请选择一个较小的设置（液晶屏或寻像器中数值较大的指示灯）。

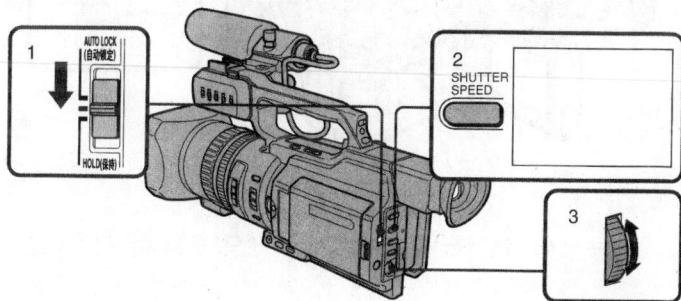

图 2-29

要回到自动电子快门的速度模式时，将 AUTO LOCK（自动锁定）选择开关设置为 AUTO LOCK（自动锁定）或再次按下 SHUTTER SPEED（电子快门速度）键，电子快门速度指示灯就从液晶屏或寻像器中消失。

5. 使用 ND 滤镜

使用 ND（中密度）滤镜 1 相应地设置为照度的 1/4，ND（中密度）滤镜 2 相应地设置为照度的 1/32，即使在过亮的条件下拍摄，也可以调整照度值，清晰地记录图像。

当 ND1 或 ND2 指示灯在液晶屏上或寻像器中闪烁时需要打开 ND（中密度）滤镜。

当 ND1 闪烁时，请将 ND FILTER（中密度滤色片）选择开关设置为 1，ND1 指示灯从液晶屏或寻像器中消失。

当 ND2 闪烁时，请将 ND FILTER（中密度滤色片）选择开关设置为 2，

ND2 指示灯从液晶屏或寻像器中消失。

当 ND OFF（滤镜关闭）指示灯在液晶屏上或寻像器中闪烁时，ND（中密度）滤镜无须打开，请将 ND FILTER（中密度滤色片）选择开关设置为 OFF（关闭），使指示灯在液晶屏或寻像器中消失，ND（中密度）滤镜即失效。

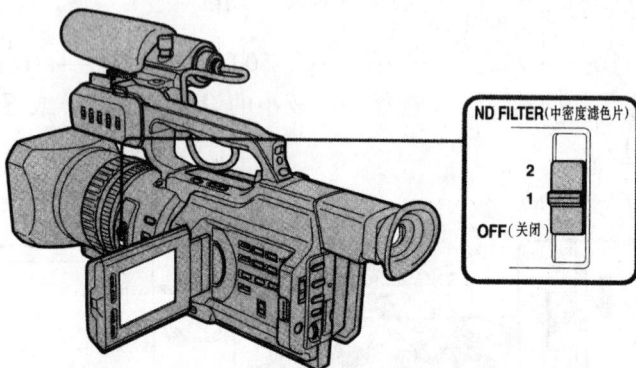

图 2 – 30

6. 使用斑马纹拍摄

OFF（关闭）斑马纹不会出现在液晶屏或寻像器中。要擦除斑马纹将 ZE-BRA（斑马纹）选择开关设置为 OFF（关闭）。

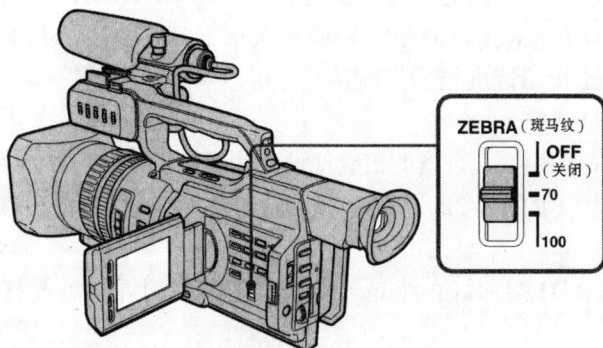

图 2 – 31

设　置	含　义
70	斑马纹出现在液晶屏或寻像器中被摄物体亮度约为70%的图像部分。
100	斑马纹出现在液晶屏或寻像器中被摄物体亮度超过100%的图像部分。

7. 解除 STEADYSHOT（超级平稳摄像）功能

当 STEADYSHOT（超级平稳摄像）功能工作时，摄录一体机可以补偿摄像机的抖动。

（1）按下 MENU（菜单）键显示待机或内存模式下的菜单。

（2）转动 SEL/PUSH EXEC（选择/执行）拨轮，然后按下拨轮。

（3）转动 SEL/PUSH EXEC（选择/执行）拨轮选择 STEADYSHOT（超级平稳摄像），然后按下拨轮。

（4）转动 SEL/PUSH EXEC（选择/执行）拨轮选择 OFF（关闭），然后按下拨轮。

（5）按下 MENU（菜单）键擦除菜单显示。

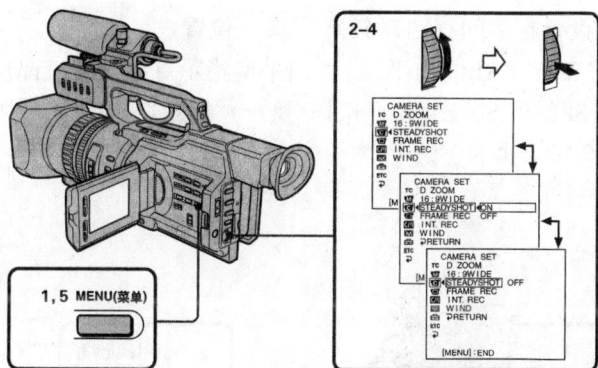

图 2-32

要再次启动 STEADYSHOT（超级平稳摄像）功能，在步骤 4 中选择 ON（打开），然后按下 SEL/PUSH EXEC（选择/执行）拨轮。

8. 调整 AE（自动曝光）变化

可以根据拍摄条件和被摄物体调整 AE（自动曝光）变化。

（1）在待机、记录或内存模式下按下 AE SHIFT（自动曝光变化）键，

AE（自动曝光）变化指示灯出现在液晶屏或寻像器中。

（2）转动 SEL/PUSH EXEC（选择/执行）拨轮调整亮度。

若要取消 AE（自动曝光）变化，将 AE（自动曝光）变化值设置为 0，或再次按下 AE SHIFT（自动曝光变化）键。

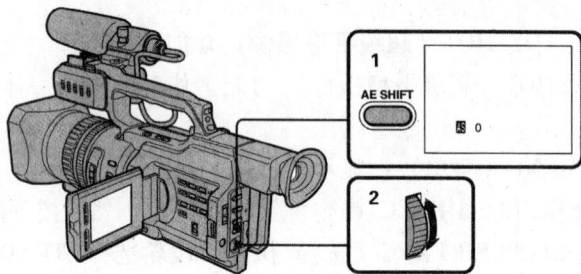

图 2-33

9. 调整白平衡

（1）在摄录一体机处于待机、记录或内存模式时将 AUTO LOCK（自动锁定）选择开关设置在中间（自动锁定解除）位置。

（2）按下 WHT BAL（白平衡），白平衡指示灯出现在液晶屏或寻像器中。

（3）转动 SEL/PUSH EXEC（选择/执行）拨轮选择适当的白平衡模式。当转动拨轮时，会显示如下变化：▨（一次设定白平衡）⟷☀（室外）⟷👑（室内）。

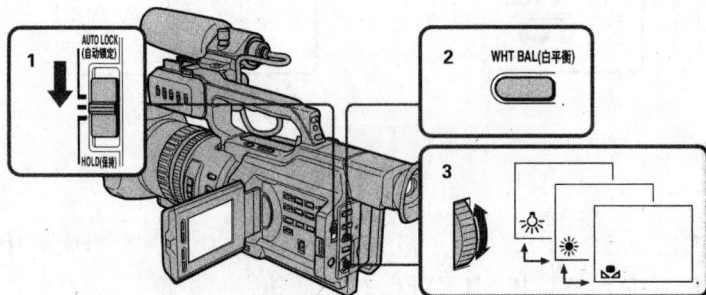

图 2-34

如果已经在步骤 3 中选择了一次设定白平衡，这个设置即被锁定，即使在光线条件改变的情况下也将继续保持。可以使记录获得自然的色彩，而不会受到环境光的影响。此时操作如下：

①拍摄一个白色的物体，如一张占满全屏的白纸。

②按下 SEL/PUSH EXEC（选择/执行）拨轮。

指示灯快速地闪烁，当白平衡经过调整并存储在内存中的时候，指示灯停止闪烁，即使取下电池，该设置仍将保持。

要回到自动调整状态时，请将 AUTO LOCK（自动锁定）选择开关设置为 AUTO LOCK（自动锁定）或再次按下 WHT BAL（白平衡）键，白平衡指示灯就从液晶屏或寻像器中消失。

10. 手动选择要调整的声道

（1）将 POWER（电源）开关设置为 CAMERA（摄像机）或 VCR（录像机）。

（2）按下 MENU（菜单）键显示菜单。

（3）转动 SEL/PUSH EXEC（选择/执行）拨轮，然后按下拨轮。

（4）转动 SEL/PUSH EXEC（选择/执行）拨轮选择 AUDIO SET（音频设置），然后按下拨轮。

（5）转动 SEL/PUSH EXEC（选择/执行）拨轮选择所需要的项目，然后按下拨轮。

（6）转动 SEL/PUSH EXEC（选择/执行）拨轮选择项目设置，然后按下拨轮。

（7）按下 MENU（菜单）键擦除菜单显示。

当手动调整声道 1 的记录电平时，将 AGC CH1（自动增益控制声道 1）设置为 ON（打开）。

自动调整声道 2 的记录电平时，将 AGC CH2（自动增益控制声道 2）设置为 ON（打开）。

当记录电平是手动调整时，记录电平指示灯出现在液晶屏或寻像器的右下角。

当声音通过 AUDIO CH1/CH2（音频声道 1/声道 2）插孔或 IDV IN/OUT（DV 输入/输出）插孔输入时不能调整记录电平。

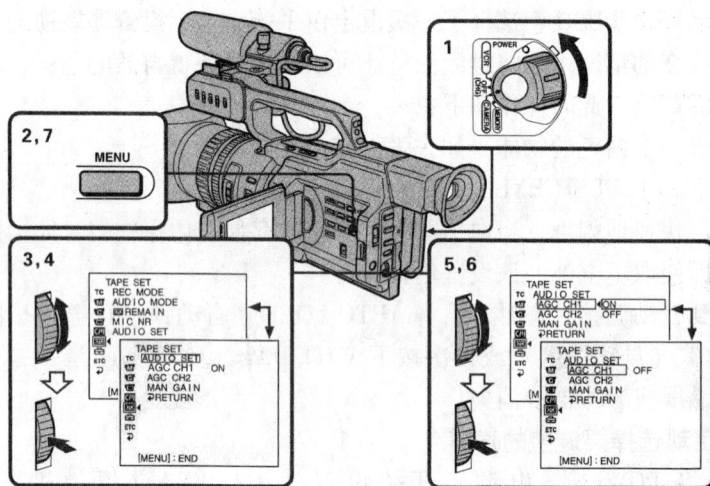

图 2 - 35

要调整的项

项 目	设 置	含 义
AGC CH1（自动增益控制声道 1）	ON（打开） OFF（关闭）	切换来自自动（ON）和手动（OFF）的声道记录电平调整。
AGC CH2[a]（自动增益控制声道 2）	ON（打开） OFF（关闭）	切换来自自动（ON）和手动（OFF）的声道记录电平调整。
MAN GAIN[a, b]（手动增益）	SEPARATED（分开） LINKED（连接）	设置连接的(LINKED) 或分开的（SEPARATED）声道1和声道2的记录电平。

a）该项目仅在把外接话筒连接到 INPUT2（输入 2）接口时生效。

b）LINKED（连接）仅在 AGC CH1（自动增益控制声道 1）和 AGC CH2（自动增益控制声道 2）都设为 OFF（关闭）时才生效。

调整记录电平：

①在待机或记录模式下按下 AUDIO LEVEL（音频电平）显示电平调整。

②转动 SEL/PUSH EXEC（选择/执行）拨轮调整声道 1 的记录电平，然后按下拨轮。光标移动到"CH2（声道 2）"，可以调整声道 2 的记录电平。

③转动 SEL/PUSH EXEC（选择/执行）拨轮调整声道 2 的记录电平。

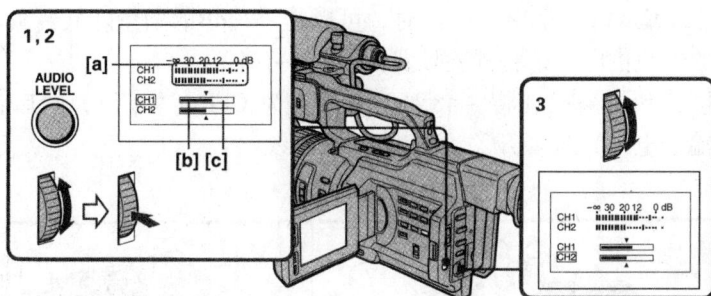

[a] 记录电平表

[b] 降低记录电平

[c] 提高记录电平

图 2 - 36

要清除记录电平调整显示，再次按下 AUDIO LEVEL（音频电平）。

11. 连接外接话筒

将多支的话筒或一个选购的话筒连接到摄录一体机上，这样可以获得所需音频。

（1）松开话筒支架的螺丝，打开支架盖。

（2）取下随机提供的话筒，从摄录一体机上拔下电缆。

（3）将话筒连接到 INPUT1（输入 1）或 INPUT2（输入 2）的接口上。

（4）使用 REC CH SELECT（记录声道选择）开关选择要使用的声道。根据 REC CH SELECT（记录声道选择）开关所在的位置而使用的声道如下表所示。

通过的音频输入	REC CH SELECT（记录声道选择）开关的位置	所记录音频的位置
INPUT1（输入 1）	CH1（声道 1）	声道 1
	CH1·CH2（声道 1·声道 2）	声道 1/2
INPUT2（输入 2）	CH1（声道 1）	声道 2
	CH1·CH2（声道 1·声道 2）	—

（5）设置如下。

①连接一个话筒时，将 INPUT LEVEL（输入电平）选择开关设置为 MIC（话筒）或 MIC ATT（话筒衰减）时，可以约 +20dB 的增量降低音量。如果话筒通过它的电缆供电，请将开关设置为 ON（打开）。

②连接音频设备时，将 +48V 开关设置为 OFF（关闭），然后将 INPUT LEVEL（输入电平）选择开关设置为 LINE（线路）。

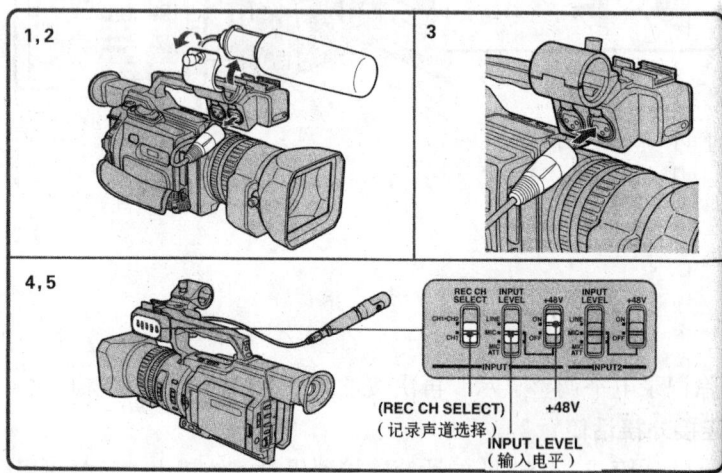

图 2－37

当有大风吹过时，根据输入，在菜单设置中将 WIND（防风）的 CH1（声道 1）或 CH2（声道 2）设置为 ON（打开）。

在以下情况下，建议在菜单设置中将 MIC NR 设置为 OFF（关闭）：

·当将 INPUT LEVEL（输入电平）选择开关设置为 LINE（线路）时。

·当远距离使用外接话筒时。

·当 REC CH SELECT（记录声道选择）开关设置为 CH1（声道 1），不想通过 INPUT2（输入 2）接口记录任何音频时。

12. 手动聚焦

（1）在记录、待机或内存模式下将 FOCUS（聚焦）选择开关向下滑到 MANUAL（手动），指示灯出现在液晶屏或寻像器中。

（2）转动聚焦环使聚焦清晰。

①回到自动聚焦模式：将 FOCUS（聚焦）选择开关向上滑动到 AUTO

（自动），指示灯关闭。

②要聚焦在无限大：将 FOCUS（聚焦）选择开关滑到 INFINITY（无限大），指示灯出现在液晶屏或寻像器中，该功能在自动聚焦近距离的物体以及聚焦远距离的物体时都非常有用。

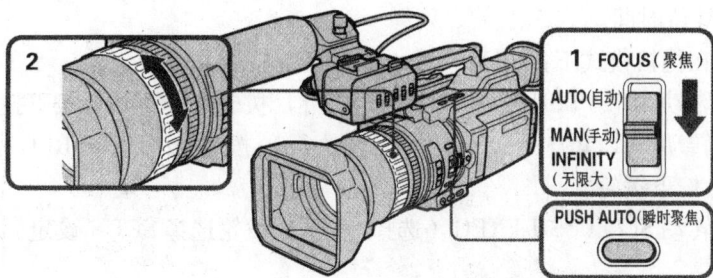

图 2－38

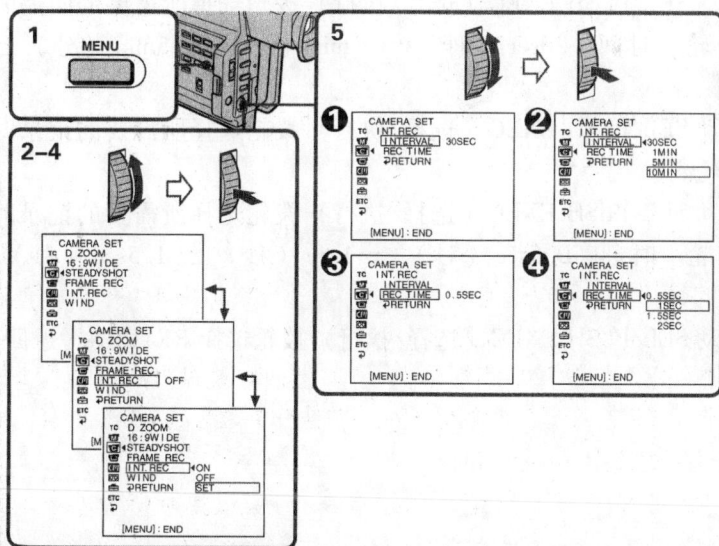

图 2－39

③要用瞬时自动聚焦拍摄：按下 PUSH AUTO（瞬时聚焦）键时，自动聚焦功能启动。

使用该键可以先聚焦在一个物体上，然后再平滑地聚焦在另一个物体上。当松开 PUSH AUTO（瞬时聚焦）键时，手动聚焦恢复。

13. 间隔拍摄

可以将摄录一体机设置为自动记录和待机，从而进行间隔记录。

［a］记录时间。

［b］等待时间。

（1）在待机模式下按下 MENU（菜单）键显示菜单。

（2）转动 SEL/PUSH EXEC（选择/执行）拨轮选择，然后按下拨轮。

（3）转动 SEL/PUSH EXEC（选择/执行）拨轮选择 INT. REC（间隔记录），然后按下拨轮。

（4）转动 SEL/PUSH EXEC（选择/执行）拨轮选择 SET（设定），然后按下拨轮。

（5）设置 INTERVAL（间隔）和 REC TIME（记录时间）。

①转动 SEL/PUSH EXEC（选择/执行）拨轮选择 INTERVAL（间隔），然后按下拨轮。

②转动 SEL/PUSH EXEC（选择/执行）拨轮选择所需要的间隔时间，然后按下拨轮。时间：30sec（秒）⇆ 1min（分）⇆ 5min（分）⇆ 10min（分）。

③转动 SEL/PUSH EXEC（选择/执行）拨轮选择所需要的记录时间，然后按下拨轮。

④转动 SEL/PUSH EXEC（选择/执行）拨轮选择所需要的记录时间，然后按下拨轮。时间：0.5sec（秒）⇆ 1sec（秒）⇆ 1.5sec（秒）⇆ 2sec（秒）。

⑤转动 SEL/PUSH EXEC（选择/执行）拨轮选择 RETURN（返回），然后按下拨轮。

2.6　SONY PWM – EX1R 手持式存储卡摄录一体机的操作和调整

　　SONY PWM – EX1R 是一款极其紧凑的高性能摄像机，它使用的成像设备是三个 1/2 英寸型 CMOS 传感器，每个传感器均总计有 1920×1 080 个有效像素，可生成全分辨率高清的图像。SONY PWM – EX1R 提供用于创建多种内容的一系列记录格式，除了记录 1080 或 720 条有效扫描线的高清视频外，该摄像机还可以在 DVCAM 兼容模式下记录和播放。

　　SONY PWM – EX1R 是新一代的高清记录系统：记录时间长、音频记录高质量未压缩、信息处理方便。创新的记录模式和设置，包括慢动作 & 快动作功能、慢速快门功能、可以选择的伽马曲线、间隔记录功能、帧记录功能、快门角度设置、画质资料功能、转场过渡功能、图像缓存功能等。各种功能和设计都具有良好的可操作性。

2.6.1　规格说明

1. 一般规格

电源要求：DC 12V（10.5V 到 17.0V）

能耗：大约 12.5W（典型值）（记录、EVF 开启、LCD 监视器关闭）

　　　最大 14W（典型值）（记录、EVF 开启、LCD 监视器开启）

工作温度：0℃ ~ +40℃

存放温度：–20℃ ~ +60℃

记录/播放格式：

●视频

●高清 HQ 模式：MPEG – 2 MP@ HL, 35Mbps/VBR 1920×1080/59.94i,
50i, 29.97P, 25P, 23.98P

　　1440×720/59.94P, 50P, 29.97P, 25P, 23.98P

1280×720/59.94P，50P，29.97P，25P，23.98P

•高清 SP 模式：MPEG－2MP@H－14，25Mbps/CBR 1440×1080/59.94i，50i（在 2－3 下拉处理中 23.98 转换为 59.94i）

•标清模式：DVCAM 720×480/59.94i，29.97p

  720×576/50i，25p

•音频

LPCM（16 位，48kHz，2 声道）

记录/播放时间：

•带一个 SBP－8

SP 或 DVCAM 模式：约 35 分钟

HQ 模式：约 25 分钟

•带一个 SBP－16

SP 或 DVCAM 模式：约 70 分钟

HQ 模式：约 50 分钟

•带一个 SBP－32 或 SBP－32GI

SP 或 DVCAM 模式：约 140 分钟

HQ 模式：约 100 分钟

连续工作时间：

（记录、EVP 开启、LCD 监视器关闭）带有 BP－U60 约 4 小时；带有 BP－U30 约 2 小时

质量：摄像机 2.4 千克

装有附带的镜头保护罩、接目罩、BP－U30 电池和一个 SxS 存储卡时 2.8 千克

2. 摄像机单元

焦距：5.8～81.2mm

变焦：可选伺服/手动

变焦比：14

最大相对孔径：1∶1.9

光圈：可选自动/手动 F1.9 到 F16 和 C（关闭）

聚焦：可选自动/手动 范围：800mm 到∞（Macro OFF）

  50mm 到∞（Macro ON，广角）

  735mm 到∞（Macro ON，远摄）

图像稳定功能：可允许防抖拍摄 ON/OFF，移位镜头系统

拾取设备：1/2 英寸型，CMOS 图像传感器，有效像素：1920（H）×

1080（V）

格式：3芯片RGB

光学系统：F1.6棱镜系统

内置滤镜：ND滤镜

OFF：透明

1：1/8ND

2：1/64ND

快门速度：1/32～1/2 000秒

2～8帧

EX慢速快门：16、32、64帧

内置麦克风：立体声驻极体电容麦克风

3. 显示

LCD监视器屏幕尺寸：对角线长8.8cm

宽高比例：16：9

取景器屏幕尺寸：对角线长1.148cm

4. 存储卡单元

内存卡插槽类型：Express Card34

插槽数：2

接口：符合PCMCIA Express Card34标准

写入速度：50Mbps或更高

读取速度：50Mbps或更高

5. 输入／输出

输入接口：AUDIO IN CH1/CH2接口

XLR3帧（2），阴

LINE：+4dBu

MIC：-20～-65dBu

DC IN接口

DC插孔（1）

输出接口：A/V多接口

COMPONENT OUT接口

耳机插孔：立体声微型插孔

计算机接口：i. LINK（HDV/DV）接口

USB接口

2.6.2 部件及其功能

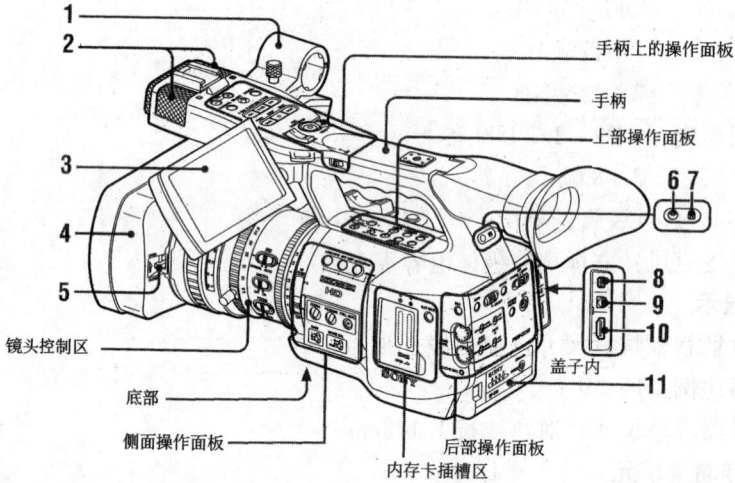

图 2 - 40

1——外部麦克风支架。

2——内置麦克风。

3——LCD 监视器（液晶显示器）。

4——镜头保护罩。

5——镜头盖开/关拉杆。

6——后部讯号灯。

7——后部红外遥控接收器。

8——COMPONENT OUT 接口（Mini D）。

9——A/V OUT 接口（音频/视频多路输出）。

10——HDMI OUT 接口。

11——电池插槽。

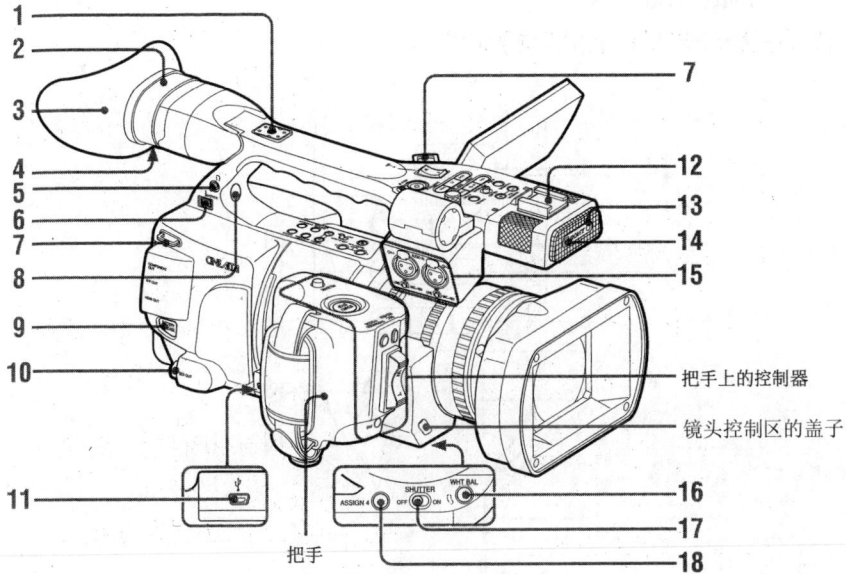

把手上的控制器

镜头控制区的盖子

把手

图 2 - 41

1——后部附件卡座。

2——取景器。

3——取景接目罩。

4——目镜聚焦钮。

5——耳机插孔（立体声微型插孔）。

6——i. LINK（HDV/DV）接口。

7——肩带挂钩。

8——内置扬声器。

9——BATTERY RELEASE 按钮。

10——SDI OUT 接口（BNC 型）。

11——USB 接口（Mini B）。

12——前部附件卡座。

13——REC/TALLY 灯。

14——前部红外遥控接收器。

15——AUDIO IN CH - 1/CH - 2 接口（XLR）和输入选择开关。

16——WHT BAL（自动白平衡调节）按钮。

17——SHUTTER 开关。

18——ASSIGN4（可指定的 4）按钮。

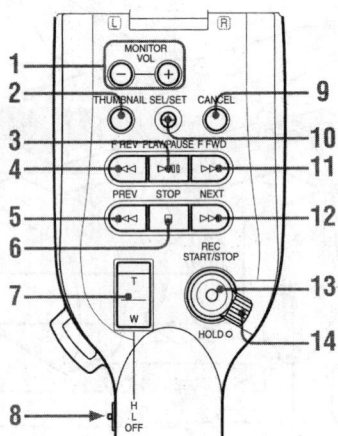

图 2 – 42

1——MONITOR VOL（音量）按钮。

2——THUMBNAIL 按钮。

3——PLAY/PAUSE 按钮。

4——F REV（快退）按钮。

5——PREV（前进）按钮。

6——STOP 按钮。

7——手柄上的 ZOOM 按钮。

8——变焦速度开关。

9——CANCEL 按钮。

10——SEL/SET（选择/设置）按钮。

11——F FWD（快进）按钮。

12——NEXT 按钮。

13——REC START/STOP 按钮。

14——REC HOLD 控制杆。

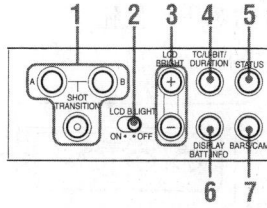

图 2 - 43

1——SHOT TRANSITION 操作区。

2——LCD B. LIGHT（LCD 背光）开关。

3——LCD BRIGHT +／-（LCD 背光调节）键。

4——TC/U - BIT/DURATION（时间数据选择）按钮。

5——STATUS 按钮。

6——DISPLAY／BATT INFO 按钮。

7——BARS／CAM（颜色棒/摄像机信号切换）按钮。

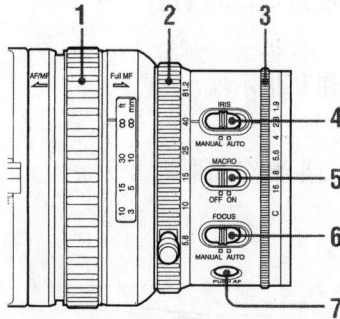

图 2 - 44

1——对焦环。

2——变焦环。

3——光圈环。

4——IRIS 开关。

5——MACRO 开关。

6——FOCUS 开关。

7——PUSH AF（瞬间自动对焦）按钮。

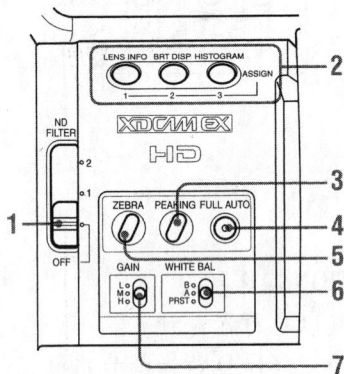

图 2－45

1——ND 滤镜选择开关。

2——ASSIGN（可指定）1/2/3 按钮。

3——PEAKING 按钮。

4——FULL AUTO 按钮和指示器。

5——ZEBRA 按钮。

6——WHITE BAL（白平衡存储器）开关。

7——GAIN 开关。

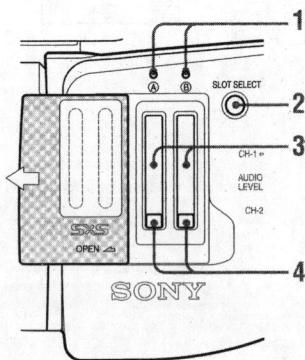

图 2－46

SxS 存储卡插槽和 EJECT 按钮都位于盖子后面。

1——ACCESS 灯。

2——SLOT SELECT（SxS 存储卡选择）按钮。

3——SxS 存储卡插槽。

4——EJECT 按钮。

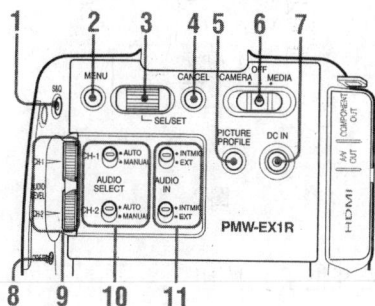

图 2 - 47

1——S&Q（慢动作 & 快动作）按钮。

2——MENU（菜单显示 ON/OFF）按钮。

3——SEL/SET（选择/设置）拨盘（慢速拨盘）。

当您将该拨盘向上拨或者向下拨，或水平推动该拨盘时，它会执行相应的功能。

4——CANCEL 按钮。

5——PICTURE PROFILE 按钮。

6——电源（CAMERA/MEDIA）开关。

7——DC IN（直流电源输入）接口。

8——CACHE REC 灯。

9——AUDIO LEVEL CH - 1/CH - 2 控制器。

10——AUDIO SELECT（音频电平控制模式选择）开关。

11——AUDIO IN（音频输入选择）开关。

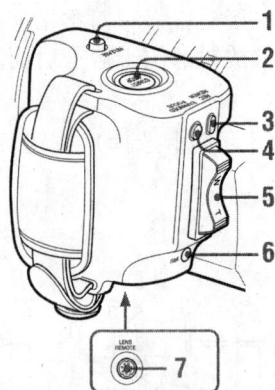

图 2 – 48

1——RELEASE（松开把手）按钮。

2——REC START/STOP 按钮。

3——REC REVIEW 按钮。

4——EXPANDED FOCUS 按钮。

5——伺服变焦拨杆。

6——IRIS 按钮。

7——LENS REMOTE 接口。

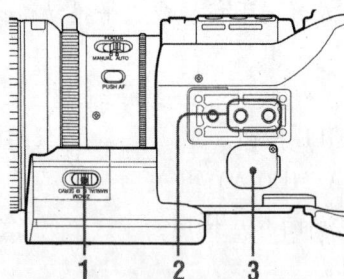

图 2 – 49

1——ZOOM 开关。

2——三脚架插孔。

　　注意：检查孔的尺寸是否与三脚架的螺钉尺寸匹配。如果尺寸不匹配，则摄像机无法牢固地安装到三脚架上。

　　3——备份电池固定装置。

2.6.3　操作与调整

1. 选择视频格式

　　使用其他菜单的"HD/SD 切换"和"视频格式"，选择用于"记录/播放"的多种视频格式。按 DISPLAY/BATT INFO 按钮时，屏幕上显示当前格式。

　　可选择的格式因其他菜单的"HD/SD 切换"设置和"区域"（NTSC 区/PAL 区）设置而异，分为高清模式和标清模式（DVCAM）。

　　如果将摄像机设置为高清模式，则本摄像机上设置的视频格式包含记录比特率（HQ/SP）、记录图像尺寸（水平分辨率）、记录帧速度和记录扫描系统（i/P）。帧速度由 2 位整数指示，小数部分四舍五入。如果将摄像机设置为标清模式，则本摄像机上设置的视频格式包含记录帧速度、记录扫描系统（i/P）和纵横比（SQ/EC）。

2. 切换 ND 滤镜

　　可以通过 ND 滤镜将光圈控制在适当的范围内。根据被摄物体的亮度设置 ND 滤镜开关。

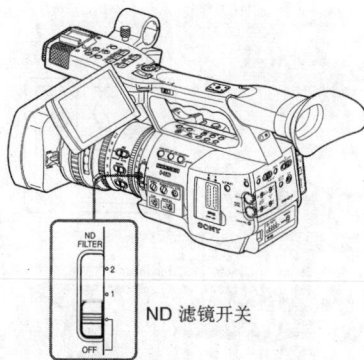

图 2-50

1——1/64ND。

2——1/8ND。

OFF——透明。

按 DISPLAY/BATT INFO 按钮时，屏幕上显示 ND 滤镜编号。

注意：如果 ND 滤镜开关被设置为 OFF，则不显示该指示。

3. 调节白平衡

拍摄者必须调节白平衡以适应光源的色温，可以根据拍摄条件选择调节模式。模式有如下几种：

①预设模式：在此模式下，色温被调节为预设值（工厂预设值：3 200K）。如果没有时间调节白平衡或要将白平衡保持为拍摄者对画质资料设定的状态，可以选择这个模式。

②存储器 A 模式或存储器 B 模式：白平衡调节为存储器 A 或存储器 B 中储存的值，按一下 WHITE BAL 按钮可以执行自动白平衡，并将调节值储存在存储器 A 或存储器 B 中。

③ATW（自动跟踪白平衡）模式：在此模式下，摄像机自动将白平衡调节为适当的状态。光圈的色温变化时自动执行白平衡的调节。使用摄像机设定菜单的"ATW 速度"可以选择五档的调节速度。

（1）选择调节模式。

直接使用 WHITE BAL 开关选择预设模式、存储器 A 模式或 ATW（存储器 B）模式。WHITE BAL 开关的 B 位置在工厂中被指定为 ATW 模式，使用摄像机设定菜单的"白平衡开关<B>"可以更改设置以选择存储器 B 模式。

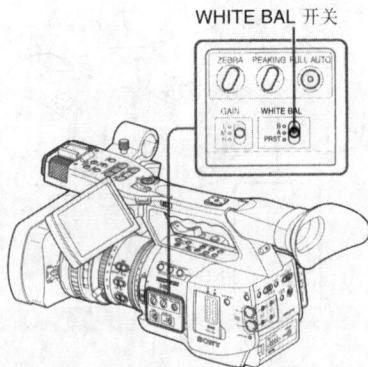

图 2-51

B——ATW 或存储器 B 模式。

A——存储器 A 模式。

PRST——预设模式。

（2）执行自动白平衡。

①要将调节值储存在存储器中，选择存储器 A 或存储器 B 模式。

②根据光照条件选择适当的 ND 滤镜。

③在相同光照条件下放置一个白色物体并拉近焦距，以在屏幕上取得一个白色区域（也可以用靠近被摄物的白色物体代替。注意屏幕上不得出现高亮度的点）。

④调节镜头光圈开度（如果选择手动光圈调节模式，请将其设置为适当的状态）。

⑤按一下 WHITE BAL 按钮，此时开始自动白平衡调节。

调节期间，屏幕上显示进度消息。成功完成调节后，此消息转变为完成消息，并显示取得的色温。

4. 设置增益

拍摄者可以根据被摄物体的亮度设置视频放大器的增益。选择拍摄条件所需要的设置模式。

①固定增益模式（手动增益调节）：使用开关或通过菜单操作来选择视频放大器的增益。

②AGC 模式（自动增益控制）：根据图像亮度自动调节视频放大器的增益。

以固定增益模式记录：

①使用 GAIN 开关选择增益。

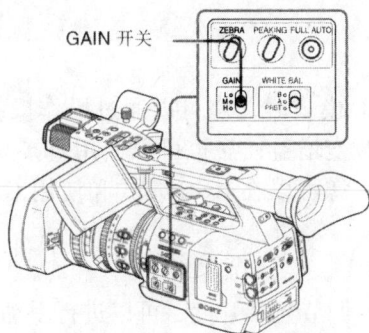

图 2-52

各开关位置的增益值在工厂中设置为：

L——0dB。

M——9dB。

H——18dB。

使用摄像机设定菜单可以在 −3dB 到 +18dB 的范围内更改这些值。

更改方法：

按一下 MENU 按钮，将摄像机设置为菜单模式，通过▸显示摄像机设定菜单，然后从菜单中选择"增益"。如图 2−53。

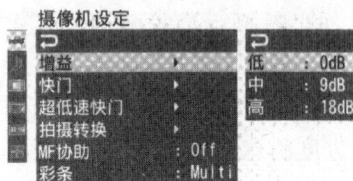

图 2−53

②使用直接菜单选择增益。

按 DISPLAY/BATT INFO 按钮时，屏幕上显示当前增益值。

图 2−54

当直接菜单处于 ALL 模式时，您可以通过操作操纵杆或慢速拨盘使用直接菜单以 3dB 的步幅来改变增益；您也可以使用直接菜单选择 AGC 模式。直接菜单处于 Part 模式时，您可以在 AGC 模式和使用 GAIN 开关选择的增益之间切换。

5. 调节光圈

根据被摄物体的亮度调节光圈开度，可以进行手动或自动调节。

（1）自动光圈模式：根据被摄物的亮度自动调节光圈。

摄像机处于全自动模式时，自动光圈模式将被强制打开。关闭全自动模式时，你可以通过将 IRIS 开关设置为 AUTO 打开此模式，选择自动光圈的目标

级别（使图像更亮或更暗）。（AGC 模式下的增益控制和自动快门模式下的快门控制同时调节）

（2）手动光圈模式：使用光圈环或通过操作菜单来调节光圈开度。

将 IRIS 开关设置为 MANUAL 以手动调节光圈。

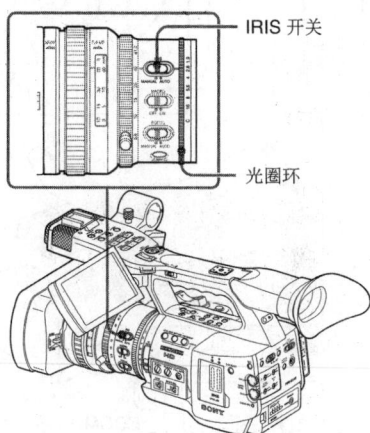

图 2 – 55

6. 调节变焦

可以在摄像机上选择手动模式或电动（伺服）模式调节变焦。

（1）手动变焦模式：旋转变焦环以调节变焦。

（2）电动（伺服）变焦模式：通过按把手上的电动变焦杆或变焦按钮调节变焦，也可以使用附带的红外线遥控器和选配的镜头遥控部件。

按 DISPLAY/BATT INFO 按钮时，屏幕上显示当前变焦位置，范围为 0（广角）到 99（远摄）。通过更改 LCD/VF 设定菜单中"显示设定"的"变焦位置"设置，数字显示可以转变为横条显示。

（1）切换变焦模式：使用位于摄像机底部的 ZOOM 开关执行手动模式和伺服模式之间的切换。

（2）使用手动变焦：将 ZOOM 开关设置为表示手动变焦模式的 MANUAL 位置可以激活变焦环，旋转变焦环可以调节变焦。

（3）使用电动变焦：将 ZOOM 开关设置为表示伺服模式的 SERVO 位置可以激活电动变焦，在伺服模式下，把手上的电动变焦杆和手柄上的 ZOOM 按钮被激活。

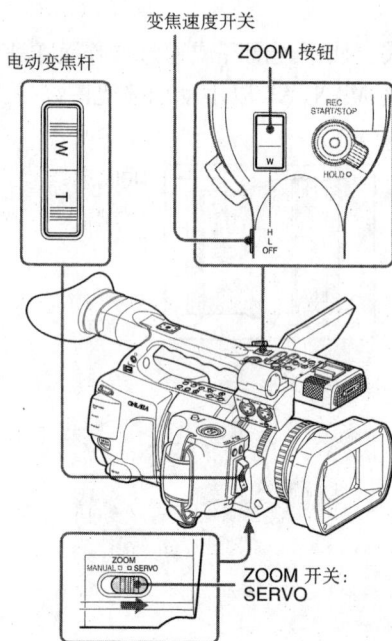

变焦速度开关

电动变焦杆   ZOOM 按钮

ZOOM 开关：
SERVO

图 2-56

7. 调节对焦

可以选择的对焦模式有三种。

（1）FULL MF（全手动对焦）模式：在此模式下只可通过对焦环进行调节。通过旋转对焦环可以将焦距从 ∞ 调节到最近距离。对焦环在两个方向都可以无休止旋转。

将对焦环向后拉（拉向摄像机机身）就已将摄像机设置为 FULL MF 模式，只可以通过对焦环手动调节对焦。

EXPANDED FOCUS：按 EXPANDED FOCUS 按钮时，LCD 监视器/EVF 屏幕上将放大显示画面的中央区域，使对焦调节更加简单。再次按 EXPANDED FOCUS 键或让对焦环保持 5 秒钟不移动以恢复到记录的正常角度。

峰值：按 PEAKING 按钮时，峰值功能将被激活。此功能在 LCD 监视器、EVF 屏幕上突出显示图像的轮廓，使手动变焦更加简单。此功能不会影响记录信号。使用 LCD/VF 设定菜单的"凸出"可以设置轮廓的加强级别和颜色。

（2）MF（手动对焦）模式：在此模式下，按 PUSH AF 按钮可以暂时激活自动对焦，MF 辅助功能可用于协助对焦。

向前滑动对焦环（镜头保护罩方向）并将 FOCUS 开关拨到 MANUAL 以将摄像机设置为 MF 模式。在此模式下，你可只在需要时激活自动对焦。

单次（瞬间）自动对焦：按 PUSH AF 按钮，瞬间激活自动对焦（单次自动对焦）。焦点对准被摄物时，单次自动变焦终止。

MF 辅助功能：在 MF 辅助功能处于活动状态的情况下停止旋转对焦环时开始自动对焦，执行屏幕中央被摄物的焦点微调。完成微调后，MF 辅助功能启动的自动对焦被终止。

（3）AF（自动对焦）模式：在此模式下自动对焦功能一直发挥作用，也可以使用对焦环和 PUSH AF 按钮。

向前滑动对焦环（镜头保护罩方向）并将 FOCUS 开关拨到 AUTO 以将摄像机设置为 AF 模式。此模式下始终自动调节对焦。对焦环的距离指标在 AF 模式下无效。

在 AF 模式下对焦：在 AF 模式下，摄像机持续检查图像的变化，每次检查到变化时激活自动对焦。焦点对准被摄物时，自动对焦调节将被终止，摄像机处于待机状态，直到检测到下一次变化。在 AF 模式下，按 FUSH AF 按钮或操作对焦环时也会激活自动对焦。

2.7 SONY HVR－Z5C 高清晰度数字摄录一体机的操作和调整

2.7.1 规格说明

1. 系统

视频录制系统（HDV）：双旋转磁头、螺旋扫描系统

音频录制系统：旋转磁头，MPEG－1 Audio Layer－2

量化：16bit，Fs48kHz（立体声），传输速度：384kBps

视频信号：PAL 彩色，CCIR 标准，1080/50i 规格

录像带速度（HDV）：约 18.831mm/s

录制/播放时间：63 分钟（使用 PHDVM-63DM 磁带）

快进/倒带时间：约 2 分 40 秒（使用 PHDVM-63DM 磁带和充电电池组）

取景器：电动取景器（彩色，黑白）

图像 1.1cm（0.45 型，纵横比 16：9）

总点数 1 226 880（约 852×3［RGB］×480）

成像设备：6.0mm（1/3 型）3CMOS 传感器录制像素（HDV/DV16：9）

静态录制，最大 120 万（1 440×810）像素，总计约 1 120 000 个像素

镜头：G 镜头

焦距：f = 4.1~82.0 mm

色温：［室内］（3 200K）

［室外］（5 800K ±7 偏移等级）

［手动 WB 温度］（2 300~15 000K，步长为 100K）

最低照明度：1.5lx（lux）（固定的快门速度 1/25，自动增益，自动光圈）

（F1.6）

2. 输入/输出连接器

LANC 插孔：立体声小型插孔

INPUT1/INPUT2 插孔：XRL 3 针，凹形

−48dBu：3 000 欧姆

+4dBu：10 000 欧姆

HDV/DV 插孔：i.LINK 接口（IEEE 1394，4 针连接器 S100）

3. 液晶屏

图像：8.0cm（3.2 型，纵横比 16：9）

总点数：921 600（1 920×480）

4. 常规

电源要求：DC7.2V（电池组）

DC8.4V（交流适配器 / 充电器）

平均功率消耗：在正常亮度下使用麦克风 ECM-XM1 和取景器进行录制

时：HDV 录制时 6.9W，DVCAM（DV）录制时 6.7W

在正常亮度下使用麦克风 ECM-XM1 和液晶屏进行录制时：HDV 录制时

7.1W，DVCAM（DV）录制时 6.9W

工作温度：0℃~40℃

存放温度：−20℃ ~ +60℃

尺寸（近似）：169mm×188mm×451mm（宽／高／深）

重量（近似）：2.2kg，包括带镜头盖的镜头遮光罩

2.5kg，包括电池组（NP－F570）、磁带（PHDVM－63DM）、带镜头盖的镜头遮光罩以及麦克风（ECM－XM1）

5. 交流适配器／充电器 AC－VQ1050

电源要求：AC 100~240V，50Hz／60Hz

功率消耗：22W

输出电压：DC 8.4V

工作温度：0℃~40℃

存放温度：－20℃~+60℃

6. 充电电池组 NP－F570

最大输出电压：DC 8.4V

输出电压：DC 7.2V

最大充电电压：DC 8.4V

最大充电电流：3.0A

容量：15.8Wh（2 200mAh）

类型：锂离子

2.7.2 部件及其功能

1. 识别部件和控制器

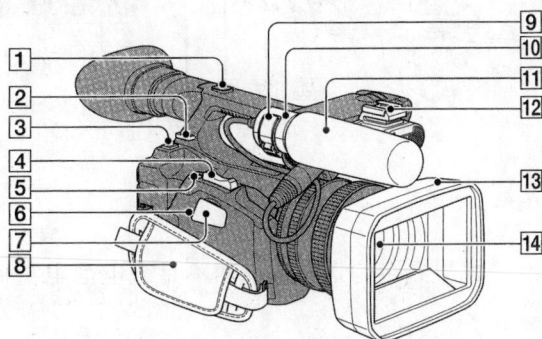

图 2－57

1——配件热靴安装孔。

2——肩带锁扣。

3——BATT RELEASE 按钮。

4——变焦控制杆。

5——ASSIGN 7/PHOTO 按钮。

6——存取指示灯。

7——"Memory Stick Duo" 插槽。

8——抓握带。

9——麦克风固定夹钳。

10——麦克风固定器。

11——麦克风。

12——配件热靴。

13——带镜头盖的镜头遮光罩。

14——镜头。

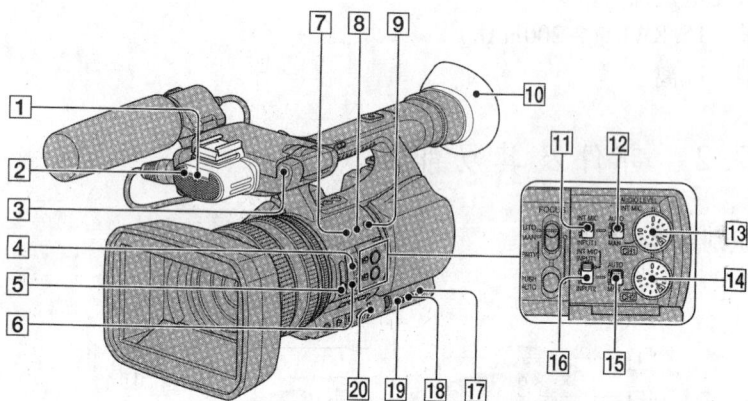

图 2 – 58

1——前拍摄灯（如果剩余的录像带空间不足或电池电量低，则拍摄灯闪烁）。

2——内置麦克风。

3——前遥感器。

4——FOCUS 开关。

5——ND 滤镜。

6——PUSH AUTO 按钮。

7——ASSIGN 1 按钮/ZEBRA 按钮。

8——ASSIGN 2 按钮/AE SHIFT 按钮。

9——ASSIGN 3 按钮/REC REVIEW 按钮。

10——大眼罩。

11——CH1（INT MIC/INPUT1）开关。

12——AUTO/MAN（CH1）开关。

13——AUDIO LEVEL（CH1）拨盘。

14——AUDIO LEVEL（CH2）拨盘。

15——AUTO/MAN（CH2）开关。

16——CH2（INT MIC/INPUT1/INPUT2）开关。

17——STATUS CHECK 按钮。

18——PICTURE PROFILE 按钮。

19——MENU 按钮。

20——AUTO/MANUAL 开关。

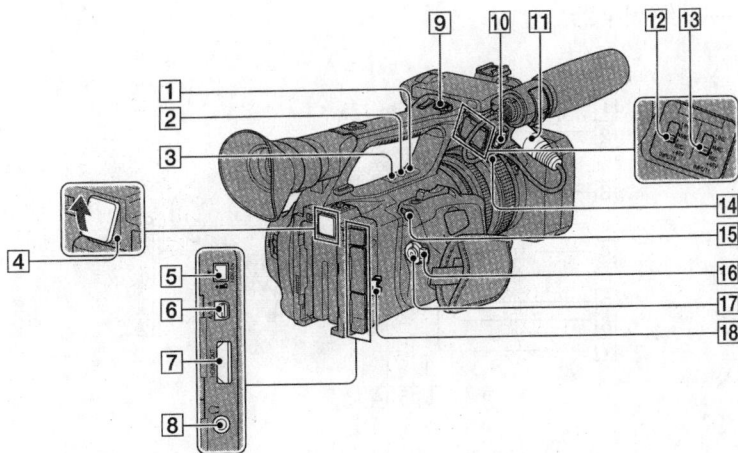

图 2-59

1——ASSIGN 4 按钮。

2——ASSIGN 5 按钮。

3——ASSIGN 6 按钮。

4——内存记录器插孔　用于选购的内存记录器（HVR – DR60 或 HVR –

MRC1）。

5——HDV/DV 插孔。

6——A/V 远程连接器。

7——HDMI OUT 插孔。

8——（耳机）插孔　用于立体声小型插孔耳机。

9——REC START/STOP 按钮。

10——INPUT2 插孔。

11——INPUT1 插孔。

12——INPUT2 开关。

13——INPUT1 开关。

14——电缆固定器。

15——LANC 插孔　用于控制视频设备的录像带走带及其相连的外围设备。

16——POWER 开关。

17——REC START/STOP 按钮。

18——电缆固定器。

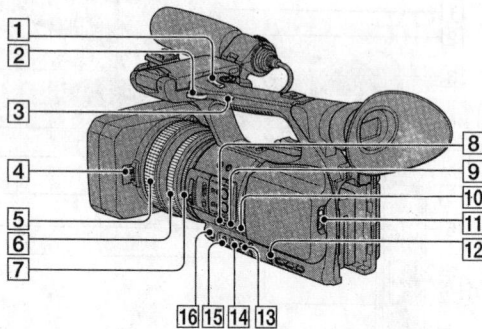

图 2 – 60

1——手柄变焦控制杆。

2——肩带锁扣。

3——手柄变焦开关。

4——镜头盖控制杆。

5——对焦环。

6——变焦环。

7——光圈环。

8——GAIN 按钮。

9——WHT BAL 按钮。

10——SHUTTER SPEED 按钮。

11——OPEN/EJECT 控制杆。

12——SEL/PUSH EXEC 拨盘。

13——（单键结合）按钮。

14——白平衡内存开关。

15——增益开关。

16——IRIS/EXPOSURE 按钮。

2. 液晶屏和取景器指示

（1）录制动画。

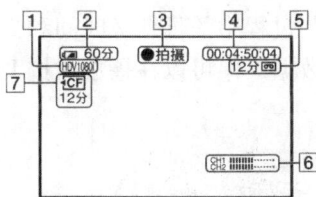

图 2-61

1——录制格式。

2——电池剩余电量（近似）。

3——录制状态：[待机] 或 [●拍摄]（录制）。

4——在录制过程中：录像带计数器（小时：分钟：秒钟：帧）。

在播放过程中：时间代码（小时：分钟：秒钟：帧）。

5——录像带的录制时间（近似）。

6——音量显示。

7——外部内存记录器（选购）的剩余可录制时间。

（2）录制静像。

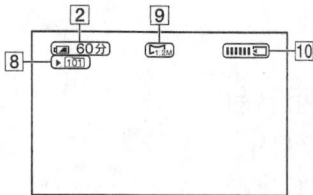

图 2 – 62

8——录制文件夹。

9——图像尺寸。

10——录制指示。

（3）录制过程中的数据代码。

摄像机将自动记录录制过程中的日期／时间和摄像机设定数据。在录制过程中，屏幕上不显示这些数据，但可以在播放时按 DATA CODE 按钮在屏幕上查看这些数据。

2.7.3 操作与调整

1. 调节变焦

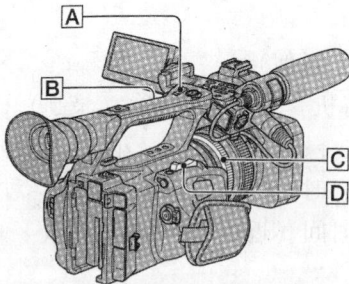

图 2 – 63

（1）使用变焦控制杆：轻轻移动电动变焦控制杆 D 以进行慢速变焦。较大幅度移动变焦控制杆可进行快速变焦。

（2）使用手柄变焦：

①将手柄变焦开关 Ⓑ 设定为 VAR 或 FIX。

提示：当将手柄变焦开关 Ⓑ 设定为 VAR 时，可以以可变速度放大或
缩小。

当将手柄变焦开关 Ⓑ 设定为 FIX 时，可以以在 [手柄变焦] 中设
定的固定速度放大或缩小。

②按手柄变焦控制杆 Ⓐ 以进行放大或缩小。

（3）使用变焦环：可通过旋转变焦环 Ⓒ 以所需的速度进行变焦，也可以
进行微调。

2. 手动调节对焦

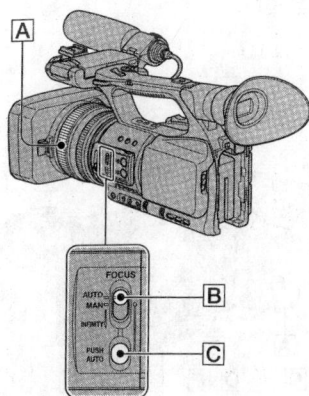

图 2 - 64

可以针对不同的录制条件手动调节对焦。在以下情况下，请使用此功能。

• 要录制的对象位于有雨滴的玻璃窗后面。

• 录制横向条纹。

• 要录制的对象与其背景之间几乎没有反差。

• 要对背景中的对象进行对焦。

• 使用三脚架录制静止对象。

（1）在录制或待机期间，将 FOCUS 开关 Ⓑ 设定到 MAN，☞ 出现。

（2）转动对焦环 Ⓐ 并调节对焦。

提示：对于手动对焦，使用变焦功能时，对对象进行对焦更为容易。将电动变焦控制杆移向 T（摄远）调节对焦，然后移向 W（广角）调节录制对焦。

想录制对象的特写图像时，将电动变焦控制杆移向 W（广角）充分放大图像，然后调节对焦。

恢复自动调节：将 FOCUS 开关 Ⓑ 设定为 AUTO。

暂时使用自动对焦（单键结合自动对焦）：按住 PUSH AUTO 按钮 Ⓒ 的同时录制对象，如果松开按钮，则设定将返回手动对焦。使用此功能，可以将对焦从一个对象移至另一个对象。场景将平衡切换。

对远处的对象进行对焦（对焦于无穷远处）：将 FOCUS 开关 Ⓑ 滑到 IN-FINITY 并保持该位置。屏幕上出现▲。若要返回至手动对焦模式，请松开 FO-CUS 开关 Ⓑ。此功能可让您在对焦自动设定到近处的对象时，自动设定到远处的对象上。

3. 调节图像亮度

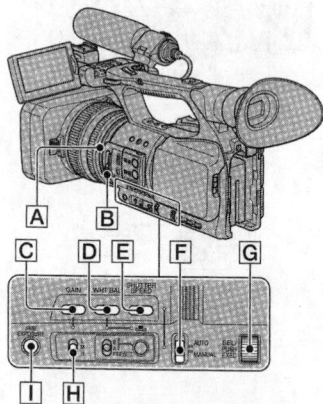

图 2－65

可以通过调节光圈、增益或快门速度，或者使用 ND 滤镜 Ⓑ 减少光线量来调节图像亮度。另外，当［曝光］指定至光圈环 Ⓐ 时，可以用光圈环 Ⓐ 调节光圈、增益和快门速度。可以从 📷（摄像机设定）菜单的［IRIS/EXPO-

SURE] 将［光圈］或［曝光］指定到光圈环Ａ。默认设定为［光圈］。

（1）调节光圈。

可以手动调节光圈，以控制进入镜头的光线量。通过光圈调节，可以改变或者关闭镜头的光圈值，光圈值用介于 F1.6 和 F11 之间的 F 值表示。光圈打开程度越大（降低 F 值），则光线量越多。光圈关闭程度越大（提高 F 值），则光线量越少。屏幕上将出现 F 值。

①选择 ■■（摄像机设定）菜单→［IRIS/EXPOSURE］→［环指定］→［光圈］。

②在录制或待机期间，将 AUTO/MANUAL 开关Ｆ设定为 MANUAL。

③当光圈自动调节时，按 IRIS/EXPOSURE 按钮Ｉ。光圈值旁边的 ◭ 消失，或者屏幕上出现光圈值。

④用光圈环Ａ调节光圈。当将［键控自动光圈］指定到 ASSIGN 按钮之一时，可以在按住该 ASSIGN 按钮的同时自动调节光圈。

提示：当变焦位置从 W 变到 T 时，即使通过将 F 值设定到 F3.4 以下（例如 F1.6）来打开光圈，F 值也会接近 F3.4。

对焦范围（光圈的一个重要效果）称为景深。增大光圈时，景深将变小；缩小光圈时，景深将变大。请在摄像时发挥您的想象力，充分利用光圈来获得所需的效果。

该功能对于使背景变得模糊或清晰较为方便。

自动调节光圈：

按 IRIS/EXPOSURE 按钮Ｉ，或将 AUTO/MANUAL 开关Ｆ设定为 AUTO。光圈值消失，或者光圈值旁边出现 ◭。

注意：如果将 AUTO/MANUAL 开关Ｆ设定为 AUTO，则其他手动调节的项（增益、快门速度、白平衡）也会变为自动。

（2）调节曝光。

当［IRIS/EXPOSURE］设定至［曝光］时，可以用光圈环通过调节光圈、增益和快门速度来调节图像亮度。也可以手动预设这些参数中的一至两个，然后用光圈环调节其余的参数。

①选择 ■■（摄像机设定）菜单→［IRIS/EXPOSURE］→［环指定］→［曝光］。

②在录制或待机期间，将 AUTO/MANUAL 开关Ｆ设定为 MANUAL。

③当［曝光］自动调节时，按 IRIS/EXPOSURE 按钮Ⅰ。光圈、增益、快门速度值和 E 会出现在屏幕上。用光圈环A调节光圈、增益和快门速度。

未出现 E 时，请执行以下操作。E 会出现在各项旁边，表示这些项可以用光圈环A进行调节。

• 增益：按 GAIN 按钮C。

• 快门速度：按 SHUTTER SPEED 按钮E两次，当快门速度未锁定时，按此按钮一次。

④用光圈环A调节光圈。当将［键控自动光圈］指定到 ASSIGN 按钮之一时，可以在按住该 ASSIGN 按钮的同时自动调节曝光。

恢复自动调节：

按 IRIS/EXPOSURE 按钮Ⅰ，或将 AUTO/MANUAL 开关F设定为 AUTO。旁边显示有E的值消失，或者这些值旁边出现▲。

（3）调节增益。

不想使用 AGC（自动增益控制）时，可以手动调节增益。

①在录制或待机期间，将 AUTO/MANUAL 开关F设定为 MANUAL。

②当增益自动调节时，按 GAIN 按钮C。增益值旁边的▲消失，或者屏幕上出现增益值。

③将增益开关H设定到 H、M 或 L。为所选增益开关位置设定的增益值显示在屏幕上。可以从 📷（摄像机设定）菜单的［亮度增益设置］为每个增益开关设定增益值。

自动调节增益：

按 GAIN 按钮C，或者将 AUTO/MANUAL 开关F设定到 AUTO。增益值消失，或者增益值旁边出现▲。

注意：将 AUTO/MANUAL 开关F设定到 AUTO，则其他手动调节的项（光圈、快门速度、白平衡）也会变为自动。

（4）调节快门速度。

可以手动调节和固定快门速度。可通过调节快门速度使得移动对象看上去静止或者强调移动对象的移动。

①在录制或待机期间，将 AUTO/MANUAL 开关F设定为 MANUAL。

②按 SHUTTER SPEED 按钮 E 直到快门速度值加亮显示。

③转动 SEL/PUSH EXEC 拨盘 G 以改变屏幕上显示的快门速度。可以在 1/3 秒到 1/10 000 秒，或者扩展清晰扫描（**ESC**）的范围内调节快门速度。已设定的快门速度的分母会显示在屏幕上。例如，当快门速度设定为 1/100 秒时，［100］会显示在屏幕上。屏幕上的值越大，快门速度越快。

④按 SEL/PUSH EXEC 拨盘 G 锁定快门速度。若要重新调节快门速度，请执行步骤②到④。

提示：很难在较低的快门速度下自动进行对焦。建议将摄像机安装到三脚架上以手动进行对焦。

在日光灯、钠灯或水银灯下，图像可能会闪烁或改变颜色。可通过将快门速度设定至扩展清晰扫描（**ESC**）范围内的适当频率来减少闪烁。

当录制监视画面等对象时，将快门速度设定到扩展清晰扫描（**ESC**）范围内，从而获得没有水平条纹信噪的图像。可以从 📷（摄像机设定）菜单中的［ESC 频率］来为扩展清晰扫描设定快门速度。

自动调节快门速度：

按 SHUTTER SPEED 按钮 E 两次，或将 AUTO/MANUAL 开关 F 设定为 AUTO。快门速度值消失，或者快门速度值旁边出现Ⓐ。

（5）调节光线量（ND 滤镜）。

当录制环境太亮时，可以使用 ND 滤镜 B 清晰地录制对象。ND 滤镜 1、2 和 3 分别将光线量减少至 1/4、1/16 和 1/64。

如果在光圈自动调节期间 **ND1 1/4** 闪烁，请将 ND 滤镜设定至 1。如果在光圈自动调节期间 **ND2 1/16** 闪烁，请将 ND 滤镜设定至 2。如果在光圈自动调节期间 **ND3 1/64** 闪烁，请将 ND 滤镜设定至 3。ND 滤镜指示灯将停止闪烁，并且留在屏幕上。如果 **ND OFF CLR** 闪烁，请将 ND 滤镜设定到 OFF。**ND OFF CLR** 将从屏幕中消失。

注意：如果在录制期间更换 ND 滤镜 B，则动画和声音可能会失真。

手动调节光圈时，即使光线量应该通过 ND 滤镜调节，ND 图标也不会闪烁。

4. 调节为自然色彩（白平衡）

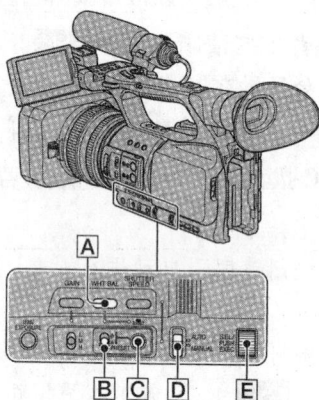

图 2 – 66

可以根据录制环境的照明条件来调节和固定白平衡。可将白平衡值分别储存到内存 A（🖐️ A）和内存 B（🖐️ B）中。除非重新调节白平衡，否则即使关闭电源，白平衡也将自动保留。

当选择 PRESET 时，会根据先前用 📷（摄像机设定）菜单中的［WB 预设］所做的设定来选择［室外］、［室内］或［手动 WB 温度］。

①在录制或待机期间，将 AUTO/MANUAL 开关 D 设定为 MANUAL。

②按 WHT BAL 按钮 A。

③将白平衡内存开关 B 设定为 PRESET/A/B 三者之一。选择 A 或 B 可以用内存 A 或 B 中储存的白平衡设定进行录制。

指　示	拍摄环境
☀（［室外］）	·录制霓虹灯或焰火 ·录制日落/日出、太阳刚落下后的场景或者太阳即将升起前的场景 ·在日光灯下

（续上表）

指　示	拍摄环境
☼（［室内］）	·在照明条件变幻莫测的情况下，例如聚会大厅 ·在强光下，如摄影工作室 ·在钠灯或水银灯下
色温（［手动 WB 温度］）	可在 2 300K 到 15 000K 之间的范围内设定色温（默认设定值为 6 500K）

将调节后的白平衡值保存到内存 A 或 B 中：

①在"调节为自然色彩（白平衡）"的步骤③中将白平衡内存开关设定为 A 或 B。

②以满屏捕捉一个白色对象（例如白纸），使之处于与拍摄的对象相同的照明条件下。

③按 ☙（单键）按钮 C 。☙ A 或 ☙ B 开始快速闪烁。当白平衡调节完成并且调节后的值已经储存到 ☙ A 或 ☙ B 中时，它将保持点亮。

自动调节白平衡：

按 WHT BAL 按钮 A ，或者将 AUTO/MANUAL 开关 D 设定到 AUTO。

5. 调节音量

可以调节内置麦克风或者连接至 INPUT1/INPUT2 插孔的麦克风音量。

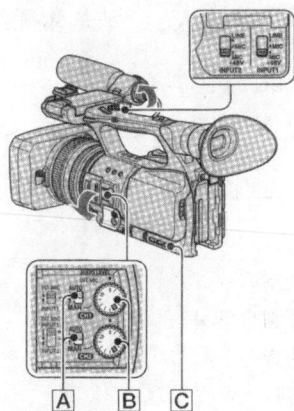

图 2-67

①将要调节的声道的 AUTO/MAN（CH1/CH2）开关 Ａ 设定为 MAN。屏幕上出现♪M。

②录制或待机期间，转动 AUDIO LEVEL 拨盘 Ｂ 调节音量。

恢复自动调节：

将手动调节的声道的 AUTO/MAN（CH1/CH2）开关 Ａ 设定为 AUTO。

提示：若要查看其他音频设定，请按 STATUS CHECK 按钮 Ｃ 。

本章小结

本章主要介绍了摄像机的工作原理、结构、性能和分类。在此基础上，进一步探讨了摄像机在各种情况下的操作方法和使用技巧，并详细地介绍了四种摄像机的功能键及使用方法。

复习思考题

1. 简述摄像机的工作原理。
2. 按性能的不同，可以把摄像机分为哪几种？各种摄像机各有什么特点？
3. 什么是白平衡？白平衡在摄像机中所起的作用是什么？
4. 简述自动白平衡和手动白平衡的调节方法。
5. 什么情况下必须使用手动光圈？
6. 什么情况下必须使用手动聚焦？手动聚焦有哪几种方法？

3

电视节目的摄影

本章要求

- [ ] 了解画面镜头对构成画面语言的作用和意义及其选择、观察和拍摄的方式。
- [ ] 运用三坐标合理选择拍摄位置与角度；持机方式正确；掌握各种拍摄要领；遵守各项技术要求。
- [ ] 在熟练掌握基本拍摄方式的基础上，能选择有意义的拍摄题材，力求完美地表现主体和拍摄对象，准确地传递画面信息，为制作完整的电视节目作准备。

　　电视是以视觉为基础的媒介，摄影是电视节目制作中最关键的一个环节。对电视摄影的认识，对电视摄影基本技能的掌握，向来被认为是电视记者最重要的基本功之一。随着大众传播事业的迅速发展，传播科技的日新月异，电视节目的制作方式已发生了很大变化，电视节目的质量也在不断提高。单就摄影的工具而言，今天的记者已拥有越来越便利和越来越丰富的表达手段。

　　电视节目摄影带有明显的工具性质。电视毕竟离不开用技术的方式来表达，用画面的方式来说话，因此对摄影器材历来就有"摄影自来水笔"之说，随着工具的日益先进和复杂，更有人比喻说这是一支"有一吨重的笔"。可见掌握好设备的性能和技术已成为越来越重要的一门学问，是制作电视节目必不可少的前提。然而，我们仍应坚持一个观点，这就是在电视节目制作中，最终能起决定因素的是人，是编导和掌握精湛摄影技术的摄影师。再先进的设备，仍然是一堆机器而已。尽管制造商们宣称他们的设计要以摄像员为出发点，也只是达到性能更先进、操作更方便而已。机器终究不能代替人的思维、判断和观察。表面上看摄影师是用摄像机在拍摄，实际上离不开眼睛的观察和选择，只有通过大脑的判断来取舍，才能使节目成为有生命有灵气的作品。

3.1　观察与摄影

3.1.1　选择和观察

　　大千世界，信息纷繁。尽管我们每天可以收看的电视节目丰富多彩，电视新闻的内容包罗万象，尽管人们经常用"信息爆炸"来形容当今社会信息量的丰富程度，但我们能接触到的节目内容也只能是在节目制作者们有目的的选择下和我们接受能力、兴趣范围内的一小部分信息而已。可以说，每一个节目，每一条新闻的播出，都经过层层严格过滤和筛选，都体现着按照不同的价值标准选择的原则，而选择的途径往往是通过观察的方式来完成的。选择和观察就是按照某种价值标准对事物作出衡量、判断和取舍的过程，它渗透着节目制作者的主观意识，离开了深入实际的观察，选择将无法进行，目标也就无从实施。

对电视节目摄影来说，观察既是一个主观选择、主观意识起作用的过程，同时又由于受到各种客观因素的制约，这种观察和选择往往表现为一种主客观融合的独特方式。

3.1.2　观察的方式

1. 主观的观察——记者的价值观

通过电视的传播，受众得以不断扩展对外部环境的认知。经过记者的眼睛，观众才能更为全面地了解世界动态、把握社会脉搏，了解各种新闻事件的来龙去脉和详细情节。对受众来说，记者的观察与选择起着举足轻重的作用，他为什么选择这样的报道题材而非其他？为什么选择此角度拍摄而非另外？当他决定拍什么时，就意味着希望突出什么；当他以什么态度来报道时，就反映出一定的立场观点、思想倾向。所以说，记者的观察方式直接影响着报道内容和方式的选择，不同的主观意识自然呈现出不同的选择趋向，反映出不同的价值标准。

记者的价值观、选择趋向，一方面形成了不同的报道风格和个性特征，为观众提供了一个异彩纷呈、非千人一面的"媒介环境"；更重要的是，就媒介共性的要求来说，记者的观察选择，其准则是建立在共同的价值标准上的，他们必须遵守共同的原则。也就是说，记者对新闻报道不能脱离客观、准确、真实的原则，要善于透过现象探寻事物的本质，挖掘新闻报道的意义。在此基础上，才谈得上各自特色和风格的实现。

而对电视特性的要求来说，遵守新闻报道客观真实的原则，反映事物的本质，则具有更为严格的含义。电视，虽说"眼见为实"，观众在镜头前看到的却并不排除表象甚至假象。事实上，在电视新闻节目或其他电视节目中，的确存在不少形式主义摆拍方式，那些千篇一律、公式化、脸谱化的节目令人生厌。作为一名电视记者，在如实反映客观现实、义不容辞地履行新闻传播的责任这个大前提下，应该如何发挥主观能动性，准确把握观察角度和选择原则呢？或者说，应该把观察的目标定位在什么地方呢？中央电视台《生活空间》节目制片人陈虻认为，应该采用跟踪记录和展示过程的方式来拍摄节目，要用"原生态"代替那些被拍摄状态改变的电视语言符号。这里所以使用了"代替"、"改变"这些字眼，说明电视的确存在着违反生活原来面貌、为真为假的负面影响，存在着既可以更具真实性，也可以更具欺骗性的双重效能。而且，一旦观众的"眼前所见"违反了生活的本来面目，其带来的欺骗性、破坏性将更大。因此，节目要取信于民，电视记者就应将自己的观察方式、主观选择趋向建立在客观现实的基础上，建立在生活的"原生态"上。

2. 客观的观察——记者的基本功

电视摄影通过镜头看世界，它还原给观众的是摄影记者的"眼前影像"。能否准确把握对眼前客观现象的观察，有效利用客观拍摄条件，选择合适的拍摄因素，是对摄影记者基本功的要求。

按照电视的现场证实特性，它传递给观众的"眼前影像"必须是在新闻事件现场完成拍摄而报道的。在现场拍摄过程中，记者虽然渗透着鲜明的主观观察色彩，然而却必定受到镜头前的客观现实条件的种种限制。这些影响记者观察和拍摄的因素包括：拍摄场地的条件、光线照明的条件、影像的清晰程度、人物的活动范围、事件的发展进程等等。记者在拍摄时不能不考虑各种因素以及可能发生的情况对报道的制约，甚至包括能否及时到达现场，在第一时间拍下最有意义和代表性的精彩瞬间与过程。这些都构成了对摄影记者驾驭客观条件能力的考验。现在，先进的摄影设备技术性能已提供了在各种恶劣条件下拍摄的可能性，记者对摄影技术把握的程度、对设备器材操作的能力，都直接影响到观众的"眼前所见"。

影响记者观察的因素，除了拍摄现场各种条件的制约外，更重要的还有新闻的信息含量。记者必须善于发现新闻的价值所在，对于一些新闻价值高、信息含量大的新闻，即使现场拍摄条件恶劣，也要想方设法去完成。例如在1998年长江抗洪报道中，解放军、武警官兵救出被洪水围困在树干上9个小时的小女孩江珊的事迹。当时拍摄场面不但光线弱、清晰度低，而且十分危险，湖北电视台的记者随同解放军战士在冲锋舟上冒着生命危险抢拍下这个令人难忘的镜头。尽管画面摇晃得厉害，但是因为符合特定环境、特定场景的客观真实性，节目被赋予了更高的新闻价值。在这种特殊条件下，记者的选择，始终把追求信息含量高的画面放在第一位。

记者的主观观察是在客观现实的基础上进行的，面对客观存在的大量信息和丰富的材料，电视记者观察的对象就是：眼前具体、真实、可视的人、事、物、景。场景的交代、事件的动态瞬间、有意义的精彩的发展过程，无论场景细节还是人物的情感心理，无一不通过近距离细致的观察捕捉。记者如果缺乏客观深入的观察，许多逼真感人的细节就会视而不见、充耳不闻，即使近在咫尺，也会表现得平淡无奇，难以从平凡普通的生活中发现不平凡的事迹。

记者的客观观察对象还包括构成完整现场信息的全部因素，可视的因素固然重要，可听的因素同样不应忽略，它们共同构成一个"动态的全景"，这个动态是有声有色的。忽略了这些因素，将会人为地造成"变可视为枯燥"、

"变有声为寂静"。现在我们看到的大量纪实性节目，既是对电视特性的充分体现，也渗透着记者的深入观察、准确选择以及对拍摄基本技能技巧的熟练掌握和运用。

3. 镜头的观察——记者的"第三只眼"

电视摄影毕竟要从记者的观察转化为摄像机镜头的观察方式，记者必须通过摄像机的镜头将自己观察与选择的对象一一表现出来。一旦开始拍摄，就绝非机械地再现和复制现实，也并非简单地有闻必录，拍摄的过程无不渗透人的主观意图，是一个主客观融合的过程，体现为一种人机结合的方式。所以，人们习惯将镜头称为记者的"第三只眼"。

纯粹的摄影技术操作也许不算难以掌握，但是要将镜头观察方式尽可能地符合人眼的观察结果却并非易事。镜头作为一种纯物质的条件，尽管它的设计十分接近人眼的结构与功能，但其观察的形式毕竟是无意识、无生命的，摄像机拍摄下来的景象与眼睛直接看到的景物有时完全是两码事。单就镜头对颜色的反映能力、对光线的适应能力来说，就远未达到人眼的灵敏程度。因此，要使电视摄影尽可能接近人眼观察的现实，首先要认识镜头与眼睛观察的异同，了解镜头的性能和特点，并学会掌握和运用它。

眼睛的观察是一种直接的方式，镜头的观察方式却是间接的。眼睛的注意力极富选择性，而且高度机动灵活，眼睛看到的是一系列孤立的点，并且能迅速地从一个点移到另一个点，通过大脑的加工，在空间上把这些点组合起来。在电视摄影中，这一系列的点就是一个个分割式的画面；从一个点移到另一个点，就是拍摄运动方式的变化；而大脑的组合加工则是通过电视剪接构成的时空方式表现出来的。

（1）分割式观察方式。摄像机与人眼观察方式相比较，首先是视野范围不同。眼睛可以大范围转动，人不转动头部，眼睛的观察空间总角度在水平面上可达140度，在垂直面上可达110度。电视屏幕的视野却局限在一个有限的画框之中，在电视中称为"画面"或"镜头"，画面的大小限制着人们的观察范围，画面以外的一切，观众是看不见的。观众在画面中看到的景物范围，取决于摄影机在什么距离上观察被摄物体，不同的拍摄距离和镜头焦距，构成了不同的画面景别，全景、中景、近景、特写等不同的景别具有明显的引导和限制观众注意力的作用。作为一个摄影师，必须通过对观察距离和观察范围的把握，有效利用和合理规范地使用景别，并注意在同一场景中不同景别的搭配运用，这是衡量一个摄影师画面语言表达能力的重要标准。

（2）运动观察方式。摄像机与人眼观察方式的区别还在于运动观察方式的不同。在日常生活中，人们观察景物时，通常是先扫视大的空间范围，然后将注意力投向某一个点。既可以固定在一个位置上从一个观察点转换到另一个观察点，也可以边走边看，停停看看，观看的角度可以上下左右，灵活多样。而摄像机主要是通过不同的拍摄方式来进行观察，主要有固定拍摄、摇动拍摄、移动拍摄、变焦拍摄等。不同的拍摄方式，既有符合或类似人们观察的视觉习惯，也有超越人眼的观察能力和观察方式，尤其是移动拍摄等运动性较强、拍摄范围较宽广的方式，往往能突破人们视觉的局限，超越人眼直接观察的感受，达到"不是眼睛胜似眼睛"、"延伸眼睛"的视觉功能。

（3）剪接构成的时空方式。摄像机镜头的观察方式与人们观察的根本区别还在于：它们观察的时间、空间是经过重新组合的。

人们对外界的观察是一个时间、空间都很完整的观察。时间的完整，是指不间断地观察，保证了对外界事物运动变化的全过程的了解；空间的完整，是指人们的观察视点与自身所处的空间位置是统一的，人们不能离开自身到别处去观察，这就保证了人们对外界的物质空间有正确的全面的了解。而电视摄影的观察方式，时间不一定是连续的，空间也不一定是完整的，在同一时间里可以跨越展现不同的空间；在同一空间里，也可以跨越展现不同的时间。总之，通过镜头的选择和剪接带给观众的是全新的观察点，构成了全新的时空模式。摄影师应该尽可能地使重新组合的时空关系符合人们的观察习惯、思维习惯和接受能力。

3.2　摄像机空间位置的确定

1. 拍摄三坐标

拍摄三坐标表示摄像机在空间的位置，表明摄像机与被拍摄对象相互位置的关系。随着拍摄坐标的变化，电视画面的表现范围、形象结构、视觉效果都将随之变化。

（1）物距。是摄像机到被拍摄物体的距离。物距的变化，带来画面景别的变化。物距长，画面范围大；物距短，画面范围小。

景别是指画面中主体的范围和视觉距离的变化。不同的景别，包含着或多或少的画面信息内容，表现力不一样，观众理解接受的时间长短也不一样。不同景别的运用，还可以造成不同的画面节奏，引起观众不同的心理反应。

影响画面视觉范围的因素除了物距外，还包括摄像机镜头的焦距。在物距不变的情况下，镜头焦距短，表现的画面范围大；镜头焦距长，表现的画面范围小。

（2）高度。是摄像机与被摄物体在垂直面上的相对位置，即摄像机与被摄物体的相对高度。高度的变化，带来垂直角度上三种视角的变化。

平视角度：摄像机处于被拍摄对象同一水平线上进行拍摄，镜头主轴线与地平面平行。平视角度最符合人们日常观察事物的习惯视线，是电视摄影中大量使用的拍摄角度。平视拍摄时，被摄对象不易变形，特别适合表现人物活动、讲话的场面，显得真实、自然。

仰视角度：摄像机位置低于被拍摄对象，镜头主轴线偏向视平线上方，即镜头仰起向上进行拍摄。仰视拍摄多用于表现高大的物体，以突出其高耸挺拔的气势，能产生比实际观察更强烈的感受。仰视拍摄有夸大被摄物体高度的作用。在使用短焦距镜头近距离仰摄时，由于从摄像机到被摄物体下部和到上部之间的距离存在差别，会产生影像透视失真，拍摄人物容易造成变形。

俯视角度：摄像机位置高于被拍摄对象，镜头主轴线偏向视平线下方，镜头向下进行拍摄。俯视拍摄多用于表现宽广的场面，如登高俯瞰，能开阔人们的视野。俯视拍摄有压缩被摄物体高度的作用。在使用短焦距镜头近距离表现人物时同样会造成人物变形，物体透视关系失真，应慎重使用。

（3）方向。是摄像机与被摄物体在水平面上的相对位置。即对被摄物体的前后左右哪一个方向拍摄，通常分为正面、斜侧面、正侧面、背面等方向。拍摄方向的变化，会带来水平角度上视觉形象特点的变化。

正面方向拍摄时，摄像机位于被摄主体的正前方，表现主体的正面特征，画面构图平稳、庄重，拍摄人物时能表现完整的面部特征神情，有利于与观众交流。但由于画面的横向线条无法向空间延伸，因而缺少立体感、纵深感，用于表现动态的景物时效果不理想。

侧面方向拍摄的画面构图灵活、生动，空间感、透视感强，造型表现力丰富。用于表现动态的景物时有较充分的伸展余地。

背面方向拍摄通常用于表现主体与所处背景的关系。例如展示人物所关注的背景，以人物的背面姿态、背景语言展示一种内心感受，启发观众的联想。

在电视节目摄影中，每个镜头位置、角度的不同选择和组合，能构成一定的画面语言规律和表现节奏。拍摄三坐标的灵活安排、综合运用，能引导并延伸观众的观察视点，扩大视野范围，加深观众对节目内容的理解和感受，有效地增加电视特有的表现力和感染力。

3.3 摄像机的持机方式和
固定设备的使用

在拍摄过程中，镜头位置、角度的确定和变换，各种拍摄方式的安排，是通过摄影师手持摄像机作为定位支点或利用一些专用的摄像机固定设备作为空间支点来配合完成的。

1. 手持方式

摄影师用手持的或放在肩上的轻型摄像机进行拍摄，摄影师本身就是摄像机的支点，他可以在一定范围内变换拍摄角度和拍摄距离，操作方式灵活方便，具有各种创新的造型能力，面对一些需要抓拍或抢拍的镜头时，往往能拍出支架方式不可能拍出的画面效果。手持方式是一种广泛使用的方法，尤其是在新闻采访时经常运用。

手持方式的主要特点是：

（1）接近人们的视觉习惯。当肩扛摄像机拍摄时，镜头位置与眼睛直接观察景物的视线十分相近，如果使用标准镜头拍摄，画面效果接近现实，逼真自然，能给观众身临其境的感受。

（2）反应机动灵敏。用手持肩扛方式拍摄，摄影师的行动机动自由，他只需一人持机，就能在较大的拍摄范围内活动，选择更多的拍摄点，多方面摄取信息。对一些突发性的情况，也能作出迅速反应。

（3）技术进步的保障。摄像机的发展从笨重到轻便，从分体式到一体化，加上采用了可稳定位置的特殊装置，能自动消除摄影机移动过程中产生的震动。比如在一些小型的摄像机系统中，也已开发出电子图像稳定装置，拍摄时通过一个对震动感应灵敏的传感器的检测，电脑系统能自行对震动的幅度、位置、方向等数据作出准确的运算处理和修正，从而得出震动极小的稳定图像。这些条件的保障使手持方式的运用更为方便和灵活。

手持摄像机拍摄的方式毕竟存在一定的难度，必须通过长期的实践锻炼才能掌握，要熟练各项保持稳定的操作要领，尤其是对摄像机拍摄重心的把握和正确的拍摄姿势的采用。

即使是经验十分丰富的摄影师，对一些技术要求精细的画面，如近距离长时间表现某些清晰的细节，要使镜头纹丝不动几乎是不可能的。因此，应以节目表现需要为前提，在条件允许的情况下采用固定支架的方式进行拍摄。

使用手持拍摄方式与支架固定设备的方式各有长处，不能互相取代。当需要拍摄高度稳定的画面镜头或需要较大范围内边拍边改变拍摄角度、拍摄距离时，就必须借助一些专门用于固定或移动摄像机的设备才能完成。常用的固定摄像机的辅助设备有支架、云台、摄影车、升降车等。

2. 支架与云台

支架用于装设和固定摄影机，在演播室或外景拍摄场地使用支架能够帮助摄像机平稳顺利地移动和升降。通常使用的是金属三脚架，每只脚的高度可以独立调节，以便于摄像机在不平坦的地面达到水平。重型摄像机用的支架则固定在带有三个转轮的底座上，可以灵活自如地朝各个方向移动，也可以将其固定住。大多数支架都有可调节的装置，通过手摇把手能将支架本身升高或降低。使用支架能保证获得极稳定的画面，能在较远的距离利用长焦距镜头捕捉被摄主体真实自然的状态，避免了近距离拍摄容易出现的拘谨，还可以减轻摄影师的体力负担，有利于轻松自如地集中精力对被摄对象进行观察和拍摄。

云台是用于连接摄像机与三脚架的设备，可以用在支架、摄影车、升降车上。它设有横向和竖向摇摄的装置，通过操纵杆或手轮进行操作，可以使摄像机顺利自如地在水平方向 360 度范围内进行摇摄，在垂直方向的俯、仰角度摇摄则接近 180 度，而且水平与垂直两个平面可以分别或同时锁定。利用云台还可以将摇摄与变焦拍摄结合起来，作各种复合方式的运动拍摄。

3. 摄影车和升降车

即使采用了带有滚轮和升降功能的支架，摄像机机位的变化仍然会受到局限。在拍摄过程中不能同时随意移动和升降，这时摄影车和升降车就能够发挥出最大的作用。

摄影车用于摄影棚、演播室和外景场地的移动拍摄。大多使用的是轨道式的摄影车，以便能在平滑移动的状态下进行拍摄。各种类型的摄影车都设有固定摄影机的装置，同时设有摄影师及其助手的座位。在简单的摄影车上，摄影机直接安装在拍摄支架上；设备较完善的摄影车，装有液压控制升降的圆柱，上面可安装云台和摄影机。摄影车通常是用手摇推动的。

升降车（或称摄影起重车）用于较大范围和复杂的空间移动拍摄。升降车通常由机座下装有车轮的平台构成，机座上装有升降起重臂，在其前端是摄影台，上面装有摄影支架云台和摄影师及其助手的座位。无论升降臂做何种移动，都能保证摄影机云台基座的水平度和摄影师选定的任何拍摄位置的水平度。在拍摄过程中，还可以根据需要将摄影台绕竖轴作任意转动。有了升降车，摄像机就能够自由灵活地作前后、左右、上下的平稳而精确的运动，大大突破了手持方式和固定三脚架的局限性，为摄像机的空间移动拍摄提供了广泛的可能。

在电视摄影中，摄影车和升降车虽然能够取得很好的拍摄效果，但由于设备的复杂、拍摄场地的制约，在实际操作中需要较大的空间和多位工作人员，因此往往在大型的演播室、摄影棚和外景场地拍摄一些大型的重要节目时才使用。毕竟这些辅助设备运用，极大地拓宽了摄影师对拍摄三坐标、拍摄角度的选择范围，突破了一时一地的观察局限，延伸了人们的视觉感受，为电视的表现力提供了更大的发展空间。

3.4　电视摄影的基本方式

3.4.1　固定拍摄

是指拍摄三坐标和拍摄角度都不变化，摄像机在固定状态下拍摄的方式。画面所摄取的范围是固定的，被摄体中静止的景物在画面里所处位置不变，而移动物体的位置则会发生变化，甚至离开画面。固定拍摄是最基础的拍摄方式，是摄影师必备的基本功和学习拍摄的起点。

固定拍摄具有拍摄简单、剪接方便、信息集中、观看舒服等特点。

固定拍摄从操作方式看，与照片摄影差异不大。在各种拍摄方式中，固定拍摄相对来说是最简单的一种操作方式，尤其是用固定方式拍摄静态物体时，更被认为不能表现出电视固有的特点。不过，在大多数电视节目中，固定拍摄仍然是最主要的、使用率最高的一种方式，发挥着其他拍摄方式不可替代的作用：

第一，无论采用哪种拍摄方式，电视画面都具有"时值"。在一定的时间长度里，镜头内部的信息极少是绝对静态，一弯流水也有波纹涟漪，一片落叶也会随风飘起，即使微妙的光色变化也会带来动态的含义，加上前后镜头的组合，更能表达连贯的意思，或表示某种比喻、象征的意义。也就是说，在电视中，固定画面传递的信息不是单一的，它是构成节目内容整体的重要因素。

第二，在电视节目中，大量固定拍摄镜头所表现的都是动态的画面，人物、主体在一定位置上的动作、语言、姿态、神情得以充分展示，观众可以集中注意力观看、领会画面内容，不会受到镜头外部运动的干扰。

第三，按照人们日常观察事物的习惯，当某一对象引起注意时，视力就会集中固定于这一观察点上，固定拍摄正是符合人们日常观察的这种方式，有利于清楚地表达画面中的信息内容。

第四，固定拍摄的镜头通常所占的时间比较短，在同样的节目时间里就可以容纳更集中紧凑的内容。因此，在电视新闻节目、电视广告节目中，固定拍摄方式得以大量运用。

3.4.2 运动拍摄

运动拍摄是电视特有的表现方式。在拍摄过程中，拍摄三坐标或拍摄角度的改变，形成镜头外部的运动，这种在运动中拍摄的方式，叫做"运动拍摄"。常见的运动拍摄方式有摇动拍摄和移动拍摄两种类型。

1. 摇动拍摄

是指拍摄三坐标不改变，边拍边改变拍摄角度的方式。对固定摄像机的设备来说，支架的底座不动；对摄影师来说，他站立的空间位置不变；而摄像机则借助支架上的云台或拍摄者的身体作水平的或垂直的角度转变，这样所拍的镜头叫"摇镜头"。摇镜头的方式类似人眼扫视环境、环顾四周的视觉效果。

摇镜头的运动形式有水平摇摄、垂直摇摄、曲线摇摄。

以上各种摇摄中，如果镜头对准某一特定的运动对象拍摄，称为跟随摇摄；如果没有特定跟随的运动对象，只对某处环境作一般摇摄时，称为巡视摇摄。

一个完整的摇镜头包括起幅、摇动、落幅三部分。

摇动拍摄主要有以下特点：

（1）空间关系真实。摇镜头通常用于表现广阔的视野，用于交代环境和事件发生的背景，画面不用通过剪接就能完成内容的不断增加和变化，因而能真实地展开现实空间原有的排列顺序，还原真实的空间关系，给人以准确完整的印象。

（2）神形兼顾。摇镜头既能使观众看清近距离景物的细节特征，又可以交代场面的宽阔或高大，同时具有中近景和全景的功能。

（3）引导注意力。摇镜头表现的画面内容变化和速度节奏是由摄影师控制的，观众会跟随镜头的运动不断调整自己的视觉注意力，因而摄影师的选择意图具有主观的引导力，应该考虑到观众的观察要求，应该有利于对环境、人物关系和情节的交代。

（4）跟随运动过程。当表现某些特定的运动对象时，摇镜头能用较近的距离清晰地、同步地跟随其运动的速度、方向和过程。如足球、跳水、田径比赛等节目，就大量运用摇镜头方式来表现运动的过程。不过，这类摇摄通常必须限制在一定的场地范围内进行，运动对象必须是在以摄影机为中心的某一半径范围内，如果超出了这个活动范围，就必须用移动拍摄来跟踪了。

摇镜头拍摄的要求：

（1）以主体的运动为依据。摇镜头必须按照主体运动的方向、速度和节奏的要求，保持镜头外部摇动和画面内部主体运动的一致性，并在镜头衔接中保持动作的连贯性。

（2）摇速要均匀。摇动的速度必须符合观众的视觉习惯，做到均匀流畅自然，不能忽快忽慢、断断续续。

（3）摇速要适中。过慢的速度显得节奏拖沓，容易让观众失去兴趣；过快的速度则会产生影响画面清晰度的影像位移。影像位移是指摄影机在较大范围的摇动过程中，对移动的影像轮廓会表现出一种特殊的模糊性质，摇摄的速度越快，轮廓位移值就越大。当过于模糊的时候就会损害影像的清晰度，致使观众无法看清画面的细节甚至产生眼花缭乱的感觉。实践证明，摇摄速度只要保持在一定的位移适应值内，观众对影像的感受会是清晰的。

（4）起幅落幅准确。摇镜头的目的要明确，选择从什么位置开始到什么位置结束不是随意的，起幅和落幅之间必须有内在的联系，画面构图上必须保持完整，应以固定的画面作为起点和结束。

2. 移动拍摄

是指边拍边改变三坐标的其中一项，摄像机处于运动状态下拍摄的方式。对固定摄像机的设备来说，摄像机与固定支架底座同时在移动状态中；对摄影师来说，他在空间的位置是变动的，他可以利用身体的站立和蹲下改变拍摄高度，作局部的升降移动，给观众带来视点的变化；也可以边走边拍来改变物距或方向，观众的视线就像跟随着逐步走近或远离被拍摄物体，或者像巡视般边走边看，动感明显。但摄影师移动的位置毕竟有限，大范围的移动就必须借助摄影车、升降车或一般的交通工具。

　　移动拍摄的方式主要有：直移、横移、升降移、跟移。

　　直移是指摄像机面对被拍摄物体作前后方向移动拍摄的方式。向前移动的拍摄称为推镜头；向后移动的拍摄称为拉镜头。通常由摄影师助手沿场地轨道推拉摄影车配合摄影师完成拍摄。摄像机纵向运动时，画面景别、被摄物体形象大小也随之发生变化，会给观众带来情绪起伏的影响。

　　横移是指摄像机沿水平方向作左右移动拍摄的方式。在镜头前，远近物体移动的速度差别形成了画面上的层次感和立体感，这种效果在特定的摄影车或交通工具上表现得更为明显。近处的景物移动速度快，远处的景物移动速度慢。像在快速行驶的车上观看窗外一样，面前的树木飞快地退下，远方的景物则相对处于静止的状态，有很强的视觉立体感。这种现象也被称为"铁道效应"，能唤起观众的视觉经验，使之如临其境。

　　小范围的横移和水平摇摄的效果相近，有时不易区别。但摇摄是利用摄像机的支点为轴心作弧形线扫视；横移是以摄像机的移动线为轨迹，不断展现空间，视觉效果更加生动真实，给观众带来更强的主观参与色彩。

　　升降移是指摄像机沿垂直方向上下移动拍摄的方式。由于在拍摄过程中高度不断改变，给观众带来丰富的视觉感受，如果巧妙地利用前景的衬托，更能突出空间深度和高度。升降移通常要借助升降车来完成拍摄，当升降高度过高时，摄影师就必须通过地面的摄影遥控装置和监视器来遥控起重臂上的摄像机。

　　跟移是指摄像机跟随运动对象的方向、速度作同步移动拍摄的方式。在特定的拍摄现场或摄影棚内，跟移是利用摄影车和专门铺设的轨道进行拍摄。当运动对象需要在更大范围里表现时，就必须利用汽车等交通工具作同步跟随拍摄，这时由于摄影机移动的速度和被表现物体的速度大致相等，运动对象在画面中的位置也相对不变，画面的动感则表现在不断移动的背景上。

　　还有一种特殊的移动拍摄方式，是利用飞机飞行的路线作为移动轨迹进行高空拍摄。如在高空拍摄巍峨蜿蜒的长城，拍摄绵延起伏的群山，俯拍重大或突发新闻事件现场……这种居高临下俯瞰景物的方式场面宽广、气势宏大，令人视野升阔，超越了在日常环境中观察视线的种种局限和障碍，视觉感受新奇舒展。

　　移动拍摄的主要特点是：

　　（1）动态明显。移动拍摄是运动状态最明显、动感最强的拍摄方式。借助特殊的移动设备，可以大范围地、灵活地跟随并表现运动的物体和拍摄对象。

　　（2）变静为动。对静止的景物背景来说，摄像机外部移动的方式使画面内部静态的景物活动起来，如大地在不断延伸，群山飞快地退下，令人目不暇接，身临其境，有效地衬托主体的运动，表现空间的延伸。

（3）视点扩展。借助特殊的移动工具拍摄，能突破单一视点的局限，扩展观众的视觉范围，随着空间的不断转换可以带来多景别、多视点的感受。

移动拍摄必须以节目的主题表现和主体的运动为依据。如需要较大范围表现某种场景、突出某种气势或气氛，其他拍摄方式就无法达到这种效果。而主体运动的方向、速度也制约着移动拍摄的方式，镜头外部运动和节奏必须与镜头内部的运动和节奏保持一致，以主体的运动带动镜头的外部运动形式，使内外节奏达到和谐与统一。

3.4.3 变焦拍摄

这是指使用可变焦距镜头，边拍边改变拍摄焦距的方式。在不改变摄像机位置的情况下，拍出模拟移动拍摄的推拉效果，实现画面景别的连续变化。

1. 推镜头

镜头从短焦距变化到长焦距，视距由远变近，景别由大变小，景物由整体变为局部。推镜头是从面到点的表现方式，用于突出场景中起重要作用的局部细节，有利于仔细观察，表现特征，渲染情绪。

2. 拉镜头

镜头由长焦距变化到短焦距，视距由近到远，景别由小变大，景物由局部变为整体。拉镜头是从点到面的表现方式，用于展现人物景物主体在环境中所处的位置，交代局部细节与环境全貌的空间关系。

变焦镜头分为起幅、变焦、落幅三部分。

变焦拍摄的特点是：无须分切转换场景；神形兼顾关系真实；方便镜头剪接。

变焦推拉拍摄与移动推拉拍摄有相近之处，但其距离感的变化与移动拍摄中真实距离的变化相比是有差别的，带有明显的人为痕迹，其视角变化并不符合人眼的视觉习惯，人们日常观察时是没有这种相应的视觉感受的。以下是从距离、视角、透视等方面对变焦推拉与移动推拉视觉效果的比较：

	拍摄距离	视　角	透视感	影像比例	景深范围	景别内容
变　焦	不变	改变	与背景距离感压缩	变化	变化	局部放大不加内容
移　动	变化	不变	与背景距离感扩大	不变	变化不明显	新景别新内容

由此可见，移动拍摄更加接近真实自然，具有较强的动态感。变焦拍摄虽然存在某些缺点，但由于使用方便而得到广泛应用。而且变焦拍摄中景物距离的变化是通过镜头焦距值改变来实现的，因而可以跨越较大的空间范围作远距离拍摄，有利于克服拍摄时间、场地位置的局限和消除对拍摄对象的影响，而这些往往是移动拍摄所不能或不易做到的。

变焦拍摄的要求：

（1）符合视觉习惯。由于变焦拍摄的效果与直接观察的真实感受毕竟不同，在运用变焦方式时，最好能与其他运动拍摄方式同时使用或与主体的运动状态配合使用，即将变焦方式尽量隐藏起来，让观众在不知不觉中接受镜头变化，可减少视觉的反感和不适。例如当主体面向镜头移动时，用推的方式拍摄，可以加快移动的速度；而用拉的方式表现，就会出现迎面而来却越走越远的效果，不符合视觉习惯。

（2）焦点要保持清晰。变焦过程中，由于镜头焦距、景深、物体形象大小都在发生变化，聚焦不易掌握，拍摄前要明确主体，先用最长焦距推近对主体聚焦，然后变焦拉出到所需要的景别，再开始正式拍摄。

（3）应以被摄物体的运动速度为依据。变焦速度应以画面情绪和节奏的要求为依据，以观众对视点调度理解的快慢为依据。

（4）以固定画面作为起幅和落幅。

3.4.4　复合拍摄

这是指在同一个镜头中，把运动拍摄与变焦拍摄结合起来运用，即摇移推拉等结合使用的拍摄方式。如在摇动的过程中变焦，或在移动的过程中变焦，或移摇结合边移边摇等，构成更为复杂多变的综合运动方式。有的分类形式将变焦和摇拍摄结合称为复合性镜头。把移动和摇动、变焦方式的综合运用称为发展性镜头。

复合拍摄的特点：

（1）形式生动。复合拍摄的镜头中，各种拍摄方式有机统一，画面出现向两个或两个以上的运动方向连续变化，这种视觉效果人们在现实生活中是难以觉察到的，展示了新颖多变的造型方式。

（2）空间感强。在一个综合运动的镜头中，画面景别、角度、节奏的变化统一在一个连贯完整、流畅自然的过程之中，真实感强，给观众带来多角度、全方位、立体化的空间感受，有利于描绘事件发生和发展的真实过程。

（3）语言丰富。复合拍摄的镜头一般比较长，它将人物、事件、情节、动作同时展开，画面内容随时间空间的变化而渐次扩展，加大了单一镜头的表现容量，使画面内部语言更为丰富。

复合拍摄是 4 种拍摄方式中最复杂和较难把握的一种方式，通常要使用支架和移动设备来辅助拍摄，在纪录片或电视剧等较大型的节目中经常运用。在拍摄过程中，镜头的运动应力求保持平稳流畅，在大范围运动拍摄时这一要求尤为重要。机位变化时要注意焦点的变化，将主体形象始终保持在景深范围内；同时要注意镜头外部形式的变化，力求与主体动作的方向、速度、节奏变化保持一致。

3.5 电视摄影的技术要求

平——画面保持水平，不倾斜。

这是对手持摄像机正确姿势和架设摄像机正确位置的要求。摄像机能否与地平面保持平行，是通过寻像器来观察判断的，如果画面中出现水平线或垂直线歪斜的现象，就会给观众造成错觉，在拍摄有地平线或建筑物的画面时要特别注意这一点。用支架拍摄时可以观察三脚架上的水平仪，将水平仪内的小气泡调整到中心位置。用手持方式拍摄时，可以利用景物中的水平线条和垂直线条作为参考，使之与寻像器的边框平行。

在一些特殊的画面构图中，如音乐节目、广告节目，有时会故意出现倾斜的画面，营造一种奇特的造型效果来吸引注意力，但在大多数节目特别是新闻节目中，要严格遵守画面水平的要求。

稳——画面保持稳定，不抖动。

这是对手持摄像机拍摄技巧和臂力的要求。拍摄时应尽可能避免不必要的晃动，晃动的画面会严重影响观众的视觉，影响观看情绪。一般来说，短焦距镜头、物距长的画面看起来比较稳定，而长焦距镜头、物距短的画面，即使是轻微的抖动也容易看出。在有条件的情况下，应尽量使用三脚架稳定摄像机，在需要手持拍摄时，要练好一定的基本功。拍摄时应以右手托稳或以右肩架稳摄像机，用左手操纵镜头聚焦和机身上的各种按钮，两肘垂直于身体两侧，形成自然的三脚架形状，可以有效地帮助稳定。此外，还可以借助现场的桌椅墙壁等倚靠物作为辅助支撑，减轻画面的晃动。

但在一些突发的新闻事件报道中，在拍摄条件恶劣的情况下，不稳定的画面有时更能增加新闻的真实性和现场的逼真性。

清——画面保持清晰，不模糊。

这首先是对画面主体清晰聚焦的要求，聚焦必须做到焦点清晰，通过调整镜头聚焦获得清晰的图像。一方面要保持主体对象的清晰，另一方面要保证画面有一定的景深范围。如何控制画面的清晰度，在下一节我们将详细介绍。

准——取景、调焦、曝光准确。

取景准确，是指画面的取景范围尤其是固定画面和运动拍摄中的起幅、落幅必须是完整的准确的构图。起幅是指运动的起点，即运动拍摄开始的画面；落幅是指运动的终点，即运动拍摄停止的地方。

调焦准确，是指焦点必须落在主要表现对象上，而不应聚焦于次要的无关的物体上。

曝光准确，是指必须按照主体对象来测定光圈值。在自动曝光的情况下，摄像机会根据景物中的平均亮度确定光圈值，如果景物中光线反差大，就有可能造成主体曝光不足或过度，这时就应将主体对象作为测光标准，以手动光圈方式拍摄。

匀——拍摄运动速度均匀。

这是对拍摄方式运用技巧上的要求。无论采用哪一种运动拍摄方式，其运动速度都必须符合均匀的原则。摇动、移动的速度无论快慢，应根据一定的节奏要求均匀地变化，一般不宜过快，不能超出规定的影像位移值。变焦的速度也有一定的节奏要求，或快，或慢，或急速，或平缓，都要求均匀地变化，不可忽快忽慢，断断续续。

3.6　画面清晰度的控制

3.6.1　正确选择校距点

校距点就是确定焦点的位置。准确地选择聚焦点，是引导观众注意力的重要手段。当画面内容较多，景物在空间的排列有前有后、有主有次时，就需要确定合适的校距点。选择校距点的原则是：

（1）主要对象最清晰，次要对象次之。

（2）主次角色互换时，相应调整校距点。

（3）符合空气透视规律。

如果拍摄对象的纵深排列没有主次之分，要求的清晰范围较大时，应根据后景深大于前景深的原理，将校距点确定在纵深对象中点稍为靠前的位置上。

3.6.2　利用景深和超焦距

当我们转动调焦环对被拍摄物体的某一点距离聚焦时，在摄像元件或胶片上得出的只是一个聚焦平面，但我们所看到的画面清晰区并不仅仅在这一焦点距离上，而是在这一聚焦平面前后的一定范围里，这一清晰的范围，就叫景深。

按照镜头的成像条件，镜头所拍摄的只是一个平面的图像，它是不可能形成被摄物体完全清晰的三维影像的，电影、电视所以能拍出各种在视觉上有良好效果的立体影像，是由于人的视觉具有这样的特性：人眼可以把不超过一定模糊程度的影像看成是清晰的。

因此，在电视节目拍摄中合理地利用景深的条件，对立体空间造型的实现意义重大。

在拍摄中，影响景深的因素有：光圈、物距和镜头焦距。它们与景深的关系是：光圈小，景深大；光圈大，景深小。光圈不变，物距长，景深大；物距短，景深小。光圈不变，焦距短，景深大；焦距长，景深小。

在多数情况下，并不一定需要很大的景深，如近距离表现人物或景物主体，过大的景深就会使画面背景的细节和周围的次要元素都处于清晰区内，反而会分散观众的注意力，还会影响对主体的表现。

但在拍摄新闻节目和一些动态性强的画面时，由于不能事先确定被拍摄对象的距离及其移动的位置、方向、速度，就必须选择能获得最大景深的条件，尽量使景深大于拍摄对象在空间深度上可能移动的范围，确保画面能获得最大的清晰度。

超焦距的运用就是为了最大限度地利用景深。当镜头聚焦于无限远时，从景深的近限点到镜头的距离称为超焦距，超焦距内的景物是模糊的。

利用超焦距的方法，就是把聚焦于无限远改为聚焦于景深的近限点上，这时景深的清晰范围就增加了 1/2 的超焦距长度，即从超焦距的一半到无限远之间，景物都是清晰的（见下图）。

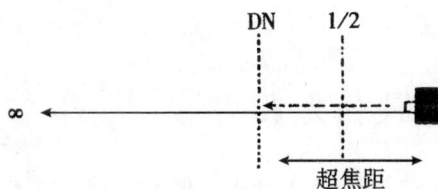

镜头的超焦距可以用以下公式求出：

$$超焦距\ H = 1\,000 \times （镜头的焦距/光圈\ mF\ 值）$$

如果我们使用焦距为 50mm 的镜头，光圈为 F2，那么用公式求出这时的超焦距为：$H = 1\,000 \times 50/2 = 25\,000\text{mm} = 25\text{m}$，再把镜头的焦点对准 25m 处聚焦，这样 25m/2 = 12.5m，也就是从 12.5m 到无限远景物都是清晰的。假如将光圈收小到 F16，超焦距就是 3.125m，对准 3.125m 处聚焦，从 1.56m 到无限远之间都可以得到清晰的图像。

3.6.3 跟焦

当被拍摄主体处于较大范围的运动状态，超出了镜头景深所能容纳的范围时，摄影师就要在拍摄过程中不断调整焦点距离，使运动着的主体始终保持成像清晰，这就是跟焦。

跟焦是电视、电影拍摄中一种特殊的聚焦方式。有时，不但主体处于较大的运动范围，摄像机也同时处于运动状态，由于两者同时运动，它们之间的距离发生变化，也需要随时相应地调整焦点。

要使焦点的变化与被摄主体的运动配合到完全同步并不容易，这时应遵循"赶前不赶后"的原则，即跟焦可以比主体的移动速度略为提前，而不能比它落后。拍摄时，摄影师要十分注意主体的运动方向和速度，并预计可能出现的变化，随时作出反应。

跟焦可以由摄影师自己控制，边拍边改变聚焦距离，也可以由助手协助，看镜头物距数字调整。无论选择哪种方式，都必须多作操练，以达到熟练的程度。

3.6.4 选择最佳光孔

光孔即镜头光圈的孔径。光圈越小，景深越大，但并非画面的清晰度也越大。这是因为，光圈孔径小时，会出现减低画面清晰度的因素，这就是衍射现象的产生。当光线掠过一个不透光物体的锐利边缘时，光线就会产生折射而分出彩色。当光线通过光圈的叶片边缘时，也会出现这种衍射现象，光圈越小，衍射越明显。因此，要想获得清晰度高的画面，既不应使用大光孔，也不宜使用太小的光孔，而应选择中等的光孔。

根据实验，最佳光孔是从镜头的最大光孔收小 2～3 档处。如镜头的最大光孔为 F2，收小 2～3 档就是 F4～F5.6，就是该镜头的最佳光孔。这是控制画面清晰度的一般规律，在实际操作中，可根据实践经验选出影像质量最佳的光孔数值。

3.6.5 控制影像轮廓位移

电视摄影经常运用动态的拍摄方式，而被摄体又往往处于运动过程中，两者的运动都会使画面中的影像出现位移现象，表现出轮廓模糊的性质，影响画面清晰度。运动的速度越快，轮廓位移值就越大。

根据实验，35mm 电影胶片拍摄的轮廓位移值为 0.05mm，超出这一限度的位移，画面影像清晰度就会降低，还会出现晃动的现象。在电视摄像中可参考这一标准，但是一定程度的轮廓位移是允许的，只要运动拍摄的速度控制在位移适应值之内，观众对影像的位移就是可以接受的，而且可以增加画面动感的表现。如果使用摄像机的高速快门拍摄快速运动的目标物，所拍快速运动场面在具备超静止和超微慢动作功能的录像设备中播放，就可实现轮廓清晰的慢动作画面。

本章小结

电视节目摄影带有明显的工具性质。电视离不开用技术的方式来表达，用画面的方式来说话。本章分析了摄影的观察与选择的关系，阐明观察与选择表现为一种主客观融合的方式，并介绍了如何认识观察视点与拍摄对象之间的关系和拍摄坐标的确定，摄像机的持机方式和固定设备的使用，对电视摄影的基本方式和技术要求。

复习思考题

1. 如何理解电视摄影的观察与选择？
2. 认识镜头方式与拍摄对象相对运动的关系。
3. 熟练掌握 4 种拍摄方式及其特点要求。
4. 了解控制画面清晰度的意义和方法。

4

电视摄影构图

本章要求

- ☐ 正确理解电视摄影构图的含义。
- ☐ 掌握电视摄影构图特点和各类要素组成。
- ☐ 学会灵活运用电视摄影构图的各种技巧表现。

4.1　电视摄影构图的含义

　　学摄影，离不开构图。无论是照片摄影还是电影、电视摄影，构图都是一个重要的环节，是一项必备的基本功，是一门专业性很强的学问。

　　电视画面构图的好坏，关系到节目的质量高低和成功与否。人们重视构图，学习构图，各种有关摄影构图的书籍、专论数不胜数，其中阐述了多少精深的构图原理与章法，列举过多少繁复的构图形式和技巧，它们成为摄影者致力追求的目标。在构图中，由于技术性、技巧性、艺术性兼而有之，就难免带来了概念上的多层含义和评价标准的多重性，"构图"一词也被蒙上一层神秘的色彩，有时它似乎再简单不过，有时却变得深不可测。在电视摄影入门的各项基本功中，构图可以说是一门实践难度较大，又颇具发挥空间的学问。

　　对构图概念的陈述，从字面上解释，简言之就是构成画面。由于它首先是通过取景器确定拍摄范围，所以又叫取景；它涉及画面中各种结构要素的合理安排组合，也可称为布局；它必须利用各种视觉因素，以平面的图像构造立体的空间形象，可称为造型；由于它还涉及动态表现、视觉心理等多方面多层次因素的影响，因此构图的含义更是不一而足。而说到底，构图是客观影像在主观选择中的再现，是在观察中的反映，即使同样的构图因素也会呈现出不尽相同的构图效果，并因各人的心理反应不同而感受各异。

　　由此，我们对电视摄影构图的理解可以概括为：在拍摄景物范围内，按照一定的主题思想和审美要求对拍摄对象的各种构成元素有机地组合安排，以巧妙地处理、确定和表现它们之间的关系，构成完整的画面。同时也是对时空发展的动态因素，对视觉心理等因素的把握、发现和运用的过程。

　　在构图的过程中，至少包括以下三层含义：

1. "取景"的构图

　　取景，顾名思义，就是对景物、景别的取舍。对摄影师来说，取景的构图就是通过画框，为观众构造一个什么样的视觉空间，而摄影师视点的选择是透过摄像机镜头来实现的。具体来说，就是如何确定摄像机镜头的空间位置，三坐标如何选择的问题，并由此形成拍摄范围、拍摄角度的变化。取景的构图虽然带有主观选择的趋向，但较多地受到地形、位置、工具等条件的制约，它是客观的，带规定性的，偏重于技术方面的要求，主观性不占首位。不管摄影者主观意识如何，有意或无意选择，他所拍下的每一个画面，都带有"取景"这一层含义，只是效果优劣不同而已。

2. **"技巧"的构图**

从技巧这一角度去理解，构图具有最为广泛的内涵，它包括了前人探索、实践、总结出来的丰富经验和理论，提供了大量可供参照和遵守的规律、原则和方法。在对画面景别、角度的确定中，"技巧"的构图融入了更加灵活的主观选择余地。如在布局的技巧中，各种画面元素的位置及其关系的确立；在造型的技巧中，各种视觉元素的利用及其表现；在动感的技巧中，各种动态因素的发挥与创造。总之，拍摄位置一旦决定，视觉空间的各种元素及其相互关系就得以确立，构图的任务就在于使景物的主次、远近、高低、虚实的关系以及画面中线条、光线、影调、色彩等视觉效果得到准确、完美的再现。它构成了学习构图的最大量的内容和最重要的、必备的基础。

"技巧"的构图虽然有许多公认的、传统的规则、原理和要求，但它们并不是一成不变、非遵守不可的法则。毕竟，"技巧"已超出了"技术"的范围，它的规定性在很大程度上已被灵活性、创造性所替代，这同时因为，构图还存在更深一层的含义。

3. **"艺术"的构图**

"艺术"的构图是在"取景"的构图和"技巧"的构图基础上达到的更高境界。它对眼前景象并不强调纯客观的复原，而讲究艺术地再现；它对各种构图元素的运用并非简单地排列组合，而在于致力探寻它们内在关系的重新确定；画面中各种视觉因素不再是一堆公式化的形状和线条，而是为我所用、为我所选的充满灵性的元素。

"艺术"的构图是最有效表达构图创意、构图个性的方式。在其他客观条件、技术条件相同的情况下，摄影者主观意识的发挥有最自由的空间。有的画面构图，可能在技术上已经无懈可击，在技巧运用上也接近完美，但仍不感人，它唯一缺少的是视觉共鸣，缺少吸引力。除非它同时具有艺术性，将技术的、技巧的成功上升到艺术的层次，才能真正获得成功。

"艺术"的构图来源于巧妙的独到的构思。构思是一种心理活动，各人的生活经验、心理感受不同，审美水平也有极大的差异，艺术的构思没有一套清规戒律可循，一个模式套不出人人认可的成功。就像写文章，一个题目会有千百种写法，构思的形式也是千差万别。因此在技术、技巧的基础上，还要善于创新，而创新本身就是一种艺术的功力，艺术的功力建立于坚实的基本功训练素质上，更重要的是还要把丰富的知识、广阔的视野与精湛的技巧相结合；更要有高尚的精神境界和思想深度，有良好的艺术审美能力，才能直达观众的心里，使人产生联想和感动，洞察出更深刻更美妙的"画外意义"。

正如古代画论所说："画法可学而得之，画意非学而有之者，唯多书卷而发之，广闻见而廓之。"人们常说："当画匠易，当画家难。"道理也在于此。摄影者的学识、修养、品德、风格无一遗漏地反映到他的作品之中。

在三层意义的构图中，技术性是客观的，带规定性的，具体确定的；技巧性是必要的，经过一定的训练毕竟是容易掌握的；而艺术的构图则是趋向自由的，带有强烈的主观色彩，渗透着作者的鉴赏水平、思维能力和精神境界。它难度最大，非一朝一夕可以达到，它是最终追求的目标，应视为摄影的最高境界。

三个层次的划分可以帮助我们更加全面准确地理解构图的含义，它们并非截然分开，而是互相融合渗透的。技术和技巧依然是十分重要和必要的基础，没有前人铺就的途径和阶梯，我们怎能向更高的水平攀登呢？而三者趋于完美的统一，才是超越前人，迈向创新的必由之路。

4.2　电视摄影构图的特点

电视摄影如同照片摄影、绘画一样，是以平面的、非立体的影像来表现实际空间中具有立体感的景物，其构图的目的、任务、要求与照片摄影构图是基本一致的，在布局、造型的表现手法上，其原理是相通的，各种方式、技巧也是适用的。因此，学习电视摄影构图，应以照片构图的基本知识作为必不可少的基础。在此基础上，我们仍然很有必要了解和掌握电视摄影构图固有的特点。

1. 时值

电视摄影表现的是连续的画面，其构图形式在一定范围内，时间是延续的，空间是变化的，处于不断发展的状态。这就是说，电视画面具有时值属性，时值即画面的长度，电视节目在播出时沿着时间运行，连续的画面因此体现出时值。

2. 连续性

电视中一连串连续的画面，由一个个镜头组成，镜头是画面语言的基本单位，其组接的规则是运用画面语言规律，运用蒙太奇表现手法，将这些镜头组成能够表达完整意思的句子、片断、段落，以明确表达同一时空或不同时空下组接起来的画面内容。

在同一时空范围，人物的动作、语言、姿态、神情是连续发展的，人与人的关系、人与景物环境的关系是相互联系、产生对立意义的；在不同的时空范围，事件、情节、主题在内容上也不断变化发展，其发展过程也是相互联系、有内在规律的。

孤立、分散、零乱的镜头不能组成句子，没有总体的构思，看不出画面表达的实际意义。只有按照一定的顺序、规律设计、拍摄、组接镜头，才能表达内容明确、观众理解、富于表现力的画面语言。所以在拍摄节目前就要有符合画面连续性的构思，在编辑时遵守连续性表现的规律，组织好每一个镜头、每组镜头以至节目的整体。

3. 对位和呼应性

摄影构图既然是按照一定的画面语言规律连续表现的，就必须同时符合对位和呼应性的特点要求，所表达的意思才能明确起来。

对位即位置的对应，两个或两个以上的连续性镜头，它们之间在构图上的位置应该是相对应的，从而产生一定的联系。失去位置对应联系的镜头称为错位。例如拍摄会场的画面，主讲者面向右边发言，接下来听者的画面应是朝向左边，台上台下与之对应。某些方向性强的画面，如射击、球赛等，人与目标、比赛双方形成左右方向或对角线方向的对应关系时，尤其强调应对准位置，错了就会出现完全相反的意思，或者让观众莫名其妙。

呼应性是指除了位置的对应外，人物的动作、表情、视线等在画面组接上要有方向的呼应，从而构成完整准确的意思。如果人物的位置是对应的，神态视线却不沟通，所表达的信息内容就会发生中断。缺少呼应，画面就不能建立连贯的内在的联系。

4. 运动性

运动性也是电视摄影构图固有的、最明显的特点，它首先体现在被拍摄主体对象通常是处于运动状态之中，画面构图在不断变化。此外，除固定拍摄方式外，其余各种拍摄方式都带运动性。这种镜头内外的运动方式构成了能体现电视摄影之长的重要特征。因此，必须了解和掌握电视画面在活动中的构图规律，避免用静态固定的方式拍摄完全静态的画面，善于运用一切有利于运动造型的手段，调动各种动感的因素，为表现节目主题服务。

4.3　电视摄影构图的因素

4.3.1　电视画面的结构要素

电视是通过画面来表现形象的，在拍摄过程中，镜头所摄取的人物、景物等拍摄对象是组成电视画面的结构要素，它们是具体实在、有形态、有体积的构图对象，主要包括主体、陪体、环境和画面空间。

1. 主体

主体是电视画面表现的主要对象，是画面内容和结构的中心。主体与其他构成画面的成分配合，用于表达主题思想，在构图中起主导的作用。电视画面构图的首要任务就是确定主体和表现主体，按照一定的布局规则和视觉习惯，安排好主体在画面中的位置，并利用各种造型因素和造型手段准确、鲜明地强调、突出主体的地位与作用，以烘托主题思想。

主体的表现手法有直接表现和间接表现两种。

直接表现方式是以近景、特写等近距离景别拍摄，让主体在画面中位于视觉中心并占有较大面积，以突出其强烈的视觉效果和主导地位。

间接表现方式是以较大的景别将主体处于环境的衬托和气氛的渲染之中加以突出表现。主体在画面中所占面积虽然不大，但仍处于视觉中心位置，主要是通过各种视觉造型手段如线条透视效果的引导、影调色彩对比、静态动态对比等方式间接地将观众的注意力吸引到主体上，是一种较为含蓄，以抒发感情、描绘意境为主的表现方式。

2. 陪体

陪体是用于烘托、补充、说明主体的构图对象，与主体有密切联系，共同构成特定的表现情节。陪体在画面中不占主要位置，在构图中起次要作用，但正如红花需要绿叶衬托一样，通过陪体，主体形象才更加鲜明，主体内容才更加突出，画面构图才更加完美。陪体的表现应以不削弱主体地位为原则，在运用中注意主次分明，防止喧宾夺主。

陪体的直接表现是指陪体形象的全部或部分直接出现在画面上，帮助说明和衬托主体。

陪体的间接表现是指陪体并不直接出现在画面上，而是以含蓄的、间接的方式与画面主体保持某种必然的内在联系，以引发观众的联想，丰富画面表达的内涵，加深画面的意境和艺术表现力。

3. 环境

用于表现主体所处的场地、位置、时间、季节、气氛等时空、意境方面的构图对象，对主体情节起烘托渲染作用，加强主题思想的表现力。环境要素包括前景和背景，位于主体之前出现的对象称为前景；位于主体之后出现的对象称为背景。

前景的作用主要有：

（1）增强空间透视。表现场景较大的画面时，空间有一定的深度，往往需要安排前景，使远近景物对比层次丰富，空间关系才能表现出来。

（2）美化平衡画面。利用前景的衬托，画面主体才不会显得单调平淡，增加了画面构图的美感和协调平衡。

（3）增加动感。运动拍摄时，利用前景的移动，使画面变静为动。当前景的移动速度与主体运动形成一定的距离差时，动感表现则更加明显。

（4）说明主体和主题思想。前景的选用与主体表现和主题思想的表达应有必然的联系，能起说明、补充的作用，即形式与内容的统一。不能脱离主体的特征孤立地考虑，把前景作为一种单纯的摆设。

背景的作用主要有：

（1）交代环境特点。背景通常用于表现主体所处的周围环境、地方特色和季节特色，有利于帮助观众了解主体，熟悉主体，增加画面的说服力。

（2）衬托突出主体。利用背景与主体的远近距离、光线明暗、色调深浅等因素的衬托对比，能有效地突出主体形象。

（3）表现空间深度。背景通常包括远处的景物，空间表现有一定的延伸距离，能增加画面的透视感、纵深感。

（4）显示主体运动。当运动拍摄跟随主体同步移动时，因为拍摄的运动速度与主体的运动速度相当，主体在画面中处于相对不变的位置，动感并不明显。如果有背景移动的衬托，就能清楚地显示主体运动的速度。

4. 画面空间

画面空间是指电视画面中的空白部分，它同样是构成电视画面的组成要素，是一种特殊的构图对象。空间并不是完全空无一物的空白状态，它可以指天空、地面、水面，可以是某处景物如树林、原野，有时是特指没有具体主体对象存在的空镜头。总之，在电视画面中色调单一、影调单一，从属于衬托画面实体形象的部分都可称为画面的空白。

空白虽然大多处于画面背景的位置，但由于色调单一，没有具体清晰形态，不能说明表达特定的内容，因此已失去背景的意义。

在同一画面内，空白起联系沟通实体形象的作用，组织人与人、人与景物之间相互呼应的关系。它同时是平衡美化画面、创造意境的重要因素。在不同的画面中，空白构成主体运动与场景转换的连接、过渡形式，它使运动对象的动感表现有了前进的方向。在画面构图中，适当留下一些空白，有助于调动观众丰富的联想和想象，从而延伸画面的意义。总之，空间运用合理得当，能使画面表现虚实相间，疏密有致，构图更富表现力，观赏更加舒展开阔。

4.3.2 电视画面的造型因素

电视画面的构图因素，除了主体、陪体、环境这些有具体实在形态的结构要素外，还包括各种能发挥造型作用的视觉因素，这些造型因素主要有：线条、光线、影调、色彩和色调。

1. 线条

线条是物体存在的外在形式，制约着物体表面的轮廓和形状。任何物体的外观形状都表现为线条，不同的物体有不同的线条特征，在运动状态下也显示出不同的线条排列和组合。自然界的物体是三维的，而摄影的平面画面中的线条是从现实景物中抽象出来的，是用于表现主体空间的重要的造型因素。

线条是构成画面框架的基本因素，有助于表现画面的空间深度，表现空间物体的立体形状和表面结构，并能形成一定的表现节奏，吸引观众的视线和注意力。

自然界景物形状各异，画面中的线条表现形式也就千姿百态，人们能够凭借自己的经验和印象，根据线条的不同特征，准确地联想到某种相关的物体，给线条的运用带来丰富的创作空间。

线条的表现力是丰富的，不同的线条能表现不同的感情色彩，给观众带来不同的心理感受。如水平线条带来平稳、安静的感觉；垂直线条给人以崇高、庄严之感；倾斜的线条富有动态感；曲线则表现优美、流畅等。

自然界的物体经常处于运动状态，在不断运动过程中，物体的外部轮廓线条也不断发生改变，这种状态表现在画面中，就是物体运动轨迹线条的变化，并由此形成了流动的、不断延伸的画面空间。

善于观察和认识不同物体对象的线条特征，并加以提炼和应用，是电视摄影构图的任务之一。线条的运用不能脱离所要表达的内容，只单纯追求画面线条的形式美。

2. 光线

光线对画面造型可以说是最重要的先决条件。在电视中，有光才有物，有光才有形，有光才有色。离开了光线，万物失去形态和色彩，无法表现，构图也就无从谈起。随着光线的变化，画面景物明暗对比发生变化，物体的线条、形状、表面结构、颜色相应呈现不同的感观。

影响光线的因素多种多样，即使是同一地点、同一景物，在不同的照明时刻，不同的照度作用下，也会产生变化各异的构图效果。

光线按照光源分类，有自然光和人造光两大类；按照光线的投射性质分，有直射光、散射光、反射光；根据照射的方向角度不同，有顺光、侧光、逆光等；根据不同的造型作用，光线又分为主光、辅助光、背景光、装饰光等。正确认识各类光线的特性及其造型能力，巧妙地选择和运用不同的光线条件为电视画面构图服务，是摄影师必须掌握的最重要的基本功之一。

光线的作用主要表现在：

（1）表现人物形态特征。人物通常是电视画面中的表现主体，通过光线照明，能将观众视觉注意力引向主体，突出表现主体的外貌、形态、轮廓等外部特征，给观众以准确鲜明的形象。

（2）刻画人物思想感情。通过不同光线对人物脸部的细致刻画，尤其是对眼睛的局部描写，人物的思想感情，无论是喜怒哀乐情绪变化，还是思想活动、性格特点，各种状态特征无不从中流露。拍摄时的用光标准首先应该满足对人物脸部表情的表现需要。

（3）表现物体的色彩、立体感和质感。光线是色彩还原的必要条件，物体的立体感和质感也必须依靠光线来塑造表现，画面的明暗反差、前景和背景的亮度对比都有助于表现物体的立体形状和表面结构。

（4）表现时间和空间的环境特点。光线可以塑造特定的、典型的时间和空间环境。在自然光不同时刻的照明作用下，环境中的光影效果、明暗反差、照度强弱是不一样的。而合理利用空气透视现象拍摄的画面，对空间深度的表现会带来特殊的效果。

（5）制造光线气氛。不同的光影效果能营造各种特别的气氛，对观众心理产生影响，带来不同的感情色彩。如明亮的光线带来欢乐、愉快的气氛；阴暗的光线容易使人产生悲哀、低落的情绪；低角度投射的光线产生反常的光照效果，容易丑化人物形象，具有恐怖感；忽明忽暗的光线让人感到神秘莫测；强反差光线表现出坚强有力；弱反差光线则显得软弱柔和；长长的投影带来恬静安宁；倒影产生梦幻优美之感……

3. 影调

影调通常是指画面影像中呈现的明暗层次对比。在光线作用下，影像的明暗对比等级越多，图像层次越丰富，画面造型效果越好。

物体在光线照射下因吸收和反射光线的特性不同而表现出不同的亮度与色彩。在电视摄影中，通常将这些亮度对比和颜色差异归纳为影调与色调两个概念。在自然景物中，有光线存在就一定有明暗与色彩的存在，影调的概念已包括明暗与色彩两个要素在内，两者是并存的。

因此在被拍摄的景物影像中，影调是物体结构、光线、色彩等效果的客观再现，影调的形成既取决于景物本身的色彩和照明条件，同时也是摄影师对光线条件的了解，对拍摄技术和表现手法综合运用的结果。

影调是最基本的造型因素，其他的构图因素都是影调的存在形式。影调表现的突出作用是烘托气氛，画面气氛是摄影师运用光与影创造的意境与情调，它所表达的情绪能给观众留下深刻的印象，使之受到感染。

影调以亮度划分，可分为高调、低调、中间调；以反差强弱对比，可分为硬调、软调、中间调等形式。不同的影调对人们的视觉和情绪产生不同的影响，引起不同的心理反应。如高调的运用给人以明朗、愉快的感觉；低调则常常用于表现深沉、忧郁的主题；中间调明暗对比适中，层次最为丰富，造型效果最佳，大多数题材都以此作为表现的基调。

在影调的运用中，应以突出表现主体为原则。为了强调主体的视觉效果，常以较暗的背景衬托亮的主体，以亮的背景衬托暗的主体；或以光线勾画轮廓的方式将主体与背景分离。在高调的运用中，为了丰富层次，选用少量深色调，而在低调的画面中，增加一些亮色调，使对比更加鲜明，主体更加突出，画面更富有生气。

4. 色彩和色调

自然界的景物充满色彩，人的视觉神经对色彩的反应比对物体的线条、轮廓、形状等因素的反应更为敏感和迅速。在电视画面各类造型因素中，色彩是更具鲜明特色，表现力更强的视觉因素。在光线、色彩共同作用下，物体才呈现出本来面貌。画面中色彩对比的运用，能加强空间感、立体感，造型作用突出。

色调是指画面中的主要色彩。在构成画面的诸多色彩中，以一种或几种邻近色彩为主导，形成和谐统一的画面色彩倾向。色调和影调的作用在于烘托气氛，创造意境，表达情绪，深化主题表现。

电视彩色画面构图的任务一方面在于保证色彩的正确还原，另一方面是根据主题表现的需要确立和表现画面中的色调。

色彩的正确还原在客观上必须依靠具有先进性能的摄像设备和拍摄的技术条件，主观上对各种用光条件要有准确把握，对色彩的概念和作用要有准确的识别能力，对色彩与光线的关系要有充分的认识。

正确认识光色关系是彩色画面构图的关键。构成色彩的三大要素是：亮度、色别和色饱和度。由此可见，光线是色彩的重要特征之一。大自然景物色彩缤纷，但对于人的视觉来说，颜色并不是物体本身固有的含义，而是由光源影响所产生的。有了光的照射，物体才显示颜色。一个物体的色彩，取决于被它折射、反射和吸收的色光，而光的色彩本身则取决于波长，光源条件变化，物体颜色就随之变化。在对光线、色彩构图因素的运用中，我们应牢记色从光来、色随光变这一原理。

彩色画面构图的第二大任务是确立画面中的色彩基调。必须明确不同色调与视觉感受、心理感受的关系，了解各类颜色的感情色彩和运用规律，发挥色调协调对比的造型作用。

色调的确立带有明显的主观色彩，是在对客观景物色彩特征充分认识的基础上，融入主观的选择、提炼和再现的过程。其中"再现"这一环节需要融入更多技术的、技巧的成分。

色调的分类从色性上分，有暖调、冷调、中间调；从色别上分，有红调、黄调、绿调、青调、蓝调等等；从明度上分，有高调、低调、中间调等等。不管从什么角度分类，彩色画面的基调或者趋向于暖调，或者趋向于冷调。

将颜色作冷暖之分，是依据人眼的色觉与肤觉对温度的感觉联结而产生的心理感受，是人们从长期的生产生活经验中，在不同情况下感受颜色的记忆积累中构成对色彩的心理联想。例如，阳光、火焰是热的，人们看到与火的颜色接近的红、橙、黄等色彩时，会产生暖的感觉；月亮、流水是凉的，人们看到与夜色接近的青、蓝、紫等色时，会产生凉的感觉。暖色调给人带来热情、兴奋、活跃、激动的感觉；冷色调给人以安宁、抑制、低沉、冷静的感觉；中间调通常是指将暖色和冷色中任意两色混合而成的色彩，如淡玫瑰色、绿紫色等。中间调没有明显的个性偏向，或者统一在暖色调中，或者统一在冷色调中。

人们对色彩的感受、心理联想是具体而言的，既带有普遍的倾向性，又存在各自的差异，在节目拍摄和处理上，应避免陷入一成不变的格式中，应以主题思想表现为依据，确立色彩的基调，以加强观众的视觉印象。在色调的确立和表现中，既要格调统一，又要注意对比和谐，处理好主调与其他颜色的关系，做到暖中有冷、冷中有暖、互相对比、衬托呼应，使画面色彩多样而不杂乱，统一和谐而不单调呆板。

4.3.3 电视画面的运动因素

电视的特长在于能以多种方式表现画面的运动状态，运动是电视画面构图特有的造型因素。照片也有动感表现，但那是瞬间凝固的状态，是从静态中感受动态，属于纯空间造型方式。电视则通过物体自身的活动状态，通过镜头的运动方式来表现动感并展示其运动变化的过程，时间与空间的因素处于发展的过程之中，构成了时空组合的造型方式。正是由于加入了"时间"这一因素，电视画面构图具有了"时值"的特性，在电视画面中，时间是延续的，空间是不断扩展延伸的，由此它将各种构图因素统一在运动变化的状态中，构成了电视区别于照片的独特构图形式。

电视构图的运动形式表现在三个方面：

（1）电视画面能够表现运动。这种运动状态是由画面内部拍摄对象本身的动态构成的。电视能够表现连续的、运动的状态，活动的画面中景物、人物之间的关系处在不断变化之中，构图形式也不断发生变化。

（2）电视画面能够在运动中表现。这种运动状态是由画面外部拍摄方式的变化而造成的。运动拍摄的方式具有展示物体真实运动状态及其变化过程的功能，引导观众对画面观察的视点不断变化，改变着物体的形状和大小，延伸着画面的视觉空间，画面构图的形式和内容也就不断转换和更新。

（3）画面的内部运动和外部运动同时表现。拍摄对象的运动在时间上的连续性贯穿在画面空间的不断延伸与变化之中，形成一种内外统一的时空综合运动的构图方式。

在以上三种运动构图形式中，按拍摄对象的运动状态来划分，又表现为以下几种方式：

（1）拍摄对象在原地位置上的运动。比如人物的动作、语言、姿态、神情等动态表现，在时间上是连续的，在画面中所处的背景空间没有发生变化，拍摄方式处于固定状态。

（2）拍摄对象的运动空间位置发生变化。比如人物在同一环境内活动的范围超出了单一固定画面表现的空间，摄影师以跟随拍摄的方式来直接表现这一变化过程的延续，以强调动作的不间断性。

（3）拍摄对象运动的环境空间在改变。比如人物的活动贯穿在不同的环境下连续进行，用镜头分切并重新组合的方式来间接表现这一变化过程的延续，强调的不是动作本身的不间断性，而是突出画面内容的某种内在联系，通常用动作的省略法表现。

值得指出的是，这种方式带来了比较复杂的时空关系的变化。随着空间的转移，观众视点的变化，也造成了时间因素的断续或省略，既可以是分秒的省略，也可以是更长时间的跨越。在这种情况下，画面构图的目的已不在于刻意表现时间的连续性和空间的完整性，而是按照节目内容所需，强调时空关系发展的内在的逻辑联系。这正是电视独有的表现魅力，也是蒙太奇剪辑的依据。

拍摄对象运动状态的三种方式在画面构图中引起时空关系变化的对比如下：

方　式	时　间	空　间
第一种方式	连续的	不变的
第二种方式	连续的	发展的、完整的
第三种方式	不连续的	发展的、不完整的

电视画面构图中还有一种特殊的运动形式，这就是运用特技形成的动态效果。利用摄影设备和编辑设备处理的这种特技效果，超出了物体活动常态的运动形式，是一种夸张的变速的运动形态。如充分展现动态过程的慢镜效果，加速动感节奏的间隔拍摄以及动作跳跃的频闪镜头等等。这些特殊的运动方式并不是真实还原物体运动的本来状态，强调的已不是动作的连贯性和运动的清晰过程，而是在反常的运动速度中融入更强的主观意识，制造强烈的视觉效果，以配合节目的节奏感和情绪表达。

4.3.4　视觉造型的心理因素

在电视画面构图的各类要素中，还有一种构成因素不应被忽略，这就是视觉审美心理对构图的影响，这是一种内在的、非显性的因素，但对摄影者的意图产生着重大影响，成为构图的内在依据。我们知道，构图的目的是构造和谐悦目的画面，满足观众的审美要求，使之对画面传递的信息能够认可接受，达到最佳的传播效果。而画面视觉上效果的优劣就是直接作用于观众的心理因素，直接影响到画面内容传播的结果。为什么有些画面结构从各类元素的组合上来说已无懈可击，却仍不感人？很重要的一个原因，就是忽略了视觉心理因素所起的作用，偏离了观众的审美需求。因此，在电视摄影界正越来越重视对构图的心理因素的研究，越来越重视发挥视觉心理因素对画面构图的影响作用。

具体来说，电视作为一门视觉艺术，在对各种画面构成元素进行组合时，其构图形式就必须符合观众的视觉心理活动规律，以观众的接受心理、满意程度作为构图的必备要素，力求从视觉上能清楚地提供信息，在心理上能获得美感的享受。

视觉心理变化与画面构图形式的关系以及对构图产生的影响主要表现为以下几种：

1. 画框形式——集中心理

画框是指摄像机取景器四周边线所包含的画面空间。画框存在的意义就是将摄影师选择的视点范围内的景物限制在一个封闭式的构图环境中，引导观众的视觉注意力和集中心理，直接影响视觉审美效果的实现。

人的视觉具有选择性的特点。观众对画面内容的关注程度和选择趋向，体现着视觉思维的主观能动性，能够迅速判断画面景物中主次对象的关系，将注意力迅速调整到兴趣点上，对画面中最重要的部分集中观看，准确地理解画面信息的内涵。因此，摄影师在进行画面构图时，必须以画框作为取景基点，充分考虑到观众主观选择的心理需求，运用布局技巧，将重要、突出的画面内容安排在画框的最佳位置上，以强调主体对象，吸引观众的视觉注意力和集中观看的心理。缺少表现主体或主体不突出、不明确的画面，将失去被关注的目标，不会给人留下深刻的印象。

在电视动态构图形式中，往往突破封闭式的画面边缘，而使画面空间向外延伸，运动范围扩大，同时也调动观众视觉注意力不断延伸和发展。在这种开放式的画面构图中，同样离不开对主体对象的集中表现，在运动的过程中始终引导观众的视觉注意力和心理选择趋向。

2. 不完整构图——补全心理

不完整构图是指画面中表现的是不完全的图像，其中只有事物的局部形象而其他大部分并没有出现。它利用人眼的即时性功能和补全心理，对未出现的部分可以作出正确的推想和判断，从而在心理上产生完整的视觉概念，是一种"以不完全求完整"的构图方法。

人的视觉具有即时性的特点。这就是随机应变，边看边解决问题，由不完整联想到完整，由表象判断实质的功能。也就是说，人们在看到不完全图像时，视觉刺激大脑皮层作出意识反应，能迅速调动以往的视觉经验，启动积极的思维，通过分析、判断，对画面中的残缺景物加以"补全"，从局部联想到全体，以不完全的影像获得完整的视觉效果。

在现代电视广告作品中，主要运用不完全构图的形式，大量运用特写画面，运用局部的景物，表达一些看似不连贯的或省略过程的构图含义，并通过上下镜头的连接，在有限的、极短的时间内表达完整丰富的内涵，这些表现手法就是建立在观众的补全心理之上的。

例如，在"南方黑芝麻糊"广告中，挑担上那盏风中摇曳的油灯，透着夜色的暖调，只需短短几秒便超越了画面本身的意义，透视了多少环境和年代的特色，使20世纪30年代江南水乡街镇的种种印象跃然眼前。又如"奥妮100年植物洗发水"广告，熊熊火光的特写镜头一晃而过，画面本身并没有交代完整的含义，却衔接了两个不同的年代，其中蕴含了几多动荡，几多漫长的悲欢离合。

每个人的联想和理解也许不尽相同，但只要参与了思维的过程，内心就会延伸画面之外的丰富含义，从简短的镜头片断中补充了一个完整的故事。

由此可见，补全心理是一种参与构图的心理，它以人们的心理素质和思维能力为基础，依靠日常的生活和视觉习惯起作用，能激发视觉兴奋、联想推断和渴望补全的心理愿望，它符合人们追求完美的视觉心理规律。对摄影者来说，必须充分利用这一心理因素，想方设法调动观众的视觉积极性，让他们在思维上参与构图的表现，以满足视觉审美心理的要求。通过巧妙的艺术构思，不需要将表现内容和盘托出，不需要把话说尽，不完整的局部不等于是局限，短短的画面，其用意往往已超越了自身局部的限制，融入了更广泛更深刻的画外意义。因此，适当地运用省略、浓缩、含蓄的表现手法，留下更多理解的空间给观众回味，能更好地启动思维的积极性，运用视觉补全心理，完成画面内容的深层构思和实现创意。

3. 均衡构图——稳定心理

均衡构图是指各种构图因素在画面中的位置分布，其上下左右各部分的比例在视觉印象上必须呈现稳定平衡的趋向，组成和谐统一的整体。在摄影中，向来把追求均衡的画面效果作为构图的一项重要原则，而追求均衡的效果在很大程度上是人们的心理因素在起作用。

人的视觉具有追求和谐稳定的要求，这一心理要求与大脑皮层和平衡感觉器官相联系，与地心吸引力作用相联系，反映出一种普遍的生活现象，它是视觉心理对稳定的社会生活和自然秩序的必然反映。人们不习惯看到画面上出现轻重比例不一的构图形式，如某一位置上的景物比例偏重，而另一位置却过轻地空着，就被认为是失重，会令人产生不安定的感觉。人们也不习惯看到画面上出现上重下轻的构图形式，会产生视觉压抑感，即使画面垂直的上下部分平均对称，也会觉得不符合视觉心理习惯。心理学家认为，这是因为人类自古以来生存在地面上，对宇宙空间认识不足，习惯上认为一切物质财富和自然资源都来自土地，由此形成了根深蒂固的下重上轻的视觉经验。这在绘画、摄影等平面视觉艺术中能反映出来，在雕塑、建筑等立体艺术中也是普遍的规律。在电视摄影构图中，同样应该遵循下重上轻这一原则，才能获得舒畅自然的心理感受。这些都说明了心理因素、视觉经验对画面构图所产生的重要的影响作用。

在下一节"布局的技巧"中，我们将详述影响画面均衡的因素以及如何保持画面均衡等内容。

4. 非均衡构图——求新心理

在电视节目中，目前出现不少渲染表现动感的画面，其构图是刻意突破均衡形式的。有时是利用重量倾斜来突出动势；有时是为了强化矛盾，刻画人物的不安心态；有时则单纯追求画面形式翻新而故意制造倾斜的、失重的或上重下轻的视觉效果。无论哪种形式的非均衡构图，都是为了迎合观众的求新心理。人们看惯了四平八稳的画面，过于对称的景物关系，一成不变的均衡规则，有时令人感到呆板，缺少新鲜感，不能引起兴趣，于是刻意打破常规，在不平衡的视觉印象中寻找新意，以获得一种心理上的满足。

值得注意的是，数字化特技效果的应用更为满足这种需求带来了极大的表现空间。但应该看到，适当地运用创新求变的形式，有助于加强视觉兴奋，使观众产生新鲜好奇感，对节目形式倍加关注，加深印象。但是，非均衡构图毕竟不符合人们的心理和生理上的习惯要求，不应成为表现的主流。过多的倾斜、旋转、颠倒、失重的画面出现甚至令人目眩，效果可能适得其反。在运用的时候，应以对内容表现是否有帮助为原则，不要为形式而形式，走向滥用。

4.4 电视摄影构图的技巧

4.4.1 布局的技巧

布局就是对构成画面的各种实体元素作宏观结构上的全面安排，它围绕具体可视的景物对象进行构图，着眼于画面中各部分元素的空间分配，以突出主体、确立视觉中心为主要任务，使主体与相关联的景物、环境等视觉因素共同构成统一和谐的整体，以达到主题明确、视觉概念清晰、视觉印象完整的效果。

1. 突出主体

主体是事物的主要部分，在电视画面中是指表现的主要对象，在构图上发挥主要的作用，成为吸引观众视线的明显的视觉趣味中心，其他景物则处于从属的、衬托的地位。

突出主体的方法主要有：①把主体安排在明显的位置。②以近景、特写的景别表现。③以陪体衬托主体。④让主体与背景分离。⑤用摇、推的方式拍摄。

2. 安排好前后景

前后景的运用是交代环境的重要手段，对表现主体起衬托、渲染、对比的作用。前后景的布局使画面元素至少处于两个以上的纵深层面，有利于表现立体空间，有利于引导观众的注意力。比如，由于前景物大于后景物，可将主体置于前景得到突出；可以通过调整焦点的虚实来变换前后景的清晰度，引导视觉中心的转移；可以利用影调、色调的对比和线条的引导等方式来突出主体。

前后景的运用必须抓住特征，与主体有内在的必然的联系，不应牵强附会，单纯追求画面的美感；必须力求简洁，避免与主体无关的、杂乱的景物进入画面，对主体造成干扰。一般来说，前后景的清晰度、亮度、色调都必须弱于主体，避免分散对主体的注意力。

3. 对比表现法

在事物的表现中，有比较才有区别。在电视画面中，物体的大小是通过对比关系来确定的。我们知道，当距离镜头近，即使小的物体也会显得很大；当距离镜头远，即使大的物体也会显得很小。为了表现物体大小的真实关系，就必须利用对比法构图来处理。具体来说，就是在拍摄时，尤其是表现大家不熟悉的主体时，必须利用一个大家熟悉其大小体积的物体与被摄景物作比较，以唤起观众对实际物体大小的感觉。

4. 统一和均衡

在摄影中，特别讲究构图的完整性，要遵守画面均衡的原则，这是根据人们在视觉心理、视觉习惯上要求有稳定、平衡的感觉所决定的。

构图的完整统一是指画面上各要素的组合必须构成统一的整体和视觉概念清晰，避免各部分支离破碎、不得要领。构图的稳定均衡是指画面上下左右各部分的比例，必须给人以调和稳定的感觉，组成和谐统一的整体。

统一和均衡的原则通常是针对静态的摄影构图而言。在电视摄影中，大致说来也同样应该遵守。但电视的首要特征是表现运动状态和变化过程，因此在具体操作过程中，应视主题表现的需要灵活处理，不要为了拘泥于单幅画面的构图美而扼杀了运动画面的整体表现力。

保持画面统一和均衡的方法主要有：①避免明显的线条把画面分割成几个独立的部分。②利用对称构图。③利用光影衬托。④突出主体位置。⑤注意运动方向。⑥视线、神态的呼应。

4.4.2 造型的技巧

在电视摄影中，造型是指利用各种视觉因素创造画面中物体的视觉空间形象。电视摄影画面和绘画一样，是以平面的、非立体的影像来表现实际空间中具立体感的景物。因此如何有效地营造画面中的空间深度，表现物体的立体视觉形象，是电视造型的主要任务。

1. 表现空间

表现画面空间最有效的手段就是利用透视现象，即线条透视规律和空气透视规律，所拍摄的影像画面能否具有一定的空间深度、立体感，首先取决于对这两条规律的把握和运用的效果。

（1）线条透视规律。"透视"一词出自拉丁语 perspclre，意思是"看透"。在电影、电视之前，绘画已运用线条透视规律，其用法与中世纪画家写生时所用的方法有关。画家眼睛的位置保持不变，透过固定置立在眼前的玻璃观察绘画对象，并按照玻璃上所画的方格逐格地把图画画在方格纸上。由此，"透视"一词表示平面上立体（三维）对象的图像与在实际观察条件下看到的景物对象一样，即根据距离、空间位置以及视点而相应改变视值、形状和清晰度。不过，现在人们对"透视"一词的理解并不在于平面上三维空间的图画本身，而是它所造成的画面深度和立体视觉。

人们观察周围物体时，会发现距离我们近的物体形象比距离远的同一物体大些。通往远方的平行的铁轨好像汇聚成一点；向远处延伸的街灯立柱越远越低、越远越细；远处的物体失去了立体感，好像是平面的图像；从某个角度观看圆形的物体，会变成椭圆形，方形的物体会变成梯形等等；所有这些都称为透视影像。就是说，物体距离越远其规格越小，垂直的线条越远就显得越狭窄，即构成了近大远小、近分远合的线条透视规律。

人们观看物体的视觉习惯，是按照观看的角度、所见的规格比例来确定这个物体的距离的。而画面中影像的透视关系则取决于摄像机拍摄距离、拍摄角度的选择，取决于被摄对象在深度上的实际长度。当拍摄点改变，画面的透视性质也随之改变。如果画面中所见物体的规格大小、远近程度符合视觉习惯的规律性变化，人们就会对平面的影像产生立体感。

有时从同一视点距离上用不同焦距镜头拍摄时，短焦距镜头拍出的影像看上去深度较大，具有较强的透视感。这是因为短焦距镜头视角大，使得用其他镜头拍摄时不可能进入画面的空间部分也进入了画面，在这些范围内可能包括较近处的物体，因而增大了整个拍摄范围的实际深度。

画面的线条透视感取决于被摄景物的最远部分到镜头的距离与最近部分到镜头距离的比例。用公式表示为：$S = y/j$。其中 y 表示最远部分到镜头的距离，j 表示最近部分到镜头的距离，S 表示线条透视感。就是说，远近距离之间的比例越大，透视感越强；比例越小，透视感越弱。由于短焦距镜头视角大，拍摄同样范围的景物，拍摄距离小；而长焦距镜头的视角小，拍摄距离则大。而决定 S 值的关键因素是从镜头到被拍摄物体最近部分的距离。用短焦距镜头时，这个距离小，S 值就大；用长焦距镜头时，这个距离大，S 值就小。

在摄影中，必须清楚地掌握线条透视规律，有意识地运用和控制影响透视性质的一切拍摄条件和方法，最大限度地表现画面空间。

利用线条透视规律表现空间的方法主要有：①靠近同类物体近端拍摄。②让线条汇聚点落在画面内。③使用短焦距镜头拍摄。

（2）空气透视规律。又称影调透视规律。在我们的周围，纯净的空气是最透明的，人们几乎看不到它的存在。我们所以看到蓝天，看到朝霞、晚霞以及天空的各种色彩，是因为空气中充满各种介质，如水分、尘埃、烟雾等，介质的存在使空气形成一定的厚度，在阳光的照射下变幻出不同的影调色彩，影响着我们看到的一切。

晴朗的天气里，天空呈现蓝色，是因为阳光透射过相当薄的空气层，空气分子对光谱中的蓝青部分的短波光发生散射，上空比地平线看起来更明亮、更蓝。在地平线的上空，光线要透过很厚的大气层，引起长波光线的散射，尤其当空气污染严重的时候，空气层呈现一片灰白色。雾天，空气中充满水滴、灰尘和各种大于光线波长尺寸的质点，对全部可见光谱的光线会均匀地散射，天空呈现出淡白色。

这些影响着天空、云层颜色的透视因素，同样影响着我们周围景色的影像性质。一般情况下，物体距离越大，越远处的物体其能见度、清晰度就越低，颜色饱和度也降低，明暗反差和色调反差也会降低。这种由空气介质对影像性质产生的影响，就称为空气透视规律或影调透视规律。运用空气透视的效果可以极大地增加电视摄影造型的可能性，拍摄出用其他方法不可能得到的富有表现力的画面。

空气透视是由空气和光线共同构成的最活跃多变的造型元素，它没有具体固定的形态，却无处不在，由于它的存在，自然景象才呈现千姿百态，因不同的时刻而变幻，在不同的地区而各异。它给各种构图实体元素的表现带来影调、色彩、清晰度的变化，还带来难以捉摸的飘忽不定的气氛。为了增加画面构图的表现力，我们不但要了解和掌握空气透视的规律性，还要善于捕捉恰当的拍摄时机，利用这种特殊的造型要素，为进入多彩的构图世界，为各种构图技巧的施展赋予更大的空间。

在拍摄中，可以利用各种不同的自然因素、地理位置，根据不同时刻、不同季节、不同气候的光线条件，充分发挥空气透视的造型作用，方法有：①利用烟雾效果，增强空气透视影像。②采用侧、逆光拍摄，对空气介质的散射明显，透视感加强。③合理使用景深。长景深画面清晰度大，透视感弱；短景深则前景主体清晰、色调深浓，背景影像模糊、色调淡、反差低、透视感强。

2. 表现立体形状

处于空间的物体，绝大多数是呈现立体形状的。在拍摄中，应避免将立体的景物拍摄成平面的感觉，方法有：①拍摄物体的三个面。②使用侧光。③利用光色反差。④拍摄运动的物体。

3. 表现物体质感

物体的质感指物体的表面结构，是人们对物体表面质地的感受。在摄影中，逼真地表现物体的质感同样是造型构图的重要任务，主要方法有：①以近景、特写来表现，这是最有效的手段。②选择适当的光线。③准确聚焦。

4.4.3 动感的技巧

运动性是电视画面构图的主要特征之一，动感技巧的运用是构图中重要的视觉设计内容。在构图中，无论是主体结构的安排，主体与陪体、环境等各种构图因素关系的处理，拍摄视点、拍摄方式的选择，还是画面中方向、速度、节奏的表现，镜头组接的要求，都必须放在动态的整体结构中考虑，将各种构图因素的运用统一到运动变化的状态之中。

1. 以静显动

选用静态的景物作背景，显示主体运动的动态，是最常用的动感技巧之一。有了动与静的对比，动态表现才能更加突出。大多数情况下，是运用移动拍摄的方式来营造动感，如大范围的高速度的跟随移摄或巡视移摄，摄像机就像沿途拍摄，带领观众参与到动态的场景，看到静止的景物背景不断地向画面一侧飞快地退下，或穿越拍摄对象，两旁的景物在眼前让开道路，向两侧散开，移出画面，造成强烈的动感和空间立体感。

在背景的不断变化中，景物主体通常处于相对静止的画面位置而投影在远近环境的不同部位上，速度感是由处于动态的自然景物所造成。如群山在移动，大地在延伸，树木、房屋在退下，给人身处其中的感受。

2. 以变显动

当画面中不存在静态的景物背景时，动感主要是依靠物体的本身运动，在画面中因距离、角度改变而造成影像大小、远近变化来表现的。此时动感的表现直接与速度有关，物体在画面内运动的速度快，动感就强；速度慢，动感就弱。

由于运动的主体缺少不动的景物衬托，通常会造成静态影像的感觉。因此，这种把主要对象的运动与摄像机移动速度保持基本同步的拍摄方法，就带有静态拍摄的效果。如在高空拍摄高速飞行的飞机，如果没有云层、大地等背景的衬托，飞机就像凝固在画面中的静态图像一样。

3. 焦距、物距与动感的关系

在拍摄中，镜头焦距、拍摄距离与动感的表现有直接的关系。在同样物距情况下，镜头焦距长，动感强；镜头焦距短，动感弱。在同样焦距情况下，运动物体距离近，动感强；运动物体距离远，动感弱。

4. 拍摄方向与动感的关系

画面影像在运动过程中的速度变化与拍摄方向、角度的选择也直接有关。在固定拍摄时，当拍摄对象顺着摄像机镜头光轴方向移动时，距离变化时间长，动感弱；当拍摄对象垂直于摄像机镜头光轴方向移动时，运动速度快，动感强；当拍摄对象沿着对角线方向运动时，动感表现和时间变化就能较好地兼顾。

在运动拍摄时，摄像机运动拍摄的方向与主体运动保持同方向时，运动速度相对变慢；摄像机与主体反方向运动时，运动速度则明显加快。

5. 运动的前方留空

运用跟随拍摄表现动体时，镜头外部运动速度与动体速度基本保持同步，才能跟随运动的过程，这时应注意让主体运动的前方留有一定的空间，使前进的方向、视线注意力都有扩展的余地，时空的延伸和动态的表现有不断发展的空间。

本章小结

本章阐述了电视摄影构图的多层含义。在认识电视摄影构图特点的基础上，强调应从动态的整体结构出发，充分发挥各类构图因素的作用，善于将构图要素的运用统一到运动变化的状态之中。同时，应充分利用线条透视规律、空气透视规律，利用布局的技巧、动感的技巧，拍摄符合电视画面构图特点的连续性画面，准确、鲜明、生动地表现画面主题。

复习思考题

1. 在电视新闻节目中如何体现构图的特点？
2. 运动因素如何构成时空组合的造型方式？
3. 在电视摄影构图中掌握透视规律的意义。
4. 从结构、造型、动感表现、心理因素等 4 个方面把握构图的因素及其运用，为电视画面的要素组合与主体表现赋予清晰、全面并且深刻的内涵，通过节目分析了解构图在电视摄影实践中的运用。

5

电视摄像用光

本章要求

- [ ] 理解光源的分类和特性，光线在电视摄影和节目表现中所起的重要作用。
- [ ] 掌握自然光的特点、照明规律及其运用方法，学会控制景物亮度范围和画面反差。
- [ ] 掌握人造光照明的特点、方法和要求，了解各类灯具的照明作用和造型意义。
- [ ] 善于观察分析拍摄现场光照条件，根据节目要求选择合适的照明光源，合理采光与布光。

摄像用光，是电视摄影中不可缺少的环节，在电视节目制作中占有重要的地位。有了光，物体才显示形态、颜色、质感；有了光，才能刻画人物的外貌特征、心理情绪和性格特征；有了光，才能描绘环境空间和时间概念。"在日常生活经验中，光线是帮助我们知觉空间的最重要的标志物。"（鲁道夫·阿恩海姆：《艺术与视知觉》）在电视摄影中，用光是画面造型的重要手段，是构成画面影调色调、渲染气氛、美化画面、突出视觉中心、引导观众注意力的必备条件。

5.1 光源的分类与特性

1. 光源

光源是指发光的物理辐射体。光源分为两大类，一类是来自大自然的光源，它只有一种，就是太阳，称自然光；一类是人造的光源，大部分属于电光源，即各种类型的照明灯具，称人造光。

不同的光源有不同的照明性质。其光源强度、光谱成分、显色指数以及光线距离、角度等诸多因素影响着物体表面的亮度。自然光是随不同照明时刻、不同气候、不同季节、不同地理位置而变化多端的光线。人造光的照明性质很大程度上以自然光条件为依据，在模拟自然光照明的各种效果的基础上，可以更灵活地运用各种照明条件，创造更丰富的照明效果，发挥更大的优越性。

2. 直射光

由太阳光直接投射到地面景物上的光线称直射光。在晴朗无云的天气，太阳的直射光与地面景物形成一定的方向和角度，物体表面因吸收和反射光线的差异而影响亮度形成不同的明暗效果，明亮与阴影部分反差大，能真实地呈现物体的立体形状、表面质感以及与空间环境的关系，在视觉上构成具体清楚的形象。直射光通常用来作摄影的主光，对塑造形象起决定性作用。

3. 散射光

太阳直射光透过大气层被散射开的光线，称散射光。在多云的阴天或有雾的天气，阳光透过云层或雾气时经过多次反射和折射后形成了散射光，它没有明显的方向性，不产生清晰的阴影，柔和均匀地照射着地面的景物，并因对不同波长的波光散射而产生不同的影调和色调。在电视摄影照明中，通常用于作为普遍照明的环境光或对主体作辅助照明，对直射光不能直接照明的位置作补充。

4. 反射光

由直射光和散射光照射到物体表面后反射出来的光线，称反射光。反射光可以传达有关被照物体的信息。各种不同性质的物体，因表面结构的不同而反射着不同强度的光线。正是通过对物体反射光的视觉感受，我们得以认识物体的表面形状和质地。人们之所以从各个方向上都可以看见本身不发光的物体，就是因为光线在物体表面产生了漫反射的缘故。在电视摄影照明中，利用反射灯照明可增大发光体的照射面积，减少物体的投影；利用柔和的反射光作辅助照明可增加照明层次，产生较均匀柔和的照明效果。

5. 照度和亮度

光线对物体表面照射的条件以及物体被反映的光影关系都是相当复杂多变的因素。在实际拍摄中，必须对光照度和物体亮度进行测量，以控制摄像机符合拍摄条件的要求。

照度是表示不发光的物体表面被光源照明的程度，也称入射光强度。用 E 表示，单位以勒克斯（lx）或米烛光计量。公式是：$E = \Phi/S$。其中 E 表示照度；Φ 表示光通量，单位是流明（lm）；S 表示光照面积，单位是平方米（m^2）。此公式表示，照度的大小等于物体表面单位面积上接受的光通量。即 1 平方米面积上接受 1 流明光通量时，照度为 1 勒克斯。

环境照度参考（单位：勒克斯 lx）

阴天室内 5 ~ 50	阴天室外 50 ~ 500
晴天室内 100 ~ 1 000	晴天室外 1 000 ~ 10 000
阅读需要 50	演播室需要 300 ~ 2 000

电视摄影对光源照度的要求，取决于摄像机的灵敏度，即以在一定光圈下能获得最佳图像所需的照度来定义摄像机的灵敏度。

亮度是表示发光表面或被光源照明的景物反光表面在人眼观察方向上的明亮程度，即单位面积表面反射的光量，又称反射光强度。用 L 表示，单位以尼特或烛光/平方米计量。公式是：$B = I/S$。其中 B 表示亮度，I 表示发光强度，S 表示单位面积。

由于不同物体对光的反射不同，吸收和透射也不相同，因此不同表面的物体在接受相同照度的光线时其亮度是不相同的。由此可见，亮度和照度是两个不同的概念。照度取决于光源，而亮度在受光源影响的前提下取决于物体表面的性质。

一般来说，光源越强，被照物体就越明亮。但物体表面亮度除了受入射光强度影响外，还同时受到光源性质、光源色温、物体表面结构、受光面积、受光角度以及与物体所处环境的光线条件等诸多因素的影响。

6. 明暗光比

光源无论从哪个方向照射到非平面的物体上，都会产生明亮和阴影部分。物体因形状各异，受光距离、角度不同，不可能均匀地接受入射光，伴随着明亮的受光部位就必然有受光量少的阴影产生，景物中亮部和阴影之间在亮度上的比例，称明暗光比。光比值大小决定画面的明暗反差，形成不同的影调色调，表现出不同的造型效果和艺术气氛。因此，对景物明暗之间比值关系的把握和控制，对画面质量和摄影效果有至关重要的影响。

景物中明暗之间亮度范围相当大，反差悬殊。对景物明暗光比的控制主要是测定有意义的拍摄范围内明暗之间的比值，即平均亮度值，控制各种拍摄设备使适应其记录景物亮度范围的宽容度，并通过增加阴影部分的照明亮度或减少高亮度部分来实现。

7. 光源与色彩

我们的周围是色彩万千的世界，人的视觉能感受到天空是蓝色的，草地是绿色的，花是红色的、黄色的、白色的等等。但是，物体颜色的概念并不是孤立存在的，它与光源、视觉有着千丝万缕的联系，没有光源的照射，物体固有的色彩本身就变得毫无意义，人们也就不能感受到它的存在。

在电视摄影中，要实现色彩的再现，描绘对色彩的感受，运用色彩造型，就离不开对光源与色彩的关系、对色彩本质的认识及其掌握运用。

（1）电磁现象。光是一种自然物质，光的现象是一种电磁现象，光波是一种频率很高的电磁辐射波，它以每秒30万千米的高速在真空中周期性传播变化。在整个电磁波谱（包括宇宙射线、γ射线、X射线、紫外线、可见光、红外线、雷达、无线电广播、电力传输）的波长范围（$10^{-16} \sim 10^{8}$m）中，只有$380 \sim 780$nm（1纳米等于百万分之一毫米）的波长能为人眼所感受到，这就是可见光波谱。它只占整个电磁波谱中极少的一部分，它与其他电磁波所不同的仅仅在于其波长。

（2）可见光谱。人们将整个可见光谱称为"白光"。通过一块光学三棱镜的折射，"白光"可分解成紫、蓝、青、绿、黄、橙、红七种颜色，其光谱分布大致如下：

颜色：	紫	蓝	青	绿	黄	橙	红
波长（nm）：	380~420	420~470	470~500	500~570	570~600	600~630	630~780

波长大于780nm的电磁波称为红外线，短于380nm的称为紫外线，它们都是人眼所不能看到的，只有通过仪器才能探测到。

（3）色彩的本质。颜色的性质决定于投射到人眼的可见光的光谱成分，不同波长的光代表不同的颜色，引起人的视觉对颜色的不同感受。红花所以是红色的，是因为可见光中的红色波长的光被反射，其他色光被吸收；树叶所以是绿色的，是因为它只反射绿色波长的光，而吸收了其他波长的光。如果高压水银灯照射到红花上，红花就会变成紫黑色，这是因为在这种灯光中很少有红光的成分，红花就不能反射出红光。

由此可见，光源与颜色的概念密不可分。物体本身的颜色虽然是固定不变的，但只有在可见光的作用下，才能将其吸收、反射、透射的光波通过视觉而产生印象，颜色才有存在的意义。光传递颜色的信息，色光可以改变物体固有的颜色，创造出丰富的色彩效果。所以说，颜色并不是物体固有的性质，而只是一种由视觉对光感受的概念，是大自然可见光在人的视觉中的反映。颜色因为光而存在，光线才是色彩的本质。

（4）色觉特性。在人眼视网膜上，对光反应敏感的神经细胞称为柱体细胞；对色彩反应敏感的神经细胞称为锥体细胞。锥体细胞可以分为蓝、绿、红三种感色单元，感蓝单元对波长400~500nm的可见光感应最灵敏；感绿单元对波长500~600nm的可见光感应最灵敏；感红单元对波长600~700nm的可见光感应最灵敏。人们将波长为700nm的红光、546.1nm的绿光、435.8nm的蓝光称为三原色光。当任何一种色光进入人眼时，都会对三种视觉锥体产生不同程度的刺激，例如一束红光就只能对感红锥体刺激，人眼产生红的色觉；一束黄光对感红和感绿两种锥体刺激，人眼产生黄的色觉；青色光对感绿和感蓝两种锥体刺激，就产生青的色觉。当光线对三种感色锥体同时刺激时，人眼得到的是白色感觉；若刺激量中等，可能得到灰色的感觉；刺激量微弱，则是黑色的感觉。黑夜难以辨别颜色，是因为人眼受光线刺激量少。总之，不同色光对视觉锥体刺激量不同，就会产生不同的色觉。

色觉就是眼睛对不同颜色的感觉。从光源的特性对物体色彩的影响来看，同一物体在不同色温光源的照射下，会呈现不同的色彩，但人的眼睛却往往不能察觉，这就是"色觉守恒"现象。"色觉守恒"现象的产生，一方面是由于人们习惯以日常生活中的日光照明条件作为确认色彩的标准，另一方面是由于人眼存在视觉惰性而不能客观地识别景物的色彩。在光谱成分发生变化时，不易察觉物体色彩的变化，而保留着在正常白光条件下看到的印象。当进入视觉的光线在颜色质量上基本能包含大部分光谱时，眼睛就会把这些光线视为白光。当光线有所变化时，眼睛会自动作出补偿，不影响对颜色的判断，具有较强的全面适应能力。对于日光和灯光这两种不同颜色质量的光线，也不易感觉它们有多大变化，都认为是白光。

色觉的守恒现象对色彩变化差距的调节在明度上的表现最为明显。当光源照度升高而使景物亮度增大时，会通过视觉灵敏度的降低来形成正常的亮度感；而当光源照度降低使景物的亮度减小时，又会增加视觉灵敏度，形成正常的亮度感。

眼睛在长时间专注于一种色彩强烈的物体后，在短时间内视觉上仍然保留带有这一物体补色的残留景象，并影响或改变对第二种颜色质量的判断。这种视觉特性称为"视觉残留"（色后像）现象。例如在看过大面积红色强烈的物体后，视觉上会残留蓝、绿色影像；当再观看黄色的物体时，就会呈现淡绿色；观看蓝色物体时，会显得绿蓝些；观看白色物体时，会呈现蓝、绿色。

由于这些视觉特性，人能够正常地感受光彩万变的自然景色。但在摄像拍摄中，景物中光线条件的丰富变化，常使记录下来的景物色彩与现实中人眼感受的色彩形成明显差距，影响节目的色彩效果。因此，在拍摄时，还必须掌握光源色温变化的规律及其对色彩还原带来的影响。

（5）光源的色温。色温是表明光源颜色质量的概念，是用于测定不同光源光谱成分的标志，是作为调整三原色光比例以适应基准白光的光谱功率分布，保证摄像机在不同光源条件下正确再现景物色彩的重要指标。

光源颜色本身是没有温度的，之所以要用色温这一概念来定义光源的颜色质量，是因为光源颜色与温度有十分密切的关系。根据实验，当对一个绝对黑体（在辐射作用下既不反射也不透射可见光，而能吸收所有落在上面的辐射的物体）加热到各种相应温度时，黑体的发光颜色能与某种光源下的颜色质量发生相对应的现象，以此来衡量光源的颜色质量。

色温单位用绝对温标（K）表示，绝对温标与摄氏温度的关系为：

$$T(K) = t°C + 273°C$$

英国物理学家凯尔文（Kelvin）根据实验发现了光源颜色与温度的关系：

在实验中，以绝对零度（﹣273℃）为起点，对一个密封炭块（绝对黑体）加热，规定温度每升高1℃，就增加1K（色温单位）。加热到一定温度时，黑体开始辐射可见光，呈现的颜色沿着黑→红→黄→白→蓝的方向变化。当温度上升到800K时，出现红色；上升到1 600K时，出现黄色；上升到2 800K时，出现白色；上升到5 600K时，与太阳光的颜色质量相似；上升到25 000K时，就呈现蓝色。

由此可见，作为衡量光源特性标志的色温，只与光源的光谱成分相联系，而与光源的温度无关。光源色温越低，表示其包含的长波光越多，短波光越少，即红光成分多，蓝光成分少；光源色温越高，表示其包含的短波光越多，长波光越少，即蓝光成分多，红光成分少。

自然光照明的光源是太阳光，由于不同的天气中，太阳光透过云层时发生的散射和扩散的影响程度不同，太阳光的色温处于不断变化的状态，即使在同一天内也不相同。以下是自然光在各种条件下的色温：

日出、日落时	2 000K
日出后、日落前1小时	3 500K
日出后、日落前2小时	4 400K
平均日光	5 500K
夏季正午的直射光	5 800K
多云阴天的散射光	7 000～8 000K
满月时的月光	4 000K
薄云蓝天	13 000K
北方的蓝色天空	19 000～25 000K

为了精确地判断色温，必须用色温计进行测量。

人的视觉对光源颜色的变化具有广泛的适应性，一定程度的光源变化不会影响对色彩的判断。但是摄像机对光源色温变化却十分敏感，在不同色温的光源下拍摄的图像色彩都会呈现很大差别。例如，当电压有所降低时，灯具的色温会随之降低而略微偏红，人眼一般感觉不到，但摄像机的感应则灵敏得多，当色温变化达到200K以上时，记录的图像色彩就会发生明显变化。

现时摄像机多以3 200K的色温光线调机，即色温为3 200K的光源是拍摄电视的理想光源，能录到颜色最正常的图像。当色温高于3 200K时，图像会偏蓝；低于3 200K时，图像会偏红。这时，就要根据光源色温的条件调整滤色片，重新调节白平衡，防止图像色彩失真。

5.2   自然光的运用

5.2.1   自然光的特点

在电视照明的两大类光源中，自然光虽然光源单一，但又最变幻多端；虽然极富表现力，但又比人造光源更难控制。在电视摄影用光中，必须充分了解和掌握自然光在各种条件下的照明特点和规律。

太阳照射大地万物，光源决定光线的性质。光线的变化受到多种因素的影响，随着季节变化、天气阴晴、地理位置、海拔高度的影响而不同。一天之内，也因照明位置高低、角度大小的不同而总是处于变化状态之中。光线照度的变化、色温的变化也会带来景物亮度和反差不同，色彩和影调各异，产生千差万别的效果。

太阳光源具有直射光、散射光、反射光三种性质，这三种光线通常并非单一存在，而是形成混合的天空光照明。在晴朗无云的天气，地面上来自太阳的光线既有直射光，也同时存在散射光和反射光；在多云的阴天，地面上就只有散射光和它照射在物体上被反射出来的反射光。

晴天直射的阳光和阴天的散射光因各自不同的特性而分别被称为硬光、软光和混合光。直接照射的日光因具有明显的方向性，反差强烈，能清晰显示被摄物体的立体形状和表面结构，造成边界分明的阴影，称为"硬光"，是构图造型的主要光线；散射的天空光没有明显的方向性，均匀地照射，反差柔和，称为"软光"，能用作普遍照明；"混合光"的效果则介于硬光和软光之间，物体因受光部位不同，吸收和反射的光线不一样，形成了明暗之间丰富的层次，强光部分不太明显，背光面又不会太暗，反差适中，是摄像的理想光线。

在一天中不同的照明时刻和各种天气情况下，自然光变化的差异是相当大的。中午的光线就比早、晚强得多；晴朗无云与阴云密布的天气相比，光线照度相差达 3~6 倍；阴雨天照度变化则更大，这是因为空气中的水滴和灰尘造成了阻光效果，天空光色调平淡；而在雾天，空气中的介质产生大量的散射光，虽然增加了画面中普遍照明的亮度，明暗反差却相当弱。

对于同一照明时间、地点和气候来说，夏天比冬天的照度要强 2~4 倍，比春秋的照度强 1~2 倍。这是因为太阳的入射角度和大气层的情况不同。照度的差异造成景物亮度的反差也不一样，夏季的亮度反差比春秋强一倍，冬天则比春秋天弱一倍。在我国的华南、华中、东北地区同一时间和气候条件下，越往南方光线照度越强，各地区阳光强度相差分别为一个季节。在海拔方面，低海拔地区大气层厚，空气湿度大，散射光强，天空普遍显得明亮；而高海拔地区大气层薄，直射光强，空气湿度减低，透明度增大，天空显得更蓝。

在外景拍摄时，光源以自然光为主，有时辅以灯光。在内景拍摄时，有时也会充分利用窗外、门外照射进来的自然光，在这种情况下，必须注意自然光的以下特点：①光线有固定的方向性。②光线照度减弱。③光线明暗反差大。

5.2.2 自然光的照明时刻

自然光在一天之中从早到晚的变化是相当大的，虽然受到各种不稳定因素的影响，但其光源位置以及照射角度的大小仍有规律可循。在不同的照明时期，光线性质、景物亮度和反差、光线色温、影调、投影等都有各自的特点。

1. 晨昏照明时刻

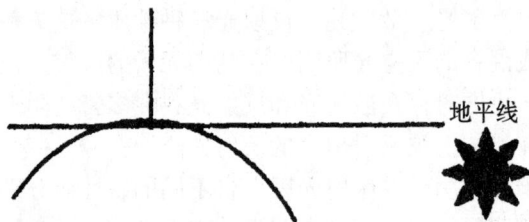

图 5-1

日出之前太阳从地平线即将喷薄而出和日落之后地平线仍在太阳的余晖照耀下，这两个阶段称为晨昏照明时刻。此时地面景物亮度很暗，但越接近地平线的天空光照度越强，形成明显的亮度差。采用逆光拍摄，突出景物的轮廓线条特征，可以得到剪影式的效果。影调色彩单一，但气氛强烈。

晨昏照明时刻的时间极短，光线变化快，天空迅速被照亮或完全变黑，较难把握拍摄时机。电视摄像适应的亮度范围比较窄，不能像电影那样在亮度差较大的情况下仍能拍出一定的影调层次。加上气候和大气等多变因素的影响以及地面物体的阻隔，在城市几乎无法觅到这种照明效果。

2. 平射照明时刻

太阳初升和欲落的时间，光线与地平面的夹角为 0°～15°之间，称为平射照明时刻。这是拍摄日出日落的精彩照明时刻，时间同样相当短暂，光线照度极不稳定，转瞬即变，但极具气氛和感染力，充满浪漫色彩，在节目中屡被采用。

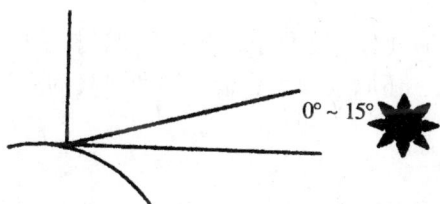

图 5 – 2

这段时间，光线与地平面所成角度较小，几乎平行，太阳透过浓厚的大气层照射到地面景物上，空气中的介质对光线产生散射作用，光线柔和，光谱中长波光偏多，色温偏低，色调偏红。景物的直接受光面亮度大，与不被照亮的阴暗面有明显的反差。被照射的物体上，留下长长的投影，可以丰富画面影调情趣和视觉语言，增加构图新意，具有特殊的构图效果。利用逆光拍摄，可以表现强烈的透视效果，光线近亮远暗，颜色近深远浅，影调近浓远淡。光线透过聚散变幻的云彩，透过树林，透过各种景物，产生奇妙无穷的意境。

3. 斜射照明时刻

在一天之中的上午和下午大部分时间，太阳光与地面角度在 15°～80°之间，称为斜射照明时刻。这是光源光谱成分和色温变化相对稳定的阶段。直射光和散射光都比平射时刻明显增强，反差明显增大，与反射光交织，可形成天然的辅助光，又亮又柔和，影调丰富细致，造型效果好，最适合表现物体立体形态、质感和表现空间。

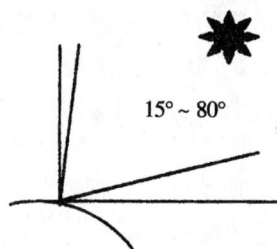

15° ~ 80°

图 5 - 3

斜射照明时刻的时间长，变化小，曝光规律较易掌握，光线投影适中，被认为是表现物体常态、还原景物色彩最正常和保险的光线，因此也称为"正常照明时刻"。

4. 顶射照明时刻

太阳光与地面角度上升到80°~90°之间，大约在中午11时到下午2时之间，称为顶射照明时刻。此时，太阳经过的大气层最薄，距离最短，色温偏高。直射光在一天中是最强的时刻，散射光和反射光减弱，影像反差强烈，属硬光性质。光线投射在景物顶部直接受光的位置，物体的垂直面几乎不受光，物体在地面上投影很短或者几乎没有投影。

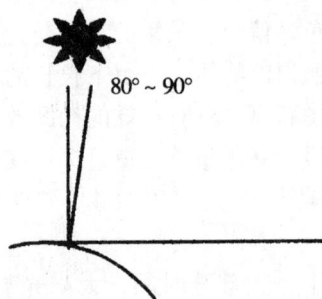

80° ~ 90°

图 5 - 4

顶射光线用于拍摄人物面部造型效果并不理想。但拍摄大范围的景物如辽阔的草原、光线从顶部透下的树林等，则能产生特殊的效果。

在一年当中，真正意义的顶射照明只有在夏至前后才比较明显；而在冬季，太阳照射的角度比夏季斜，尤其是冬至前后期间，太阳光几乎没有完全顶射的时刻。

5.2.3 自然光的采光方向

一天之中，太阳东起西落，照明方向和照明高度有特定的客观规律。直射光强的时候，光线方向性明显，景物受光面亮，不受光面暗；在散射光下，只要云层不是太厚，光线仍有一定的方向性。采光表示拍摄时对光线方向和高度的选择，是以视点的选择作用于被摄对象而言，应从光线照明方向、被拍摄对象、拍摄视点三方面同时考虑：自然光的照明方向在一定的时间范围内是固定的，被摄对象也是相对不变的，拍摄视点对光线方向只能选用，不能改变；而摄像机作用于被拍摄对象的方向、位置则是能动的，可以灵活地选择不同视点，再现景物与光线的关系，即景物的受光效果，由此形成不同的画面形态和空间造型。对拍摄对象而言，其采光方向是以拍摄视点来划分的，它包括对水平方向和垂直方向的选择，并由此形成不同的光位和光效。而对动态的拍摄对象或运动拍摄方式来说，其光位、光效则经常处于变化状态之中。

1. 顺光方向

光线方向与摄像机镜头光轴靠近或重合，从摄像机背面照向被摄体，被摄物体面向镜头的一面完全处于明亮的光线下，影子则直接投向背后而被其自身所遮挡，称顺光方向，也称正面光或平光。

顺光拍摄的影像亮度均匀，色彩饱和，物体表面结构和质感趋于柔和。拍摄人物面部可以消除细微的阴影，掩饰皱纹。光效显得平淡光亮，但不利于空间造型表现，缺少立体感和质感，影调平淡，明暗层次变化小。

2. 侧光方向

光线方向与摄像机镜头光轴成一定角度，从摄像机侧面照向被摄体，拍摄对象处于明亮与暗面之间，称侧光方向。分前侧光（斜侧光）和正侧光。前侧光与摄像机镜头光轴成45°左右水平角；正侧光与摄像机镜头光轴成90°直角，照向被摄体。

侧光方向明暗对比大，反差鲜明，影调丰富，有利于表现物体立体形状和表面结构，是画面空间造型的最佳光线。如用正侧光拍摄人物而又没有辅助光照明，就会出现阴阳脸（受光一面全亮，背光一面全黑），如让人物处于2/3光亮、1/3阴影的光线条件下，则是刻画脸部特征、情绪特征的理想光线方向。在强烈的直射光条件下拍摄，光线性质硬，反差强烈，侧光拍摄要注意从曝光上控制明暗之间的过渡。

3. 逆光方向

光线逆向于摄像机镜头光轴方向，从被摄体背面照射过来，称逆光方向。因逆向角度不同分为背面光、侧逆光、低逆光、高逆光等。背面光使被摄体正面几乎完全处于阴影之中，对暗面拍摄，只有轮廓形状被光线从背面照亮，因此又称为"轮廓光"。侧逆光介于逆光和侧光之间，从被摄体侧背面投射，给人物、景物、物体的受光方向勾勒出一条明亮的光边。低逆光接近于平射时刻的光线高度，高逆光接近于顶射时刻的光线高度。

逆光拍摄能突出景物立体形状，使主体与较暗的背景分离，有利于营造空间深度，增加透视感和画面气氛，能表现半透明物体的质感，造型作用突出，能拍摄出感人的画面效果，被认为是最富艺术表现力的光线方向。但逆光方向是几种光线方向中反差最强的一种，拍摄难度较大，尤其在直射的强逆光下，亮差大，容易超出摄像机适应的亮度范围。表现人物脸部特写时，会因缺少光线而辨不清细节，通常需要使用反光板或灯光作为辅助照明手段，增加画面层次和影调。

逆光拍摄必须注意使用遮光罩，防止光线直接进入镜头，按照物体的暗面曝光，可以增加暗部细节，并且应该注意选择较暗的背景，使主体更加突出。

4. 顶光方向

光线从摄像机镜头光轴的垂直面上方照向被摄体，即在顶射时刻拍摄的光线方向。光线直接照射到物体顶部，只有在高角度俯拍时才能拍到物体的亮部，其余部分无论从哪一角度拍摄，拍到的主要是暗面。也就是说，景物的水平面（顶部）亮度大于垂直面亮度。

顶光方向产生垂直向下的影子，形成奇特的造型效果。拍摄高大物体的效果不好，近距离拍摄人物也不理想，会造成五官凹处处于阴影之中。但拍摄低角度、大范围的景物，如草原上羊群背上洒满阳光、水面上泛起粼粼波光等场面，则别有一番情趣。

5.2.4 散射光线的运用

在阴天或多雾的天气，云层或薄雾遮挡住阳光，天空中没有直射光，只有散射光线均匀地、大面积地照向地面景物。这种漫射的天空光被认为是一种拍摄效果相当不错的光源性质，由于它特别适合摄像机的灵敏度，在电视摄像中经常被采用。散射光线柔和稳定，反差弱。地面景物在散射光线下受光均匀，明暗对比不明显，中间色调丰富，因此能细腻柔和地表现物体的表面结构和各部分细节而不会出现明显的阴影或明亮的强光部分，在摄影造型中被称为

"软光"。

散射光没有明显的方向性。在散射光条件下拍摄，对采光方向的选择要求并不严格。当云层不厚时，地面景物尚有阴影；而在照度很低的阴天，光线就完全没有方向性了，在拍摄时无论对着物体的哪一个方向，拍摄出的光线效果都是一样的。拍摄时应注意加大曝光量。

散射光线色温高。在阴天散射光条件下拍摄，色温往往高于晴天的直射光而达到 7 000K 左右；在薄云下的阴天色温有时甚至高达 10 000K 以上。这是由于光线透过云层薄雾，空气中的细小微粒对短波光（即光线中的紫蓝光）散射的缘故。拍摄时应注意调整滤色片和白平衡以保证色彩的正确还原。

阴天的散射光不像直射的太阳光那样反差强烈和带明显的方向感，拍摄时不会在人物脸部留下生硬的阴影，因此特别适合拍摄一些需要柔和效果的人物近景和特写；利用散射光拍摄一些近距离景物尤其是反差明显的或色调对比强烈的物体，也可以获得较好的效果。

在阴天摄影时，有时可使用高色温的电瓶灯作局部补光，适当增加被摄对象的明暗层次；有时可利用拍摄环境附近一些高大的物体如建筑物、墙壁等的反射光线作用，使散射光带有一定的方向性，成为"柔和的直射光"，可以获得既柔和又反差适中的画面效果。

5.2.5　景物的亮度范围和画面反差

从光源的特性可知，景物所以呈现出亮度，是因为它们对光线具有反射能力。一般来说，光源照度越强，物体亮度越大，但物体表面亮度除了受到光源性质方面的影响外，还同时受到物体反射能力方面如反光率、表面结构、颜色、受光角度、受光面积等诸多因素的影响。

在自然光条件下，景物的亮度范围是相当大的。从直射光下景物的最高亮度到阴影下景物的最低亮度，其差距可达上万倍；对一般景物的平均亮度范围来说，其差距也达到上百倍。例如，一堆白纸的反光率为70%，一堆黑布的反光率只有4%，当照度等量时（散射光下，没有阴影产生），景物的亮度即反光率之比；当照度不等量时（直射光下，有阴影），阴影部分的亮度就只有被照亮部分的1/8。通过计算可知：

明亮部分比例为：白纸70%；黑布4%。

阴影部分比例为：白纸70%×1/8＝8.75%；黑布4%×1/8＝0.5%。

此时，景物的亮度范围为70%：0.5%＝140∶1。

因此，景物的亮度范围就是景物中最高亮度和最低亮度之比。

人眼的视觉适应性对光线照度有广泛的接受范围，例如，在夏季晴天中午直射光下，地面照度可达 10 万 lx，夜晚满月时照度大约为 0.3lx，星光下地面照度则只有 0.001lx，照度相差可达上亿倍。而电视摄像系统对光线照度的适应也有一个亮度范围，其记录能力相当有限。拍摄时当景物的亮度范围超出这个有效范围时，就会出现一部分景物在画面中不是曝光过度就是曝光不足，失去正常的影调层次和质感。只有当景物的亮度范围不超出记录视频信号所规定的亮度范围，景物的亮度才能按正比例的关系被记录下来。

在拍摄中使用的感光材料或录像磁带能按比例记录景物亮度范围的能力，称为"宽容度"。现代电影胶片记录景物的亮度范围为 128∶1；彩色反转片大约为 50∶1；而电视摄像机所能容纳的景物亮度范围只有 30∶1。当景物的明暗范围超出了胶片或摄像系统的亮度范围，即超出了宽容度时，在拍摄曝光中就必须决定损失亮部层次还是暗部层次。也就是说，为了使画面中景物的亮度范围能容纳在胶片或摄录设备允许的范围之内，必须采用各种技术手段平衡画面的亮度，以保证画面中景物亮部与暗部的影调层次表现和色彩还原。

我们分析景物亮度范围的目的，就是为了使被摄景物的亮度范围不超出摄影或摄像系统的宽容度。在实际拍摄中，为了使景物的亮度范围不超出宽容度的要求，我们要从需要表现的那一部分景物中确定最高亮度和最低亮度之比，这就是有意义的亮度范围，也就是通常所称的平均亮度范围。

在被摄对象或画面中，最亮部分与最暗部分的亮度差别叫反差。反差一般用亮度比来表示，如白纸与黑布的反光率分别为 70% 和 4%，则它们之间的亮度比为 70%∶4% =17.5；而黑布与黑天鹅绒的亮度比为 4%∶2% =2。比值越大反差越强。

画面明暗反差的表现必须通过对曝光的控制来实现。在实际拍摄中，必须测定有意义的亮度范围内明暗之间的比值，通过对曝光值的准确把握，合理适当地表现画面的明暗光比，控制好画面反差，使被拍摄对象无论从技术要求上还是艺术要求上都能在画面中得到最好的表现。

5.3 人造光的运用

5.3.1 人造光的特点

在摄影中，人们常把光线比喻为摄影师手中的画笔和颜料，认为摄影就是用光线来描绘画面。那么，人造光的运用就比自然光具有更大的灵活性和创作空间。

在电视节目制作中，人造光（即各种照明灯具）的运用称为电视照明。电视照明的各种灯具器材种类繁多，光源复杂，不像自然光那样只有单一的光源。可以说，每一个灯具就构成一个光源，灯具的单独运用或不同组合的综合运用，具有灵活多样的变化，除了可以模仿自然光的各种光线性质，如直射光、散射光、反射光等效果外，还带来光位、光效等方面的丰富变化以及色温、显色指数等方面的种种差异。电视照明的技术含量高，操作性强。

人造光的运用不受时间、天气、季节、地理位置等自然因素的制约，从光种的选择到照明方向、高度、光线强弱、明暗反差等各种光位、光效的控制与运用都具有广泛的灵活性。

由于人们的视觉习惯深受自然光的影响，在人造光的运用中，必须遵循自然、合理的原则，以自然光的规律、特性为依据，力求光线效果逼真，符合自然规律。在模拟自然光照明效果的基础上，可以进一步灵活利用各种灯具的照明条件；根据节目制作的需要，还可以通过对色温、色调、光影等因素的充分调动来渲染营造光线气氛和意境，刻画心理情绪特征，在节目制作中，发挥更大的优越性。

5.3.2 电视照明灯具的类型

1. 按色温分

电视照明灯具的类型根据色温来区分，有高色温灯具和低色温灯具两种。

（1）高色温灯。色温指数为 4 500～5 500K 的灯具，接近太阳光的颜色质量，如镝灯、充气灯等。这类灯具温升低，发热量小，也称为冷光源。

（2）低色温灯。色温指数为 2 800～3 200K 的灯具，如利用钨丝发热的碘钨灯、溴钨灯等。3 200K 为室内灯具的标准色温，因为它能使钨丝灯泡具有较大的光强，又能延长使用寿命。这类灯具温升高，发热量大，也称为热光源。

摄像机通常是按 3 200K 色温预设调机的，当光源色温在此条件下，就能录到正常的颜色图像；当光源色温不在此条件下，就必须调整滤色片位置和白平衡。

2. 按光效分

（1）聚光灯。聚光灯是一种透射式灯具，光线经过球面镜反射后汇聚在聚光透镜上，形成光束，投射效果如太阳直射光，照程远，方向性强，在被照射景物上产生明亮的高光部分和轮廓分明的阴影，反差强烈，属于硬光性质。这种光线效果造型能力强，通常用作主光，直接投射到景物主体上。但由于光线投射范围小，光斑明显，光线不易均匀，所以拍摄大范围场景时不宜使用。

聚光灯前通常设有遮光挡板，通过调节其开合角度可以控制光照范围。可调节聚光灯的灯泡位置和聚光镜之间的距离，距离大时，光束窄而集中，照射面积减小，光照度强；距离小时，光束较宽而散开，照射面积增大，光照度减弱；使通过聚光镜照射的光线形成平行、聚光、散光三种形态。光束的照射角度调节范围通常在 10°～60°之间。

（2）散光灯。散光灯以散射式光学系统发光，与聚光灯相比，光束较宽，类似太阳散射光的效果。散光灯照程虽短，但照射面积大，方向性不强，光线柔和，在物体表面不产生明显的阴影，属于软光性质。通常用于拍摄环境场面时的普遍照明，或用作表现主体时的辅助光。

（3）回光灯。回光灯是一种反射式灯具，采用球面反光镜作为反光部件，属于无透镜式聚光灯。回光灯照程远，照射面积大，光线效果属于硬光性质，被照景物表面阴影明显。通过调节灯泡和反光镜之间的距离，可以改变光束范围和光斑的大小。一般适宜外景使用，或用于逆光拍摄时勾画人物和景物的光线轮廓，但不宜从正面或侧面照向人物脸部，以免形成难看的光影。

（4）追光灯。这是一种以舞台追光灯改进的大型高能聚光灯。拍摄时用于跟踪照射主体人物，在画面中形成一个轮廓清晰的、明亮的圆形光斑，突出主要对象，直接引导观众的注意力，深化艺术效果。

（5）布景灯。用于对背景天幕作较大面积的扩散照明，可加插彩色滤板，调节光源色温，形成各种色调的天幕背景，增加画面气氛。

（6）特技灯。特技灯的效果往往可取代美工布景，或利用光线的特殊效果作为美工布景的一种补充。采用激光辐射追求特殊的照明效果已较为常见。特技灯能够投射出象征云彩、波浪、雪景等形态的光，增加画面造型效果。

3. 常用的几种人造光照明灯具

常用的人造光照明灯具主要有卤钨灯、镝灯、荧光灯和电瓶灯等。

（1）卤钨灯。卤钨灯以钨丝作为发光材料，与气体放电灯相比色温较低，一般在 3 200K 左右，属于低色温灯具。卤钨灯泡一般选用石英玻璃或硬质玻璃制作泡壳，具有体积小、重量轻、光效高、寿命长的特点，显色指数可达到95 以上，在电视照明中广泛使用。在卤钨灯泡中，使用较多的是碘钨灯和溴钨灯。

在电视节目制作中，碘钨灯是常用的散射式灯具。灯泡为管型结构，有单管式和组合式双联、四联、六联等类型。碘钨灯因为携带、使用方便，在电视新闻的拍摄中适合用于面上照明，所以也被称为“新闻灯”。碘钨灯的光照强度大，但照程较短，明暗反差过于分明，当近距离拍摄人物时，造型效果不太理想。

溴钨灯内的填充物为溴化氢，是一种无色气体，其发光效率高于碘钨灯。溴钨灯灯泡种类很多，既有管型的，又有立式的，包括 110 ~ 220V，500W ~ 20kW 的各种类型，使用寿命为 80 ~ 100 小时，在电视、电影和舞台照明中有广泛的应用领域，在电视拍摄中常用于内景照明。

使用卤钨灯时必须注意散热通风和防止强烈震动，因为灯丝受高温定型后会变得很脆，容易烧坏；管型卤钨灯管（尤其是碘钨灯管）必须水平放置使用。在更换灯管时，不能直接用手触摸灯管，因为人的手上有汗水油脂，会污染灯管造成失透现象，并干扰灯的开启或烧坏灯丝。还必须注意，每只灯具只能使用规定的同一功率的灯管，切勿将大功率的灯管装在小功率的灯具内，例如不能将一个 1 500W 的灯管装在只能承载 1 000W 的灯具中使用。

（2）镝灯。镝灯也称金属卤素灯，灯泡内充有金属卤化物，属于气体放电灯，色温 4 500 ~ 6 000K，为高色温灯。具有体积小、亮度高、色温和显色性能好等优点，常用作拍摄外景时辅助自然光的照明光源。常用的镝灯分为交流和直流两种，交流镝灯有时会产生频闪现象，点燃周期稳定时间为 5 秒左右。直流镝灯需要专门的电源，使用时必须严格区分正负极，否则会使灯泡烧坏；同时必须防止强烈的震动，因为灯泡内存在高压气体，有可能发生爆炸；当使用结束时，应将变阻器还原到原来的最大位置，以防止再次点燃时启动电流过大而烧毁正极。

（3）荧光灯。荧光灯以荧光粉作为发光材料，它的发光效率比白炽灯高，能发出柔和的漫射光，亮度分布均匀，但由于额定功率较低，通常需要多个灯管组合作为面光源使用，或作为一种补充的照明与其他灯具一起使用。它的热辐射量小，使用寿命比白炽灯长，色温有 2 900K 的暖白色、4 500K 的冷白色和 5 600K的日光色等类型。三基色荧光灯把发红光、绿光、蓝光的荧光材料按一定比例配置在一起，显色指数可达 85 以上，在一些电视台和电教演播室较为常用。

（4）电瓶灯。电瓶灯又称便携式新闻灯，它灵活轻便，不需要拖着长长的电线，也可以不使用支架安装。能以手持方式使用，方便地配合摄像机作各个方向、各种角度的照明，因此特别适用于新闻采访时的外景拍摄辅助照明和用作内景拍摄时的主光源。电瓶灯的光线属于聚光性质，照距远，光线硬，明暗反差大，不宜作大范围的照明和太近距离拍摄人物，如配合碘钨灯的辅助照明，效果会更好。它能在小范围内调节亮度，利用蓝色滤片可以调节色温，使用锌银电池组供电，可连续放电半小时至 1 小时，使用时应注意节电。

随着照明技术的创新和发展，新的灯具不断出现，电视节目拍摄中采用的照明方法也在不断改进。如尼龙伞灯、反光无影灯、柔光灯、反射器等广泛应用，这些灯具的特点是光线柔和均匀，阴影不明显，能达到散光照明的效果，有效地减少了人为布光的痕迹，使电视画面更加逼真自然。

5.3.3　电视布光的方法

人造光的运用称为布光，它比自然光的运用有更复杂多变的组合因素，也有更灵活多样的布光方式和方法。各种人造光照明的光源因光线性质不同，造型任务各异，可构成主光、辅助光、背光、轮廓光、背景光等不同的光种；因选择照明位置不同又可以形成水平方向、垂直方向的角度变化，构成正面光、侧光（正侧光、前侧光、后侧光）、逆光（正逆光、高逆光、低逆光）、顶光等不同的光位；因照明距离的变化，还可构成亮度强弱不同的光效等等。在布光过程中，应按照不同类型节目的需要和拍摄现场照明的实际条件，选择合适的光源，并通过不同数量、不同光种灯具的灵活组合，以主体表现为依据，合理调整各类光线的强度和位置，正确布光。

1. 单光源照明

在拍摄中只使用一个照明灯具作为光源。这种方式简单方便，适合在拍摄准备时间紧迫或现场布光条件有限如一些新闻采访的场合中应用。可以灵活选择各类不同的灯具，光线性质可以是聚光方式或散射光方式。在新闻节目的采访现场，通常使用一只碘钨灯或电瓶灯从适当的角度照明，已足够照亮被采访人物以及相关的景物。有时，单光源照明只是来源于附设在摄像机上的聚光灯，这种摄像机灯使用更加灵活方便，不需要专门人员打灯光，但它只能从摄像机方向照明物体，角度变化小，有一定的局限性。单光源照明方式虽然类似运用自然光，但自然光通常受到大气层影响和地面景物的反射作用而形成混合光，而人造光的单光源则照明效果单一，其光效变化也会受到拍摄现场原有的光线条件影响，有时可利用单光源作为主光，并利用环境现有光作为辅助光源，但当环境光线太暗时，仅使用一个光源容易造成明暗之间极大的反差。因此，当节目需要更好的照明造型效果且条件允许时就必须增加辅助照明。

2. 主辅光照明

在拍摄中使用两个照明灯具分别作为主光源和辅助光源。

（1）主光。即照明中最明亮的、起主要作用的光源。用于显示拍摄对象的基本形态，表现画面的立体空间和物体的表面结构，它的主要功能是表现光源的方向和性质，产生明显的阴影和反差，塑造人物和景物的形象，因此也称塑形光。一般来说，它需要形成一定的明暗反差以突出立体感和质感，因此常使用聚光灯发出的直射光作为主光的光源，使物体表面产生光斑和闪光。当使用散射光作为主光，可以产生丰富的中间影调，但造型效果会减弱。主光在很大程度上决定着摄像机所用光圈的大小，并成为调节其他灯具位置、亮度与光比的基准。由于人们习惯的日光光源（太阳光）是来自上方，所以主光必须具有明显的方向性，通常设置在拍摄对象的上前方（或侧上前方）即摄像机中线轴向上 30°～45° 的位置上（见图 5－5），但这一位置不是绝对的标准，应根据实际拍摄条件和节目设计要求而作灵活的安排。

（2）辅助光。用于减弱主光造成的明显阴影，以增加主光照不到的那一部分位置的画面层次与细节，减少阴影的密度。因此，辅助光应位于与主光相对应的摄像机轴的另一边。灯具常选用柔和的无明显方向的散射光或反射光。当主光亮度确定之后，辅助光就成为决定画面反差的主要因素：辅助光的亮度应低于主光，主光与辅助光的强度比例越大、反差越大，画面阴影越浓厚，立体感越强，形成"低调"效果；主光与辅助光的强度比例越小、反差越小，画面阴影越淡薄，画面越明亮，立体感越弱，形成"高调"效果；当辅助光与主光亮度接近到几乎一致时，阴影也随之消失，立体效果将被抵消。在辅助光的相应位置上，也可以使用一个反光镜来代替辅助光照明，反光镜能散射主光的光线，减少人物脸部的皱纹，形成柔和优美的图像效果。

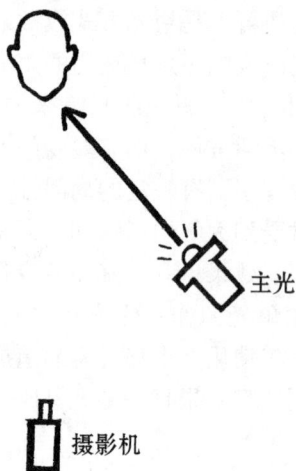

图 5 - 5　主光设置

3. 三点布光法

三点布光法也称三光照明或三角形布光，是摄影中传统的最常用的布光方法，由主光、辅助光、背光组成（见图 5 - 6）。三种光线分别置于一个基本的位置，各司其职，共同创造出具有三维幻觉的画面空间——由主光确立被摄物体的形态，辅助光增加柔和的层次，减弱主光造成的阴影，背光则把被摄物体从背景中分离出来。

背光也称轮廓光，类似自然光中的逆光。它从被摄物体的背面方向投射过来，沿着物体的边缘或人物的头和肩部勾勒出一道明亮的光边，有助于将拍摄目标与背景分开，确立画面的层次关系和立体清晰度，给画面平添活力，显得更加生动。由于背光的造型效果突出，有条件时应尽量安排使用。背光通常使用聚光灯照明，直接置于被摄对象的背后或稍高的地方，但它的光线不能被摄像机看到，否则会造成干扰镜头的眩光，甚至会造成摄像管的损坏。有时，人们使用反射光作为背光，即光线投射到天花板或被摄者背后的墙壁上，再反射到被摄者的背面，形成较柔和的背光。为了有效地突出画面的立体造型，背光的强度通常应控制在至少等于主光的强度水平上甚至更大。

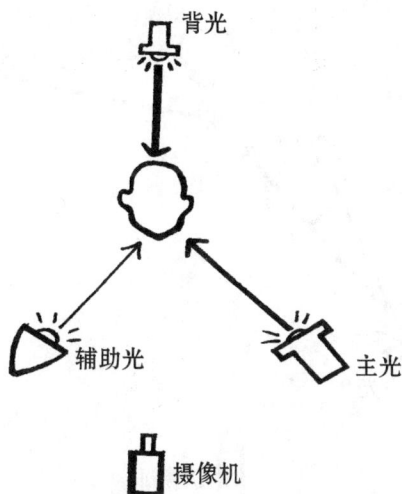

图 5 - 6 三点布光

　　主光、辅助光、背光的光比设置，习惯上沿用 1 : 0.5 : 1.5 ~ 2 的比例标准，即以主光为基准，辅助光的强度为主光的 1/2，背光为主光的 1.5 ~ 2 倍，并把它作为一种理想的模式。这是因为，如果主光太暗或辅助光过亮，画面造型效果就会削弱；而背光过弱则主体与背景无法分离，画面缺少立体感和深度感。然而在实际操作过程中，并没有一个绝对不变的模式，应根据拍摄场景在摄像机取景器中所反映的实际情况对光效需求作出判断，视光比变化需要，依照明意图而定，使三光照明达到平衡的关系。

　　主光、辅助光、背光的三角形位置安排，在摄影中向来被认为是一种规范的布光模式，但它通常只适用于单机拍摄的情况，如果使用多机拍摄较大的场面，并且在拍摄中需要变换角度，灯具的位置就要随时作出相应的调整和变化。电影制作的方式讲求精确的照明效果，要求严格地按照规范对每一镜头逐一布光，耗费很多时间；在电视节目中，现场制作多，时效要求快，使用太规范的三点布光法有时就难以实现，因此需要充分利用原有灯具，一灯多用。例如拍摄不同角度的人物时，可以利用交叉三角或交叉主光的方法（见图 5 - 7），或者将三点布光法与普遍的区域照明结合起来，以适应电视的动态表现和大范围场景的照明要求。

人物 B

人物 A

背光 2

主光 1

背光 1

主光 2

摄像机

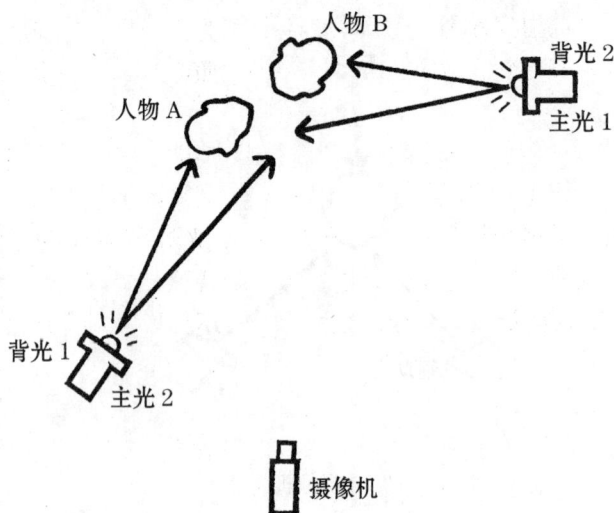

图 5 - 7　交叉主光

4. 全面布光法

安排好主光、辅助光、背光后，就确立了最基本的照明基础光。然而为了营造更全面更理想的光线效果，还需要使用更多的辅助光源，其中很重要的一种辅助光源是背景光，也称为布景光。此外，还有适应各种局部照明所需要的其他装饰光、眼神光等。

（1）背景光。背景光是用于照明拍摄对象周围环境和背景的光线。它通过对环境的交代来突出主体，衬托、说明主体与环境的关系，增强空间的真实感，同时可以操纵并影响观众对场景的时间因素的了解和对画面基调的感受。例如表现明亮的白天或黑暗的夜晚以及明朗的感情色彩或深沉忧郁的情绪特征等等。使用散光灯可用于环境的整体照明或平面背景的照明，聚光灯则常用于照亮局部区域，造成背景的较强烈的明暗层次。运用背景光时应注意避免对主体布光效果的影响，背景光的强度一般以主光的 1/2 或 3/4 为宜，过亮的背景会减弱前景主体的相对亮度，造成喧宾夺主。

（2）装饰光。装饰光又称润饰光，用于弥补各种光线照明的不足或修饰某一特殊强调的局部。例如用于照亮头发，使之产生反光，以表现头发的特征和质感的光线称为头发光；用于照明服装，以表现其某些特点和质感的光线称为服饰光；用于照明道具，以表现其特点和质感的光线称为道具光等。装饰光能减弱从主光到辅助光过渡之间局部细节的生硬反差，增加画面的中间影调，对光线的整体效果起润色、调节作用。装饰光适宜使用发出小光束的聚光灯，其光束的大小可以根据修饰范围作出调节，因为只是用于对局部的、相当有限的范围的修饰，应特别注意防止它对其他光线照明效果的干扰，必要时要作适当的遮挡。

（3）眼神光。眼神光是指使人的眼球能在光源照射下反射出光斑的光线。在表现人物面部特写时，为了增加传神效果，刻画人物神态特征，应善于运用眼神光。特制的眼神光灯是一种发光功率小、光线柔和且照射面积较大的灯具，它在摄像机的位置上近距离正面拍摄人物特写时使用，足以使眼睛产生较亮的反射光点，同时照亮眼窝周围的阴影，又不会影响其他光线效果。眼神光的运用以产生一个亮点光斑为宜。

5. 普遍照明法

普遍照明法是指利用散射光、反射光均匀地照亮整个拍摄场景，形成一种全景照明所需的基础光级的照明方法。这种光线类似在自然光阴天条件下的拍摄效果，在高散光漫射照明下，光线遍布场景中每一部分但又不会形成特定的方向性，即各个方向的照明强度相同，物体的阴影互相抵消，立体感、质感表现较差。

普遍照明法特别适合电视摄像特点而得到广泛应用，因为它有别于舞台照明。在电影拍摄中，强调理想的光线造型，即要求高对比度照明和浓阴影下所产生的戏剧性效果。而在电视拍摄中，摄像机更适合在较低的基础光级下拍摄出理想的画面，柔和均匀的散射光照明正好能适应电视拍摄的动态变化和场面调度，加上摄像性能的不断改善，摄像机已能在较低的基础照明水平下操作，所以，现代电视照明往往打破"三点布光"中光比变化的规范标准，越来越朝着明暗反差小的低光比方式变化。在各类节目中，这种光线的运用几乎成了万能的诀窍，并逐渐成为一种用光风格，尤其在新闻报道的场景拍摄中，它可以利用较少的时间提供既符合摄像机技术要求又让摄影师满意的光线条件。

在灯具的选择上，可使用几个反射镜聚光灯把光线反射到天花板或墙壁上，或以一种纤维反射器代替以往的聚光灯，或使用柔光罩、反光伞等分散光束，以普遍均匀的漫射光代替传统的布光方式。

然而电视用光的基本任务毕竟在于塑造三维的画面空间和再现物体的形状与结构特点，因此人们认为，提供普遍的基础照明只是解决了照明问题的一半，只有同时完成立体感的表现才能真正实现用光的最终目标。如果能在普遍照明的基础上结合运用三点布光方式，则能提供更为全面理想的照明效果，即由普遍照明提供电视动态拍摄和大范围场景调度所需的基础光照明，再以三点布光的方式重点加强特定主体的局部区域照明。实践证明，不少优秀的电视节目的用光方式既能依据并符合技术设施的特定条件，又完全有可能打破因为缺少阴影所造成的画面平淡，同样可以媲美电影中所要求的精确、细腻的光比关系和造型效果。

5.3.4　演播室灯具安置

演播室灯具的安置有两种方式：悬挂式和落地式。大部分使用位置较为固定的灯具都以特制的悬挂装置安装在天花板上，如固定的金属管架和活动的钢条、铺设线路的电轨、可升降高度的滑动杆与缩放仪以及各种灯具夹钳等。悬挂方式的最大优点是可节省地面空间，并能达到既牢固又便于移动位置和调节高度的要求。而为了更灵活地调整灯具位置，一些便携式灯具则安装在落地架上，这些落地灯架多以轻型的铝合金制成，可以较稳定地支撑各种轻型灯具且能上下伸缩调节高度，安放位置和照射方向都可以灵活调度。应当注意到，这种灯架升得越高，就越不稳定，轻微的碰撞或拖拉电源线时容易翻倒，可用沙袋等重物在灯架底部加以固定，使用时应特别小心。

5.3.5　演播室灯光控制

演播室内光源较多，照明总体效果的实现包括要对灯具的位置、照明方向、照明范围等因素的控制，而对各个光源强弱比例的准确把握则显得尤为重要，其中电子调光器的运用可以更为方便地提供精确的效果。

1. 光照方向的控制

除了选用聚光灯或散光灯等不同灯具可以造成光线方向感差异外，光照方向主要是通过灯具安放位置和调节灯具遮光挡板的开口方向等方式来控制。

2. 光照范围的控制

光照范围主要是通过调节灯具的照射角度、改变灯具遮光板的开口大小、调节光束的大小、改变灯具与被照射物之间的距离等方式来实现。

3. 光照强度的控制

对光照强度的控制最直接的方法是选择不同功率的灯泡和调节光源到被摄物体之间的距离，灯泡功率的大小与光照强度大小成正比；光源强度与光源到被照射物体的距离的平方成反比，就是说，光强随光源到被照射物体之间的距离增大而减少。如果增加了两倍的距离，到达物体的光强就只有原来强度的1/4，这就是平方反比率。不过，平方反比率只适用于均匀的散射光条件，如在聚光灯集中的平行的光束下，亮度随距离增大而减弱的速度就会变慢，在这种情况下并不遵循平方反比规则。此外，通过改变光束的宽度或使用柔光镜和反射器等辅助照明器具也能有效地控制光照强度。

4. 电子调光器的运用

电子调光器通过调整电压值来控制进入灯具的电流，从而能够轻而易举地提高或降低灯泡的亮度。用计算机辅助的调光器可以储存、调出和处理许多不同的调光数据，也可以用手动方式调节不同灯具的亮度刻度，操作简易方便。演播室内的调光器系统包括众多单个的调光器，用接线板将灯具和具体的调光器连接起来，可以根据需要决定开启或关闭哪一部分灯具以及任意调节它们的亮度。但是必须注意，经过调光可能会影响到灯具的色温改变，随着电压的下降而出现图像偏红，操作时应掌握并控制好色温的变化。

5.3.6　人造光运用的技术要求

在人造光运用中，必须了解各种灯具的照明性质和作用，掌握各类光线的拍摄规律。在拍摄技术上，光源的照度、色温、显色性能、光影变化等都是十分重要的物理参数，必须注意做到以下几点：

1. 灯光配置符合最佳照度

对光源照度的要求取决于摄像机的灵敏度，因为摄像机是以在一定光圈下能获得最佳图像所需要的照度来定义其灵敏度的。灵敏度的标准有时包括了最低照度和标准照度，例如松下 AQ 系列 3CCD 数字彩色摄像机所标示的最低照度：F1.4 时为 10lx，±24dB；标准照度：F5.6 和 3 200K 时为 2 000lx。其中最低照度表示摄像机的最小照明要求，而只有当符合标准照度时，才能获得最正常、最理想的画面光线效果，所以标准照度又称为最佳照度。如果照度过低，画面不能正常表现；如果照度过高，画面质量同样不能保证。例如在画面中物体反光强的高亮度部分会出现亮点扩散，或出现一条光亮的线条，破坏画面构图；而当这一亮点处于移动状态时，画面会出现一条光亮的移动的痕迹，称彗星拖尾现象。

通常所说的演播室基础光照明实际上就是指达到摄像机正常功能所需的光亮或光的强度。这一标准通常为 F4.5 或 F5.6，1 500 ~ 2 000lx，演播室在布光时，应以此作为基础光级的标准，使灯光配置符合最佳照度。

2. 拍摄光源色温保持一致

在自然光条件下拍摄，光源的色温在一定的时间和场景里是相对不变的，拍摄时只要按照这一色温条件调整摄像机的滤色片和白平衡即可。而运用人造光拍摄时，对色温的处理就变得比较复杂，有时会遇到光源出现混合色温的情况，例如在室内拍摄时，高色温的日光和低色温的灯光同时存在，又或者需要同时使用各种不同的灯具，其色温也各有差异（见表5-1）。在这种情况下，在画面中就会出现靠近日光处或高色温灯光处图像偏蓝，而靠近低色温灯光处图像偏红，效果很不协调，可见不同色温的光线是不会均匀地混合在一起的。

当拍摄光源出现混合色温时，必须使不同光源之间保持色温的协调一致：

（1）使用高色温灯光向日光靠拢。在室外拍摄时，用高色温灯作辅助光照明；在室内拍摄仍以日光为主时，使用高色温灯或用适当的滤色纸（或胶片、玻璃片）提高灯具的色温以配合日光的色温。

（2）控制自然光向低色温灯光靠拢。在室内拍摄时，可用浅红色的滤色纸贴在窗户上使窗外进入的光线与室内的低色温灯光协调；或者用窗帘遮挡日光，完全按照低色温灯光条件来拍摄；也可以通过调整拍摄角度的方式，尽量避免窗外日光进入镜头，减少其对画面效果的影响。

表5-1　不同灯具的色温

灯　具	色　温
白炽灯	2 400～2 800K
碘钨灯	3 200K
卤钨灯	3 200K
三基色荧光灯	3 200～5 000K
镝灯	5 500～6 000K
日光灯	5 500～6 000K
氙　灯	6 000K

3. 光源显色性符合拍摄标准

光源的显色性表示光源显示颜色的能力，它以某一光源照明下物体的颜色与在标准光源照明下物体的颜色相符合的程度来衡量这一光源的显色性能。不同的光源因其光谱功率分布不一样，受光物体呈现的色彩就会有差异。人们习惯以太阳光作为判断物体颜色的标准，对某一光源来说，如果受光物体所呈现的颜色与在标准的日光照明时相同或越接近，表示这一光源的显色性越好。国际照明委员会（CIE）规定的标准照明体，是以标准日光或接近标准日光光谱的人造光为基准，将其显色指数定为100，指数越大，表示显色性能越好。对彩色摄像机来说，光源的显色指数要求应在85以上。常用的人造光源显色指数如下表所示：

表 5-2　常用的人造光源显色指数

灯　具	显色指数	灯　具	显色指数
白炽灯	95～100	碘钨灯	95～100
日光灯	65～80	氙　灯	90～95
卤钨灯	85～99	镝　灯	85～95
三基色荧光灯	85	高压汞灯	30～40
高压钠灯	20～25		

4. 在各种光种、光位照明条件下，景物影子要符合自然

影子是由入射光被某一立体物遮断时所造成的，也称投影。有光就有影，正是光线的明亮与阴影才能共同表现物体的形态特征和质感，构成画面中虚拟的立体空间，增加画面构图的表现力。在自然光照明中，影子的方向、长短、浓淡反映着特定的时空因素，例如晨昏时刻的人物、景物会在地面或墙壁上留下长长的、淡淡的影子。但演播室内的灯光照明却往往削弱这一特点而且变得不易处理，因为低对比度光级照明既淡化了时间概念又不利于立体造型，而不同光源的位置、比例如果控制不当，又会造成杂乱无章的投影，违反自然规律。自然光的光源只有一个，在一定的时空条件下的景物，只会出现来自一个方向的投影，即使存在另外一些弱小的阴影，其强度也绝不会超过主光源的投影。因此，在人造光的运用中也应遵循同样的规律，对光影的处理要符合自然。在各种光种、光位照明条件下，主光与其他辅助光要配合得当，布光时可模拟自然光的投射方向、角度、强弱，首先确定主光，主光是最强最亮的，影子正是在光线的最亮点照射下产生的，其他光照射下的影子应被主光遮掩掉。如果一个物体同时出现几个明显的、各自方向不同的影子，就不符合自然现象。尤其在使用多个主光照明时，应保持光线方向大体一致。当出现混杂影子时，可利用辅助光把不必要的影子消除。

本章小结

摄影用光是电视画面造型的重要手段，在电视节目制作中，正确采光和布光是节目表现的必要条件。本章介绍了自然光、人造光的光源性质与特性，光线对造型的作用，自然光的照明时刻和采光方向的特点，电视照明灯具类型，灯具安置与控制，以及根据不同光源条件合理用光的基本方法和技术要求。

复习思考题

1. 简述自然光光源与人造光光源性质和特性的区别。
2. 简述色温对电视摄影的影响和把握色温条件的重要性。
3. 电视照明要符合哪些基本技术要求？

6

录像机技术基础

本章要求

- □ 掌握录像机的发展概况及记录制式的变迁。
- □ 掌握录像机的工作原理、分类及关键构造部件。

6.1 录像机综述

6.1.1 录像机发展概况

录像机是电视节目制作的重要设备。世界上第一台录像机由美国无线电公司（RCA）在1945年首次公开展示，这种录像机企图按照传统录音的原理，通过固定磁头并增加带速的办法来记录视频信号，采用纵向磁迹记录技术，带速为每秒360英寸，录制1小时的节目需磁带数百千米，带盘尺寸之大难以想象，带速控制困难，抖动大，记录视频信号的带宽也达不到实用的要求。1956年，美国安培公司（AMPEX）开发出了四磁头横向磁迹记录的录像机，这是第一部达到实用水平的磁带录像机。它使用2英寸磁带，可以立即重放和多次复制，被广泛用于电视广播，但价格十分昂贵，结构复杂，体积庞大，需经过专门训练的工程师才能进行操作，且不能进行编辑，无法进行节目混合，稳定性也较差。之后，随着磁带录像机技术的飞速发展，磁带录像机开始朝着广播、专业和家用三个方向齐头并进。

四磁头横向扫描录像机问世以后，人们开始研制螺旋扫描录像机，这种录像机在机械结构和电路设置方面都大为简化，使用的磁带宽度尺寸也减小了。20世纪60年代末，高质量的、使用1英寸磁带的螺旋扫描录像机出现，从此，四磁头录像机被逐步淘汰。1970年，日本松下（National）、胜利（JVC）、索尼（SONY）等几家公司联合制定了两磁头螺旋扫描 Umatic 型盒式磁带录像机的标准，生产出3/4英寸盒式录像机。这种录像机采用了晶体管技术和集成电路技术，体积大为减小，性能有所提高，操作简便，价格也较便宜，能进行电子编辑，图像质量较好。

家用级录像机方面，1973年开始，各国都在积极进行研究工作。家用录像机的特点是价钱便宜，结构较简单，操作方便，采用1/2英寸盒式磁带。目前这种1/2英寸家用录像机主要类型有两种：一种是日本索尼公司开发的

β – max系列（又称为小1/2英寸），另一种是由日本胜利公司研制开发的 VHS 型（Video Home System）（又称为大1/2英寸），两种录像机的带盒尺寸不同，带轴间距也不同，它们的盒式磁带是不能通用的。1987 年，日本 JVC 公司在 VHS 录像机的基础上，进一步开发出了 S – VHS 格式，图像清晰度大大提高，伴音质量也得到了改善。

20 世纪 80 年代初，索尼公司又研制出采用 1/2 英寸盒式磁带、分量记录的 Betacam 型录像机。Betacam 型的质量优于 U 型机，且体积小、重量轻，使摄录一体化得以实现，机动性强，适于 ENG 制作。80 年代中期，日本松下公司和索尼公司又分别推出了高质量的 1/2 英寸分量录像机，松下称为 MⅡ 格式，索尼称为 Betacam SP 格式。它们都采用金属磁带，模拟分量记录方式，图像质量大为提高，性能指标和 1 英寸录像机相差无几，价格却有所降低。世界各国大多已经用这种模拟分量录像机代替 U 格式录像机进行电子新闻采访及节目制作过程。但是，由于 Betacam SP 和 MⅡ 两种格式的机械参数、磁迹位形及信号处理方式均不相同，它们是不能互换的。

到此为止，录像机的记录方式都是采用模拟方式。模拟录像机的最大缺陷就是其复制能力差，经过反复复制后其质量会明显变差。采用数字方式记录，由于记录的是 0 和 1 组成的脉冲信号，其复制能力便得到极大的提高。日本索尼公司在 1987 年开发了 D – 1（4∶2∶2）规格的分量式数字录像机，接着，1988 年又开发了用途更为广泛的 D – 2 规格的复合式数字录像机。这些设备经过上百次的录、放后仍能保持原始的图像和声音质量。但由于技术复杂，价格居高不下，迄今仍未能在电视台中普及。1997 年拉斯维加斯的 NAB 会议上，索尼、松下和胜利三家广播电视设备公司向世界全面展示各自研制的最新格式：SONY 的 Betacam SX 和 DVCAM、National 的 DVCPRO、JVC 的 Digital – S。这些轻型的分量数字压缩录像机都具备数字演播室 D1 接口，售价却接近模拟分量录像机的价格。这就为广大电视台和中小电视节目制作单位从目前使用的模拟分量录像机向数字录像机的过渡提供了条件。但三家公司间产品格式互不兼容，这是在设备选型中要注意的问题。

6.1.2　电视信号的各种记录制式

1. 模拟和数字系统

（1）模拟记录系统。将视频和音频波动的信号连续地记录在磁带上，并以同样连续波动的信号形式从磁带上恢复被记录下的信息。

（2）数字记录系统。数字记录系统通过对扫描图像进行取样，把模拟的视频信号转换成几百万个不连续的、固定的开/关脉冲。数字记录实际储存的不是视频和音频信号，而是数据。当储存在硬盘驱动器上时，单个的开/关脉冲看上去是一样的，无论他们代表的图像信息有何不同。

2. 线性和非线性系统

（1）线性系统。所有以磁带为基础的系统都是线性的。线性系统连续地记录信息，例如，在检索时，你需要转动磁带通过镜头 1 和 2 才能到达镜头 3，即使一个以磁带为基础的系统是数字化而不是模拟化地记录信息，它也不允许随机进入。

（2）非线性系统。所有以磁盘为基础的系统都是非线性的。非线性系统意味着可以随机访问任何镜头，而不用通过前面的信号。例如，可以直接进入镜头 3，而不必首先通过镜头 1 和 2。在编辑时，随机访问特别重要，因为它让你同样迅速地调出任何视频画面和音频信息，无论它储存在磁盘的什么位置。

3. 合成和分量

录像机的合成和分量系统的区分是很重要的，因为两者不匹配，并且它们在制作应用中也有区别。模拟和数字记录系统可以用以下三种基本方式之一处理它们的信号：合成的，Y/C 分量的，RGB 分量的。

（1）合成系统。合成系统把色彩和亮度信息结合在一个单幅的信号中。传送合成信号只要一根电缆。合成信号的主要缺点是磁带每翻录一次，在色度和亮度信息之间的微弱干扰会变得更糟糕，因此也更明显。

（2）Y/C 分量系统。在 Y/C 分量系统里，亮度信号（Y）和色度信号（C）在编码和解码过程中是分开的。但实际录在录像磁带上时，两个信号是被结合起来的，并占据同一条轨迹。然而，Y/C 结构要求两根电缆传送分量信号。为了保持 Y/C 记录的优点，在过程中使用的其他设备，如监视器，也必须把 Y 信号和 C 信号保持分开。Y/C 分量系统的优点是它产生高质量的画面，在后来的磁带翻录中间比合成系统磁带受的损失小。

（3）RGB 系统。RGB 系统经常称为分量系统，在这类系统中，红色、绿色和蓝色信号在整个记录过程中保持分开和作为分开的信号处理。三种信号甚至在被录制在磁带上时仍然是分开的。RGB 系统需要三条电缆来传送视频信号。所有其他相关设备，包括切换台、编辑机和监视器也必须有处理三个分开的 RGB 信号的能力。RGB 系统是相当昂贵的设备。它的最大优点是它的记录在极大程度上保持了它们原来的质量，即使通过多次翻录也是如此。在模拟系统中，如果一个制作需要许多特技效果，需要通过几次录制才能完成，这个优点就显得特别重要。

6.1.3　磁带录像机的种类与规格

磁带录像机的分类方法有很多种，主要有以下几种：

1. 按磁带录像机的记录方式分

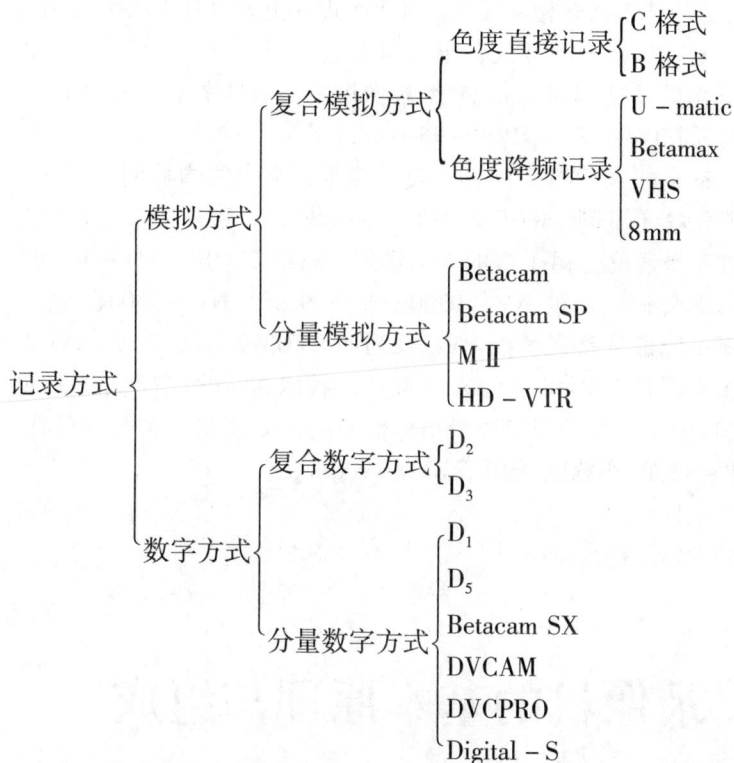

```
                                         色度直接记录 ┌ C 格式
                                                     └ B 格式
                        复合模拟方式
                                         色度降频记录 ┌ U – matic
                                                     │ Betamax
                                                     │ VHS
            模拟方式                                  └ 8mm

                                         ┌ Betacam
                        分量模拟方式       │ Betacam SP
                                         │ M Ⅱ
记录方式                                  └ HD – VTR

                                         复合数字方式 ┌ D₂
                                                     └ D₃
            数字方式
                                         ┌ D₁
                                         │ D₅
                        分量数字方式       │ Betacam SX
                                         │ DVCAM
                                         │ DVCPRO
                                         └ Digital – S
```

2. 按磁头扫描方式分

可分为横向扫描录像机和螺旋扫描录像机。

3. 按录像机磁带规格尺寸分

可分为 1 英寸录像机、3/4 英寸录像机和 1/2 英寸录像机等。

4. 按用途分

可分为广播用、专业用和家用录像机。广播级螺旋扫描录像机有四种，它们是：C 格式、B 格式、Betacam SP 格式和 M Ⅱ 格式。

C、B 格式采用 1 英寸磁带，质量指标不相上下，B 格式录像机主要是由联邦德国博施（Bosh）公司生产的 BCN 系列，如 BCN－5，BCN－20，BCN－50 等；C 格式录像机主要有美国安培公司（Ampex）生产的 VPR 系列和日本索尼公司生产的 BVH 系列，如 VPR－1，VPR－2，VPR－3，VPR－6，VPR－80，BVH－2000，BVH－2180，BVH－2500，BVH－3100 等。

Betacam SP 和 MⅡ格式采用 1/2 英寸金属磁带，采用分量记录，Betacam SP 格式的信杂比高于 MⅡ，但 MⅡ格式记录密度高，相同记录时间的磁带用量少。两种格式的其他技术指标相差无几。MⅡ格式录像机由日本松下公司与日本广播协会（NHK）共同研制开发，主要机型有：AU－650，AU－550 以及 AU－400 型一体化摄录机。Betacam SP 型录像机主要由日本索尼公司生产，机型为 BVW 系列，如 BVW－70，BVW－75……

专业用 U－matic 格式录像机采用 3/4 英寸磁带，其性能指标明显低于 1 英寸 C 格式和模拟分量（Betacam SP 和 MⅡ）录像机。U 型录像机又分为低带和高带两种，如日本索尼公司生产的 VO 系列：VO－2860P，VO－5850P，VO－5630P 等；松下公司生产的 NV－9200，NV－9240，NV－9500，NV－9600 等录像机均属于低带 U 型机，而 BVU 系列如 BVU－200P，BVU－800P，BVU－820P 等则属于高带 U 型机。高带 U 型机的技术指标稍高于低带 U 型机，而 U－matic SP 型录像机的图像质量指标优于高带 U 型机，主要机型有：BVU－850P，BVU－870P，BVU－950P，BVU－900P 等。

6.2　录像机的基本原理与组成

6.2.1　录像机的基本原理

录像机实际上是一个电磁转换装置。它根据电磁转换的原理工作。录制时，将电信号转换成磁信号记录在磁带上；放像时则将磁带上的磁信号读取出来还原成电信号。

6.2.2 录像机的关键部件

磁头与磁带是录像机的关键性部件，其性能好坏直接影响到磁带录像机对图像及声音的录放质量。

1. 磁头

磁头的功能是进行电能与磁能的转换，采用软磁性材料制成，磁感应强度能随着外加磁场线性地变化。

视频磁头是录像机中最容易损坏的部件。在正常的工作条件下，一只新磁头的寿命大约为 1 000 小时，如果使用不当，磁头寿命将显著缩短。因此，正确使用和保养磁头对提高录放质量和延长使用寿命是非常重要的。

录像机应在规定的温度、湿度下工作，湿度尤其重要，因为一旦磁鼓表面受潮，磁带就会贴在磁鼓上，很容易把磁头磨坏。所以，一般的录像机都装有结露检测电路，当磁鼓结露时，机器会自动停止工作，以免损坏。这时应对录像机进行适当的烘干处理。录像机应在干净的环境下工作，如果灰尘太多，沾在磁头表面，就会减少磁头的寿命或影响工作质量。

2. 磁带

（1）磁带构造。磁带是储能记忆元件，它采用硬磁材料，能在外加磁场的作用之后长期保留较大的磁性。

视频磁带的构造如图 6-1 所示。

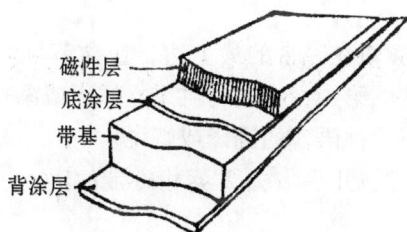

磁性层
底涂层
带基
背涂层

图 6-1

从图中可以看出，视频磁带由磁性层、底涂层、带基、背涂层构成。磁性层用微细的针状磁性颗粒与有机聚合物的黏合剂混合后，均匀地涂敷在带基上，磁性颗粒采用二氧化铬或渗钴的氧化铁，它们具有很高的矫顽力和剩磁。

底涂层的作用是增加磁性层与带基之间的接合强度。带基承担磁带的强度，通常由聚酯薄膜制成，在磁性层相反的带基背面涂敷电阻很小的石墨材料。背涂层使磁带本身具有一定的导电性，防止磁带与磁头高速摩擦产生的静电。

（2）磁带分类。录像磁带种类规格繁多，按磁带宽度尺寸分，有 1 英寸、3/4 英寸、1/2 英寸、8mm 磁带；按磁带缠绕方式分，有开盘式磁带和盒式磁带；按磁带的磁性材料分，有金属磁带和普通磁带。金属磁带的磁性层是采用金属细微颗粒，蒸发到带基上，由于金属颗粒比氧化铁具有更大的剩磁和矫顽磁力，因此，金属磁带录、放图像有更高的质量。

（3）磁带的磁迹。录像带的磁迹又称磁轨，是指录像机在录制节目过程中，当录像信号激活磁头时，磁头像电磁铁一样，在走动的磁带上产生一系列的电磁场。这些磁场使磁带上的粒子以特定的纹样进行排列，并与原来的录像信息相对应，这些排列就称为磁轨。

四磁头录像机磁带上载有四个基本磁轨（见图 6 - 2）。

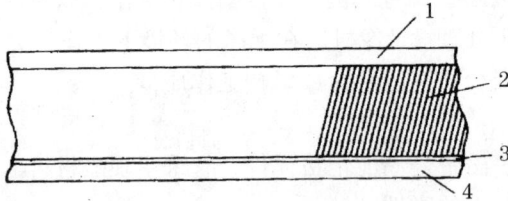

图 6 - 2

1——音频轨。音频轨在磁带的最上边，包含节目的全部音频信息。有的四磁头录像机包含随选的第二音频轨，供录立体声或添加另外的录音，例如添加音乐、音响效果、第二种语言的翻译或解说。

2——视频轨。视频轨几乎占去 2 英寸磁带的 3/4，载有记录和重放画面的全部视频信息。

3——提示轨。提示轨原先是作为一条随选的音频轨而设计的，但是因为它的频响很差，所以不可能作此用途。它最常用来载荷 SMPTE 时码信息，以便用于后期制作编辑工作。

4——控制轨。录像机在录像的时候，把磁粒子组织成一系列的、单个的视频帧。每一个视频帧用一个控制脉冲作个记号，控制脉冲就是载在控制轨上的，用来保证录像机放像时的同步。控制磁轨在录像带编辑上极其重要，因为它指示录像的重要元素——视频帧的开头和结尾。

不同的录像机使用不同的录像磁带，也产生不同的磁轨，所以不同种类的录像机的磁带是不能兼容的。

（4）磁带使用与保存注意事项。

①录像带与录音带不同，不能翻面使用。

②录像带放入录像机时，须按正确方向，如图6－3所示。

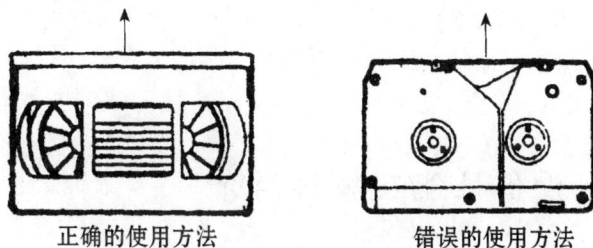

正确的使用方法　　　　　错误的使用方法

图6－3

③录制时，注意检查防误抹片完好无损，否则不能录制。

④磁带存放的温度应保持在20℃±3℃，相对湿度为35%～45%。环境过分潮湿或者温度过低，易使磁带产生静电吸附尘埃。温度过高易造成磁带变形。

⑤磁带存放时，应竖放，以免磁带变形，应装进保护盒以防尘；不用时，不要长期置于机内。

⑥避免磁带的剧烈震动，远离磁场，不要将其置于收录机、电视机、马达附近。

⑦长期存储前，应将磁带进行一次全长度的、连续而平滑的倒带，以防物理特性的变化，存储的节目磁带每年必须重复一次这种工作。

6.3　DSR11 录像机

6.3.1　设备性能及规格简介

记录格式：DVCAM/DV（SP）格式，两个旋转磁头螺旋式扫描，数字分
量记录

视频信号：E1A STANDRD，NTSC 彩色系统

视频：量化 8bit

标准化频率 NTSC：13.5MHz（4：1：1分量），PAL：13.5MHz
（4：2：0分量）

音频：量化 12bit（非线性）或 16bit（线性）

标准化频率 32kHz（12bit 记录）或 48kHz（16bit 记录）

使用磁带：标准 DVCAM 磁带以及小型 DVCAM 磁带

记录时间：标准磁带：DVCAM：184 分钟（PDV184），180 分钟
（DV270），DV：270 分钟（PDV184/270）

小型磁带：DVCAM：40 分钟（PDVM40/DVM60），DV：60
分钟（PDVM40/DVM60）（推荐使用 DVCAM 磁带）

输入和输出：视频输入/输出、S 视频输入/输出、音频输入/输出、控制 S
输入、LANC 输入/输出、DV 输入/输出

时钟：锁定的石英钟，充电 10 小时后，备份时间一个月

6.3.2 控制器及其功能

1. 前面板

如图 6-4 所示。

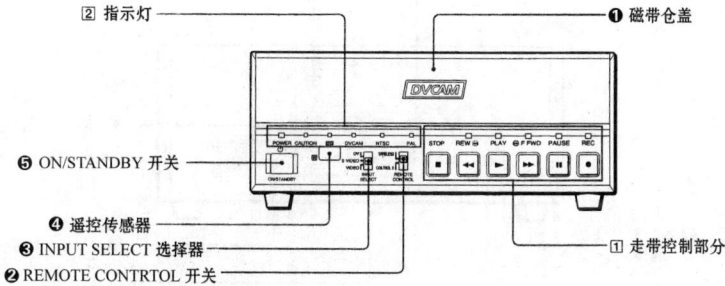

图 6-4

1——磁带仓盖。

2——REMOTE CONTRTOL 开关。选择本机是从遥控器还是从远距离控制装置上控制操作。

WIRELESS：从遥控器上控制本机。

CONTROL S：从连接在后面板上的 CONTROL S 插孔的远距离控制装置（DSRM-20）上控制本机。

3——INPUT SELECT 选择器。可选择 DV、S VIDEO 或 VIDEO 信号输入。

DV：从 DV IN/OUT 接口输入的信号。

S VIDEO：从 INPUT 插孔的 S VIDEO 接口输入的信号。

VIDEO：从 INPUT 插孔的 VIDEO 接口输入的信号。

4——遥控传感器。

5——ON/STANDBY 开关。

2. 后面板

如图 6-5 所示。

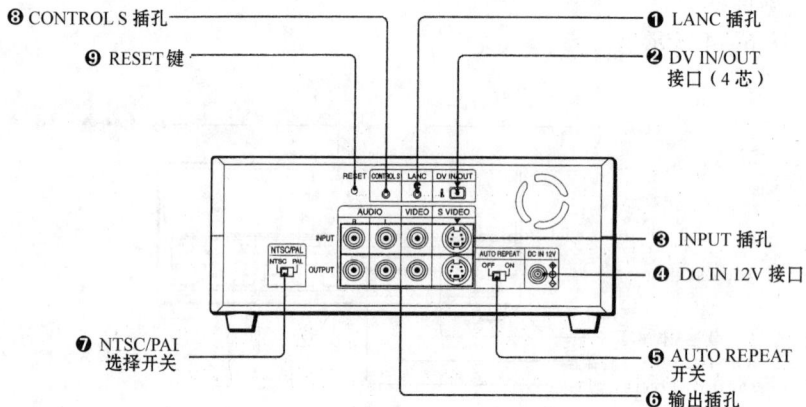

❽ CONTROL S 插孔 ━━━━ ❶ LANC 插孔

❾ RESET 键 ━━━━ ❷ DV IN/OUT 接口（4 芯）

❸ INPUT 插孔

❹ DC IN 12V 接口

❼ NTSC/PAL 选择开关

❺ AUTO REPEAT 开关

❻ 输出插孔

图 6-5

1——LANC 插孔。连接其他有 LANC 插孔的视频设备，可从其他视频设备操作本机。

2——DV IN/OUT 接口（4 芯）。用于输入符合 i. LINK 标准的数字信号 [建议使用电缆：VMC-IL4415（A），VMC-IL4615（A）]。当要连接到本机的外部设备有 DV 插孔时使用该接口。

3——INPUT 插孔。用于输入模拟视频和音频信号。要连接有 S-视频输出端口的 VCR 时，使用本机的 S VIDEO 接口。

4——DC IN 12V 接口。有提供的交流电源适配器和电源线连接交流电源插座。

5——AUTO REPEAT 开关。用于循环重放磁带的全部或一部分。

6——输出插孔。用于输出模拟视频和音频信号，用本机的 S VIDEO 接口连接有 S-视频端口的 VCR。

7——NTSC/PAL 选择开关。在使用模拟信号输入时可用于切换本机录像彩色制式。为改变开关设置，先关闭电源，然后用圆珠笔尖或类似工具拨动开关。

输入 NTSC 或 PAL 格式的模拟信号之前，根据信号的彩色制式将开关置于适当的位置。

8——CONTROL S 插孔。连接控制本机的遥控设备（DSRM-20，本机不提供）。

9——RESET 键。此键初始化内部时钟和所有菜单项，用圆珠笔尖或类似工具按此键。

6.3.3 操作使用

1. 重放

如图 6-6 所示。

①重放录像的线路连接。

②与带 DV 插座的设备连接。

③连接至计算机。

④视频及音频信号被事实上质量无损地发送至计算机，实现了高质量上载。机器自动检测信号流，无须对输入和输出分别进行连接。

注意：将 VTR SET 菜单上的 DV EE OUT 设置为 OFF（关）。对于 DV 连接，录像在源带上的数据码（录像日期/时间，相机数据）从本机器（录像机）发送。

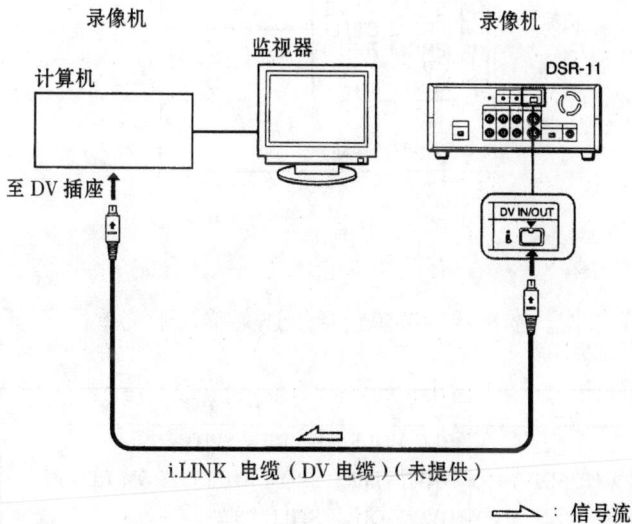

图 6-6

2. 菜单调节和设置

本机器允许在菜单里设置各种参数。在开始使用机器前，在 OTHERS 菜单上的 CLOCK SET（时钟设置）里设置内部时钟。除了时钟的设置，要以使用所有其他参数的厂家设置的缺省值需要进行更改。

（1）显示菜单。按遥控器上的 MENU（菜单）键，菜单被添加到模拟视频输出上，如图 6-7 所示。

（2）更改菜单设置。

① 按遥控器上 ↑ / ↓ 键，选择要更改的菜单图标，然后按遥控器上的 SET（设置）键。

② 按 ↑ / ↓ 键，选择要更改的子菜单，然后按 SET 键。

③ 按 ↑ / ↓ 键，更改设置。

④ 按 SET 键回到子菜单。

⑤ 如果需要，重复步骤②至④。回到步骤①，按 ↑ / ↓ 键，选择 RE-TURN，然后按 SET 键。退出菜单，再次按 MENU 键。

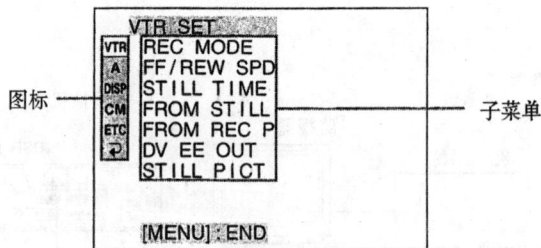

图 6-7

（3）菜单结构。本机器的菜单包括下述菜单及子菜单。

菜 单	子菜单
VTR SET	REC MODE FF/REW SPD STILL TIME FROM STILL FROM REC P DV EE OUT STILL PICT
AUDIO SET	AUDIO MODE JOG AUDIO AUDIO MIX

（续上表）

菜　单	子菜单
DISPLAY SET	REMAIN　　　DATA CODE COLOR BAR[a)]　DATE DISP TIME DISP
CM SET	CM SEARCH　TITLE DISP LABEL DISP　TAPE LABEL ITEM ERASE　ERASE ALL
OTHERS	DV IN TC　　TC FORMAT[b)] CLOCK SET　HIRS METER

a）对于 PAL 模型为 COLOUR RBA。

b）只有使用 NTSC 格式的信号时可以使用。

（4）菜单内容。初始设置用方框标出。

VTR SET（录像机设置）菜单

图标/菜单	子菜单	设　　置
VTR SET	REC MODE	在 DVCAM 与 DV（仅为 SP 模式）之间切换录像模式。重放磁带时，DVCAM/DV 设置自动切换，不必使用此项。DVCAM：以 DVCAM 格式录像。DV SP：以 DV 格式（仅为 SP 模式）录像。
	FF/REW SPD	选择快进和重绕的磁带传输模式。FF/REW：以最大速度快进或重绕磁带，不显示图像。SHUTTLEMAX：以最大速度（对于 NTSC 约为正常速度的 14 倍；对于 PAL 约为正常速度的 17 倍）快进或重绕磁带，同时显示图像。
	STILL TIME	选择从静止模式切换为磁带保护模式时间。 30SEC：30 秒 1MIN：1 分钟 2MIN：2 分钟 3MIN：3 分钟 5MIN：5 分钟

（续上表）

图标/菜单	子菜单	设　置
VTR SET	FROM STILL	选择从静止模式更改为磁带保护模式。 STEP FWD：向前进 1 帧。 STOP：停止录像。
	FROM REC P	选择磁带保护模式，录像暂停超过 5 分钟后系统更改为该模式。 STOP：停止录像。 REC PAUSE：保持录像模式。
	DV EE OUT	在 EE 模式下，选择 DV 输入/输出连接器的输出。 OFF：不输出从模拟输入信号转换的 DV 信号。 ON：从 DV 输入/输出连接器输出由所选择的模拟输入信号转换而来的 DV 信号。
	STILL PICT	选择在静止模式下显示的图像。 AUTO：按照图像的运动显示被优化的图像。 FIELD：显示区域图像。

AUDIO SET（视频设置）菜单

图标/菜单	子菜单	设　置
AUDIO SET	AUDIO MODE	选择视频模式。 FS 32K：将视频模式切换至 4 信道模式（12bit 模式）。当从 DV 输入/输出连接器输入信号时，此项被禁用。在录像模式下无法显示选择屏幕。切换音频模式时可能会产生噪音。如果要将声音配到磁带上，请将此项设置为 FS 32K。（要将声音配到磁带上，需要另一台具有配音功能的录像机。本机器没有此功能。）
	JOG AUDIO	当磁带以非正常速度重放时，切换声音输出开/关。 OFF：当磁带以非正常速度重放时，不输出声音。 ON：当磁带以非正常速度重放时，输出声音。依据录像格式或磁带状况，声音可能不输出或被中断，即使已经将此项设置为 ON。
	AUDIO MIX	重放期间，在信道 1/2 和信道 3/4 之间调节模拟音频输出水平的平衡。按↑/↓键移动信道控制条，然后按 SET（设置）键。

DISPLAY SET（显示设置）菜单

图标/菜单	子菜单	设 置
DISPLAY SET	REMAIN	选择是否在模拟视频输出上显示录像剩余时间。 ON：显示磁带剩余时间。 OFF：不显示磁带剩余时间。
	DATA CODE	选择是否在模拟视频输出上显示数据码。OFF：不显示数据码。DATE：如果录了日期和时间，则显示日期和时间。CAMERA：显示相机数据。
	COLOR BAR（对于 NTSC 模型） COLOR RBA（对于 PAL 模型)	选择是否显示彩条。 OFF：不显示彩色条。 ON：显示彩色条。
	DATE DISP	选择查找屏幕里的日期显示、数据码显示等。 Y/M/D：显示年/月/日。 M/D/Y：显示月/日/年。 D/M/Y：显示日/月/年。 NTSC 模型的缺省值为 M/D/Y；PAL 模型的缺省值为 D/M/Y。
	TIME DISP	选择查找屏幕里的时间显示、数据码显示等。 24H：显示 24 小时时间。 12H：显示 12 小时时间。

CM SET（CM 设置）菜单

图标/菜单	子菜单	设 置
CM SET	CM SEARCH	选择录像查找模式。 ON：用磁带内存查找录像（如果磁带没有内存，用磁带上的查找信号查找录像的开头）。 OFF：始终用磁带上的查找信号查找录像。
	TITLE DISP	选择是否显示标题。 ON：当机器重放至标题录像处时，显示添加的标题约 5 秒。 OFF：不显示标题。 ·用相机或外部设备生成的标题被显示。不能用本机器生成标题。

（续上表）

图标/菜单	子菜单	设　置
CM SET	TITLE DISP	·机器无法显示机器中没有的字体。 ·标题只显示在模拟视频输出上。
	LABEL DISP	选择是否显示磁带标签。 ON：当插入有磁带标签的磁带时，显示磁带标签约5秒。 OFF：不显示磁带标签。 ·磁带标签只显示在模拟视频输出上。 ·如果磁带标签用另一台磁带或可携式录像机制作，本机器不能显示含有机器上没有的字体的磁带标签。
	TAPE LABEL	制作磁带标签（一个磁带标签可以输入10个字符）。如果选择此项，将出现以下符号之一。如果磁带没有插入，则没有显示。 C///：磁带有磁带内存。 C：磁带没有磁带内存。 可以按以下所述制作磁带标签： 　1. 在 TAPE LABEL 屏幕上，按↑/↓键和 SET（设置）键选择你所需字母字符的线（光标移至线的第一个字符）。 　2. 按↑/↓键和 SET（设置）键选择一个字符（所选的字符被输入。要删除字符，按←键，则最后输入的字符被删除）。 　3. 重复步骤1和2。输入标签的所有字符后，选择［SET］。 下述情况下机器不能显示 TAPE LABEL 屏幕： ·机器里没有插入磁带或磁带正被卸载。 ·磁带没有磁带内存。 ·磁带内存里已写满非磁带标签的数据。 ·磁带写保护。 ·磁带正在录像。 ·磁带内存正在使用。

（续上表）

图标/菜单	子菜单	设　置
CM SET	ITEM ERASE	删除一个磁带内存项。 如果你选择此项，将出现以下符号之一。如果磁带没有插入，则没有显示。 C///：磁带有磁带内存。 C：磁带没有磁带内存。 可用项如下： INDEX ALL：删除索引数据。 TITLE ALL：删除标题数据。 DATE ALL：删除日期数据。 PHOTO ALL：删除照片数据。 你可按以下所述删除一项： 　1. 按↑/↓键和 SET（设置）键选择要删除的项。 　2. 要删除被选项，选择 OK；否则选择 RETURN（返回）（如果选择 OK，机器将再次询问你是否确实要将此项删除）。 　3. 确实要删除此项，选择 EXECUTE（执行），否则选择 RETURN（返回）　（如果选择 EXECUTE，ERASING 信息将闪亮，机器开始删除磁带内存里的被选项。ERASING 信息闪亮时，不能使用↑/↓键或 SET 键。被选项被删除后，出现 COMPLETE 信息。按↑/↓键删除 COMPLETE 信息）。 不能用本机器制作标题，标注由于日期查找的日期，或在照片模式下录像。 在下述情况下不能删除磁带内存里的项： ·机器里没有插入磁带或磁带正被卸载。 ·磁带没有磁带内存。 ·磁带内存里已写满非磁带标签的数据。 ·磁带写保护。 ·磁带正在录像。 ·磁带内存正在使用。

OTHERS 菜单

图标/菜单	子菜单	设　置
OTHERS	DV IN TC	选择当机器以 DVCAM 格式录像从 DV 输入/输出连接器输入的信号时，是记录内部时码还是外部时码。 INTERNAL：记录由内部时码生成器生成的时码（如果没有时码被录制在磁带上，机器从那个时间开始连续记录时间）。 EXTERNAL：用从 DV 输入/输出连接器输入的视频和音频信号记录时码。 ·当你将 VTR SET 菜单上的 REC MODE 设置为 DV SP 时，此项不能使用。当你将 VTR SET 菜单上的 REC MODE 设置为 DV SP 时，即使你将此项设置为 EXTERNAL，设置都将变为无效，机器记录内部时码。 ·当此项设置为 EXTERNAL 时，前面板上的 INPUT SELECT 选择器被设置为 DV，没有信号从 DV 输入/输出连接器输入；如果你开始录像，条码（—：——：—）被记录为时码。在开始输入信号的那一刻，信号的时码已被记录。 ·如果你将此项设置为 EXTERNAL，且外部时码输入不连续或进行得不正确，时码在本机器上的录像或显示可能会不正确。如果你录制的磁带上时码不连续，可能无法正确编辑或查找（视所使用的编辑设备而定）。
	TC FORMAT	选择帧模式。 AUTO：依据插入的磁带自动设置帧模式（如果磁带上没有录制任何内容，模式设置为非下拉帧模式。如果机器不能正确读取磁带里的帧模式，机器将使用其在录像带上能正确读取的上一个位置所设置的帧模式。如果打开/关闭电源或取出磁带，机器能够读取的上一个位置的帧模式被清除，模式被设置为非下拉帧模式）。 DF：选择下拉帧模式。 NDF：选择非下拉帧模式。

（续上表）

图标/菜单	子菜单	设　置
OTHERS	TC FORMAT	·当 NTSC/PAL 选择开关设置为 PAL 时，机器以 PAL 模式工作。因此，当以 DV CAM 格式录像时，机器生成的时码转为非下拉帧模式。即使从 DV 输入/输出连接器输入一个 NTSC 格式信号，只要开关设置为 PAL，由机器生成的时码就是非下拉帧模式，不论此项如何设置。如果你试图设置机器以下拉帧模式生成时码，请将 NTSC/PAL 选择开关设置为 NTSC。 ·当你以 DV 格式（仅对 NTSC）录像时，帧模式被设置为下拉帧模式，不论此项如何设置。
	CLOCK SET	设置机器的内部时钟。 按 ↑/↓ 键和 SET 键设置时间（年，月，日，小时和分钟）（当你设置了分钟，秒钟将从 00 开始计数）。录像期间不能设置此项。 ·CLOCK SET 的日期以年/月/日的顺序显示，不论 DISPLAY SET 菜单上的 DATE DISP 如何设置。 ·如果你将电源与机器连接 10 小时左右，内部备用电池将被充满。在不用交流适配器供电的情况下，充满电的内部备用电池也可以运行内部时钟一个月左右。
	HIRS METER	显示累积时间计数（通过数字小时计量仪），以 10 小时或 10 个计数为单元。 OPERATION：上电持续时间。 DRUM RUN：磁鼓旋转时间。 TAPE RUN：磁带运行时间。 THREADING：磁带抽线计数。

6.4 DSR – 1800P 录像机

6.4.1 设备性能及规格简介

视频：信噪比：复合高于53dB，S – 视频高于55dB，分量输入高于55dB

音频：动态范围高于90 dB，失真低于0.05%（48kHz）

输入输出端口：数字视频信号（包括SDTI、SDI、iDV）、模拟视频（包括基准视频、复合视频、S – 视频和分量视频）、数字音频、模拟音频、时码输入输出和遥控端口等

电源要求：100～240V，50/60Hz

电源功耗：100W/220V

工作温度：5°C～40°C

存放温度：– 20°C～60°C

工作相对湿度：不超过80%

存放相对湿度：不超过90%

重量：13kg

6.4.2 控制器及其功能

1. 前面板

如图6 – 8所示。

1——POWER（电源）开关。

2——音频电平表。显示声道1至4的音频电平。

3——磁带仓。可装入DVCAM、DV和DVCPRO（25M）磁带。

4——耳机音量控制钮。

5——HEADPHONES（耳机）接口（立体声耳机插孔）。

6——CONTROL S 接口（立体声微型插孔）。连接 SIRCS 兼容的遥控器，如 DSRM – 10。

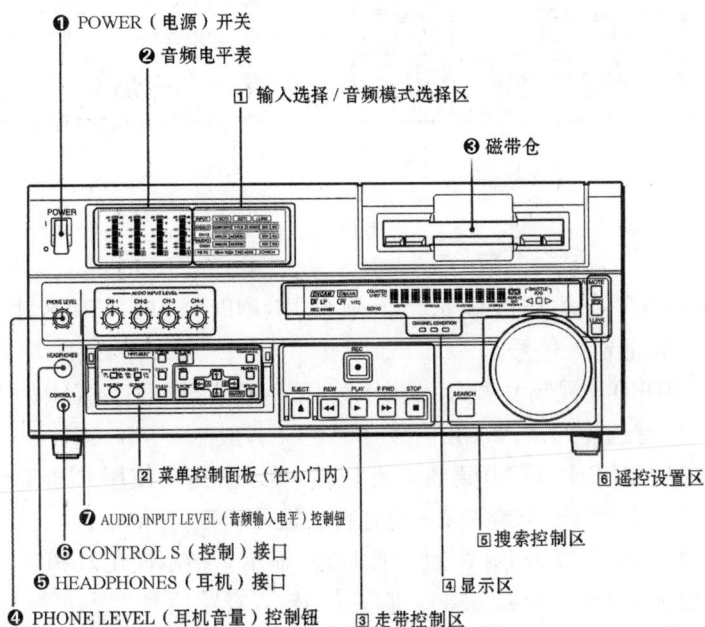

图 6 – 8

7——AUDIO INPUT LEVEL（音频输入电平）控制钮。在录音时，可以使用这些旋钮分别设置 CH – 1（声道 1）、CH – 2、CH – 3 和 CH – 4 的音频输入电平。

（1）输入选择/音频模式选择区。

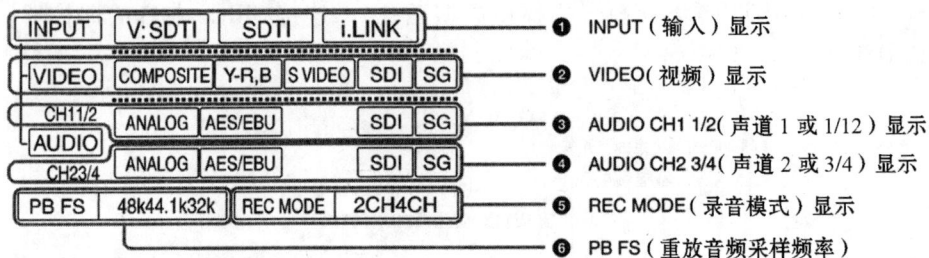

INPUT	V:SDTI	SDTI	i.LINK	❶ INPUT（输入）显示
VIDEO	COMPOSITE	Y-R,B	S VIDEO	SDI	SG	❷ VIDEO（视频）显示
CH11/2	ANALOG	AES/EBU	SDI	SG	❸ AUDIO CH1 1/2(声道 1 或 1/12）显示
AUDIO CH23/4	ANALOG	AES/EBU	SDI	SG	❹ AUDIO CH2 3/4(声道 2 或 3/4）显示
PB FS	48k44.1k32k	REC MODE	2CH4CH	❺ REC MODE（录音模式）显示
				❻ PB FS（重放音频采样频率）

图 6 - 9

1——INPUT（输入）显示。指示使用 INPUT SELECT 区中的 SDTL/i. LINK 键选择的输入信号。

2——VIDEO（视频）显示。指示使用 INPUT SELECT 区中的 VIDEO IN（视频输入）键选择的输入视频信号。

3——AUDIO CH1 1/2（声道 1 或 1/2）显示。指示使用 INPUT SELECT 区中的 CH－1 1/2（声道 1 或 1/2）键选择的输入音频信号。

4——AUDIO CH2 3/4（声道 2 或 3/4）显示。指示使用 INPUT SELECT 区中的 CH－2 3/4（声道 2 或 3/4）键选择的输入音频信号。

5——REC MODE（录音模式）显示。指示使用 REC MODE 菜单选项选择的录音模式（双声道或 4 声道）。

6——PB FS（重放音频采样频率）。指示音频信号在磁带上记录时的采样频率（48kHz、44.1kHz 或 32kHz）。

（2）菜单控制面板。菜单控制面板位于设备正面下方的小门内。拉动小门的上部可以将它打开。

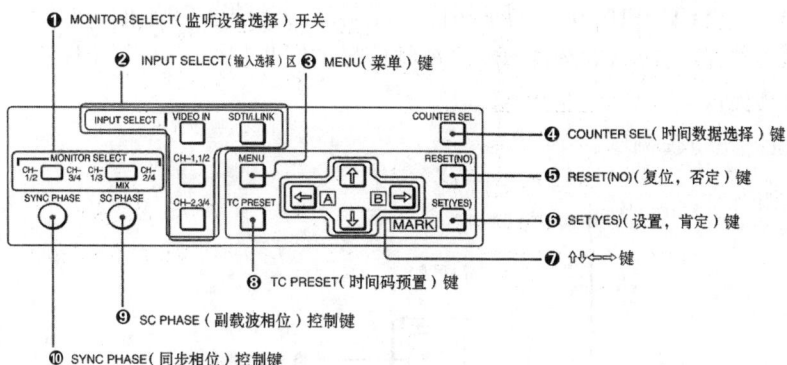

图 6 – 10

1——MONITOR SELECT（监听设备选择）开关。

2——INPUT SELECT（输入选择）区。

3——MENU（菜单）键。按这个键在监视器屏幕上和时间数据显示区中显示菜单。再次按键则从菜单显示返回到常规的显示。

4——COUNTER SEL（时间数据选择）键。选择需要在时间数据显示区显示的时间数据类型。每次按动这个键，会有 3 种指示显示选项循环出现：COUNTER（CNT：计时器的计数值）、TC（时间码）和 U – BIT（用户比特）。

5——RESET（NO）（复位，否定）键。按这个键可以：

·使菜单设置复位；

·使时间数据显示区中显示的时间计数（COUNTER）归零；

·对本机发出的提示信息作出否定的反应。

6——SET（YES）（设置，肯定）键。按这个键可以在设备的内存中保存新的设置，如选择菜单选项和时间码设置，或者对本机发出的提示信息作出肯定的反应。

7——箭头键。使用这些按键可以在菜单选项中四处移动，还可以设置时间码和用户比特的数据。

8——TC PRESET（时间码预置）键。在设置初始时间码数值和用户比特数据时使用这个键。

9——SC PHASE（副载波相位）控制键。转动这个旋钮，可以根据基准视频信号，精确地调整设备的复合视频输出信号的副载波相位。请使用十字螺丝刀转动这个旋钮。

10——SYNC PHASE（同步相位）控制键。转动这个旋钮，可以根据基准视频信号，精确地调整设备的输出视频信号的同步相位。请使用十字螺丝刀转动这个旋钮。

（3）走带控制区。

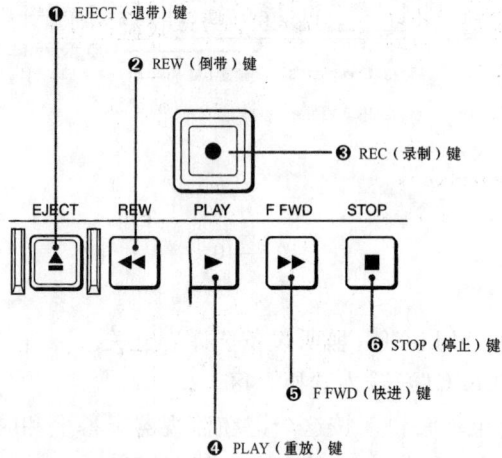

图 6－11

1——EJECT（退带）键。

2——REW（倒带）键。

3——REC（录制）键。按住 PLAY（重放）键，然后按 REC（录制）键时，这个键亮灯，录制开始。

4——PLAY（重放）键。

5——F FWD（快进）键。

6——STOP（停止）键。

（4）显示区。

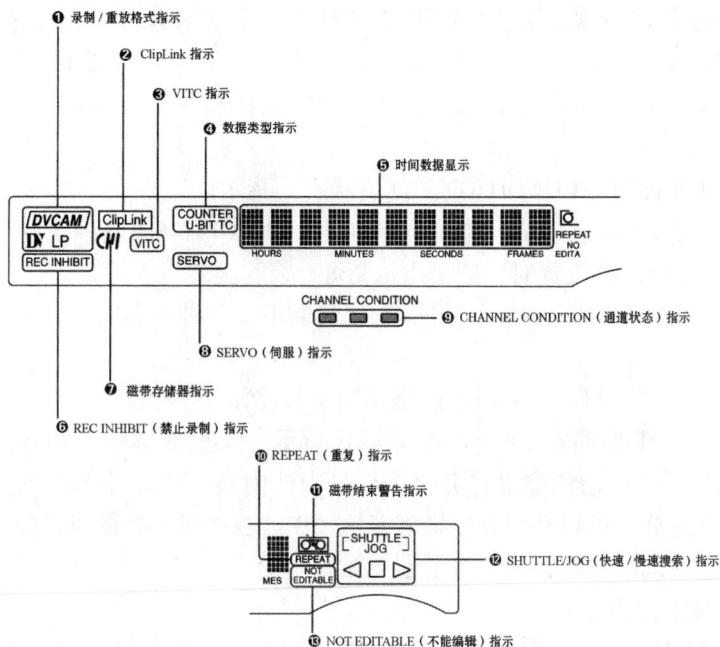

图 6 – 12

1——录制/重放格式指示。

2——ClipLink 指示。当装载磁带的磁带存储器中存有 ClipLink 记录数据时，这个指示亮灯。

3——VITC（场消隐时间码）指示。读取或记录 VITC 时，这个指示亮灯，而不管时间数据显示区所显示的数据。

4——数据类型指示。

5——时间数据显示。根据菜单控制面板上的 COUNTER SEL（时间数据选择）键及 TC SELECT（时间码选择）菜单选项的设置情况，分别表明时间数据的计数结果、时间码、VITC 或用户比特数据。还用来显示错误提示和设置菜单数据。

6——REC INHIBIT（禁止录制）指示。

在以下情况时亮灯：

·装载磁带上的 REC/SAVE（录制/保存）开关被置于 SAVE（保存）的位置。

·REC INHIBIT（禁止录制）菜单选项被置于 ON（打开）的位置。

7——磁带存储器指示。当装载的磁带带有记忆芯片（"带盒存储器"）时，这个指示亮灯。

8——SERVO（伺服）指示。在磁鼓伺服系统和主动轮伺服系统锁定时，这个指示亮灯。

9——CHANNEL CONDITION（通道状态）指示。

10——REPEAT（重复）指示。当 REPEAT MODE（重复模式）菜单选项设在 ON（打开）的位置时，这个指示亮灯。

11——磁带结束警告指示。磁带长度还剩下 2 分钟左右时，这个指示开始闪烁。

12—— SHUTTLE/JOG（快速/慢速搜索）指示。

13—— NOT EDITABLE（不能编辑）指示。当重放的磁带内容不是 DV-CAM 格式时，这个指示亮灯；此时，磁带中的内容可以用作编辑的素材，但是却不能进行插入编辑和组合编辑等编辑操作。当本机选择的录音模式与装载磁带的录音模式不符时，这个指示也会亮灯。

（5）搜索控制区。

1——SEARCH（搜索）键。按动转盘可以在快速和慢速搜索模式之间转换。

2——搜索转盘。按这个转盘可以在快速搜索模式和慢速搜索模式之间转换。以快速搜索模式重放时，显示区中的 SHUTTLE（快速搜索）指示亮灯，以慢速搜索模式重放时，JOG（慢速搜索）指示亮灯。可以在标准速度的 +1/2 倍范围内，进行无噪声的重放。

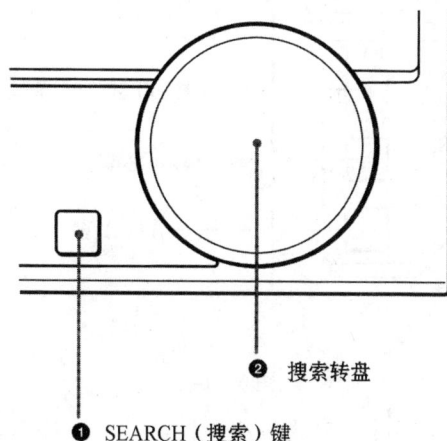

❷　搜索转盘

❶　SEARCH（搜索）键

图 6 – 13

使用搜索转盘进行的重放模式如下表所示：

重放模式	操作和功能
快速搜索	按 SEARCH（搜索）键或搜索转盘，使显示区中的 SHUTTLE（快速搜索）指示亮灯，然后转动搜索转盘。重放的速度由搜索转盘的位置决定。最大快速搜索模式的重放速度，可以使用 SHUTTLE（快速搜索）菜单选项加以改变。
慢速搜索	按 SEARCH（搜索）键或搜索转盘，使显示区中的 JOG（慢速搜索）指示亮灯，然后转动搜索转盘。重放的速度由搜索转盘的转动速度决定。重放速度的出厂默认设置可以达到标准速度的 ±1 倍。

（6）遥控设置区。

1——REMOTE（遥控）键。从 REMOTE（遥控器）接口或 iDV IN/OUT（DV 输入/输出）接口所连接的装置上，对本机进行遥控时，按这个键使它亮灯。

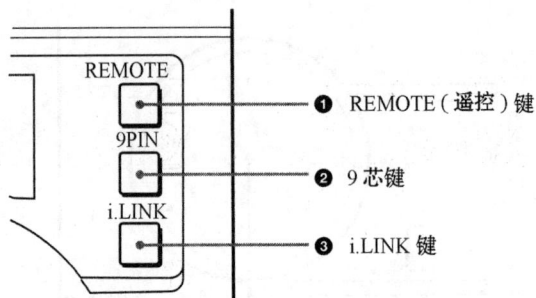

图 6 – 14

2——9 芯键。在本机和 REMOTE （遥控器） 接口所连接的设备之间进行遥控时，按这个键使它亮灯。

3——i. LINK 键。在本机和 iDV IN/OUT （DV 输入/输出） 接口所连接的设备之间进行遥控时，按这个键使它亮灯，这项操作需要安装 DSBK – 1803 电路板。

2. 后面板

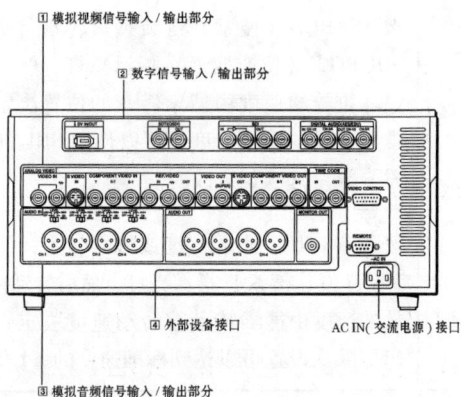

图 6 – 15

AC IN （交流电源） 接口。使用随本机提供的电源线，将这个接口与交流电插座相连。

（1） 模拟视频信号输入/输出部分。

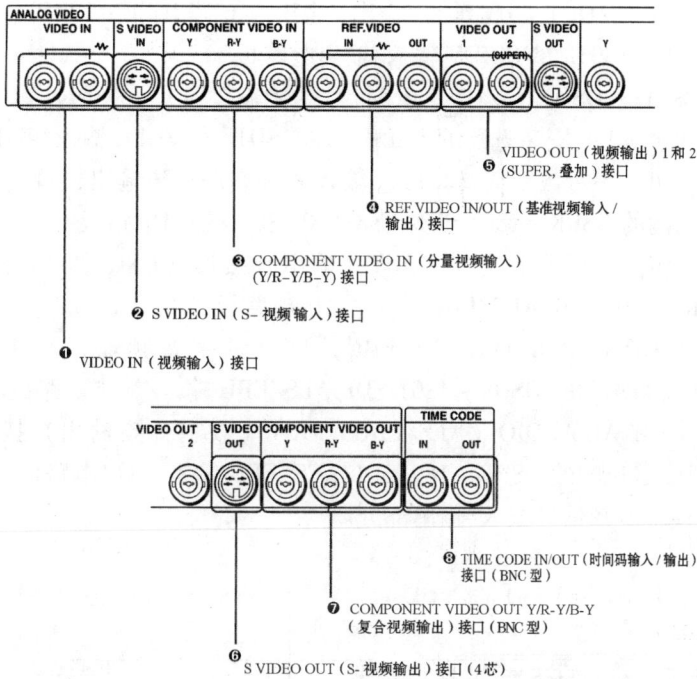

图 6 – 16

1——VIDEO IN（视频输入）接口（BNC 型）。

2——S VIDEO IN（S – 视频输入）接口（4 芯）。

3——COMPONENT VIDEO IN（分量视频输入）Y/R – Y/B – Y 接口（BNC 型）。

4——REF. VIDEO IN/OUT（基准视频输入/输出）接口（BNC 型）。

5——VIEDO OUT（视频输出）1 和 2（SUPER，叠加）接口（BNC 型）。

6——S VIDEO OUT（S – 视频输出）接口（4 芯）。

7——COMPONENT VIDEO OUT Y/R – Y/B – Y（复合视频输出）接口（BNC 型）。这些接口输出模拟复合视频信号（Y/R – Y/B – Y）。

8——TIME CODE IN/OUT（时间码输入/输出）接口（BNC 型）。输入从外部生成，并传输到 IN（输入）接口的 EBU 时间码（DSR – 1800P）。OUT（输出）接口根据设备的工作状态输出时间码。

（2）数字信号输入/输出部分（需要安装选购的 DSBK – 1801/1802/1803

电路板）。

1——iDV IN/OUT（DV 输入/输出）接口（6 芯 IEEE－1394）。需要安装选购的 DSBK－1803i. LINK/DV 输入/输出电路板。

2——SDTI（QSD）IN/OUT（串行数据传输接口）（QSDI）输入/输出接口（BNC 型）。需要安装选购的 DSBK－1802SDTI（QSDI）输入/输出电路板。

3——SDI（串行数字接口）IN（输入）和有源环道输出接口（BNC 型）。需要安装选购的 DSBK－1801 SDI/AES/EBU 输入/输出电路板。

4——SDI（串行数字接口）OUT（输出）接口（BNC 型）。需要安装选购的 DSBK－1801 SDI/AES/EBU 输入/输出电路板。

5——DIGITAL AUDIO（AES/EBU）IN（数字音频输入）接口（BNC 型）。需要安装选购的 DSBK－1801 SDI/AES/EBU 输入/输出电路板。

6——DIGITAL AUDIO（AES/EBU）OUT（数字音频输出）接口（BNC 型）。需要安装选购的 DSBK－1801SDI/AES/EBU 输入/输出电路板。

（3）模拟音频信号输入/输出部分。

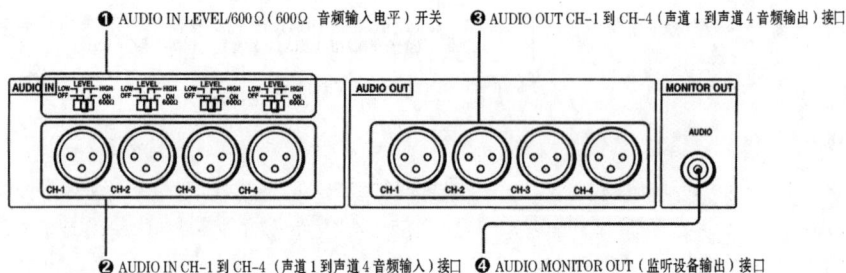

图 6－17

1——AUDIO IN LEVEL/600Ω（600Ω 音频输入电平）。

2——AUDIO IN（音频输入）CH－1（声道1）到 CH－4（声道4）接口（XLR3 芯，阴插头）。

3——AUDIO OUT（音频输出）CH－1（声道1）到 CH－4（声道4）接口（XLR3 芯，阳插头）。

4——AUDIO MONITOR OUT（监听设备输出）接口（RCA 拾音插孔）。

（4）外部设备接口。

1——VIDEO CONTROL（视频控制）接口。对内部数字视频处理器进行遥控时，需要在这个接口上连接选购的遥控器，如 UVR－60P 或 BVR－50P。

2——REMOTE（遥控器）接口。从编辑控制器上对本机进行控制时，需要使用选购的 9 芯遥控电缆，通过这个接口将本机与编辑控制器连接起来。

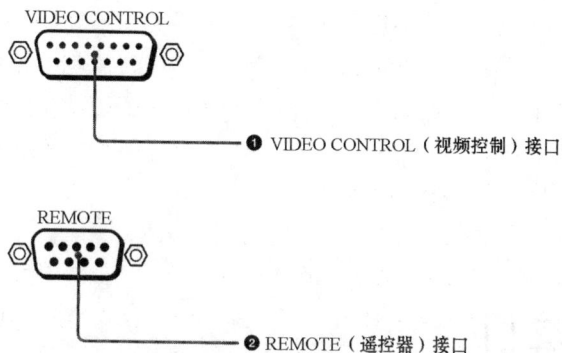

图 6 – 18

本章小结

本章介绍了录像机从产生到发展各阶段机型的主要情况，对电视信号的各种记录方式作了对比性的描述，对录像机的基本工作原理、种类规格、录像机组成等有关内容作了系统的阐述。在此基础上，给出了 DSR11 和 DSR – 1800P 录像机的具体操作使用指导。

复习思考题

1. 请叙述录像机产生以来几个关键性阶段的代表产品及其特点。
2. 录像机有哪些记录方式？各有什么特点？
3. 磁带的磁迹有何功能？
4. 磁带在使用与保存过程中有哪些注意事项？

7

编辑机

本章要求

- [ ] 掌握编辑方法的发展和变迁。
- [ ] 掌握编辑工作的方式方法。
- [ ] 掌握电子编辑的操作方法。
- [ ] 掌握几种编辑控制器与录像机连成编辑系统的操作方法。

7.1　电子编辑概述

7.1.1　编辑方法简述

进行电视节目制作，通常要把不同磁带上的素材，按一定的顺序组接在一起，我们称之为"编辑"。早期的录像带编辑，采用类似电影胶片的剪片编辑方法：将素材带剪断，再按所需顺序粘接起来。这种方法对于电视编辑来说十分麻烦，而且粘接点不准确，因而很快被淘汰。

取代磁带剪接法的编辑方法是"电子粗编法"，即在普通录像机上加上一个电子编辑键钮，当按下编辑键时，录像机处于录制状态。编辑人员尽力使用走带速度差不多的两部录像机，一部为母机提供素材，另一部作为子机复制母带内容，当母机即将呈现需编入的素材时，按下子机的编辑键，子机就将母机输入信号复制在编入带里。这种方法，编入点的控制完全取决于操作人员的感觉敏锐程度和操作熟练程度，误差是难免的，同时，编辑机不能准确地同步启动，出现跳动或黑场是常有的事。

随着技术的进步，出现了"控制磁轨编辑法"，即用控制磁轨上的同步脉冲信号计算磁带的走带速度与画面帧数，编辑机控制器能够计算出编辑系统里放机和录机的入点与出点。编辑人员通过编辑控制器的操作，选好编辑点，控制器可以使子、母机启动，同速、同步，在预定的编辑入点开始录制信号，预定的编辑出点停止录制。控制磁轨编辑法比以前几种编辑法优越得多，很快被人们普遍接受，但它也有缺陷，因为脉冲的数量没有记录在磁带的信号里，编辑点在磁带上也没有记载，所以有时会发生编辑点的滑动偏移，引起编辑点不准确。

继而出现的时码编辑法是十分准确的编辑法，其每一帧视频信号都被时码计数在插入磁轨里。实现时码编辑，需要有一个时码发生器将磁带上看不见的时码写出来，再有一个认读器可以读认时码，编辑控制器便可根据时码来控制编辑系统的子、母机。时码编辑系统设备价格昂贵，一般只用于广播级的编辑制作。

以上的编辑方法从编辑时间顺序概念来说，都属于"线性编辑"，线性编辑不可克服的缺陷在于：①进行线性编辑必须在顺序录制的素材带上来回挑拣需要的信号，这种方法既磨损磁带、磁头，又浪费时间、精力。②线性编辑用磁带作为信号的载体，在制作和复制过程中，不可避免地要造成信号衰减，损坏图像质量。

数字技术和计算机技术的高速发展，尤其是多媒体计算机技术和数码压缩技术的日益成熟，使一种与以往编辑方法有本质不同的、新的编辑方法——非线性编辑应运而生。所谓"非线性编辑"是相对于"线性编辑"而言，也是时间顺序概念，而不是数学概念。非线性编辑系统是以计算机为工作平台，用盘基代替带基，使电视磁带能像剪辑电影胶片那样编辑电视节目，而且经多次编辑和多代复制后不降低图像质量，成为电视设备发展的方向。关于非线性编辑的具体内容，将在另节再作介绍。

7.1.2　编辑系统

1. 一对一编辑系统

一对一编辑系统是最普遍、最常用的一种简单编辑系统。由两台编辑录像机、两台监视器和一个编辑控制器组成，如图 7 – 1 所示。

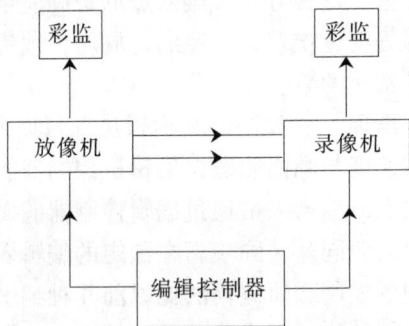

图 7 – 1

其中一台录像机作为放机，重放素材内容；另一台录像机作为录机，内放空白磁带，作编辑母带用。两台监视器分别监视录、放机。编辑控制器控制两台录像机的全部功能并进行逻辑编辑。

这种编辑系统，操作容易，一般可以由编导人员直接操作。每次完成一个镜头组接，且画面组接效果只能是直接切换，不能作特殊效果。

2. 二对一编辑系统

由两台放机和一台录机组成，如图 7 - 2 所示。

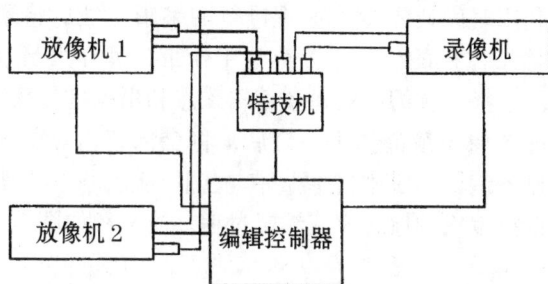

图 7 - 2

它具有一对一编辑系统的全部功能，每次编辑完成两个镜头的组接，又称为 A/B 带编辑。工作时，两台放机先后与录机组成系统进行编辑，接入特技效果发生器即可实现特技效果的制作。

3. 多机编辑系统

由两台以上放机组成的编辑系统，称为多机编辑系统。通常有三对一编辑系统，四对二编辑系统等。多机编辑系统的特点是通过计算机程序的设置，可操纵多台录像机，自动寻找编辑的入、出点，自动预卷与编辑，可实施特技画面制作，是一种全自动程序控制的编辑系统。

多机编辑系统操作复杂，一般需由专职人员操作。其性能充分发挥与否，主要取决于操作人员的素质。现代的电视节目，要求制作人员既有熟练的操作技能，又有深厚的文化底蕴和高超的艺术修养，电视节目制作文理相融的属性越来越明显地凸现出来，新的时代呼唤高素质的人才涌现，只有这样，才能保证节目质量，提高工作效率，跟上时代的发展。

7.1.3 编辑工作方法

进行电子编辑的工作方法可分为直接编辑和间接编辑两种。

1. 直接编辑

直接编辑就是将一台或若干台录像机上的内容直接编录到录机的工作母

带上，是最常用的编辑方法。

直接编辑操作相对便捷，但由于在实际编辑时，为检查画面质量，或为寻找一个准确的编辑点，要将素材带反复放像、倒带，这样，需长期使用价格昂贵的高质量设备，使设备磨损较大，而且磁带上的图像质量也会下降。

2. 间接编辑

间接编辑是利用时间码不变的原理进行的编辑方法。将素材带（包括时间码）转录到低档录像机的磁带上，称为工作带，编导人员在低档录像机编辑系统中进行画面选择、预编，对每个编辑入点和出点进行反复修改，直到满意为止，无须考虑图像质量的损失。最后，将全部编辑点数据整理成编辑程序，输回到高档设备编辑系统中（原版带与工作带上的时间码是一致的），再用原版素材带，根据编辑程序，完成编辑过程。流程图如图 7-3 所示。

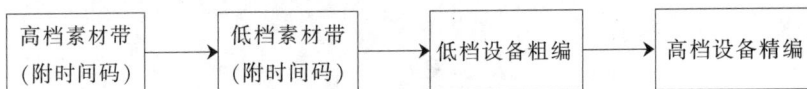

| 高档素材带
（附时间码） | → | 低档素材带
（附时间码） | → | 低档设备粗编 | → | 高档设备精编 |

图 7-3

7.1.4 电子编辑的基本工作方式

电视编辑人员经常使用的两种编辑方式是组合编辑和插入编辑。这两种编辑方式都可以将图像素材一段一段地按需要组接起来。在编辑结果上看不出有什么差异，其本质不同在于是否采用素材带控制磁轨上的控制信号。

1. 组合编辑

组合编辑是将素材带上的视频信号、音频信号以及控制信号从编辑入点开始，全部复制在编辑带上。在编辑出点，由于编辑带设有控制信号，图像中断，编辑机的监视器屏幕上闪现出雪花点。

需要提醒的是，编辑启动前，素材带与编辑带都需要自动倒带（预卷）到编辑入点前面的 5~10 秒处的位置停止（可以设定具体数值），而后再顺向走带，到编辑入点处，自动启动编辑。在这个过程中，放像机需要由编辑机提供同步控制信号，以使走带速度与编辑机同步，从而避免编辑点处的图像出现不稳定与跳动现象。所以，在进行第一次组合编辑以前，必须使编辑带在编辑入点前具有 10~15 秒的控制信号。控制信号的录制方法有很多，以下列出常用的几种：

（1）把电视同步信号发生器的信号接到录像机的视频信号输入端，进行录制。

（2）利用电视信号发生器，将其输出的黑场信号用录像机连续记录。

（3）盖好摄像机的镜头盖，启动摄像机，不让它拍摄任何景物，只记录摄像机输出的同步信号。

在进行第二次组合编辑时，编辑带经过第一次编辑，已有了来自素材带的控制信号，在此基础上，便可以选择编辑带的编辑入点，编辑控制器在放像与编辑机倒带时，认读来自两带的同步控制脉冲，使两机走带速度同步，在第二个编辑入点处准确地启动编辑。如此再进行第三次、第四次……组合编辑，将视频信号按需要一段段地组接起来，直至完成编辑。

可见，组合编辑是一种简单、易行、快速的编辑机方式。对于按信号顺序一段段组接加长的简单编辑，人们通常使用这种编辑方式。工作过程磁带的信号记录如图 7-4 所示。

第一个镜头要足够记录 5~10 秒

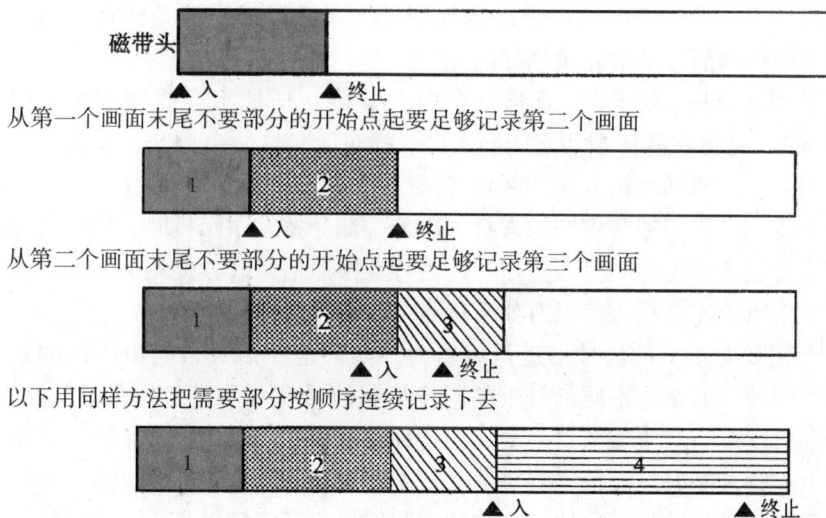

磁带头　▲入　▲终止

从第一个画面末尾不要部分的开始点起要足够记录第二个画面

▲入　▲终止

从第二个画面末尾不要部分的开始点起要足够记录第三个画面

▲入　▲终止

以下用同样方法把需要部分按顺序连续记录下去

▲入　▲终止

图 7-4

2. 插入编辑

插入编辑是在一个有节目的磁带上将不需要的某一部分用有用的素材替换下来，磁迹如图 7-5 所示。

要插入的素材

入点　　　　　　出点

欲插入的母带

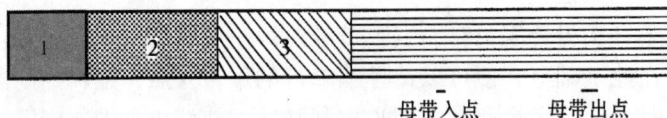

母带入点　　母带出点

插入后的母带

图 7 – 5

　　插入编辑与组合编辑的主要不同之处在于：插入编辑不使用素材带的控制信号，而只是选择素材带中的视频或音频信号插入编辑带的视频或音频磁迹里，编辑带的控制信号是事先录制好的。

　　英文中 Assemble（组合），意指将东西一样接一样地组合排列起来；而 Insert（插入），意指在两样东西之间插入另一样东西。这两个词义，反映了组合编辑与插入编辑两种编辑方式的区别特征。

　　一般来说，当我们需要将图像素材一部分一部分按顺序组接时，使用组合编辑；当需要在已录制好的信号里用一新信号置换原信号时，使用插入编辑。

　　与组合编辑相比，插入编辑有如下优点：

　　（1）当需要对众多的信号带进行编辑时，如果这些信号带是由不同的录像机分别录制的，那么，不同信号带的同步控制信号就不可避免地存在差异，采用组合编辑就难免产生编辑点跳动。在这种情况下，宜采用插入编辑。可先在编辑带上连续录制好控制信号（如彩条、彩底等），再用插入编辑插入所需信号源的视频与音频信号。这样，连续的控制信号保证了编辑带不受素材信号同步差异的影响。

　　（2）当编辑带已经编辑了一部分或者全部完成后，发现已编进去的一部分视频信号或音频信号不满意，想用重新选择的新信号置换，即需要修改编辑带的部分信号。遇到这种情况就只能采用插入编辑，因为若用组合编辑，在编辑出点势必会产生无法修补的信号中断，而且组合编辑也无法分离视、音频信号。插入编辑时，则可对磁带的视频或音频信号进行单独选择，或只选视频信号，或只选音频信号，或两个都选。如此，就可以方便地对编辑带的某一部分信号进行修改，而不影响其他部分信号。

（3）由于插入编辑可对视、音频信号进行单独编辑，当人们要对视频信号已编辑完毕的带子配音响，或对已有音响的带子配图像，都采用插入编辑，还可以在整个编辑过程中都使用插入法（只要编辑带上具有控制信号），分别编辑视频或音频信号，以集中精力提高编辑质量。

7.2 电子编辑的操作

电子编辑根据设备的功能等级，可以分为手动编辑和自动编辑，操作方法各不相同。

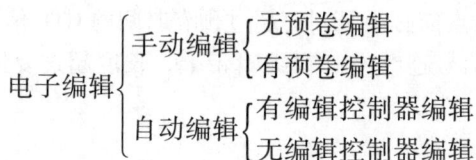

$$
电子编辑\begin{cases} 手动编辑\begin{cases} 无预卷编辑 \\ 有预卷编辑 \end{cases} \\ 自动编辑\begin{cases} 有编辑控制器编辑 \\ 无编辑控制器编辑 \end{cases} \end{cases}
$$

7.2.1 手动编辑

手动编辑是不用编辑控制器，直接用录像机面板上的编辑键来进行节目编辑的方法。

当使用无预卷功能的录像机进行编辑时，编辑点的准确性不能保障。当使用有预卷功能的录像机编辑时，通过满足录、放机"锁相同步"所需的时间，编辑点的精确度得以提高，当图像质量不佳时，可适当延长预卷时间，以求录、放机精确同步。

7.2.2 自动编辑

自动编辑是可以记忆编辑入、出点，并自动进入和结束编辑状态的编辑方法。它可分为无编辑控制器的和有编辑控制器的两种。

1. **无编辑控制器编辑**

（1）无遥控线的，两机之间有视频和音频信号连接。

（2）有遥控线的，在具遥控编辑功能的放机与录机间连接一根多芯遥控线，用来传递控制信息。可以进行单机操作。通过录机的面板进行对放机的控制，录机面板上的遥控开关拨到录机时，操作面板控制录机，拨到放机时，录机的操作面板控制放机。

2. **有编辑控制器编辑**

用多芯遥控线将编辑控制器与放、录机连接起来，放、录机的本机/遥控开关均拨至遥控位置。放、录机的功能操作全部由编辑控制器控制，整个编辑操作由编辑控制器完成。

7.2.3 电子编辑的操作步骤

电子编辑的操作步骤可以分为以下7步：

1. **磁带准备**

首先确认编辑磁带上的防误抹片完好。

（1）组合编辑：第一个编辑入点前必须录制上超过预卷时间的 CTL 信号。

（2）插入编辑：必须将 CTL 信号连续录制在编辑带上，长度超过要制作的节目总长。

2. **选择编辑模式**

根据需要选择合适的编辑模式（组合编辑或插入编辑）。

3. **输入编辑点**

根据节目需要分别在放机和录机寻找并输入编辑点，包括入点和出点（出点视需要输入。一般只需在放机或录机输入一个出点，插入编辑的出点建议在编辑机输入）。

4. **预审看（视需要而定，可以跳过）**

输入编辑点后，可以通过预审看键预演一遍编辑过程，确定所输入编辑点是否准确。

5. **修改编辑点（视需要而定，可以跳过）**

根据预审看的结果，确定编辑点是否需要修改。如果需要，则实施修改。如果不需要，则跳过这一步。

6. **执行编辑**

按下执行编辑键，编辑系统将按照设定自动进行编辑。

7. **审看（视需要而定，可以跳过）**

按下相应按键，可以审看刚刚编辑的结果。

一段素材编辑完成后，即可重复步骤 2～6 进行下一段编辑（如果编辑模式不变，第二步可以省略），直至节目完成。

7.3　RM－G800U 电子编辑遥控器介绍

电子编辑遥控器是具备微信息处理装置的，能够进行程序编排的开关控制器。它通过多芯电缆，将电子编辑系统中的放像机、录像机连接起来，将放、录机的功能操作键集于一身。编辑控制器只起一个遥控作用，信号系统并不通过它本身。

能否进行电子编辑取决于录像机是否具备电子编辑功能，电子编辑控制器可使电子编辑系统的编辑性能高度自动化和多样化，高级的电子编辑控制器，内部装有微机、数字存储单元等，可进行编辑程序的设置，储存各种所需数据，实施自动化编辑。

编辑控制器种类繁多，现以 RM－G800U 编辑控制器为例介绍如下。

7.3.1　面板介绍

1. 前面板

RM－G800U 整个面板可分为四大部分。上部分为显示部分，分别记录显示放、录机的磁带运行时间等。右边为放、录机功能控制部分，通过开关键 P 键和 R 键选择控制的是放机还是录机。中间为编辑控制键，包括编辑方式选择、输入菜单各键。左边是综合操作键，有自动编辑键、结束键、预演键、重演键等。

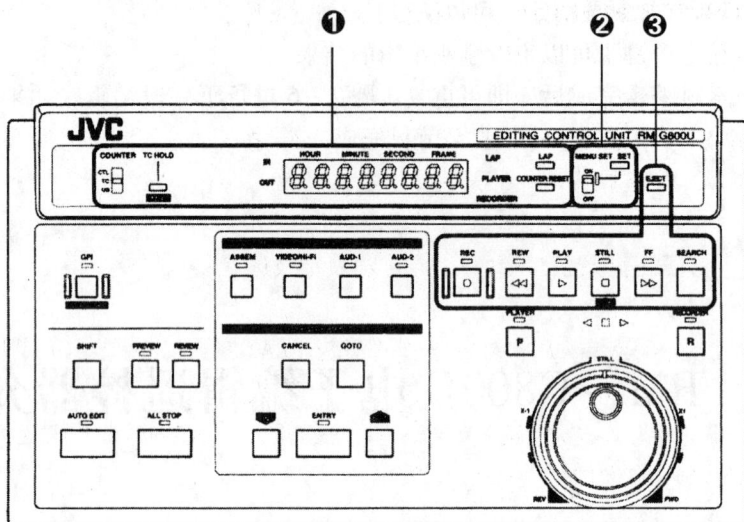

图 7 – 6

（1）计数显示/设置单元。

①COUNTER 计数显示开关，用来改变计数显示。

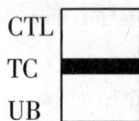

CTL ▢　　　　CTL：基于控制信号的计数指示

TC ▨　　　　 TC： 指示时间码

UB ▢　　　　 UB： 指示时间码使用点

　　如果此单元连接的录像机没有时间码读入机，不管此开关拨在什么位置均显示控制信号计数。

　　②TC HOLD/PRESET 设置时间码值计数显示窗。通常，用 COUNTER 开关选择显示方式：CTL 和 TC：8 个数字显示时、分、秒和帧；UB：显示0 – F。

　　CTL 时码是 8 位中的第 4 位，LTC/VITC 为 8 位。此外，还可显示以下信息：菜单设置显示、编辑入点、编辑出点、编辑持续时间、编辑点间时间、录像机告警编码。

　　③IN/OUT 指示。当编辑入点或出点被记录时变亮。

　　④PLAYER/RECORDER 指示。指示选择的录像机。

　　⑤LAP 显示从上一个记录编辑入点到现在磁带位置的时间。当该按钮按下时，LAP 指示灯亮。

⑥COUNTER RESET 计时复位键。复位时间计数（CTL 方式），同时也复位记录的编辑点和 LAP 时间。

（2）菜单开关设置单元。

①MENU SET 菜单设置开关。将 MENU SET 拨至 ON 可以设置菜单键，此时，录像机不能被操作。

②SET 设置键。改变菜单设置。

（3）录像机操作键（VCR）。可用来操作被选择的录像机。

①EJECT 弹出键。

②REC 录制键。欲开始录像，将此键与 PLAY 键同时按下；录像状态中，欲暂停录像，按 STILL 键；恢复录像，按 PLAY 键；结束录像，按住 SHIFT 键同时按 STILL 键；E - E 功能：在回放中按该键，监视器上的图像变为 E - E 图像。录像机的输入信号可以被监视。

③REW 倒带。

④PLAY 放像。

⑤FF 快进。

⑥STILL 暂停。

⑦SEARCH 搜索键。

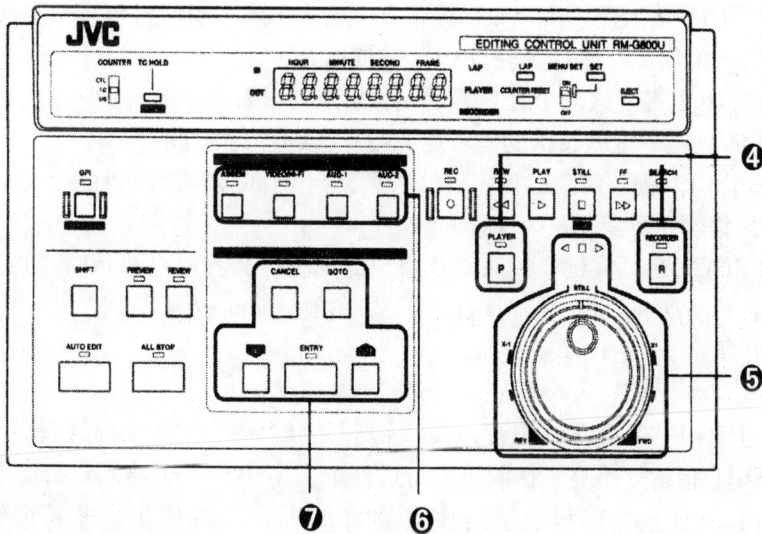

图 7 - 7

（4）PLAYER/RECORDER 键。选择操作、输入或修改编辑点的录像机，在同一时间内，放机和录机不能同时被选中。

（5）搜索环/寻帧盘。

①搜索环——外圈控制。回放的速度依据搜索环旋转的角度改变。

STILL（中间位置）：静止画面回放。

STILL – REV（左）方向：反向放像。

STILL – FWD（右）方向：正常放像。

②寻帧盘——内圈控制。回放速度取决于该盘的旋转速度，该盘还可用作如下操作：菜单开关设置、编辑点修改、时间码发生值设定、GPI 信号输出时间设定。

（6）编辑方式选择单元。

①ASSEM 组合编辑键。组合编辑视频/Hi – Fi，普通 1、2 声道信号和控制信号。

②VIDEO/Hi – Fi/AUD – 1/AUD – 2 插入键。选择被插入的信号。当该键被按下，电路接通，指示灯亮；当该键又被按下，电路断开，指示灯灭。组合编辑方式与插入编辑方式不能同时被选中。在编辑过程中，每个插入键都可接通或断开，但与 SR – S368E 相配时，当前编辑状态不能改变。

（7）编辑点记录单元。

①ENTRY 输入键。用于储存编辑点。输入编辑入点时将该键与 IN 键同时按下；输入编辑出点时将该键与 OUT 键同时按下。

②IN/OUT 键。这两个键与编辑入、出点的设置和修改有关。

③GOTO 键。进入特殊的编辑点，与 IN 或 OUT 键同时按下。

④CANCEL 键。清除已输入的编辑点，与 IN 或 OUT 键同时按下。

（8）编辑执行单元。

①PREVIEW 预演键。按该键开始预演编辑。当预演可执行时，指示灯不亮。如在预演期间，指示灯持续点亮。如在预演期间该键又被按下，预演编辑将重新开始。

注意：如与 SR – S368E 连用，预演功能不可行。

②AUTO EDIT 自动编辑键。按该键开始执行编辑。当执行编辑可行时，AUTO EDIT 指示灯不亮。在编辑进行过程中，AUTO EDIT 指示灯持续点亮。

③ALL STOP 全部停止键。按该键将放机和录机停止，进入编辑暂停状态。

④REVIEW 审看钮。按该钮审看已执行的编辑。

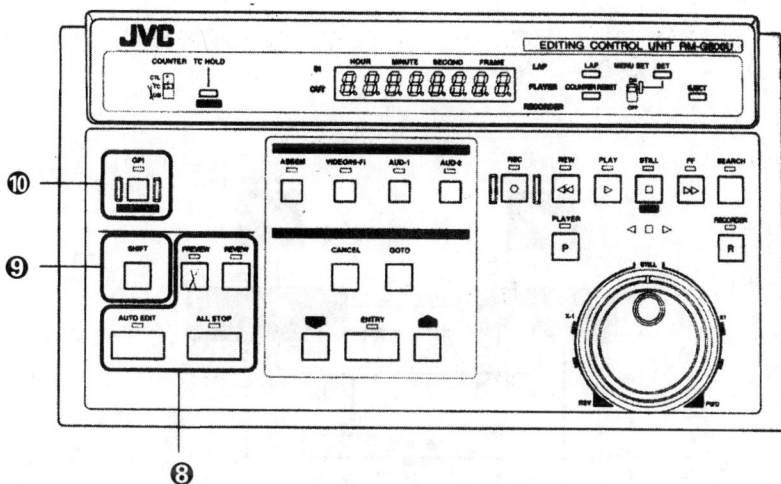

图 7 - 8

（9）SHIFT 键。这个键钮有 3 个功能：可用来设置时间码；从 GPI 接口输出手动控制信号；进行 CTL 时码插入。

（10）GPI 键。此键有两个功能：从 GPI 接口输出手动控制信号；设置 GPI 信号的输出时间。

2. **后面板**

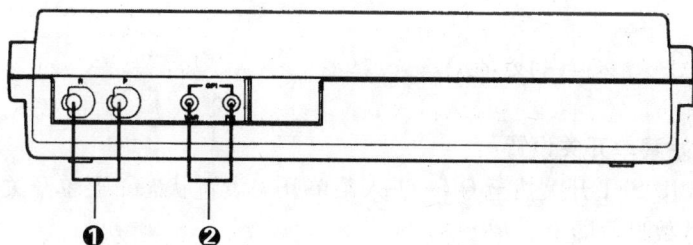

图 7 - 9

（1）遥控电缆。

R：连接录机的遥控接口；P：连接放机的遥控接口。

（2）GPI 输出信号接口。连接视频切换器或音频混合器。输出脉冲启动视频切换器效果发生。

7.3.2 设备连接

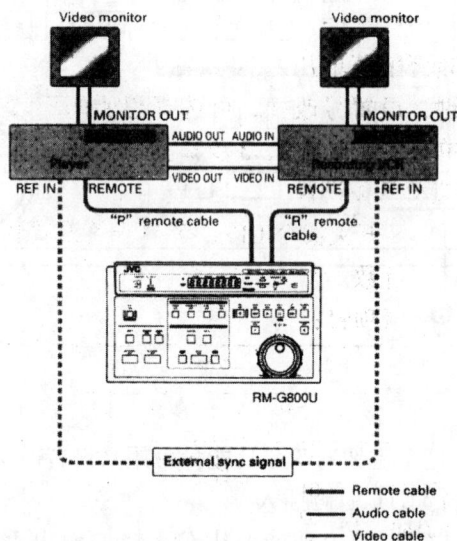

图 7 – 10

7.3.3 菜单设置

1. 开始菜单开关设置

将 MENU SET 开关拨至 ON，进入菜单开关设置状态。菜单开关号和设置号出现在计数显示屏上。

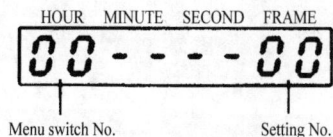

图 7 – 11

2. 选择菜单开关加以设置

旋转 JOG 寻帧盘，菜单开关号改变，显示菜单开关号用以设置。

3. 设置选择的菜单开关

按 SET 键，设置号改变，可选择想要的设置号。如要设置另一个菜单开关，重复 2、3 步骤。

4. 结束菜单开关设置

将 MENU SET 开关拨至 OFF，菜单开关设置状态结束，计数显示器上显示计数。

菜单切换设置项目如下表所示：

菜单切换设置项目表

菜单开关		设　置		功　能
菜单号	项　目	设置号	项　目	
00	PREROLL TIME 预卷时间	00 01 02 03	3 秒 5 秒 7 秒 10 秒	选择编辑入点前的预卷时间。
01	OUT POINT RE-TURN 返回编辑出点	00 01	ON 进行编辑后返回编辑出点；OFF 进行编辑后不返回编辑出点	
02	BEEP 蜂鸣声	00 01	ON 蜂鸣声；OFF 没有蜂鸣声	设置确认操作时是否有蜂鸣声。
03	SYNCRON 调整	00 01	OFF 不可调整；ON 可调整	设置编辑过程中是否可调整。当执行调整时，录像带在编辑过程中可以调整，保证编辑精度。
04	SYNC GRADE AT RETRY	00 01	NO CHANG 不改变编辑精度；DOWN 降低编辑精度	在调整过程中可三次尝试设置编辑精度。
05	SYNC GRADE 编辑精度	00 01 02 03	±0 帧 ±1 帧 ±2 帧 ±3 帧	设置编辑精度。注意：非时间码编辑，编辑精度不能为±0。

（续上表）

菜单开关		设 置		功 能
菜单号	项　目	设置号	项　目	
06	EDIT DE‑LAY 编辑延时	00 N 08 N 15	设置范围 0 ~ 15 正帧 初始设置 8 帧	设置编辑中，编辑点的延时。
07	GPI SIGNAL OUTPUT GPI 信号输出	00 01	MANUAL 不自动输出 GPI 信号； AUTO/MANUAL 自动输出 GPI 信号	设置是否从后面板的 GPI 输出接口自动输出 GPI 信号。
08	EDIT POINT CLEAR 编辑点清除	00 01	ENABLE 清除编辑点；DISABLE 不清除编辑点	设置是否在进行编辑后清除编辑入点和出点。
09	AUTO‑EE 自动 E‑E 功能	00 01	RECORED ONLY 不用自动 E‑E 功能； AUTO‑EE 使用自动 E‑E 功能	设置自动 E‑E 功能。

注：打开电源时同时按 LAP 和 COUNTER RESET 键可以将菜单设置复位到初始值。

7.3.4　操作使用

1. 录像机准备

（1）将遥控开关拨至 REMOTE。

（2）根据控制系统设置磁带计数选择开关。

（3）选择参考同步信号。当使用外同步信号时，录、放机用外同步信号作为参考信号；不用外同步信号时，放机用内同步信号作参考信号，录机用输入视频信号作参考信号。

（4）用 VIDEO INPUT 开关选择输入信号（录机）。

（5）调节音频录制电平。

2. RM‑G800U 准备

（1）用 COUNTER 设置编辑控制系统。

（2）设置想要的菜单开关项目。

3. 磁带准备

（1）组合编辑。第一个编辑入点前必须录制上超过预卷时间的 CTL 信号。

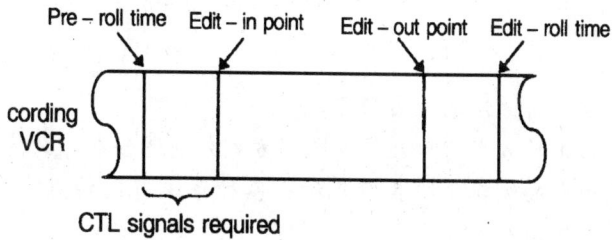

图 7-12

（2）插入编辑。CTL 信号必须连续录制在整个要编辑的磁带上，确保编辑带上的防误抹片完好。

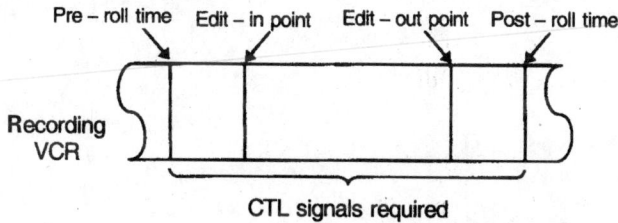

图 7-13

4. 操作步骤

第一步选择编辑模式（组合或插入编辑）；第二步输入编辑点（入点和出点）；第三步预编（与 SR-S368E 配用时无效）；第四步修改编辑点（与 SR-S368E 配用时无效）；第五步执行编辑；第六步审看。

进行下一段编辑，重复 1~6 步。如果编辑模式不变，第一步可以省略。

本章小结

本章介绍了电视编辑方法的历史发展过程，编辑系统的构成种类、工作方式和方法，特别是对编辑工作方式作了详细的探讨。在此基础上，给出了 RM-G800U 编辑控制器的具体操作步骤和方法。

复习思考题

1. 简述电视编辑方法的发展历程。
2. 电视编辑工作方式有哪几种？各种方式分别适合在什么情况下采用？
3. 编辑机组成的编辑系统共有几种？各种系统有何特点？分别适合在何种情况下使用？
4. 电子编辑控制器的作用是什么？没有控制器可以进行编辑操作吗？
5. 试画出一对一编辑系统的设备接图并叙述其信号流程。

8

视频切换器

本章要求

- ☐ 掌握视频切换器的概念、分类和特点。
- ☐ 掌握模拟视频切换器的组成及其功能。
- ☐ 掌握数字视频切换器的原理和功能。
- ☐ 掌握虚拟演播室技术的原理、功能和构成。

8.1 视频切换器的概念和分类

8.1.1 视频切换器的概念

由录像机、编辑控制器和监视器组成的编辑系统只能完成画面的无技巧组接。如果要进行有技巧组接，则必须配备一个视频切换器。

视频切换器装置在国外叫法很多，有的叫"视频切换器"（Video Switcher），简称"切换器"（Switcher），这种叫法反映出它的"开关"本质；有人称它为"视频混频器"（Video Mixer），简称"混频器"（Mixer），主要突出其混频的基本作用；还有的叫它为"特技切换器"（Special Effect Switcher）或"特技发生器"（Special Effect Generator），强调其特技功能；又有人称其为"特技混频器"（Special Effect Mixer），说明在混频过程中可以加入特技效果等等。

综上所述，我们可以得出结论：视频切换器是一种能按一定的操作程序对视频信号进行切换、混频和特技处理的节目制作和播出设备。

8.1.2 视频切换器的分类

根据其使用特点，视频切换器可以分为播出视频切换器和节目制作视频切换器两种。播出视频切换器的主要特点是：输入信号通道多，性能稳定可靠，有保证安全播出的应急措施，一般可以做到声音信号和视频信号的同步切换；节目制作视频切换器的主要特点是：切换功能齐全，特技图案花样繁多，组合画面能力强等。我们将详细介绍的是节目制作视频切换器。

根据电路处理特征和功能，视频切换器可以分为模拟视频切换器和数字视频切换器。模拟视频切换器是基于三基波原理，其中心思想是：构成上百种扫换图形的控制波的基本波形只有锯齿波、三角波和抛物波三种，其他图形都是通过这三种基本波形的四种形式（正、负、行频和场频）的叠加、调制，进行排列组合而得到的。数字视频切换器则是基于帧存原理的数字视频设备。

8.2 模拟视频切换器

8.2.1 模拟视频切换器的功能

模拟视频切换器有快切、混合、扫换和键控四大类功能。

1. 快切

快切是一路信号迅速替代另一路信号，屏幕效果是一个画面瞬间被另一画面取代。

2. 混合

混合包括淡入淡出、化入化出和叠映三种形式。淡入是指画面由暗渐明，有一个逐渐映现的过程，一般多从黑或白画面淡入；淡出则正好相反，是画面由明渐暗，逐渐消失。化入是指前画面渐暗，后画面渐明，两画面之间有一短暂交替叠加的过程；化出则正好相反，是前画面由明渐暗化入后画面的过程。叠映是指在一画面上叠加另一画面，两个画面重叠映现的过程。

3. 扫换

扫换是指由一个画面以一个特殊的几何形状出现，由小到大，沿某个方向移动，逐步替换原画面的过程。扫换的方式有很多种，图 8 - 1 是几种简单的扫换特技画面。

图 8 - 1

4. 键控

键控又称抠像，不同于前面介绍的三大类画面组合方法，它不是改变整个画面，而是在某一画面的局部里嵌入另一画面的元素，取代原对应画面，从而形成新的组合画面。键控特技包括自键、外键和色键。

（1）自键。自键又称内键，是利用信号电平高低的不同，将较均匀的亮度信号（比如白色字幕）在另一路视频信号的画面上切出相应形状的电信号空洞，其效果犹如在画纸上剪出相应的字样，再将信号填入空洞里，这样就使字幕与画面组合成为一体。如图 8 - 2 所示。

字幕与画面的键控组合与采用叠加的方法将字幕叠映在画面上的效果是截然不同的，叠映是两路信号各取强度 50% 叠加在一起，而键控是将字幕嵌入画面中的信号空洞里，两种信号的强度都是 100% 。

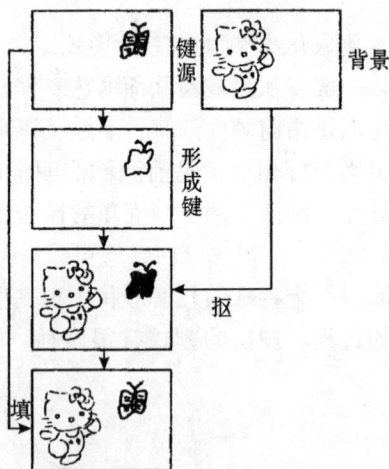

图 8 - 2

（2）外键。外键是用视频信号充塞在键入信号的外围，使所键入的形状在画面上显现出来，如同使用模型板切出饼干的造型一样，然后用第三路视频信号充满所键入的形状内部的方法。如图 8－3 所示。

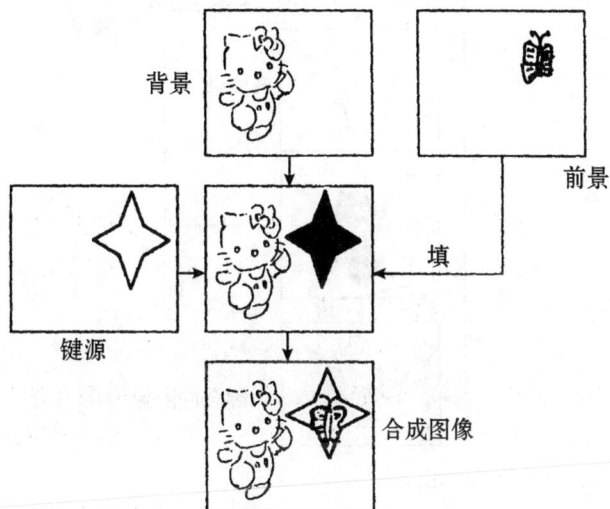

图 8－3

（3）色键。色键是利用键填充前景图像的色度（主要是色调）成分与其后一块彩色幕布的色调的差别来形成键波形，用它来抠背景，然后再填入彩色幕布的前景的方法。如图 8－4 所示。

色键要求作为前景的图像不能含有与背后作幕布的彩色色调相同或极为邻近的色调。如我们一般用蓝色幕布作色键，播音员作为前景坐在布前，只要她身上不含蓝色服饰，桌子上没有蓝色的东西，就可以与作为背景的街道景色合成为一个完整的彩色图像。

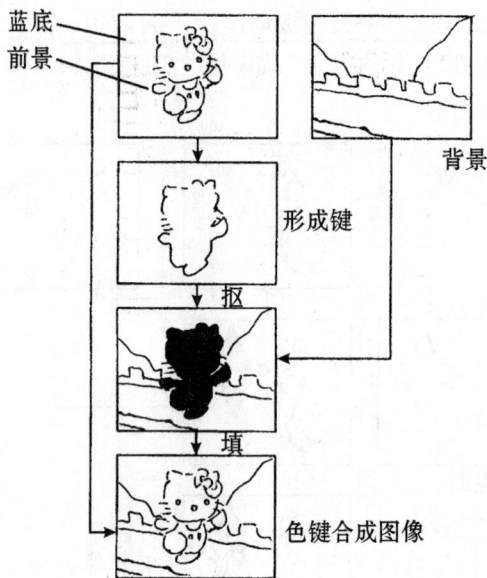

蓝底
前景
背景
形成键
抠
填
色键合成图像

图 8 - 4

除以上四大类功能外，模拟视频切换器还有一些其他的附加特技功能，如软边效果、分界线加彩色边框、图案的倍乘、封闭图案的宽高比变化、移位等。

8.2.2 模拟视频切换器的组成

模拟视频切换器通常由操作控制单元和信号系统柜两大部分组成。

操作控制单元是一个指挥单元，它所发出的指令传到系统柜，对系统进行操作和控制。信号系统柜包括视频矩阵开关、视频处理器、特技效果发生器、控制电路、电源及其他电路插件。它们执行由控制单元传来的指令，同时将执行后电路的各种状态信息反送回控制单元，通过指示灯或其他指示器提示操作者。操作控制单元一般做成盒状或桌面状，上面布满按键、开关、拉杆及其他调整部件和指示灯等。如图 8 -5 所示。

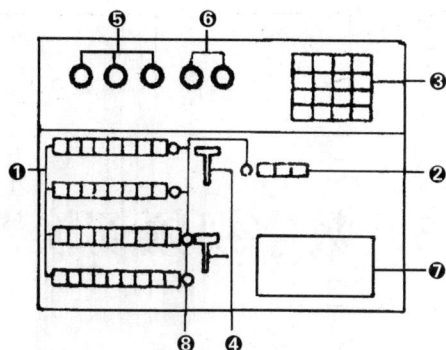

图 8 – 5

　　控制台上的部件大体可分为以下 9 个部分：

　　（1）输入信号选择按键组。利用这些按键可选择不同的输入视频信号源参与快切或其他特技效果。

　　（2）工作模式（或称过渡方式）选择按键组。可选择混合、扫换或键控等不同切换方式。

　　（3）特技图案选择按键组。通过它们可以选择不同的扫换图案。

　　（4）拉杆电位器。通过拉杆可控制信号间混合或扫换的速度、程度或移动扫换图案的位置等。

　　（5）背景信号发生器控制部件。可以调整背景色的色调、饱和度和亮度。

　　（6）色键控制部件。可用以进行色调选择和色键电平的调整。

　　（7）下游键调整部件。可对已进行特技效果的视频信号作最后的加工处理，如叠加字幕或与黑场信号进行过渡等。

　　（8）指示灯。起提示参与特技效果或参与播出信号的作用。

　　（9）其他部件。包括附加特技功能操作控制部件、辅助开关等。

　　以上只是笼统地介绍了控制台的一般概貌。对具体设备，会因厂家、型号的不同而不同。具体操作时，还需结合所使用的设备作具体的分析。

8.3　数字视频切换器

数字视频切换器是在模拟视频切换器的基础上引入了数字特技装置，从而使视频切换器所提供的特技功能和画面组合效果达到一个新的水平。数字特技是将数字电子技术和计算机技术引入视频特技领域，具体来说，是把模拟视频信号变换成数字信号，存入帧存储器中，然后，根据需要对它们进行各种运算和处理，最后再将其结果变换成模拟信号输出，这样，就可以在屏幕上获得各种数字特技效果。

数字特技与模拟特技主要在处理两幅画面间的过渡方式上有所不同，数字特技既可以用作图像过渡手段，但它更是一种制作新画面和合成画面的手段。

数字特技效果花样繁多，赏心悦目，大体包括以下几类：

1. 放大、缩小类

可使原画面产生类似摄像机镜头变焦所取得的变大变小的效果。可以将一幅图像缩小至一点或相反由一点逐渐变大直至占满全屏，甚至继续放大，使画面中某一部分成为特写镜头。放大、缩小还可以单独在水平方向或单独在垂直方向发生，产生类似哈哈镜的效果。但由于放大时，存储器中的样点值被重复读出，会使特写镜头的图像因分辨率降低而显得粗糙。

2. 移位类

将画面整幅地推移出，又称为画中画效果，要注意它与模拟特技中扫换的区别，如图 8 – 6 所示。

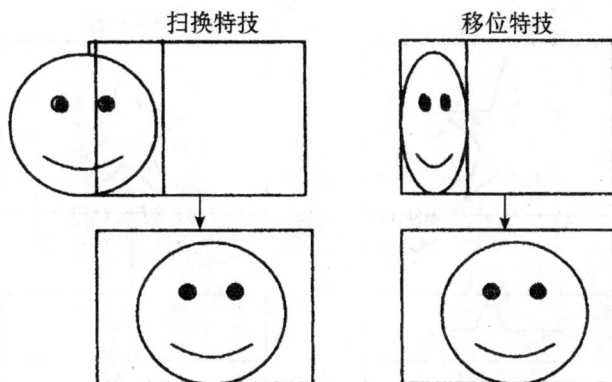

图 8 - 6

3. 裂像类

裂像是把原输入图像由屏幕中间向左右或上下分成两个半幅推开，要注意与模拟特技中由画面中心向两边扫换效果的区别，如图 8 - 7 所示。

4. 镜像

将输入图像显示为上下一正一反或左右一正一反被垂直或水平压缩的两部分画面，恰如镜中成像一样，如图 8 - 8 所示。

5. 镜间多重效果

该效果就像两面镜子相对而从镜子中看到的由大到小一连串相同图像那样，如图 8 - 9 所示。它是把经过数字特技压缩了的图像送到混合特技放大器，然后将混合特技放大器输出的压缩了的图像再接回数字特技输入端，按比例再压缩，如此反复而产生的。

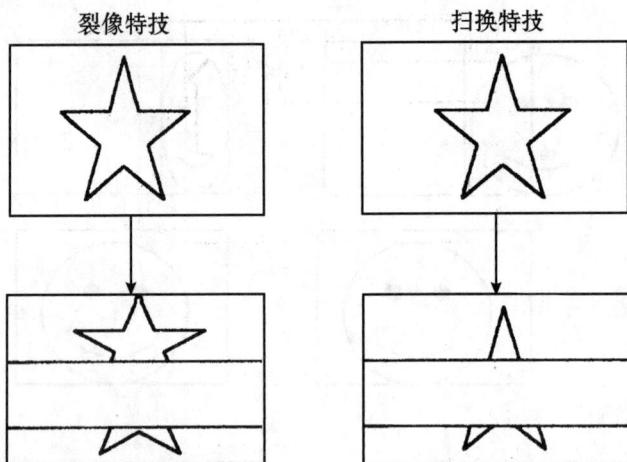

图 8-7

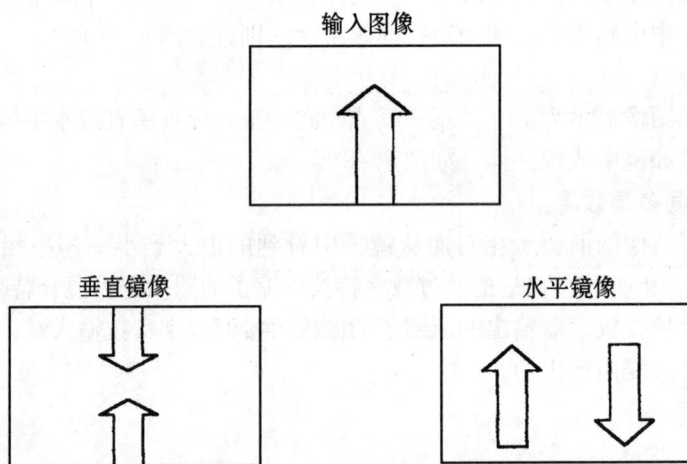

图 8-8

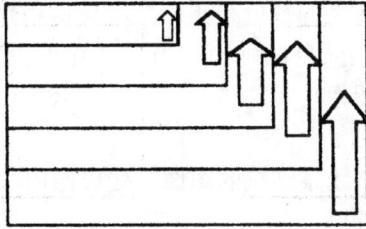

图 8－9

6. 反转

有水平反转、垂直反转和水平、垂直都反转三种，如图 8－10 所示。

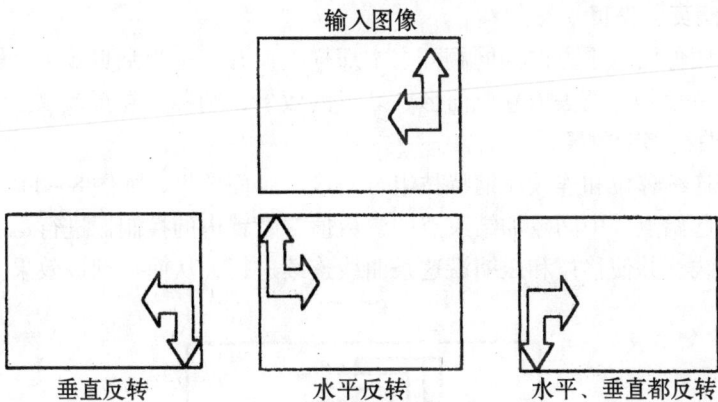

输入图像

垂直反转　　　　　水平反转　　　　水平、垂直都反转

图 8－10

7. 冻结效果

输入的活动图像的某一帧在屏幕上呈现为静止的画面称为冻结效果。冻结效果和压缩效果结合使用，可以在屏幕上呈现出 4、9 或 16 幅缩小的静止画面，这种效果称为多重冻结。每幅小画面可按任意的顺序陆续呈现出画面上的确定位置。

8. 运动轨迹效果

又称为频闪，可以把一个连续运动过程间断地显示出来。

9. 镶嵌效果

又叫马赛克效果，把画面变成像用彩色马赛克镶嵌成的一幅画面一样，可以随拉杆的移动改变马赛克的数量和颜色。当马赛克数量由多变少时，画面越来越粗略，最后变成单一颜色的画面；当马赛克由少变多时，画面越来越精细，最后恢复为原输入图像。

10. 油画效果

使输入的色彩丰富、线条细腻的图像，变成像用若干种颜色作大面积涂画而成的油画，称为油画效果。

11. 版画效果

使输入的色彩丰富、线条细腻的图像，变成大面积反差强烈的黑白画面，称为版画效果。

12. 负像效果

使输入图像的亮暗部分反相呈现，得到如黑白照片的底片一样的画面，称为负像效果。

13. 翻页、卷页

输入图像沿水平方向如同翻开书本那样被掀开，称为翻页效果。输入图像沿它的某一角翻卷而去或卷成筒形、球形的效果，则称为卷页效果。

14. 曲线移动效果

是将连续移位和连续压缩特技组合而成的画面效果，如图 8 – 11 所示。给装置输入起始点、中间点和结束点的参数值，装置内的控制器进行运算，可确定一条曲线，并使移位和压缩沿这条曲线连续进行，从而得到该效果。

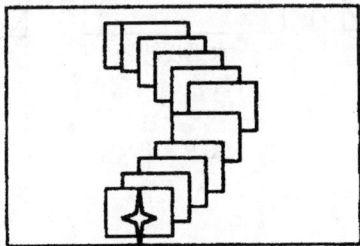

图 8 – 11

15. 旋转

数字特技所实现的旋转可以分别绕 X、Y 或 Z 轴进行。图 8 – 12 所示即绕 Z 轴和 Y 轴旋转的例子。这种旋转属二维旋转，通常和压缩效果配合使用产生旋转而来或旋转而去的效果。

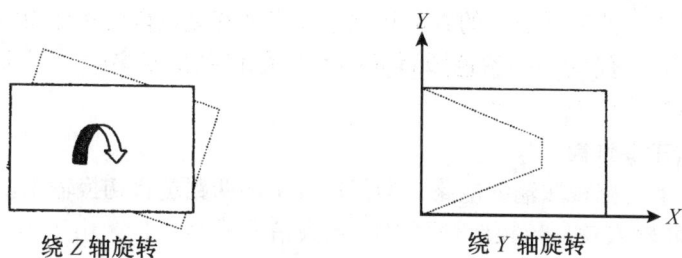

绕 Z 轴旋转　　　　　　　　绕 Y 轴旋转

图 8−12

16. 色键跟踪

在色键技术中，由于色键合成图像的背景和前景分别由两台摄像机摄取，当一部摄像机用变焦方式（推拉镜头）摄取画面时，所摄图像尺寸会改变，但另一部摄像机提供的图像尺寸并不能随之改变，结果是背景和前景的尺寸不能同步变化，造成合成图像的"虚假"感觉。这种缺陷是模拟特技无法克服的，利用数字特技却可以很好地解决这个问题：将色键信号发生器形成的色键信号同时送到数字特技装置和混合效果放大器，这样，在前景摄像机变焦过程中，键控信号的大小和位置在变化，背景信号也就随着变焦，从而达到背景对前景的自动跟踪，这种效果，称为色键跟踪效果。

以上所举仅是数字特技中的部分主要效果。现代电子技术和计算机技术日新月异，数字特技的新颖效果层出不穷，大家要从实际出发，结合具体的机器，仔细研究，以便最大限度地开发设备的潜能，提高使用效益。

8.4　MX−1 数字视频切换器

MX−1 是美国 VIDEONICS 公司 1994 年推出的数字视频切换器。它全部采用集成化数字电路，体积轻巧便携。

8.4.1 设备性能和主要技术指标

1. 设备主要性能

MX - 1 有 4 路视频输入电路，可任选其中的两路进行切换输出。4 路中的 3 路伴有音频输入口，音频信号可伴随视频信号同步切换。由于内藏双时基，视频输出信号较稳定。

MX - 1 具有如下特技效果：

（1）具有切换、混合、扫换、键控四大效果。

（2）画中画功能，可将窗口图像任意缩放、加边和改变边色。

（3）组合排版的功能：可将静止画面、彩线色块、活动图像结合在一起，任意选择图像的位置及大小，并可加上边框，同屏可显示两个活动画面和任意个其他画面。

（4）染色、压缩、静帧、马赛克、反色相、水平和垂直翻转图像、负片效果等功能。

2. 主要技术指标

电源：12VAC，1.2AMP，220VAC，50Hz

尺寸：300mm × 165mm × 99mm

重量：1.8kg

湿度：小于90%

温度：0℃ ~ 40℃

数字采样：13.6MHz，4 : 2 : 2，8bit 量化

时基校正：美国 RS - 170A 标准

视频信噪比：大于50dB

频宽：5MHz

颜色发生：可产生 128 种颜色（背景色和边色）

频响：20Hz ~ 20kHz，±3dB

音频信噪比：56dB

输入视频：4 × S - VIDEO（Y/C）：Y = 1Vp - p

　　　　　　C = 0.30Vp - p，75Ω，4 芯接口

　　　　　　4 × composite（RCA）：1.0Vp - p，75Ω，

　　　　　　RCA 接口

输入音频：6 × RCA 连接口，15kΩ

　　　　　　GPI：Mini - jack

输出视频（主监和预监）：2×1.0 Vp－p，75Ω，RCA 接口
S－VIDEO（主监）：$Y = 1$Vp－p，$C = 0.30$Vp－p，75Ω，
4 芯接口
输出音频（左声道和右声道）：$1k\Omega$，RCA 接口
耳机：-30dB，$8 \sim 100\Omega$

8.4.2 面板介绍

1. 前面板

如图 8－13 所示。

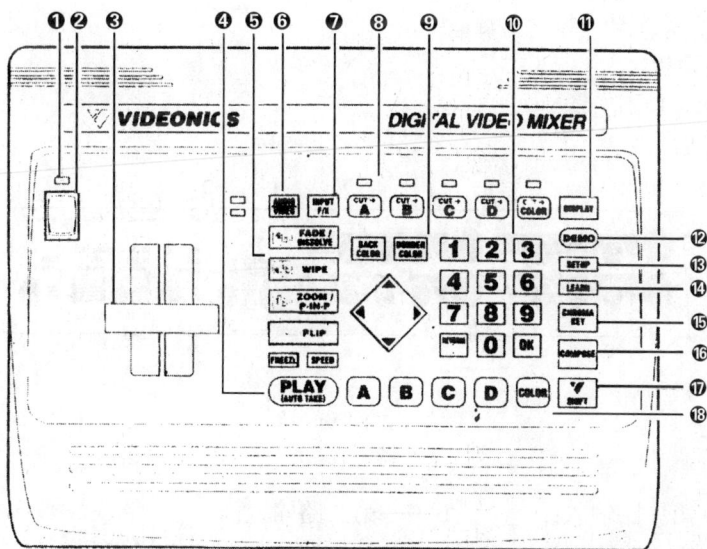

图 8－13

1——电源指示。

2——电源开关。

3——操作杆（人工控制）。

4——演示键（包括速度、静止画面键）。

5——切换方式四大类键。

6——音/视频选择键、提示灯。

7——特别效果处理键（包括马赛克、黑白效果等）。

8——当前图像源控制键、提示灯。

9——底色和边色键。

10——数字键盘（选择切换方式）。

11——预监屏显示键。

12——功能演示键。

13——重新设置屏幕键。

14——设置程序键。

15——色键。

16——组合功能键。

17——SHIFT 键。

18——预备图像源控制键。

2. 后面板

如图 8 – 14 所示。

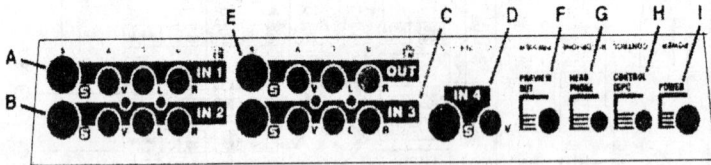

图 8 – 14

A——第一路输入。　　　　B——第二路输入。

C——第三路输入。　　　　D——第四路输入（只可视频）。

E——主监输出口。　　　　F——预监输出口。

G——耳机口。　　　　　　H——输入控制（GPI 接口）。

I ——电源接口。

8.4.3　基础操作

1. 功能演示（DEMO）

（1）MX – 1 中有一个已设置好的功能演示程序，只要按一下 DEMO 键就可使所有的切换功能循环演示，并可按任意键终止它。

（2）按 SHIFT + DEMO 键，也可以进行演示，此时，只能按 DEMO 键终止演示，这样可以预防错误动作使演示终止。

（3）当有多幅图像源输入时，MX－1 会自动选择前两个进行演示，只有一个图像源时，则用自己和自己的图像进行切换演示。

2. 预监屏及 DISPLAY

（1）所有四个输入图像，都可以在预监屏上通过 A、B、C、D 四路来进行监视，便于选择合适的图像来进行特技切换。预监屏如图 8－15 所示。

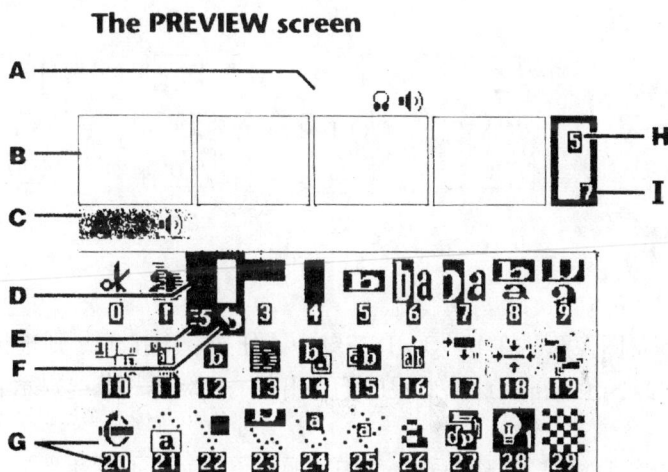

图 8－15

A——当前图像源提示灯（黄色）。指示播出的图像。

B——显示四路图像源。

C——预备图像源提示灯（绿色）。指示将用来切换当前图像的图像源。

D——提示当前所选择的切换方式。

E——显示当前切换方式的速度（按 SPEED 键改变）。

F——显示当前切换方式的方向（按 REVERSE 键改变方向）。

G——每种切换方式的图标和编号，共有 239 个。

H——背景颜色及编号。

I ——边缘颜色及编号。

（2）如果想用预监屏来监视某一路图像（全屏都显示此路图像）时，按 DISPLAY 键即可，按一次就选择一个，这样依次 A、B、C、D 选下去，最后回到预监屏。

3. 图像源选择

MX－1 有 A、B、C、D 四个图像源，其本身的底色也可以当成第五个图像源，所有的特技切换都是从一个图像源开始，并以另一个图像源结束，前者叫做"当前图像源"，后者叫做"预备图像源"。

（1）当前图像源。按 CUT→A 键，键上方指示灯亮，选择第一路信号为当前图像源。预监屏上 A 路监视的上方出现一个黄色长条，提示它是当前图像源。如果四路都有输入也可选择 CUT→B、C 或 D。

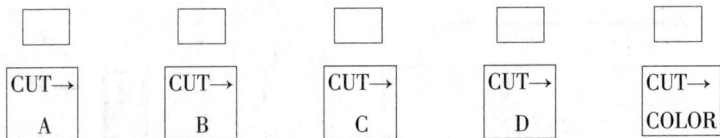

CUT→ A	CUT→ B	CUT→ C	CUT→ D	CUT→ COLOR

图 8－16

（2）预备图像源。在 B、C、D 三键中，任选一个按下，则选择此路信号为预备图像源，预监屏上此路监视的下方出现一个绿色长条，提示它是预备图像源。

如果想要改变当前图像源和预备图像源，也可按以上方法。

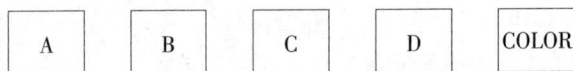

A	B	C	D	COLOR

图 8－17

4. 特技切换方式

（1）种类。MX－1 共有 239 种，分为以下四大类：

FADE/DISSOLVE	淡变/分解类	编号 160－179
WIPE	划像类	编号 30－159
ZOOM/P－IN－P	变焦/画中画类	编号 180－209
FLIP	包括翻滚、马赛克、亮键等类	编号 210－239

编号 0～29，是四大类中常用的 30 种，通常一开机就显示这 30 种。在预监屏下方，有各种图形标志，每一个就代表一种特技切换方式，操作者可以直

观地从图标上看到切换的方式，也可以参照切换方式表来选择。

（2）选择。选择特技切换方式，有三种方法：

①用箭头键。用上、下、左、右箭头移动光标直至选中。

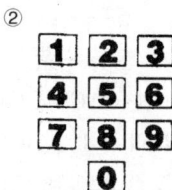
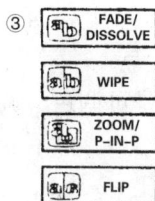

图 8 - 18   图 8 - 19   图 8 - 20

②用数字键。不论光标在任何位置，只要直接按数字键，选好后按 OK 键确认，光标会移至该编号的切换方式处。

③用四大类键。先确定想选的切换方式的种类，直接按四大类键的其中一个，然后在此大类中寻找并选择。

（3）播出。选好切换方式后，就可以在播出屏上播出观看效果，播出方式有两种：

①自动播出——PLAY 演示键。按 PLAY 键，即可自动播出，此时的切换速度、方向等是 MX - 1 内部设置好的。

②人工播出——TAKE - BARS 操作杆。用面板左部的人工操作杆播出，将其推动或拉动，由头到尾单方向操作一次，完成一个切换，相当于一个 PLAY，只要此杆停止运动，切换过程就可以停在任何位置，这样控制更加随心所欲。播出一个切换后，当前图像源和预备图像源会自动调换位置。

（4）修改。对于每一种切换方式，都可以修改其速度、方向、图像是否加边、底色和改变颜色。

①速度。按 SPEED 键，连续按至所要的速度编号（0 为最慢，9 为最快）。按 SPEED 键，可以使显示数字增加，用 SHIFT + SPEED 键，则可使数字减少。

②方向。按 REVERSE 键，可选择向正、反单方向。按 SHIFT + REVERSE 键，则可选择自动双方向（按一次 PLAY 时播出正方向，再按一次 PLAY 则可播出反方向），再按 SHIFT + REVERSE 键，可回到 REVERSE 时的单向状态。

③颜色。按 BACK COLOR 键，可改变背景色（底色），每按一次改变一种颜色，连续按至所要的颜色。按 BORDER COLOR 键，可给图像加上边，再按下去可改变边色，每按一次改变一种颜色并可连续按至所要选的颜色或消

除它。

基本颜色有 8 种，其他颜色需要调。编号 0～8 的颜色，是已经设定的，它们分别是：

0——黑色　　　1——白色　　　2——灰色

3——红色　　　4——黄色　　　5——绿色

6——蓝色　　　7——浅蓝色　　8——紫色

编号 9 是可调色，调色方法是：按 BACK COLOR 键或是 BORDER COLOR 键，设到编号 9，然后：Ⅰ. 按 SHIFT ＋1 或 4，增或减颜色成分（色调）；Ⅱ. 按 SHIFT ＋2 或 5，增或减颜色深浅（饱和度）；Ⅲ. 按 SHIFT ＋3 或 6，增或减颜色明暗（亮度）。

调色结果可在预监屏上看到。

8.4.4　特别功能介绍

1. 特别处理效果（INPUT EFFECT）

（1）功能菜单。按 INPUT F/X 键后，预监屏会出现一个菜单，如图 8－21 所示。

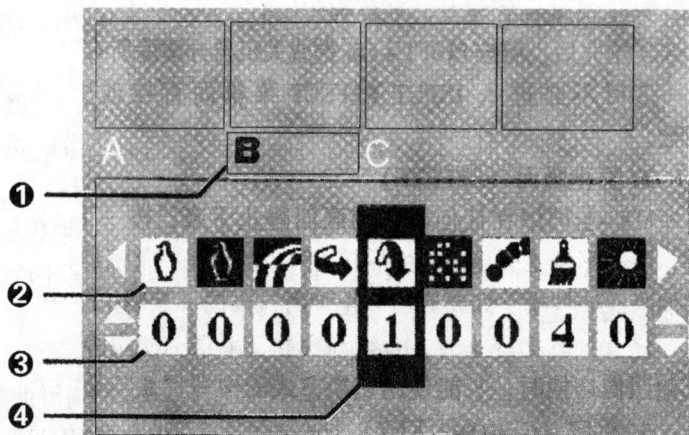

图 8－21

①提示所要处理的图像源。

②效果标志。

③显示效果是否正在使用/效果级数。

④光标（提示被使用的效果）。

效果标志说明如下表所示。

效　果	级　数	效　果	级　数
黑　白	0～1	负　片	0～1
反色相	0～1	水平翻转	0～1
垂直翻转	0～1	马赛克	0～3
抽　帧	0～7	油　画	0～7
曝　光	0～1		

（2）操作步骤。

①用 A、B、C、D 键选择想要处理的图像源。

②用箭头移动光标，左、右移动光标，上、下选择级数。数字是"0"时，表示处于关闭状态。

③选好后按 OK 或 PLAY 键，可播出效果。按 DISPLAY，则演示当前图像，再按一下，则是预备图像，用 DISPLAY 演示，只在预监屏上观看，不影响播出。

④用完后，可按 SHIFT＋OK 键或关机再开机清除所有的命令。

⑤可不必进入 INPUT EFFECT 菜单而直接改变效果和级数。

2. 静止画面（FREEZE）

MX－1 可以在任何时候使画面静止下来，按一下 FREEZE 键，当前图像就静止了，然后按 PLAY 键来完成这幅静止画面和其他画面的切换，如要取消静止画面，再按一下 FREEZE 键。

注意：音频不会静止下来。使用静止画面和其他图像切换时，只能使用切换方式表中有"#"号的方式。

3. 色键（CHROMA KEY）

操作步骤：

（1）准备两幅图像，假设 A 路为当前图像，B 路为预备图像（被抠图像）。

（2）按 CHROMA KEY 键，预监屏上会出现 B 路图像，中心还会出现一个闪烁的游标。

（3）用箭头键来移动游标，停留在要抠掉的颜色上。

（4）按 OK 键，所有的颜色都被抠掉，而 B 路被抠掉颜色的地方就透出 A 路图像。

（5）如果因颜色不纯导致有些地方还有残留，或还有其他的颜色要抠，可继续移动游标反复操作直至满意。

（6）如果因操作不慎，抠错其他颜色或抠出的效果不满意，可按 SHIFT + OK 恢复到上一命令。

（7）调节。

①对于一些残留的闪烁的光点，删除它可用 SHIFT + 箭头键（↑或↓），调节光幅度使其消隐。对于一些不纯的颜色，可用 SHIFT + 箭头键（←或→），调节颜色幅度，使更多颜色被抠掉。

注意：背景色和所要抠的颜色不能太接近，要尽量分明一些。

②清除调节命令。未按 OK 键确认前，要恢复光、色幅度，按 SHIFT + CHROMA 键；按 OK 键确认后，要清除所抠的结果，按 SHIFT + OK 键。

（8）按 PLAY 或用操作杆来操作。

（9）演示结果，在播出屏上播出，再按一下 PLAY，则返回 A 路图像。

（10）按 DISPLAY 或 CHROMA KEY 键结束操作。

4. 画中画（PICTURE – IN – PICTURE）

在一幅画面（前景图像）中的任何位置上，开一个小窗口（背景图像），这就是我们通常说的画中画，该窗口可以任意移动，并可随意放大或缩小，还可以为它加上任意颜色的边或将它静止下来。

操作步骤：

首先，我们把当前图像作为背景，预备图像作为前景（背景颜色不可以作为窗口的前景图像）。

按 SHIFT + ZOOM/PIP 键，预监屏上出现背景图像和一个小窗口（前景图像）。

（1）可用箭头将窗口移动到任何位置。

（2）可按 BORDER COLOR 键给窗口加边和改变边色。

（3）用 SHIFT + 箭头键可改变窗口的尺寸大小。按 SHIFT + 箭头键（↑或↓），可按长和宽的比例来加减窗口的尺寸。按 SHIFT + 箭头键（→或←），可把窗口加宽或收窄（高不变）。

（4）可按 PLAY 或用操作杆在播出屏上播出，再按一次则从画中画状态回到背景画面。

（5）播出后，还可以继续加以修改，如换边色、放大缩小、静止背景画面等。

（6）可用 SHIFT + ZOOM/PIP 键或 DISPLAY 键来结束操作。

5. 组合排版功能（COMPOSE）

可以在背景图像上，将任意个前景图像缩小并排列上去，并任意缩放、加边和移动等。

（1）主要作用。制作彩色线条和色块；在活动背景上加任意个静止画面的窗口；可帮窗口图像加立体或阴影；将多幅画面组合排版；在背景图像上加一幅活动的窗口；提供标准彩条。

（2）制作方法。按下 COMPOSE 之后，预监屏上出现背景画面，还会出现一个闪动的方框。可用箭头键将方框移动到任何位置。可用 SHIFT + 箭头键改变方框的尺寸大小。按 SHIFT + 箭头键（↑或↓），可按长和宽的比例来加或减方框的尺寸（只是改变比例）；按 SHIFT + 箭头键（→ 或 ←），可把方框加宽或收窄（高不变）。

选定位置和大小后，可按 A、B、C、D 或 COLOR 键用任何一路来填充方框，使其成为各种图形或窗口。可按 BORDER COLOR 键给窗口加边和改边色。可以把方框从当前窗口移动到其他位置，按 SHIFT + OK 键将它复制一个。

可按 PLAY 或用操作杆在播出屏上播出。

可再按一次 COMPOSE 键结束操作。

8.5　电视字幕机

字幕机可以看作是视频切换器的一种应用。早期屏幕上的字幕，是将文字写在纸上，用黑白摄像机摄取后，再通过外键特技将其嵌入背景画面中，随着计算机技术的广泛运用，加上节目制作中大量叠加字幕的需要，一种单一功能的字幕发生叠加器从视频切换器中独立出来——电视字幕机应运而生。

电视字幕机是一种能产生与标准信号同步的多种汉字、图形和字符，并能将它们叠加到外来视频信号上去的装置。其工作原理是：用微处理机产生多种字符、汉字及图形，然后再把它们转换成符合国家标准的 PAL 制电视信号，叠加到电视画面上。

　　世界上第一台彩色字幕机在 1984 年由日本 SONY 公司公开发布，型号为 SMC‑70GP。发展至今天，计算机平台从 Z80A、Intel80X86 至 Pentium；字色由 16、256、64K 到 16.7M 色。功能上，除了能产生字符、汉字外，大都具备一定程度的电子绘图、数字特技和三维动画创作等功能，还具有图文编辑和字幕播出控制能力。字幕机与切换台、特技机等设备配合，能够极大地提升画面的表现力，并使节目制作效率大幅度提高。

　　电视字幕机由硬件和软件两大部分组成。硬件部分通常包括一台微型计算机，一个由编码器和字幕叠加器组成的 PAL 合成器和同步锁相电路以及一些特殊功能板卡；软件部分包括字库软件、视频图像处理软件、系统控制软件以及字幕、图形、特技的编辑与播出软件等等。字幕机的外部接口主要包括视频信号的输入、输出接口，基准同步信号输入接口和键信号输出接口。

8.6　虚拟演播室技术

　　虚拟演播室技术是 20 世纪 90 年代末发展起来的一种基于虚拟现实的电视节目制作技术，是视频技术、数字技术、计算机技术及多媒体技术等多种现代技术高速发展和交叉整合的结果。

8.6.1　虚拟演播室技术产生背景

　　早在 1978 年就有人提出过用计算机产生虚拟背景来代替真实场景，但由于计算机硬件运算速度慢，图形图像处理能力差而未能实现。1990 年欧盟开始对其立项研究，美国、日本和法国也纷纷开始研究。90 年代中后期开始有产品推向市场。其中有代表性的国外公司及产品有：GMD 公司的 3DK 系统、以色列 ORAD 公司的 Cyberset 系统、美国 Acom 公司的 Elset 系统、以色列 RT‑SEI 公司的 Larus Otus 系统、美国 Evans and Sutherland 公司的 M indset 系统等等。在国内，1998 年方正公司推出了虚拟布景系统，1999 年大洋公司、奥维迅公司、索贝公司都展示了自己的虚拟演播室系统。近年来，随着虚拟演播室技术的发展，系统越来越完善，图像的质量也越来越高。

8.6.2 虚拟演播室技术的原理与功能

虚拟演播室技术的原理是将摄像机拍摄的前景图像与计算机设计的三维虚拟背景空间相融合以形成新的视频图像。

虚拟演播室技术是由色键技术发展而来的。色键技术是电视节目制作中的常用特技：在演播室里蓝幕布前的播音员由一台前景摄像机记录，背景（由录像机或计算机工作站生成和输出的视频图像）通过色键取代了演员身后的蓝背景，得到播音员叠加在背景上的混合图像。

色键技术使电视图像的前景和背景可以分开制作，然后再进行合成，提高了制作效率，减少了制作费用，更为主要的是，运用色键技术可以完成一些用普通手法无法完成的特殊合成。例如真实人物与计算机生成的虚拟背景的合成等等。正因为有这些优势，色键技术在视频界早已得到广泛应用。但这种传统的抠像技术也有缺陷，即前景和背景在混合时，只能完成简单的叠加，当演播室内摄像机进行变焦或发生镜头运动时，背景无法同步变化。同样，背景摄像机变动时，前景也无法同步变化，这就造成了前景与背景的相对位置关系不正确，看上去播音员好像是在背景上漂浮，使得画面显得虚假。这是长期困扰视频制作界的一个难题，解决的办法是对前景与背景在空间的相对位置进行锁定，使前景与背景同步变化，这也就是虚拟演播室技术的功能。

8.6.3 虚拟演播室系统的构成

典型的虚拟演播室系统是由摄像设备、摄像机位置参数分析及控制、图形计算机、背景素材库和图像合成等设备组成，如图 8-22 所示。具体的工作过程是：演员由一台前景摄像机（真实摄像机）拍摄，背景图像记录及生成系统（图形计算机和背景素材库）称为虚拟摄像机。真实的和虚拟的两台摄像机，在虚拟演播室技术中始终是锁定的。真实摄像机的位置参数，包括摄像机在演播室中的物理位置，摄像机的倾斜、转动甚至翻转的数据，以及摄像机镜头的焦距和聚焦设置，所有这些参数都将在计算机中进行分析，相应于前景图像的背景图像的控制随即完成。然后，前景图像（包括演员和真实场景）以及计算机生产的背景图像在色键控制器中无缝地合成。输出的图像可以直接播出或记录在存储媒体上。

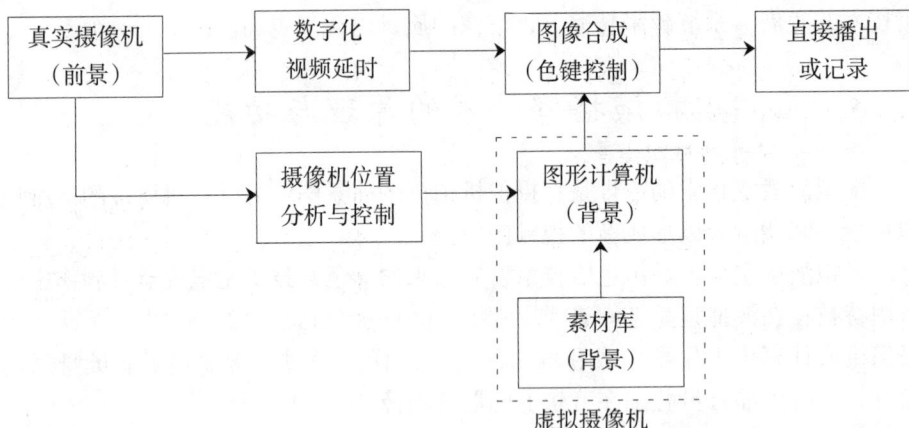

```
┌──────────┐     ┌──────────┐     ┌──────────┐     ┌──────────┐
│ 真实摄像机 │ ──→ │  数字化   │ ──→ │  图像合成  │ ──→ │ 直接播出  │
│  (前景)  │     │ 视频延时  │     │ (色键控制) │     │  或记录   │
└──────────┘     └──────────┘     └──────────┘     └──────────┘
     │                                   ↑
     │           ┌──────────┐     ┌ ─ ─ ─ ─ ─ ─ ─ ─ ─ ┐
     │           │ 摄像机位置 │         ┌──────────┐
     └────────→ │ 分析与控制 │ ──→ │ │ 图形计算机 │     │
                 └──────────┘         │  (背景)  │
                                  │   └──────────┘     │
                                          ↑
                                  │   ┌──────────┐     │
                                      │  素材库   │
                                  │   │  (背景)  │     │
                                      └──────────┘
                                  └ ─ ─ ─ ─ ─ ─ ─ ─ ─ ┘
                                         虚拟摄像机
```

图 8 – 22

　　虚拟演播室技术包括摄像机跟踪技术、蓝背景技术和三维场景造型生成、键信号处理与图像合成等。

　　1. 摄像机跟踪技术

　　摄像机跟踪技术是指在节目拍摄过程中实时获取摄像机在演播室中的实际位置参数和动作参数。其中包括摄像机镜头参数 ZOOM、FOCUS，云台运动参数 PAN、TILT。获得这组参数就有可能把摄像机和镜头与一台高性能的计算机连接（该计算机可以生成背景的每一场），背景制作的应用软件根据这些参数来调整虚拟摄像机的位置、方向和镜头参数，使虚拟场景产生相应的变化，使虚拟演播室的制作成为可能。

　　2. 蓝背景技术和三维场景造型生成

　　制作虚拟演播室的蓝背景要求背景平滑，还要有空间感，一般是两面或三面蓝色墙再加上地面。为保证全景镜头的使用，照射在蓝背景上面的光线要均匀。为了保证色键效果最好，要使用纯正的色键蓝色。蓝背景的空间大小，应该保证可容纳全部道具并且可以使主持人有足够的活动区域。虚拟演播室中的背景图像可以是动态的，也可以是静止的。利用最多的是虚拟场景，也就是由计算机创作的三维图形。

　　在虚拟演播室中，首先要对场景中的所有物体进行建模，也就是设计物体的外形和尺寸，这与计算机辅助设计很相似：在建立一个模型的同时，计算机将它们分解成许多个多边形。一般是三角形，然后定义一个轮廓，在每个多边形上施加材质，可以是简单的颜色，也可以是材料。再把图像或照片施加在多边形上，以产生更逼真的效果。衡量一个场景的复杂程度其中主要一点是看这个场景中所包含的多边形的数目，而场景制作得越复杂，对系统的三维渲染能力要求也会相应提高。

3. 键信号处理与图像合成

色键器在虚拟演播室色键处理流程中完成的主要工作是从摄像机所提供的前景信号中提取出键信号使主体人物同色键背景分离。色键制作的质量对虚拟演播室的节目质量影响相当大，它除了与蓝背景、制作环境灯光和摄像机有一定关系之外，色键器本身的质量也会影响节目质量。

8.7　中科大洋 MagicSet Ⅱ 系统

8.7.1　系统简介

MagicSet Ⅱ 是北京中科大洋科技发展股份有限公司的虚拟演播室系统。该系统采用了真三维的全场景实时渲染技术，包含虚拟摄像机动画功能，支持实时的大屏幕虚拟电视墙、Motion Track 传感器，内嵌了可以生成雨雪、落叶、礼花、喷射等效果的粒子系统。可以实现用事先渲染好的图像，在场景中仿真动态和静态的三维物体，并实时地控制图像在三维场景中的空间位置，同时可对图像进行任意的平移、旋转、缩放，能以很高的精度模仿火焰的燃烧、三维物体的旋转、景观的连续变化等。

MagicSet Ⅱ 虚拟演播室系统的最大特点是将必备的所有功能模块都集成在了一台高性能 PC 图形/图像工作站内，其所有功能模块采用内部数据总线联结，系统内部的视频信号都是以 4∶2∶2 的数据流的方式传递，系统可靠性较高。信号外通路连接较简单，对系统改造较有利。另外，系统还提供了完善的外部接口，如 TALLY 信号和 VTR 控制功能，具备模拟复合、分量或 SDI 数字等多种信号。

8.7.2　MagicSet Ⅱ 系统软件操作

1. 系统工作界面

找到桌面上启动系统快捷图标，双击鼠标后，即可弹出 MagicSet Ⅱ 系统的启动画面。

系统界面大致分为 7 部分：菜单条、工具行、视图区、命令面板、三维场景窗口/非编素材窗口/编辑面板窗口/特技效果控制区，动画编辑窗口/素材播放窗口控制区及物件属性显示区。

（1）菜单条。MagicSet Ⅱ 和大多数三维建模软件相类似，在界面最上方拥有一个标准的屏幕菜单条，其中包括常规的文件、编辑、帮助菜单，其自身特殊的菜单包括：

群组（G）——对场景中的三维物件进行物件组的编辑操作。

设置（S）——对系统中各功能模块的参数进行调整。选中某一模块后可在弹出的对话框中对其参数进行调整（工具行中包括相应的快捷键）。

工具（T）——包括监视器彩条显示控制、物件选取、主预监摄像机切换和动画播放控制等工具。

（2）工具行。工具行位于菜单条的正下方，除新增的对场景物件控制的按键外，其余均为菜单命令中相应的快捷键，为操作者提供了方便。

（3）视图区。在屏幕中占据较大区域的四个矩形视图称为视图区。视图区用于显示场景各个方向的视图，我们可以通过视图从不同的角度来观察所建立的场景。系统缺省状态是以四个视图（俯视图、左视图、前视图、透视图）的划分方式显示的，这是标准的划分方式。同时，为了便于细部编辑，也可以切换为单视图的显示方式。

（4）命令面板。屏幕右上方由 6 个按键组成的区域为系统的命令面板，它包括调整场景/编辑动画切换按键，显示/关闭切换台按键，以及提供各种视图控制的工具，包括放缩、平移、旋转等命令，以便于灵活地观察视图中的编辑对象。

（5）三维场景窗口/非编素材窗口/编辑面板窗口/特技效果控制区。命令面板下方是一个多重命令窗口叠加区，通过点击上方的命令行进入相应的控制窗口。

（6）动画编辑窗口/素材播放窗口控制区。动画编辑窗口/素材播放窗口控制区位于界面最下方，是对场景物件动画编辑操作和视频播放素材编辑的主控制区。

（7）物件属性显示区。物件属性显示区位于界面的右下方，在对场景中的物件进行编辑操作时，显示物件的详细属性。

2．系统菜单条及工具行命令介绍

（1）"文件（F）"下拉菜单。"文件"菜单包括新建、打开、保存及退出等功能，是需要经常访问的菜单之一。这些功能与其他一些应用程序非常类似，因此比较容易理解。

（2）"编辑（E）"下拉菜单。

①撤销：用于撤销上一次的操作，可连续使用。

②重复：用于恢复上一次撤销的操作，可连续使用。

（3）"群组（G）"下拉菜单。场景中的物件既可以单独编辑操作，也可以将若干个物件编辑成组作为一个整体进行编辑控制。"群组"中的命令即是实现对物件组的编辑。

①物件编组：将当前场景中选择的所有物件指定为一个物件组。建组后不会对原物件做任何修改，只要点取组中任意一个物件，整个组都会被选择。

②打开组：使组内对象暂时独立，以便单独进行编辑操作。

③关闭组：将暂时打开的群组进行关闭。

④取消编组：取消组的设置。

（4）"设置（S）"下拉菜单。

①色键器调整参数：打开色键器调整窗口进行对色键器抠像效果的调整。

②摄像机镜头参数：打开摄像机校准窗口进行对摄像机的设置和校准。

③摄像机机位参数：打开场景摄像机设置窗口进行对摄像机机位参数的设置。

④虚拟雾效参数：打开雾效设置窗口进行对背景雾效参数的设置。

⑤系统蓝箱参数：打开场景蓝箱设置窗口进行对系统蓝箱参数的设置。

⑥系统路径参数：打开系统路径参数窗口进行对三维场景、场景纹理、系统插件路径的设置。

⑦前景延迟/多画面等参数：设置前景摄像机视频延迟场数（一般设置为偶数场），调整多画面显示的名称及比例。

（5）"工具（T）"下拉菜单。

①彩条：在监视器上显示出彩条。

②清图文层：清除监视器上显示的彩条。

③全部选中：选中三维场景中的所有物件。

④切换主预监摄像机：实现主监摄像机和预监摄像机的切换。

⑤双屏动画同步：在播放动画时，勾选此项可使显示器和监视器上的动画

同步播放。

⑥是否渲染预监背景：使预监呈现前景与背景的合成画面（需要单独配备一台外置色键器）。

⑦是否动画集与时码轨同步：在动画播放中时码轨同步运行。

⑧打开播控台模拟器：选中此项功能时，播控台将打开（取消时关闭）。

⑨清除编辑过程数据：删除编辑过程中间数据。

（6）"帮助"下拉菜单。显示电子帮助。

（7）三维物件调整按钮。位于工具行末端的三个按键为三维物件调整按钮，可以对物件的大小、位置等属性任意调整。

3. **系统视图区功能介绍**

在屏幕中占据较大区域的四个矩形视图称为视图区。MagicSet Ⅱ 3D 系统中，我们可以通过视图从各个不同的角度和方向来观察所建立的场景。每个视图区都以黑色镶边，左上角显示着当前视图的类型名称，所有视图中，只有一个是当前活动视图，它的特征是蓝色镶边。活动视图是操作工作进行的地方，其他不活动视图只具备显示效果的能力，当进行动画编辑时为红色镶边。

系统缺省状态是以四个视图的划分方式显示的，它们是俯视图、左视图、前视图、透视图，这是标准的划分方式。我们可以在三个正视图中调节获得场景变化的准确性，而在透视图中观察整个场景的立体效果。同时，也可以切换为单视图显示方式，便于细部编辑。

视图区快捷菜单：

在视图区的任一视图中点击鼠标右键，可以打开一个视图快捷菜单，用来完成各种视图的快捷操作，菜单中提供了所有可供选择的视图类型，包括：前视图、后视图、左视图、右视图、俯视图、仰视图、平行投影图、透视投影图、摄像机1、摄像机2、摄像机3、摄像机4等。当选中某一视图区，点击鼠标右键进入选择菜单，可根据当前编辑操作的需要进行视图显示类型的设定。

当将某一视图区设定为"摄像机"显示模式时，是以场景中虚拟摄像机的视点观察整个场景的显示效果，此时不能对场景中的物件进行调整。通常在使用虚拟摄像机制作全场景动画时，需要将视图区设定为"摄像机"模式，以观察最终的动画效果。

视图控制工具：

屏幕右上方的区域就是视图控制区域，它由四个按钮组成：

放大视图：将当前视图进行最大/最小切换。

平移视图：点击后在视图区拖动鼠标，对当前视图进行上、下、左、右等比例的平行移动。

缩放视图：通过改变焦距大小，对当前视图进行放大、缩小操作。

旋转视图：点击后在当前视图区拖动鼠标，进行视图的旋转操作。

4．系统功能模块

系统功能模块包括六部分：三维场景控制窗口、非编素材控制窗口、编辑面板控制窗口、特技效果控制区、动画编辑窗口、素材播放窗口控制区。

（1）三维场景控制窗口。位于控制区第一项功能模块的是"三维场景"控制窗口。此窗口显示了场景中所有物件的结构化列表，列表的根结点是"场景"，在它的下面包括两个分支项目：

①摄像机：列表显示场景中每个摄像机的控制状态。本系统提供手动、自动两种摄像机控制模式。用户可以在"场景摄像机设置"窗口中设定，选择"手动控制"时，列表中相应摄像机前以图标显示，"机械传感控制"以图标显示。

②物件：列表显示场景中所包含的所有三维物件属性及物件的编组状态。从图中我们可以看到，在每个物件名称前均有4个小图标，它们分别用来表示显示/隐藏三维物件、物件掩膜、活动视频1和活动视频2的开关状态，当某图标亮显时，表示与之对应的功能项处于打开状态。

显示/隐藏三维物件：鼠标点击某物件前的图标，亮显后该物件在场景中显现。反之，物件隐藏。

物件掩膜：设定物件掩膜属性，对前景实现前后遮挡。

活动视频1、活动视频2：系统支持双路视频播放功能，可对某一物件设定活动视频1属性，对另一物件设定活动视频2属性，实现在同一时刻不同物件上播放不同素材（同一物件不能同时设定活动视频1和活动视频2两种属性）。另外，如果对场景中的物件进行了编组设置，物件列表中就会以分支的形式显示物件组及物件组中所包含的所有物件，使您对场景物件的组成状况一目了然。

（2）非编素材控制窗口。位于控制区第二项功能模块的是非编素材控制窗口，其中包括两个显示区：

非编素材：显示存放在硬盘指定的素材目录中的所有素材文件。

缺省路径列表：指定素材在硬盘中的读取目录，可指定多个目录。

当要添加某一指定的素材文件时，只需点击非编素材中的图标，在随后弹出的对话框中选择其文件路径，"打开"后，该素材将在列表中显示其缩略图。

如果要删除列表中的某个素材，只需在非编素材中选中素材，而后点击图标即可。

当要添加某一指定目录下的素材文件时，只需点击缺省路径列表中的图标，在随后弹出的对话框中选择其文件路径，"确定"后，该目录下的所有素材将在列表中显示其缩略图。

如果要删除列表中的某些素材，只需在路径列表中选择素材所在路径，而后点击图标即可。删除某一路径后，该目录下的视频素材将会从列表中消失，但并没有从硬盘中删除。

（3）编辑面板控制窗口。编辑面板窗口包括以下四个区域：

①主监摄像机位：主监摄像机位 CAM1，2，3，4 四个按钮分别对应于四路摄像机信号与背景合成后的主输出，可以通过手动进行主输出切换。

②预监摄像机位：预监摄像机位 CAM1，2，3，4 四个按钮分别对应于四路摄像机信号与背景合成后的主输出，可以通过手动进行切换。主预监摄像机位的数目由场景设置中虚拟摄像机的个数决定。

③设置视频物件组：此模块可以将场景中的一个或几个三维物件编辑成一个视频组，使它们可以同时播放同一视频素材。

④设置掩膜物件组：此模块可以将场景中的一个或几个三维物件编辑成一个掩膜物件组，使它们可以同时打开掩膜属性，使物件与前景间产生互相遮挡的效果。

（4）特技效果控制区。特技效果控制窗口位于 MagicSet Ⅱ 界面右侧控制区的最后一项，是生成多种丰富特技效果的核心工作区。其中包括粒子系统和 BILLBOARD 两种特技功能。

此处控制面板的操作与其他控制区略有不同，在每个特技效果命令面板内，每一级的命令面板按项目不同进行归类，每个项目顶端有一个控制项目展开的伸缩条，左侧为"＋"号表示此项目未展开，左侧为"－"号表示此项目已展开；伸缩条上的文字说明了此项目中的内容；单击伸缩条即可展开和收起项目面板。

由于某些命令面板内容过多，以至于展开后过长，无法在屏幕上全部显示，这种情况可以通过滑动来解决，当鼠标箭头显示为图标时，按住左键拖动鼠标，即可对面板进行滑动，以寻找进行控制的项目。

①粒子系统。

粒子系统（Particle System）是一种基于物理模型解决问题的方法，主要作用是用来解决由大量按一定规则运动、变化的微小物质组成的物质形式在计算机上的生成与显示的问题，其应用相当广泛。MagicSet Ⅱ 内嵌的粒子系统提供了礼花、雨、雪、树叶、气泡、喷射共 6 种基本粒子模板。同时，还可以根据自己的需要通过对粒子基本参数的简单调整得到更多种奇妙的效果。

粒子系统的参数设置由以下三部分组成：选择粒子类型、外力作用参数和粒子基本参数。

②BILLBOARD（公告牌）。

BILLBOARD 技术是虚拟演播室特技功能的一部分。它消耗很小的系统资源，但很好地模仿了场景中的动态和静态三维物体。仿真是通过其他图形图像软件生成图像序列或单张图像连续播放实现的，而图像是以带有 Alpha 通道的 . tga 图像类型文件保存。

（5）动画编辑窗口。在 MagicSet Ⅱ 中，制作动画非常简单，只要进入动画编辑状态，任何三维物件都可以制作成动画。在进行动画制作时，你必须理解"帧"的概念，"帧"就是在动画中记录物件每一个动作的画面。MagicSet Ⅱ 提供了一套完备的工具，利用它们可以很好地调整和编辑动画关键帧，以控制物件的运动。

（6）素材播放窗口控制区。在设置好场景中三维物件的视频属性后，视频窗口中播哪些素材，以什么顺序播放，都是由素材列表窗口进行控制操作的。

在该窗口上方有一系列控制按钮，它们的具体功能如下：

①上移素材：指定的光标上移，激活当前选中的素材段的上一条素材文件。

②下移素材：指定的光标下移，激活当前选中的素材段的下一条素材文件。

③删除素材：删除当前选中的素材文件。

④增加断点：在当前选中的素材段位置打断点，在制作的时候只播出断点之前的素材文件。

⑤选择当前行：选择当前的素材文件。

⑥选择所有素材：选择在素材列表窗口中包括的所有素材文件。

⑦停止：停止素材文件的播出，回到列表首条素材文件的首帧。

⑧播放：在视频窗口中播放素材文件。

⑨暂停：暂停当前素材文件的播出，停止在当前帧。

⑩循环播放：循环播放当前素材文件。

⑪单向播放：只进行一次素材播放。

5. 摄像机机位参数

在系统菜单条的"设置"项中点选"摄像机机位参数"或直接点击位于工具行的快捷键，系统弹出摄像机设置窗口。

若要添加摄像机只需点击按钮，系统会自动在"摄像机 01"后添加"摄像机 02"，并进入对摄像机 02 的参数编辑状态。点击按钮即可删除当前选中的摄像机。

MagicSet Ⅱ 系统同时支持二维半功能，只需点击 2.5D 功能模块前的蓝色按钮，亮显后，即可关闭所有三维实时渲染元素，打开平面贴图功能。

（1）场景图像文件。二维半系统通常是以一张图片或一组图片为背景，利用摄像机参数对整幅图片（或整组图片）进行处理以实现摄像机的推、拉、摇等功能。图片的制作有多种方法，可以事先利用三维建模软件设计好模型后渲染生成，也可以用专门的制图软件制作，更简单的是使用数码相机拍摄而成的实景为背景。将制作好的背景图存入系统，点击选项后的按钮，在弹出的"打开"对话框中设定图像文件路径，即可调出。系统支持 .TGA，.BMP，.PCX 和 .JPG 格式的文件，默认类型为 ALL Format。同时，系统支持最大到 2048×2048 像素的图像文件，但使用 1024×1024 的图像较能保证图像最佳的显示效果。

（2）平移 X、Y。改变 X、Y 的坐标值，可以调整整个图像在屏幕的显示区。

（3）缩放。改变显示比例，放大或缩小图像。

（4）掩膜图像文件：为使整个画面具有真实的空间感，2.5D 系统同样支持遮挡掩膜功能。并且同一图像中可同时设置 6 个掩膜文件，以实现多层次的遮挡效果。掩膜图像的制作，可以在三维建模软件中将作为遮挡物的物件选出后，再将整张图做黑白渲染，或者应用图像制作软件（如 Photoshop 等）将遮挡物做成 Alpha 通道而成。调入掩膜文件，只需点击选项后的按钮，在弹出的"打开"对话框中设定掩膜图像文件的路径即可。系统支持 .TGA，.BMP，.PCX 和 .JPG 格式的图像文件，默认类型为 ALL Format。掩膜图像的大小要与原图像的大小一致。

控制窗口中所有数值可直接键入或用鼠标点取上、下箭头来增大、减小数值，此外还可以将鼠标置于数值上，点击亮显后上下拖动鼠标来改变数值大小。

6. 系统蓝箱设置

系统提供了无限蓝箱的功能，且可以选择不同的蓝箱形状进行调整。在设置菜单中选择"系统蓝箱参数"命令，弹出场景蓝箱设置窗口。

蓝箱类型：系统提供四种形状的蓝箱，即蓝箱无侧面、蓝箱左侧面、蓝箱右侧面、蓝箱双侧面，可根据演播室实际情况选择合适的蓝箱类型。

蓝箱角点 1：为蓝箱空间对角线的左下角点，通过调整 X、Y、Z 坐标改变角点 1 在三维空间的位置。

蓝箱角点2：为蓝箱空间对角线的右上角点，通过调整 X、Y、Z 坐标改变角点2在三维空间的位置。

窗口中所有数值可直接键入或用鼠标点取上、下箭头来增大、减小数值，此外还可以将鼠标置于数值上，点击亮显后按住鼠标左键上下拖动来改变数值大小。

7. 系统路径设置

在设置菜单中选择"系统路径参数"命令，显示路径设置窗口。

三维场景路径：单击"省略号"在弹出的"打开"窗口内设置三维场景打开、存储路径，默认路径为 MagicSet Ⅱ3D 安装目录下的 Scenes 子目录。

场景纹理路径：单击"省略号"在弹出的"打开"窗口内设置三维场景纹理路径，默认路径为 MagicSet Ⅱ3D 安装目录下的 Texture 子目录。

系统插件路径：单击"省略号"在弹出的"打开"窗口内设置系统插件路径，默认路径为 MagicSet Ⅱ3D 安装目录下的 Stbplugs 子目录。

8. 前景延迟/多画面等参数

在设置菜单中选择"前景延迟/多画面等参数"命令，显示设置窗口。

前景摄像机视频延迟：当摄像机摇动，前景与背景脱离时，调整此参数（以场为单位），使前景与背景摇动时紧密结合。

多画面通道名称和显示比例：在此设置多画面的名称和它所显示的比例，如 4：3、16：9 或 Full。

9. 大洋控制面板

在屏幕的右上角，有一个虚拟切换台按钮，点击该按钮，出现切换台窗口，可以进行相应的切换。

10. 系统快捷键

新建 CTRL + N、打开 CTRL + O、保存 CTRL + S、另存为 CTRL + A、撤销 CTRL + Z、重复 CTRL + Y、物件编组 CTRL + G、打开组 CTRL + P、关闭组 CTRL + E、取消编组 CTRL + U、色键器调整参数 ALT + K、摄像机镜头校准 ALT + C、摄像机机位参数 ALT + P、虚拟雾效参数 SHITF + F、视频背景参数 ALT + V、系统蓝箱参数 ALT + B、虚拟路径参数 SHITF + T、彩条 ALT + X、清图文层 ALT + D、切换主预监摄像机 ALT + R。此外，可以在动画集属性对话框中自定义动画集的快捷键。

本章小结

本章介绍了视频切换器的概念、分类和特点以及模拟、数字两类切换器的主要原理、组成及功能，详细介绍了 MX－1 视频切换器的操作使用方法。对近年来兴起的虚拟演播室技术，从原理、功能、技术构成等方面进行了介绍，并详细介绍了中科大洋的 MagicSet Ⅱ 系统。

复习思考题

1. 视频切换器可以分为哪几种？各有什么特点？
2. 模拟视频切换器有哪些主要功能？
3. 数字视频切换器有什么优点？
4. 外键和内键有什么不同之处？
5. 虚拟演播室技术与色键技术有何异同？

9

非线性编辑系统

本章要求

- ☐ 掌握电视编辑技术的发展历程。
- ☐ 掌握非线性编辑系统的概念、工作过程和特点。
- ☐ 掌握非线性编辑系统的分类与组成。
- ☐ 掌握非线性编辑系统的主要功能。

9.1 电视编辑技术的发展历程

回顾电视编辑技术的发展，我们可以根据发生过的几次重大变革，将其历程划分为四个阶段。

1. 早期电视节目的编辑方式——物理剪辑

1956 年，安培公司发明了 2 英寸磁带录像机，电视节目从借助电影胶片记录和电影银幕播出中脱离出来。早期的电视节目编辑沿用了电影的剪辑方式，它首先借助放大镜对磁带上的磁迹进行定位，然后使用刀片或剪刀在特定的位置切割磁带，找出一段段所需的节目片断后，用胶带把它们粘在一起。这种编辑对磁带的损伤是永久性的，使制作过节目的磁带以后不能再使用。同时，由于不能在编辑时查看画面，编辑点的选择无法保证精确，编辑人员只能凭经验并借助刻度尺来确定每个镜头的长度。

2. 电子编辑

随着录像技术的发展和录像机功能的完善，电视编辑在 1961 年前后进入了电子编辑的阶段。由于能够用快进和快倒功能在磁带上寻找编辑点，以及使用暂停功能控制录像机的录制和重放，编辑人员可以连接一台放像机、一台录像机和相应的监视器，构成一套标准的对编系统，实现从素材到节目的转录。电子编辑摆脱了物理剪辑的暗箱操作模式，避免了对磁带的永久性物理损伤，节目制作人员在编辑过程中可以查看编辑结果，并可以及时进行修改，也可以保存作为节目源的素材母带。电子编辑存在的主要问题是精度不高，因为当时的 2 英寸录像机无法逐帧重放。此外，在编辑过程中，由于编辑人员手动操作录像键，录像键按下的时机掌握需要丰富的经验，一般无法保证编辑点的完全精确。而且录像机在开始录像和停止录像的时候带速不均匀，与放像机的走带速度存在差异，容易造成节目中各镜头接点处的跳帧现象。

3. 时码编辑——精确到帧的编辑方式

受到电影胶片的片孔号码定位的启发，美国电子工程公司（EECO）于 1967 年研制出了 EECO 时码系统。1969 年，使用小时、分钟、秒和帧对磁带位置进行标记的 SMPTE/EBU 时码在国际上实现了标准化。其后，在电视节目后期制作领域，各种基于时码的编辑控制设备不断涌现，同时也开发出了大量新的编辑技术和编辑手段。如录机放机同步预卷编辑、编辑预演、自动串编、脱机草编和多对一编辑等等。同时，为了改善编辑精度与提高编辑效率，专业电视设备厂商在稳定带速和增加搜索速度上也做了很多工作。然而尽管如此，由于信号记录媒体的固有限制，电视编辑仍然无法实现实时编辑点定位等功能；由于磁带复制造成的信号损失也无法彻底避免。

4. 非线性编辑

1970 年，美国诞生了世界上第一台非线性编辑系统。在这种早期的模拟非线性编辑系统中，图像信号以调频方式记录在可装卸的磁盘上，编辑时可以随机访问磁盘以确定编辑点。20 世纪 80 年代，出现了纯数字的非线性编辑系统，这些系统使用磁盘和光盘作为数字视频信号的记录载体。由于当时的磁盘存储容量小，压缩硬件也不成熟，所以画面是以不压缩的方式记录的。系统所能处理的节目中长度约为几十秒至几百秒，因此仅能用于制作简短的广告和片头。20 世纪 80 年代末到 90 年代初，非线性编辑系统进入了快速发展的时期，这得益于 JPEG 压缩标准的确立、实时压缩半导体芯片的出现、数字存储技术的发展和其他相关硬件与软件技术的进步。同时，由于多种主要的媒体都以数字化的形式存在，在存储和记录形式上实现了真正的统一，因此非线性编辑系统的应用范围也大大超越了传统的编辑设备，它不仅能够编辑视频和音频节目，还可以处理文字、图形、图像和动画等多种形式的素材，极大地丰富了电视和多媒体制作的手段。

9.2　非线性编辑的概念及其特点

9.2.1　线性与非线性的概念

"Linear，Non-linear" 在数学和工程上的含义与其在视频编辑系统中的含义是截然不同的。人们一般认为，两个变量之间的关系如果可以用直线来表达，则称之为线性变化关系；如果可以用曲线来表达，则称之为非线性变化关系。正因为这样，曾经有许多人对 NAB'93 展览会上首次出现的 ImMix 公司的 Turbo Cube 系统称为非线性编辑难以理解。其实，"Linear, Non-linear" 用在视频编辑系统上时，这个词已经发生了歧义，它主要表述的是视频信息存储的样式。在视频编辑领域，人们把信息存储顺序与接收信息的顺序相关的信息存储样式称为"线性"，而把信息存储顺序与接收信息的顺序不相关的信息存储样式称为"非线性"。

用"线性（Linear）"这个词描述磁带存储视频，是因为它可以精确地描述信息是如何存储在磁带上的：信息的第一部分存储在靠近带头的位置，信息的最后部分存储在靠近带尾的位置，信息的中间部分，依照先后顺序排列成行地存储在信息的第一部分和最后部分之间，以便于从头到尾回放。显然，信息存储的样式与接收信息的顺序密切相关，因此将磁带编辑系统称为线性编辑系统（Linear Editing Systems）。节目制作者通过走带、倒带在磁带上来回搜寻要用的场景，记下时码，然后在编辑控制器控制下，通过走带机构将有用的场景组编在一起，十分浪费时间。用"非线性（Non-linear）"这个术语描述数字硬盘存储数字视频，是因为它可以唯一地从物理意义上描述在数字硬盘上信息存储的样式：在数字硬盘上的信息是按照盘操作系统规则进行分配的，盘操作系统规则是一个软件程序，它可以越过可用的地址位置指派信息和可以记忆如何以一个特别说明的顺序去回复信息，即可理解为第一部分信息可以直接与最后一部分信息相邻接，或与其他任何部分信息相邻接，与接收信息的顺序无关。也就是说信息存储样式与接收信息的顺序不相关。这样，许多单独的场景片断分别存储在硬磁盘上，对盘上所存的任何片断均可随时观看或修改。

9.2.2 非线性编辑的工作过程和特点

非线性编辑的工作过程是：把输入的各种模拟视频信号经图像卡和声卡转换成数字信号（即 A/D 模数转换），采用数字压缩技术，存入计算机硬盘中，将传统电视节目后期制作系统中的切换台、数字特技、录像机、录音机、编辑机、调音台、字幕机、图形创作系统等设备功能，用一台计算机来进行运算、完成，再将处理后的数据送到图像卡、声卡进行数字解压及 D/A 数模变换，最后将变换所得模拟视、音频信号选入录像机进行录制。完成从输入到输出过程中信号处理的设备，称为非线性编辑系统。非线性编辑系统有如下特点：

1. 以计算机为平台

非线性编辑系统均以计算机为工作平台，主要用于支持用户系统硬件之间的快速数据传递、数据管理和硬件接口协议。以计算机为平台，意味着非线性编辑系统易于网络化（形成同其他网络共享资源的系统），这不仅使电视台内部信号制作、传输网络化成为可能，而且有可能实现更大范围的数据交换。

2. 数据处理随机非线性

由于以计算机为工作平台，计算机存储媒介（硬盘）存储方式为非线性的随机存取，每组数据都有相应的位置码，不像磁带那样节目信号按时间线性排列，因而克服了录像机在编辑时需反复搜索素材的缺点。插入、移动十分方便，编辑精度高，不存在预卷、时基误差等弊端，修改也很方便，既加快了编辑速度，又提高了编辑效率。

3. 信号处理数字化

非线性编辑系统的处理过程是数字式的。在整个信号处理过程中，除了编码、解码、模/数、数/模转换、压缩、解压和文件格式转换会引起信号损失外，实际编制过程完全由数字化信号处理，无论对录入的素材怎样进行反复编辑和修改，无论进行多少层画面的合成，都不会引起图像质量下降，不会增加噪声，从而克服了传统模拟编辑系统的致命缺点。

4. 设备功能高度集成化

非线性编辑系统集多种设备功能于一身，它不像传统的模拟编辑，需要把录放机、编辑机、特技机、字幕机、调音台等设备连接起来，消除了机器间信号传输造成的衰减（除输入、输出信号转换、压缩造成的衰减），提高了设备的可靠性。同时，设备功能的高度集成、开放式平台、软件的良好兼容性，使设备综合能力大大提高。

9.3　非线性编辑系统的分类与组成

9.3.1　非线性编辑系统的分类

由于专业电视设备制造领域的激烈竞争，各种新型的非线性编辑系统近年来层出不穷。目前，设备制造业可分为两大类：传统电视设备厂商致力于整体的解决方案，保证从前期拍摄、后期制作到播出的整体设备的数字化或无录像带化，非线性编辑系统是其总体解决方案中的一个环节；新型的数字视频厂商则着重于单纯的编辑系统或核心硬件及软件。一般来说，非线性编辑系统可分为如下几类：

1. 根据硬件平台划分

可分为基于 PC 平台的系统、基于 MAC 平台的系统、基于工作站平台的系统及基于传统编辑录像机和编辑控制器的系统。

基于 PC 平台的系统，以 Intel 及其兼容芯片为核心，信号丰富，性能价格比较高，装机量比较大，发展速度也非常快，是未来几年内的主导系统。

基于 MAC 平台的系统，以 Avid 的 Media Composer 系列和 Data Translation 的 Media 100 为代表，在非线性编辑发展的早期应用比较广泛，如今其技术先进程度与基于 PC 平台的系统相当，并获得一定数量的软件支持。其未来的发展在一定程度上受到单一的苹果硬件平台的制约。

基于工作站平台的系统，大多建立在 SGI 的图形工作站基础上，一般图形和动画功能较强。但价格昂贵，软硬件支持不充分。

基于传统编辑录像机和编辑控制器的系统，如 Betacam – SX 系列和 ES – 7 编辑站，这些系统提供与传统线性系统的逐渐过渡，吸取了线性和非线性两种系统的优点，一般自成体系，处理通用多媒体数据的功能比较弱。

2. 根据压缩方法划分

主要是指对视频信号的压缩方法，可分为 Motion – JPEG 压缩、MPEG 压缩、DV 及其改进格式压缩等。

Motion–JPEG 压缩——大多数基于 PC 和 MAC 平台的非线性编辑系统采用 Motion–JPEG 压缩，但它们一般互相不兼容。

MPEG 压缩——Betacam SX 系统使用 MPEG 标准的 4：2：2 MPEG 压缩方法，在保证图像质量的基础上，可以获得较高的压缩比，是目前唯一使用的采用 MPEG 压缩的非线性编辑系统。

DV 及其改进格式压缩——DV 格式虽然最早开发出来用于消费级设备，但由于其使用方便，图像质量高，在专业制作领域也被广泛使用。改进后的 DV 格式有 DVCAM 和 DVCPRO 两类，都各自与 DV 标准兼容。

其他还包括使用小波变换压缩方法的系统和无损压缩系统以及不压缩系统等。

9.3.2 非线性编辑系统的组成

非线性编辑系统由计算机平台，视（音）频捕捉、处理和回放的图像卡（声卡）及编辑、特技、动画、字幕软件三部分组成。

1. 计算机平台

计算机平台可采用专用计算机、开放性工作站或个人机（包括 PC 和 MAC 机），由此构成高、中、低档非线性编辑系统。

2. 图像卡

图像卡的主要功能是对视频信号进行编码和解码、A/D 和 D/A 变换、压缩和解压缩、实现硬件特技处理等。

图像卡对系统的图像及声音质量起主要决定作用。一般有单通道和双通道之分。单通道卡只能对一路视频信号进行压缩记录和解压回放，两路信号进行特技过渡时需用软件生成。双通道卡可同时对两路视频信号进行处理，可实现硬件特技，并可实时叠加字幕。

不同档次的计算机平台所采用的图像卡不同，而相同档次的平台也有许多类型的图像卡可供选择。

专用计算机一般自成封闭系统，不支持其他系统软件。

工作站平台的非线性编辑系统以 SGI 为例，亦有低价位的 INDY 和档次较高的 ONYX 等产品，近年推出的 O2，采用了统一内存结构，CPU、I/O、图形、压缩、音频处理芯片都直接与内存连接。数据传输率可达 200MB/s，是一种性能价格比较高的产品。

PC 平台的图像卡主要有 MATROX 公司的 DIGISUITE，TUREVISION 公司

的 TARGA2000，DSP 公司的 PVR3500，MIRO 公司的 MIRO VIDEO DC30 等。MAC 平台的非线性编辑系统有 AVID 公司的 MC 系列产品、DATE TRABSLATION 公司的 MEDIA100、GVG 公司的 VIDEO DESKTOP 等。

3. 系统软件

非线性编辑系统的编辑、特技、动画和字幕等功能主要是靠软件完成的，不同档次的系统支持不同的软件。

SGI 的 INDIGO2 工作站支持 JALEO 或 FLINT 编辑特技软件。O2 工作站可运行 JALEO、ONLINE97，动画软件有 SOFT－IMAGE、ANIMATOR、POWER ANIMATOR 等。

PC 平台常用的编辑特技软件有：ADOBE PREMIERE、SPEED RAZOR、ULEAD、MEDIA STADIO、MCX PRESS 等。动画软件有 3D STUDIOP、3D SMAX、LIGHTWAVE、SOFTIMAGE 3D、TRUE SPACE 等。MAC 平台的编辑特技软件是 AVID 的 MC－100、MC－400、MC－800 及 MCX PRESS、MIDEA 的 MIDEA100 系列等，同时也支持 ADOBE PREMIERE 及 PC 机的部分动画软件。

9.4　非线性编辑系统的功能

非线性编辑系统（主要指基于 PC 的通用系统）是在高档多媒体电脑基础上构造的专用数字视频后期制作设备，它不但能完成一台多媒体计算机的大部分工作，还集成了电视台后期制作多种传统设备的功能。在电视节目制作过程中，典型的非线性编辑系统可以实现以下传统电视编辑设备的功能：

1. 硬盘数字录像机

即使是最简单的非线性编辑系统，也能充当一台硬盘录像机进行视频信号的记录和重放。存储节目的最长时间根据硬盘容量和对图像质量的不同要求而定。

2. 编辑控制器

在硬盘上快速实时地寻找编辑点，设定入点、出点及其他标记，这是非线性编辑系统优于传统编辑控制器的一个重要特点。

3. 切换台

在传统的磁带编辑中，进行对编和 A/B 卷编辑分别需要一台放机、一台录机或两台放机、一台录机。在非线性编辑系统中，采用了时间线和视频轨、音频轨的概念，一般来说一条视频轨可看作一台放像机，因此能用多条轨模拟多通道切换台。

4. 特技机

非线性编辑系统可以使用内置软件或用硬件实现特技的功能。软件特技成本低廉，并可不断升级；硬件支持的特技速度较快。

5. 字幕和图形创作

在非线性编辑系统中，一般有专门的软件用于制作字幕和图形，并通过软件或硬件的方法实现与视频信号的叠加。

6. 动画制作

所有动画制作都是借助电脑完成的，尤其是三维动画。在非线性编辑系统中生成的动画采用标准图像文件格式，可以包含透明及抠像信息，便于和视频画面进行合成。

7. 数字录音机、音源和调音台

非线性编辑系统中都包含音频输入/输出单元、软件波表或硬件波表及硬件混音器，可以录制高质量的声音，可以用数百种乐器的原始音色演奏 MIDI 乐曲，也可以配合软件完成多路音频信号电平的调节。

9.5 大洋 D_3 – Edit 系列简介

9.5.1 D_3 – Edit 软件功能和特点

D_3 – Edit 系列是北京中科大洋科技发展股份有限公司的非线性编辑产品，界面采用双窗口、多窗口、活动的故事板窗口等设计，除了传统的时间线编辑，还具备多镜头编辑，Cut 编辑，List 编辑和 TAB 编辑等独立编辑方式，软件主体结构采用模块化设计，支持场景检测、关键帧抽取、P2卡素材上载等先进技术，支持无限层视音频轨道编辑，功能插件都可以进行单独的升级和扩展，系统可以满足从剪辑到包装合成，从 ENG 到视频后期再到配音缩混的电视节目制作需求。系统支持 IEEE1394 标准设备、模拟复合、Y/C、分量、SDI 数字视频、模拟平衡音频等接口，支持 DV、MPEG2 I、MPEG2 IBP、MP4、WMV9、RM 等多种格式素材的混编，内置大洋滤镜特技效果，包括柔化、键、颜色调整、图像控制、几何变换、划像、浮雕、风格化、马赛克、掩膜、负片效果、粒子、褶曲等十三大类上百种效果，同时仿真 DTV 硬件板卡特技，支持滤镜外挂插件 BORIS。音频支持多轨音频实时回放，混音器集中了大部分对音频的操作，包括对通路和母线的设定，输入输出通道的设定，平衡和音量的调整，声像调整和添加滤镜等可扩展的大洋音频滤镜。字幕支持唱词分段，每一句话都可单独调整入出点，支持字幕特技的实时上轨功能，采用新的字效算法，可做出凹凸、立体、光感效果字，支持多种艺术字幕效果，除圆弧方式外，还有多种贝赛尔曲线形式，支持将字幕自动打散，依据自设路径将字幕逐字播出的效果，提供丰富的字幕特技和滤镜。此外，系统提供了多种外挂应用软件（如手写动画、绘图箱等）、新闻制作软件、天气预报制作软件等选件模块。

9.5.2 D_3 – Edit 的基本操作

1. 准备工作

（1）进入操作系统。

（2）首次启动 D_3 – Edit 软件。

双击桌面的 D – Cube – Edit 快捷图标，启动 D_3 – Edit 系统。在"用户名"处输入"Administrator-DV"（用户名不区分大小写），然后单击"确定"即可进入 D_3 – Edit 系统。对于弹出的编辑环境参数设置对话框，直接选择确定即可。

2. 素材采集

进行编辑制作前，需要将录像带上的原始素材进行数字化，存储到硬盘上形成独立的文件，这个过程称为"采集"。

（1）模拟视音频信号的采集。

①从菜单项中选择"采集"—"视音频采集"，弹出视音频采集窗口，此时按下已经连接好信号线的录像机上的"播放"键，采集窗口中应该出现录像带上的画面；同时可观察到 VU 表有读数，说明视音频输入已经连通。

②将 VTR 按钮点掉。

③将即将采集的素材命名为"test"。

④点击红色的采集按钮进行采集；点击旁边的停止按钮停止采集。

通过以上步骤，我们获得了一条名为"test"的素材，这条素材既包含视频，也包含音频，存储在资源管理器的素材目录下。同样的方法，我们继续采集第 2 条素材，素材会自动被命名为"test 001"、"test 002"。点击视音频采集窗口右上角的关闭按钮，将采集窗口关闭，准备下一步操作。

（2）通过 1394 采集数字视音频信号。

1394 采集针对具备 IEEE1394 接口的数字视频设备，通过一根信号线进行视音频采集。

通常这样的设备包括 DV 摄录一体机，DV CAM 摄录机/编辑机，DVCPRO 摄录机/编辑机等。

下面，我们以一台 PANASONIC AG – DVC180A 摄录一体机为例，说明进行 1394 采集的方法。

①首先使用 1394 线缆将 DVC180A 摄像机与 D_3 – Edit 非编连起来，注意 1394 线缆的接头有 4 芯和 6 芯两种，使用时根据设备提供的接口类型进行选择。大约 15 秒，系统会自动识别出新加的 DV 设备。如果使用 Windows XP 操作系统，通常还会弹出对话框，此时不用理会，直接选择取消，准备进行 1394 采集工作。从菜单项中选择"采集"—"1394 采集"，弹出 1394 采集窗口。此时按下已经连接好 1394 线的摄像机上的"播放"键，采集窗口中应该出现录像带上的画面；同时可观察到 VU 表有读数，说明视音频输入已经连通。

②将 VTR 按钮点掉。

③将即将采集的素材命名为"test"。

④点击红色的采集按钮进行采集；点击旁边的停止按钮停止采集。

通过以上步骤，我们获得了一条名为"test"的素材，这条素材既包含视频，也包含音频，存储在资源管理器的素材目录下。同样的方法，我们继续采集第 2 条素材，素材会自动被命名为"test 001"、"test 002"。

点击视音频采集窗口右上角的关闭按钮，将采集窗口关闭，准备下一步操作。

3. 素材导入

除了采集的视音频素材以外，通常在编辑制作的过程中需要一些静态的图片，或者第三方软件生成的视音频片断，也可能会需要一些乐曲作为背景音乐。这些素材全部以文件的形式存放在硬盘、光盘、U 盘或网络路径上，我们

要将它们引入 D_3 – Edit 中使用，就要用到系统提供的"导入"功能。

（1）导入视音频。

在素材库的空白区域点击右键，选择"导入"—"导入素材"，在弹出的对话框中点击"添加"按钮，并在弹出的文件"打开"对话框中指定需要导入的视音频文件路径和名称，选定后按确定。

如果你确定需要导入的素材存放位置，请指定相应的路径，如果你没有其他素材，可以指定路径到 E：/clip/sd-video，选定这个目录中的一段素材，因为所有采集的视频素材都被自动存放到此处。回到素材导入窗口，可以看到刚才选中的素材已经出现在导入列表中了。

（2）导入图片。

在 DP – Edit 中导入图片素材，基本方法与导入视音频是相同的，在大洋资源管理器素材标签页内容显示区空白处单击右键，选择"导入/导入素材"，单击素材列表下方的"添加"按钮，在弹出的文件"打开"对话框中选择需要导入的图片文件，选择导入即可。

（3）导入 CD 或 MP3 音乐。

①导入 CD。

将使用的 CD 唱片放入光驱，等待系统正常识别出后，选择主菜单中"工具/CD 抓轨"。

在音轨浏览区选中音轨后可以利用播放工具栏进行试听，确定是所需音乐时，将前面的复选项勾选。如需更改默认的素材名，可在转码控制区的素材名处更改，之后按"修改"按钮进行确认。

按转码控制区的"录制"按钮进行转码，两条进度条分别表示总进度和当前文件进度。转码过程中随时可以通过"取消键"放弃当前以及之前的转码进程；"停止键"停止当前转码进程，保留之前的转码结果。

转码结束后，生成的素材会以定义的名字出现在素材库指定目录下，可以随时添加到故事板使用。

②导入 MP3。

音频转码器可以将各种采样率和量化步长的 WAV 音频文件，以及 MP3 文件转换为系统能够识别并使用的音频素材。

选择"工具/音频转码器"菜单项。在目录浏览区选择存放音乐文件的文件夹。在文件浏览区选择需要转码的音乐，文件浏览区的下部提供播放工具栏，可对选中文件进行播放试听、暂停等操作。

经过试听确定选中文件是所需的音频文件，在列表编辑区按"添加"按钮将其添加到转换列表中。按此步骤可继续添加其他文件。

编辑好列表后，按转码控制区的"录制"按钮进行转码，两条进度条分别表示总进度和当前文件进度。转码过程中随时可以通过"取消键"放弃当前以及之前的转码进程；"停止键"停止当前转码进程，保留之前的转码结果。转码结束后，生成的素材会以定义的名字出现在素材库指定目录下，可以随时添加到故事板使用。

4. 创建新的故事板

选择菜单中"文件/新建/故事板"命令，在已打开的"新建"对话框中，我们在名称对应的文本框中输入故事板文件名称，在"保存到目录"中指定故事板文件的存放位置，如果不指定，新故事板文件默认被放在 SBF 根目录下，点击"确定"按钮后即可完成创建工作。我们会看到一个全新的空白故事板展现在面前，在资源管理器故事板页签的 SBF 相应路径下可以找到打开状态的该故事板文件。

（1）将素材添加到轨道。

故事板创建完之后，就可以在故事板上剪辑素材了。向故事板上添加素材的方法很多，在不需要准确对位的情况下，我们可以直接从素材管理器中选中所需的素材，按住鼠标左键拖拽素材到编辑轨上，这种方法方便而且常用。

除了直接拖拽外，还可以用设置出入点的方法添加素材：在素材调整窗口中，可以按左走 1 帧、右走 1 帧按钮精确查找到素材的每一帧画面。找到所需的某一帧画面之后就可以设置入点或出点，入点的快捷键是 I 键，出点的快捷键是 O 键。入出点设置完成之后，可以在素材调整窗口中用鼠标左键将调整好的素材拖放到故事板上合适的位置。

（2）观看故事板片断。

在故事板上添加素材之后，可以按下空格键或故事板回放窗口中的"播放"按钮，对故事板内容进行播放浏览。再次按下空格键或者故事板回放窗口中的"暂停"按钮，故事板停止播放。

当时码线停在某一位置之后，可以利用键盘上的方向键控制时码线小范围移动。时码线当前位置对应的画面会出现在故事板回放窗口中。用这种方式可以实现精确的定位。对应关系为：左箭头表示左走 1 帧、右箭头表示右走 1帧、上箭头表示左走 5 帧、下箭头表示右走 5 帧。

（3）剪切不需要的画面。

通过对时码线精确地定位，找到素材的剪辑点，在故事板上选中需要剪辑的素材，此时有两种方法可以对素材进行剪辑。

第一种：使用 F5 将素材剪开分成两段素材，再选中需要删除的片断，用DELETE 键将不需要的素材段删除掉。

第二种：如果是镜头前面的素材不再用，使用"SHIFT＋I"，原素材起点到时码线处的素材就被截去。如果是镜头后面的素材不再用，使用"SHIFT＋O"，时码线到原素材终点之间的素材就被截去。

（4）调整画面顺序。

编辑中，我们最常用的是通过鼠标左键来点选所需的视音频素材，然后在故事板上拖拽素材来改变素材的位置。

首先将时码线移动到合适的位置，选中需要移动的素材，使用"CTRL＋Home"组合键，就可以将选中的素材左对齐到时码线。

如果需要移动同一轨道上选中素材之后的所有素材，使用"SHIFT＋CTRL＋Home"组合键，将选中的素材及其后同一轨道的所有素材前移到时码线。

（5）保存故事板。

故事板编辑完之后，选择菜单中的"文件/保存"命令，保存我们制作的故事板。然后就可以将故事板窗口关闭。如果要再次打开，就在大洋资源管理窗口中选择故事板页签，双击刚才制作的故事板即可打开。

5. 润色故事板

（1）快慢倒静制作。

在影片中有时候需要改变视频素材的播放速度来实现快放和慢放的效果。

慢放的制作：在轨道上选中需要改变播放速度的视频素材，在被选中的素材上点击鼠标右键，选择右键菜单"设置素材的播放速度"，在弹出的对话框中设置需要的数值。"1"为正常速度；大于1为"快放"，小于1，素材变为"慢放"。选择右键菜单"设置素材静帧"，执行该操作后，播放素材从素材的入点开始静帧，长度不变。在轨道上选中需要倒放的素材，在被选中的素材上点击鼠标右键，选择右键菜单"素材倒放"，素材上会有一个向左的标志箭头，播放时从原素材的终点开始播出。

（2）添加转场特技。

拖拽一个素材到V1轨，另一个到V2轨，并与第一条素材形成交叠。在资源窗口中选择"特技模板"页签，从固定特技中拖拽一个二维的特技放到过渡特技轨上V1轨和V2轨重叠的地方，这样就制作完成了一个过渡特技。如果对当前的过渡特技不满意，可以重新从固定特技中选择一个拖拽到素材重叠处，新的特技将替换原来的特技。

（3）添加字幕。

拖拽一个字幕标板到V3轨，调整好位置之后，选中字幕素材，按"T"进入字幕创作界面，双击文字部分，输入文字内容，存盘后即可退出。可通过回放观看效果。

（4）添加音效。

点击故事板上添加视音频轨道的按钮，添加音频轨道，将背景音乐文件拖到轨道上即可。

6. 影片的发布

（1）输出到磁带。

录机带舱中放入经过预编码的磁带，确认录像带处于可擦写状态，在故事板上打入出点设置故事板输出区域，在系统菜单中选择"输出"—"故事板输出到磁带"，弹出输出窗口。按下录像机的"录制"键播放故事板，内容就被输出到了磁带上。

（2）存档保留。

在故事板上打入出点设置故事板输出区域，在系统菜单中选择"输出"—"故事板输出到素材"，在窗口中修改输出素材名称及输出的位置。按"开始采集"按钮，开始输出，完成之后，可以双击输出的素材进行浏览。

（3）刻录光盘/网络发布。

在故事板上打入出点设置故事板输出区域，在系统菜单中选择"输出"—"故事板输出到文件"，选择默认的 DVD 模式，选定路径及文件名，按"开始输出"按钮。完成之后，可以将输出的文件直接刻录成 DVD 光盘。

9.6 Enet5 非编软件的操作与调整

Enet5 是制播一体化网络新产品，是一个具有新闻共享、制作、播出、媒资管理和网络管理的全数字环境的智能化新闻节目制播网络系统。ENE 是 Enet5 系统中的制作部分，它能支持电视台新闻业务的运作，并承担电视台大部分新闻节目生产任务。系统实现收录和自采新闻节目素材的全台共享，充分利用计算机多媒体技术和网络技术，全面提高电视台新闻节目的制作水平和播出效率。

文稿系统是一个用于电视台日常新闻节目制作的办公自动化系统，集合了非线性视频编辑网络和新闻文稿系统的优点。系统中，一个新闻节目不再是以独立的视频节目或文稿来流动，而是以电视台新闻部门很熟悉的"稿件"来管理。只不过对于本系统来说，"稿件"是一个多媒体素材的"包"，它包含一篇文稿，一条节目，以及所对应的素材索引。本系统是真正的双向交流系统，即在非线性工作站软件中可以写文稿，确立文稿所对应的视频、音频素材，在文稿工作站软件中可以看视频素材及节目。本节只对 Enet5 的基本操作作一个简单的介绍。

9.6.1　准备工作

1. 连接视音频信号

Enet5 非编提供齐全的视音频接口类型，可兼容各种数字或模拟录像机。为简单起见，在此以最为常见的复合视频和音频为例，讲解典型的连接方式，见图 9－1。

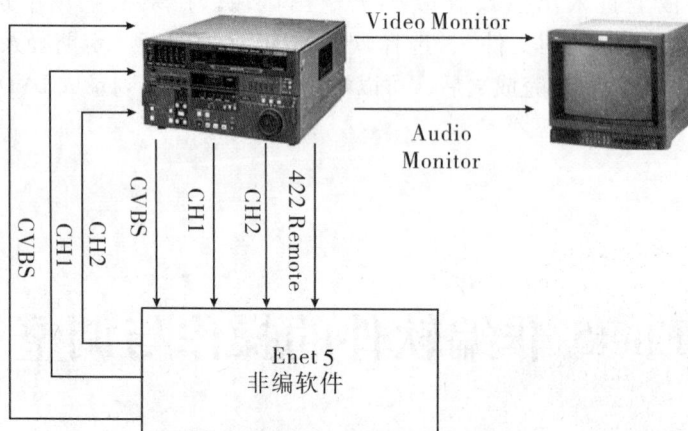

图 9－1

2. 进入软件

双击桌面上的快捷图标，启动 Enet5 非编软件，输入用户名和密码，然后单击"确定"即可进入 Enet5 非编系统。

3. 主要界面介绍

（1）主界面，见图 9-2。

图 9-2

（2）资源管理器窗口：窗口中可查询到素材库中的各种类型的素材，可以对素材进行多种操作，包括拷贝、粘贴、删除、引入、生成低码率素材等。见图 9-3。

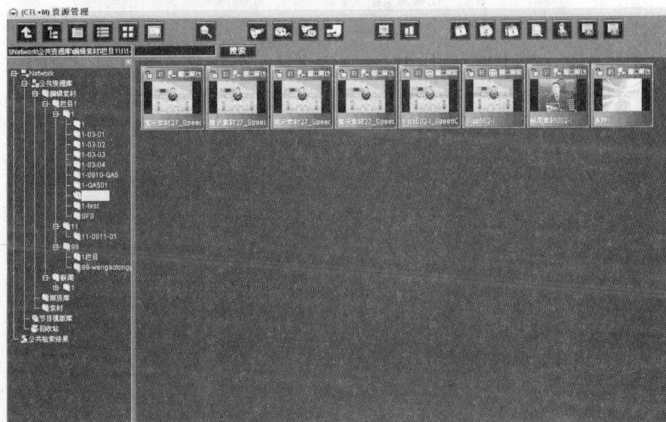

图 9-3

（3）配音窗口：进行节目的后期配音。见图9－4。

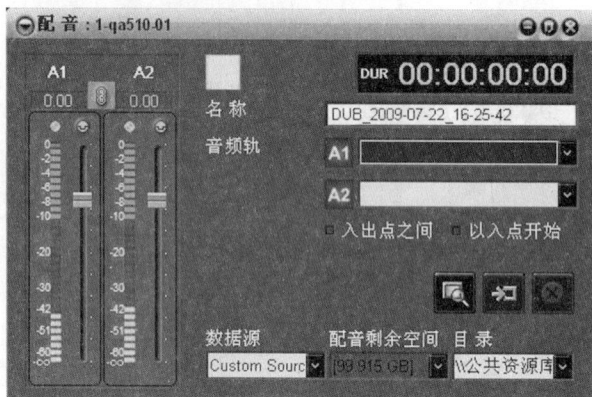

图9－4

9.6.2 新建节目

进入软件后，系统会自动弹出节目管理窗口，见图9－5。

图9－5

单击左上角按钮"![icon]"，新建一个节目文稿。

9.6.3　采集素材

单击主界面左下角的菜单按钮，依次选择"素材工具—采集"，见图9-6。

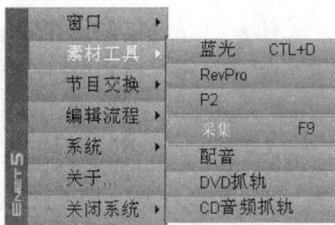

图9-6

1. 采集前的准备

输入素材名、关键字（为了方便以后查找），在注释中可写上与准备采集的素材相关的信息，然后根据情况依次选择磁带信息、素材目录、媒体格式以及存储路径。

2. 进行手动采集

①将磁带放入录像机中，在采集对话框中进行预监；操作录像机，选择好开始采集的画面。

②在素材名中输入相应的素材名称。

③单击窗口中的采集按钮"![icon]"，此时可看到采集灯在闪烁。

④录像机开始播放。

⑤采集完毕后单击停止按钮"![icon]"（也可点击"![icon]"取消采集）。

9.6.4　素材编辑

1. 素材编辑

①在资源管理器中找到所需素材，单击鼠标左键不放，拖动鼠标到素材编辑窗口或直接双击素材到素材编辑窗口。

②在素材编辑窗口单击播放按钮![icon]，浏览素材（当然，也可以使用拖动

游标的方法来快速浏览素材），找到需要采集的画面片段，分别使用 ◀ 按钮和 ▶ 按钮在选中片段的头和尾打上入出点。

③单击素材编辑窗口的 ■ 或 ➡ 按钮，选择素材片段上时间线，素材在时间线上的位置是从游标当前位置开始的。

④重复①～③的步骤，选择多个片段上线。

2. 时间线编辑

选择的各个片段已经上线，在时间线上对它们的顺序进行调整，在素材上按住鼠标左键不放进行拖动，素材可随着鼠标的移动到达目标位置，在移动过程中素材会显示为白色。当素材片段与前面的素材片段靠近到一定位置时，会出现一条绿线，这表示这两段素材已无缝连接，如图 9 - 7：

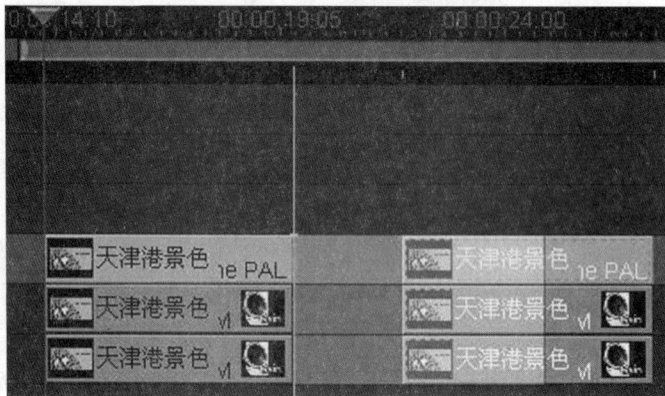

图 9 - 7

放开鼠标，素材被移动到了前端素材的后面，如图 9 - 8：

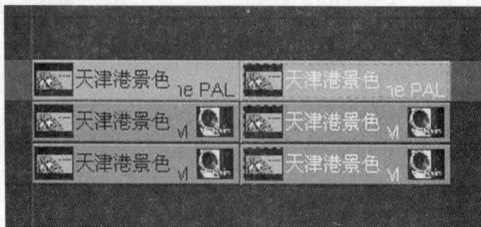

图 9 - 8

小窍门：

● 如何快速添加过渡特技？

按住 SHIFT 键拖动后一个素材，当后一个素材与前一个素材重合时，系统会自动在重合部分做过渡特技处理。如图 9 - 9：

按住 SHIFT 键拖动：

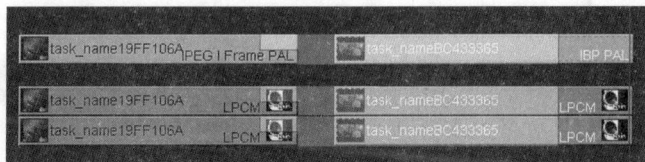

图 9 - 9

拖动后的效果如图 9 - 10：

图 9 - 10

重合部分系统自动添加过渡特技。

默认的过渡特技为淡入淡出，用户可以自行修改过渡特技，方法如下：

①首先确认过渡特技的添加是否是唯一的（系统默认过渡特技添加不唯一）。修改方法：点击时间线左上角下拉菜单，选择"时间线编辑属性"。

②在"特技设置"中，找到"过渡特技唯一"选项并勾选，完成后确定。

③调出模板管理器，在系统预制—视频过渡特技模板中，用户可以选择自己需要的过渡特技。

④将选中的过渡特技直接拖动到时间线上两段素材的重叠部分，完成后确定。

3. 文字编辑

新闻节目少不了唱词、新闻背景介绍等字幕的制作。在时间线上，可以看到有一个 CG 的轨道，这就是字幕轨道，CG1 代表第一个字幕轨，CG2 代表第二个字幕轨。

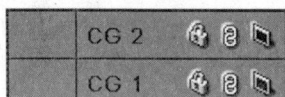

图 9 – 11

游标移动到需要加字幕的位置，选择时间线上排的按钮"**CG**"，弹出字幕菜单，如图 9 – 12：

图 9 – 12

在菜单中选择需要做的字幕类型，在弹出的对话框中设置好插入方式、字幕长度和上线轨道，单击"确定"按钮，系统会自动在时间线加上一段字幕：

图 9 - 13

在时间线回放窗口会出现默认的字幕，并弹出字幕属性工具条，用户可以对字幕进行设置，包括颜色、字体、大小、入出屏方式。

9.6.5　配音

①打开已经做好的节目，选择开始菜单中的"配音"，如图 9 - 14：

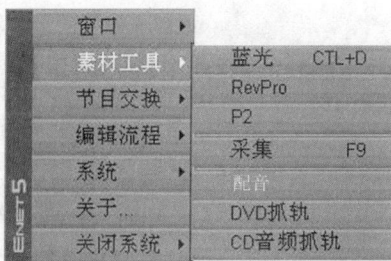

图 9 - 14

②弹出配音对话框，如图 9 - 15：

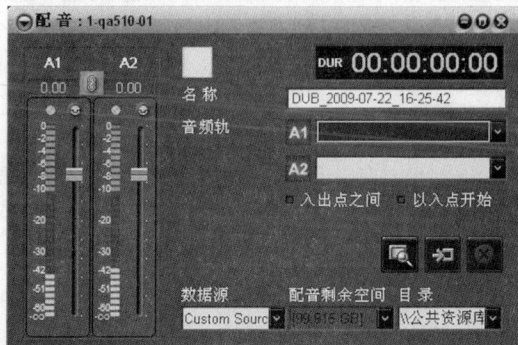

图 9 - 15

③输入所配声音文件的名字，选择配音上线轨道、配音源和配音素材的存放位置。

④设置配音的预卷时间。

⑤使用 ALT + D 快捷键，弹出文稿对话框。

⑥单击"配音"按钮开始采集，配音人员开始对着麦克风念稿件。

9.6.6 节目下载、文件输出、素材生成

1. 遥控下载

①录像机打到遥控状态，打开需要下载的节目。

②选择开始菜单上节目下载，弹出下载窗口，如图 9 – 16：

图 9 – 16

③在时间线上选择需要下载到磁带的部分，设置入出点。

④拖动下载窗口的浏览滑块"   "，找到磁带开始录节目的地方，给磁带打上入点和出点，也可以只打入点，选择下载长度以时间线为准。

⑤如有需要，可加上前导和后导。

⑥单击下载按钮"   "，开始下载时间线节目，节目下载完，会自动

停止。

2. 手动下载

具体步骤如下：

①录像机打到非遥控状态，打开需要下载的节目。

②选择开始菜单上节目下载，弹出下载窗口。

③拖动时间线上的游标，使其处于需要开始下载的节目位置。

④操作录像机，找到可以下载的地方。

⑤同时按下录像机的录制按钮和播放按钮键，录像机进入录制状态。

⑥在下载窗口按下"■"按钮，节目开始下载；需要下载的节目片段播放完毕后，单击同一窗口下的停止按钮"■"。

⑦按下录像机的停止键，下载完毕。

3. 文件输出

通过文件输出功能，可实现将时间线上设定的节目区域转换为DVCPRO25、DVCPRO50、MPEGI、IMX、IBP、MPEG4、WMV、HDV、MXF等多种格式的文件。

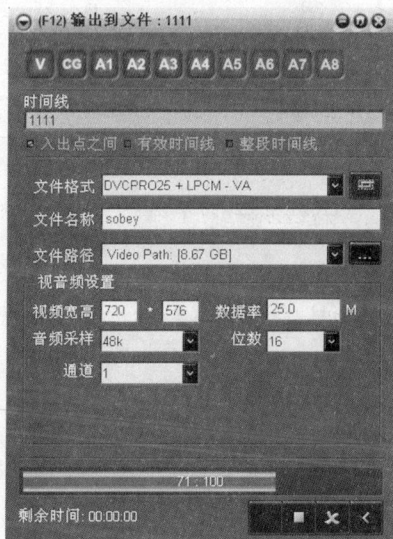

图 9 - 17

具体步骤如下：

①首先在时间线上选择需要输出为文件的节目范围。如果打了入出点，则

可勾选"入出点之间";如果没有打入出点,则可选择输出"有效时间线"或"整段时间线"。

②选择输出文件所包含的轨道,高亮表示所选择的轨道在输出范围内。

③选择输出文件格式。

④为输出的文件取名。

⑤设定输出文件的路径。

⑥可以对指定格式的文件进行视音频的具体参数设置。在这个例子中,我们将生成的 DVCPRO25 码率设置为 25M。

⑦点击生成按钮" ■ ",在文件输出过程中有进度条的提示。

4. 素材生成

利用素材生成功能,可以方便地将时间线上的局部或全部区域输出为素材,保存在 Enet5 非编的资源管理器中,方便在其他的节目中调用。同时可以将该素材发送到媒资或播出子系统。它与文件输出的区别在于:素材生成是将时间线节目生成为指定编码格式的视音频文件并自动导入到资源管理器中和媒资、播出子系统以供使用,而文件输出只在 WINDOWS 系统指定的目标路径下生成指定格式的文件,不会出现在 Enet5 非编资源管理器中。

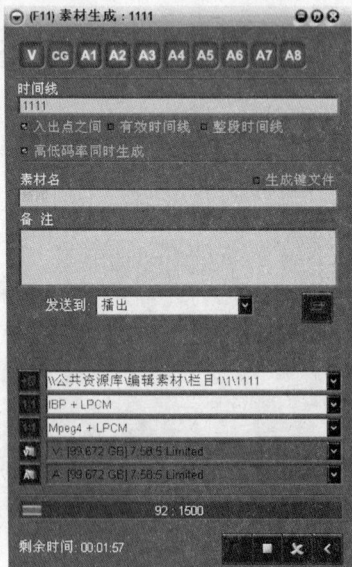

图 9 - 18

具体步骤如下：

①首先在时间线上对需要输出为素材的节目打好入出点。如果没有打入出点，则输出文件的范围将会是整个时间线。

②选择输出文件所包含的轨道，高亮表示所选择的轨道在输出范围内。

③按照开始设定的时间线上输出文件的范围，选择"入出点之间"、"有效时间线"或"整段时间线"。

④选择高低码率是否同时生成，另外还可选择是否"生成键文件"，这样生成后的素材会保留键通道信息。

⑤为生成的素材取名，还可给素材增加备注。

⑥设定发送到播出或媒资子系统，同时设定生成路径。

⑦选择生成素材的格式。

⑧点击生成按钮"▇"，在生成过程中会有进度条显示。

9.6.7 节目编辑流程

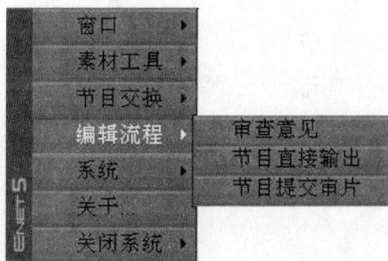

图 9 – 19

1. 节目直接输出

编辑完成节目后，在时间线上打好入出点，保存节目，启动直接输出流程，节目会自动提交给 MPC 服务器，由 MPC 服务器合成、迁移、入库到媒资、播出、非编子系统。

2. 节目提交审片

编辑完成节目后，在时间线上打好入出点，保存节目，启动提交审片流程，节目会自动提交给 MPC 服务器合成，当审片软件审核通过后，再由 MPC 服务器迁移、入库到媒资、播出、非编、演播室子系统。

3. 审查意见

可以查看通过审片软件审查后的节目所附带的审查意见，也可以听审查意见的录音。

本章小结

本章介绍了电视编辑技术的发展历程，阐述了非线性编辑系统的工作原理、构成和功能，详细介绍了大洋 D_3 – Edit 系列和 Enet5 非编软件的操作及使用方法。

复习思考题

1. 电视编辑从技术上可分为几个阶段？各阶段有何优缺点？
2. 简述非线性编辑系统的工作过程。
3. 非线性编辑系统汇集了哪些电视制作设备的功能？
4. 简述非线性编辑系统的组成。

10

电视音响设备

本章要求

- ☐ 掌握传声器的功能、技术特性及其分类和应用范围。
- ☐ 掌握调音台的基本原理、结构和功能。
- ☐ 掌握电视音响合成系统的种类及基本操作方法。

一个完整的电视节目，其图像和伴音是有机地结合在一起的。因此，电视制作还应当包括电视伴音制作。电视伴音制作需用到的设备，我们称之为音响设备，主要包括：传声器、调音控制台及各种信号处理设备、磁带录音机或磁带、扬声器（耳机）和监听放大器等。本章主要对传声器和调音控制台作较详细的介绍。

10.1　传声器

传声器（Microphone），俗称话筒。它的功能是将声源发出的声波转换成电信号。

10.1.1　传声器的技术特性

1. 传声器的灵敏度

传声器的灵敏度是指在自由声场中，单位声压作用下传声器的输出电压或输出功率的数值。一般来说，灵敏度高的传声器比灵敏度低的传声器在同样场合下输出电平高，信噪比大，因此使用效果较好，但有时也要考虑信号本身的大小，对大动态的声音信号，如果使用灵敏度太高的话筒，反而容易造成失真。

（1）开路灵敏度。是目前大多数传声器生产工厂提供的技术说明书中用以表示传声器灵敏度的一种方法。它是指传声器在开路状态时，单位声压作用下的输出电压。声压的单位常用 μbar（微巴）或 Pa（帕），$10\mu bar = 1Pa$。若电压单位用 2mV（毫伏）表示，则传声器开路灵敏度的单位可表示为 mV/μbar 或 mV/Pa。

（2）带载灵敏度。是灵敏度的功率表示法。在国外的传声器说明书中，也有用有效输出电平（Effective Output level）来表示的。它是指在单位声压作用下，在传声器输出端的额定负载上的输出功率，单位是 mW/μbar（毫瓦/微巴）或 mW/Pa。

（3）灵敏度的 dB 或 dBm 表示法。在某些使用场合，传声器的灵敏度也可用 dB 或 dBm 来表示。通常以 0dB＝1V/μbar 或 0dB＝1V/Pa 作为传声器开路输出的参考电平，这样开路灵敏度为 1mV/μbar 的传声器就可表示为－0dB 或－40dB。其他的数值，换算方法相同。dBm 表示的是传声器的功率级灵敏度。通常以 0dBm＝1mW/μbar 或 0dBm＝1mW/bar、1mW/10Vbar 作为参考值。使用时务必注意参考值的单位，否则数值上可能相差 20dB。

2. 传声器的输出阻抗（Output Impedance）

传声器的输出阻抗又称源阻抗，即传声器的交流内阻。考虑到传声器信号的输出与后面连接的音响设备（例如调音台、录音机等）的输入级的配接关系，应该是电压匹配，因此传声器的负载阻抗，即调音台或录音机等音响设备的输入阻抗应远大于传声器的输出阻抗。通常要求负载阻抗应比传声器的输出阻抗大 5 倍以上，这样的负载阻抗一般在传声器的说明书中称为推荐的负载阻抗（Recommended Load Impedance）。专业性传声器，为了避免导线感应交流声，通常取 200Ω 或更低一些作为其输出阻抗，这样的传声器俗称低阻传声器。这也就是调音台、录音机等音响设备传声器输入端的输入阻抗通常取为 1kΩ 的原因。

3. 传声器的固有噪声（Inherent Noise）**和信噪比**（Signal-to-Noise Ratio）S/N

由于传声器的内部或外部导线中分子的热运动以及周围空气压力的骚动，使传声器在没有声压作用于振膜时仍有电压输出，这个电压称为传声器的固有噪声电压。一般用等效噪声声压级来衡量传声器固有噪声的大小。等效噪声声压级是指传声器输出的噪声电压折算到输入端，其相应的输入噪声的声压级。

4. 传声器的方向性（Directivity）

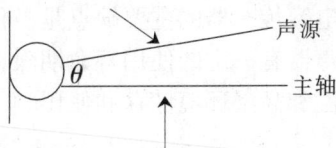

图 10－1

传声器的方向性又称指向性，是指声源的声波以不同的 θ 角（θ 为声波与传声器振膜的法线间的夹角，见图 10－1）向传声器的振膜入射时，由于振膜受到声压作用的大小是不同的，因此传声器输出的电压数值也不相同。显然，声波在轴向 $\theta=0°$ 入射时，传声器以最大的输出电压输出信号，即具有最大的灵敏度 E_0；而声波以 θ 角入射时，传声器的灵敏度为 E_θ（小于 E_0）。E_θ 相对

于 E_0 的比值，称为传声器的方向性或指向性。

5. 传声器的频率响应（Frequency Response）

传声器的灵敏度与频率的关系，称为传声器的频率响应。表示灵敏度与频率之间关系的曲线，称为频率响应曲线。在给定的频率范围内，频率响应的不均匀度是用 dB 来度量的，它是衡量传声器质量的一项重要指标。在电视、电影、广播等专业中使用的传声器，通常要求在 16~30kHz 频率范围内的不均匀度应小于 ±2dB。

10.1.2 传声器的分类和应用

1. 按不同的能量转换原理分

根据不同的能量转换原理，可以把传声器分为动圈式传声器和电容式传声器。

动圈式传声器是一种最常用的传声器，它的特点是结构简单、牢固、工作可靠，具有较大的动态范围和平直的频响特性，价格比较低，它与电容式传声器相比可以不需要极化电源，因此使用方便，但高频端灵敏度比电容式传声器要低。

电容式传声器是目前各项指标都比较优越的一种传声器，使用时需要交流电或蓄电池供电，在广播电台、电视台、厅堂扩声等许多场合被广泛使用，它的特点是结构比较简单，输出噪声电压低，失真小，具有很高的灵敏度、宽而平直的频响特性以及很宽的动态范围，瞬态响应好，录音音色明亮。

近年来，驻极体电容传声器（电容式传声器的一种）得到了广泛的应用。驻极体是一种可以较长时间存储表面电荷的材料，所以驻极体电容传声器可省去普通电容传声器的直流极化电源，较一般电容式传声器结构更简单、体制更小、使用更方便。驻极体电容传声器的主要缺点是极化电压的保持时间有一定限度，因此驻极体电容传声器有一定的使用寿命期限，要延长驻极体电容传声器的使用寿命应避免在高温和高湿环境储存和使用。

2. 按指向性分

根据指向性不同，可以分为无指向性（全方向性）、双指向性（8 字形指向性）、心形指向性、锐心形指向性（超指向性）等，如图 10-2 所示。

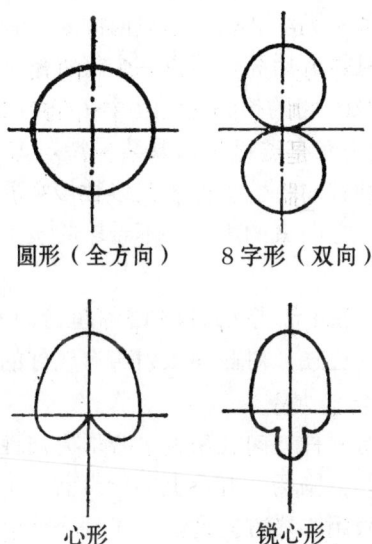

圆形（全方向）   8 字形（双向）

心形   锐心形

图 10-2

（1）无指向性（全方向性）。无指向性传声器对任何方向都具有同样的灵敏度，它的拾音范围是全方向性的，在以话筒为中心的球形范围内来自各个方向的声音均可被拾起，各方向的传声效果是一样的。拾音的质量只与声源距离有关，而与声源方向无关。一般在不拾取特定方向音频信号的场合使用。使用无指向性话筒进行工作时，为了使拾音具有较好的音质，应进行近距离拾音。这是因为无方向性传声器距声源很近时，相对来说，直达声要比混响声或其他杂散干扰声强得多，可保证除声源外，其他各方向来的干扰声影响不会太大。当声源距离加大时，由于混响声或杂散干扰声相对加大，会使传声器输出的声源的音质下降。这种方向性仅适用于使用一个传声器来拾取可能来自各个方向的声音信号。

（2）双指向性。双指向性传声器俗称 8 字形传声器，它对左右方向来的音频信号灵敏度低，对前后方向来的音频信号的灵敏度高，拾音范围是话筒的正前方和正后方（0°和180°）。两侧方向（90°或270°）拾音最弱。一般用在只需要拾取前后方向来的音频信号而不需要拾取左右方向来的音频信号的场合。使用时一般将传声器位置固定不变。例如，在录音棚内，乐队可以在传声器的两侧排列进行录音。

（3）心形指向性。心形指向性传声器也称"单一指向性传声器"。它对左右或后面方向来的音频信号灵敏度极低，对前面来的音频信号的灵敏度高，其拾音范围是单方向的，只拾取话筒正前方一个很宽角度范围内的声音，而话筒后面的声音几乎不能拾取。它的拾音范围大约在 $140° \sim 160°$ 以内（$130°$ 时灵敏度下降约 3dB）。一般用在有选择地拾取某一特定方向音频信号的场合，是传声器使用最普遍的一种方向特性。由于大多数传声器需要拾取的声音都来自传声器的正前方，对其他方向来的声音并不希望收录进来，因此它能获得较好音质的拾音。

（4）锐心形指向性。锐心形指向性（俗称超指向性）传声器拾音范围比心形指向性话筒的指向性更强，对侧向入射声有较好的抑制性，正前方的拾音距离增加了。

对于心形和锐心形这两种方向性来说，心形方向性更适用于要求抑制来自传声器后面的声音。例如，剧场、舞台上的传声器，不希望观众席上杂散干扰声被收录进来，这时应采用心形方向性。对于各个方向强度相同的室内混响声或环境噪声，由于锐心形传声器主轴的正前方灵敏度最高，需要拾取的声源的直达声相对是加强的，因此就能使处在这种环境中的歌唱或乐器演奏声很好地从室内混响声或环境中区别开。对于抑制侧向（方向性的 $90°$ 或 $270°$ 方向）来的声音，锐心形较心形为好。另外，在多个传声器拾音时，对于心形方向性来说，只要将传声器尽量靠近声源进行近距离拾音，由于加大了直达声，可以有效地抑制各传声器之间的串音电平，因此这种特性也适用于多传声器和多声道录音。

注意：很多专业性传声器（电容传声器）具有方向性转换开关。通常可以在无向（圆形）—心形（包括锐心形）—8 字形方向性中间来选择适合于录音要求的方向性。

3. 按用途来分

根据不同的用途又可将传声器分为佩戴式传声器（颈挂式传声器、项链式传声器）、枪式传声器、立式传声器、手握式传声器、无线传声器、吊杆式传声器等等。按电视节目的画面特点可以选用不同的传声器。

（1）佩戴式传声器。包括颈挂式和项链式传声器两种。这种传声器是佩戴在演员的衣领或口袋上，或挂在胸前使用的，因此体积很小。在电视同期声录制时，使用这种传声器可以避免传声器对画面的影响。另外，在某些录音场合，因安装固定传声器较为困难，或者演员需要移动、转身等情况，不能随时对准固定传声器，使用佩戴式传声器是比较方便的。佩戴式传声器可以佩戴在演员服装的各个不同部位，因此它应该是无方向性的。考虑到衣服对声音的高频吸收以及演员声音的高频部分不一定正好对准传声器，因此这种传声器的频率特性通常不是平直的，而是在 2～10kHz 频段内需要将高频提升 8～10dB。有些设计更周全的佩戴式传声器，考虑到人体胸腔辐射，在 700～800Hz 附近还要作一些均衡处理。在使用这种传声器时，还需注意佩戴位置必须恰当，虽然传声器设计时已经使用了特殊的防震装置，但还是应该尽量避免衣服摩擦声等杂音影响音质。

佩戴式传声器声音信号的传输方法通常有有线式和无线式两种。有线式是指传声器输出直接通过音频传输电缆和调音台、录音机或录像机等设备相接。在电视节目制作中，有线佩戴式传声器对报告会、讲座或教师讲课等情况比较适用。无线式是指传声器输出经过一套小型无线发射、接收设备再和后面的电声设备相连接，传声器和发射机连接，接收机和调音或记录设备相接，发射机和天线都戴在演员身上，并由电池供电。无线传输方法特别适用于大场面的电视剧等节目同期声录制时使用。

（2）枪式传声器。播音员进行现场新闻采访，就可以采用超指向性的枪式传声器。枪式传声器在声音的主轴方向具有高灵敏度而对其他方向有很强的噪声抑制能力，所以超指向性的枪式传声器能够拾取较远距离及较大无规则背景噪声中的声音。

（3）立式传声器。在电视画面中，如果演员（或播音员）无须走动，且传声器可以被摄入镜头，则可采用立式传声器，这时要注意传声器的外形、颜色及传声器支架的合理性。

（4）手握式传声器。如果电视画面中不反对出现传声器，而使用传声器支架又会限制演员动作时可采用手握式传声器，但传声器电缆要有足够的柔软性，避免引起金属摩擦声。

（5）无线传声器。如果电视画面中演员（或播音员）活动范围很大，为避免引起颈挂式传声器传输线布设的困难，可以使用无线传声器。无线传声器包括发射和接收两部分。佩戴在演员身上的是微型超高频发射机。电容传声器的电容头即为发射机的槽路电容，发射机把音频信号以调频方式对超高频载频进行调制并发射，然后由一台接收机进行接收并解调。在使用无线传声器之前应进行一下场地检查，以避免干扰。

（6）吊杆式传声器。如果需要使用静止传声器拾音，但又不能使传声器出现在画面中（如拍摄电视剧），这时可采用吊杆式传声器。将吊杆式传声器放置在演员的上方，但要注意传声器的影子不要进入画面。

10.2　调音台

调音台又称音频混合器，在电视音响节目制作中，调音台是对所需录制节目的声音信号进行控制和实现艺术加工的一种重要的音响设备。在电视节目制作中，声音部分的制作可分为同期（包括先期）和后期制作两个阶段。在这两个阶段中，不论是语言对白、各种效果声以及音乐的录制或合成都需通过各种不同类型的调音台，对各种声音素材进行技术加工和艺术处理。

10.2.1　调音台的基本原理

调音台是通过电子线路，根据节目的要求，以适当的电平把各个被输入的音频信号汇集在一起，进行控制调整、音质加工，并混合到所需要的通路（声道）输出的一种设施。

10.2.2　调音台的结构

根据调音台的基本功能要求，调音台必须具备相应的各种功能单元，如输入通路、各种补偿音质的均衡器、组合或总输出母线和相应的输出放大器。此外，每个调音台还应有一个监听切换（分配）单元，至少每个输出通路有一个电平指示器。对于立体声节目和多声道录音，还必须具有声、像移动和定位的特殊单元。为了人工延时和混响设备的应用以及进行提示返送，调音台还应设置辅助输出母线。性能更完善一些的调音台还设置有特殊的音响加工用的输入、输出插口等。正确地运用和操作这些功能单元，将会直接地影响节目制作的艺术效果。当然，对用途范围较窄或级别较低的调音台，也可省略某些功能单元或组合。例如，便携式外出录音调音台，它主要用于外出同期录音，那么在现场录音时，对于音质加工中的人工延时、混响信号的加入不一定是必要的，因此就不一定设置用于这些功能的辅助输出母线。使用中，应根据需要选择不同的调音台。

具体来说，在音响节目制作中，调音台的结构和各部分功能如下：

1. 信号的放大和调整

调音台的多路输入端口中，可以分为两类：高电平（线路输入）和低电平（传声器输入）。高电平输入插口主要接收来自磁带录音机、唱机、录像机音频声道等设备的放音输出信号，也可接收来自延时器、混响器等效果装置返回的信号。通常线路输入的信号电平较高，可以不再进行放大（需要时也可进行放大），直接或经过均衡器送到音量调节器进行音量平衡控制。低电平输入插口插接来自传声器输出的微弱的音频信号，调音台输入组件中的前置放大器必须先将此信号不失真地放大到预定的额定电平，然后经均衡器或直接送到音量调节器进行音量平衡控制。这种先将弱信号电平放大到足够的信号电平后再进行电平调整控制的方式，可以避免各种感应噪声的引入，以保证信号的传输通路有最佳的信噪比。

2. 频率均衡

调音台的每条输入通路都具有简易或复杂程度不同的频率均衡和滤波网络。均衡和滤波电路的作用是：补偿在录音或转录过程中，由于各电声设备的性能和使用条件的限制而引起的频率损失；按节目内容的要求对声源的音色进行加工处理和创造特殊的效果；滤除节目中的某些噪声。

3. 信号的混合和分配

调音台每条输入通路中的信号经过频率均衡和增益控制（音量平衡）后，根据节目内容要求，由录音师操纵母线选择按钮将各输入信号混合并分配到指定的母线和相应的输出通路上去。根据需要也可将一个信号同时分配到几条母线上去，如送到辅助母线、监听母线等。

4. 信号的传送

调音台的输出组件将完整的节目信号进行总音量调整（对应总输出母线），并按要求的电平以及适当的输出阻抗和输出方式，将节目信号传送给录音机、录像机等设备进行记录。大部分调音台为了能接入人工延时、混响等设备，也可将各输入组件的信号汇合到辅助输出母线上，然后经电平控制后输出，去激励延时器和混响器等设备。延时器和混响器返回的信号，可由专门设置的辅助输入通路或输入组件的线路输入端输入，再和直接声相混合，以得到加有人工延时、混响声的节目信号。

5. 调音台附属电路的功能

调音台除完成主通道节目信号的电平和音质处理外，在录音或合成（混录或缩混）过程中，还需具有完善的监听系统。在录制过程中，为了使录音室、演播室和控制室之间工作和监听方便，调音台应提供对讲联络（便携式除外）、传声器和监听（录音室、演播室）开闭时的连锁控制（避免系统自激）、各种电声设备和工作信号的遥控等功能。

10.2.3 调音台的技术特性

1. 增益

调音台的增益根据各种传声器灵敏度的不同是可以调整的，它必须能满足灵敏度最低的传声器的放大要求。因此，调音台在传声器输入时最大增益至少应有60dB，较高的可以在80dB以上。通常调音台在正常工作时，应有约20dB的动态余量，相应地约有20dB的电平控制余量。因此，较好的调音台其额定增益必须在60dB以上。在线路输入时，调音台的增益通常为0dB。

2. 噪声

衡量调音台噪声大小的方法，对传声器输入通路是用等效输入噪声电平来表示的，即将输出端总的输出噪声电平折算到输入端来衡量。这是由于调音台的传声器放大器在不同的增益位置时，噪声电平随增益的不同而变化，测量到的信噪比也就不同。但调音台输入端的等效噪声电平是固定不变的，因此用等效输入噪声电平能比较确切地反映调音台噪声电平的大小。

调音台线路输入通路的噪声质量是以单独一路的输入、输出组件，在0dB增益时的信噪比来表示的，通常可优于80dB。

3. 频率特性

调音台的频率特性的不均匀度，一般在全部工作频段范围内约为11dB。如果有的调音台传声器输入通路和线路输入通路稍有差别，那么在该机的技术说明书中应给予注明。

4. 非线性谐波失真

调音台的非线性谐波失真通常是指额定输出电平时，在整个工作频段内的全部谐波失真值。有的调音台在不同的频段非线性谐波失真值稍有差别，在技术说明书中对测试频率应作出相应的规定。专业用调音台非线性谐波失真一般应小于0.1%。

5. 动态余量（电平储备量）

调音台的动态余量是指最大的不失真输出电平和额定输出电平之差，以dB表示。动态余量愈大，节目的降值储备量也就愈大，声音的自然度也就愈好。通常调音台的动态余量至少应有15～20dB，较高档的调音台可在20dB以上。

6. 串音

调音台的串音是指相邻通路间的隔离度。隔离度的优劣和信号的频段有关，高频段的串音较中、低频段的严重。

10.2.4　调音台的使用和操作

节目制作用的调音台，不论是用于单声轨录音、双声轨（立体声）录音或是多声轨录音，除一些特殊功能单元和母线数量外，组件的基本结构是类同的。有些简单的调音台，只是省略了部分功能单元。

10.3　电视音响的合成

电视音响的合成系统一般有两类，即有调音台的合成系统和没有调音台的合成系统。

10.3.1　有调音台的合成系统

将调音台接入电子编辑系统，即构成了一套常见的电视音响合成系统。使用这种系统，可以通过编辑系统的控制，完成解说、效果、音乐的合成。实际操作时，要根据节目的要求，注意调节各种声音音量的相对大小。如，当解说词出现时，应将音乐电位器平缓地拉下至最低音量，解说完毕后，音量再逐渐恢复；效果声与解说词并存时，也可作同样处理。

10.3.2　没有调音台的合成系统

没有调音台设备时，可以利用录像机的混合（mix）输出做简单的混音工作。具体操作是：编辑工作完毕后，首先播出版声道 2 为同期效果声，在声道 1 录制解说、复制工作版；工作版声道 2 上录制音乐；留出声道 1。混音时，将播出版放于放像机中，混合（mix）输出接到录机的工作版声道 1 输入，则播出版上的声道 1 与声道 2 进行混音后，进入工作版的声道 1 上。可调整放音、录音音量钮，保证音质、音量。然后，将工作版放于放像机中，播出版放于录像机中，进行混音，则工作版上的声道 1（同期声、解说）与声道 2 上的音乐混合成一路进入播出版的声道 2 上，完成混音工作，同时将播出版的声道 1 抹音。

本章小结

本章在对电视音响设备作出概述的基础上，重点介绍了传声器和调音控制台两类主要音响设备的工作原理、特性、结构、功能、分类及适用范围和基本操作方法。

复习思考题

1. 根据不同的能量转换原理，传声器可以分为哪几类？各类传声器有何特性？
2. 请画出全方向性、8 字形指向性、心形指向性、锐心形指向性传声器的方向图，并说出按指向性分类的各种传声器的特性和适用范围。
3. 试述调音台的基本工作原理。
4. 试述调音台的主要功能。
5. 电视音响的合成系统一般有几种？它们的基本操作方法怎样？

11

电视语言

本章要求

- ☐ 全面理解画面语言的构成要素、构成方式及其规律和要求。
- ☐ 理解画面景别、句型和构成方式等的运用对节奏表现和观众情绪发展的影响作用。
- ☐ 正确理解声画关系，发挥画面语言和声音语言的整体作用。
- ☐ 运用电视语言设计分镜头剧本。把握从镜头、句子、段落到节目整体的语言组织能力。

语言是传播信息、交流思想的工具和手段。任何专业都有专用的概念和术语，有专门的语言组成元素、语言构成方式、语言特点和规律。

语言的发展经历了从口语到图形方式的演变，并逐渐形成两种交流方式，一种是由图形转化为符号即文字，经过历史和文化的积淀，形成一套约定俗成的语法模式；另一种交流方式则转化为艺术语言，例如绘画、建筑、音乐等，通过各自不同的元素组合实现艺术的交流。

电影是一门综合的艺术。在电影中不同的活动画面的有机组接，有类似语言的结构和规律性，并形成独特的语法方式。

电视语言则是直接从电影语言发展演变而来的，由画面语言和声音语言共同组成。在电视语言的发展过程中，其表现形式及运用一直深受电影语言的影响。

电影语言包括以下几层含义：

作为组接画面技巧的蒙太奇，被称为电影语言或电影语言的语法。画面——故事的表述，即电影语言，它包含叙述的层次、修辞的层次和心理的层次。

作为思维手段、美学理论的蒙太奇，存在于创作观念之中，是从高层次把握创作风格和运用创作技巧的出发点，是电影艺术构成形式和方法的总和。

作为电影叙事学（电影叙事学是电影符号学的内容之一，是现代电影理论的重要组成部分）的研究对象，叙事学关注电影的形式，研究电影各种叙事手段和功能，研究叙事的语法。它将语言活动和心理活动结合起来，认为电影之所以能够让观众引起各种不同的感知状态，不是在于故事或情节本身，而是电影的影像、语言和修辞。所谓语言，在电影中就是一种叙事的形式，通过景别、镜头运动、用光、场面调度、镜头组合等方式，让观众了解事件和感受事件。

学习电视语言，离不开从电影语言入手，了解电影语言的构成方式、语法结构以及各种剪接方式方法和规律，运用各种表现要素和规律，组成视听的文章，制作出有表现力的电视节目。

除了借鉴电影语言的理论外，还必须下工夫探讨电视语言的特殊规律。比如，电视在表现景物范围、各种景别的表现力、观众的注意力、声画结合的方式、纪实性画面的内在表现力等方面都和电影有较大的差别。

11.1 电视画面语言

11.1.1 画面语言的单位

画面语言的基本构成单位是镜头，两个分切画面之间叫一个镜头。一个镜头可以表达一个简单的意思，也可以表现多层的含义。几个镜头有机组织起来，表达一个完整的意思，称为蒙太奇句子。

在文字语言中，词是最小的语言单位，词和词组组合构成句子，才能表达完整的意思。在电影中，一个"镜头"单位可以包含多种内容要素，它比词的含义丰富得多。就像故事中的人物可以看作是名词，他的特征可以看作是形容词，他的行为可以看作是动词，而这些因素会同时出现在一个镜头之中。

电影符号学认为，电影语言与自然语言的区别之一，是在电影语言中找不到类似自然语言中的字词、语素、音素这些基本的离散性单元成分，"镜头与词汇中的单词不能相比，镜头更像一段完整的陈述，因为镜头已经是相当自由的组合的结果，是属于'语句'的组合，而一个单词只是约定俗成的一个音义段"。（麦茨:《电影符号学若干问题》）电影之所以具有语言的特性，一个重要的方面在于镜头的组合方式。

11.1.2 画面分切的意义和作用

镜头的组合通过分切的方式完成，分切即画面的转换。

早期的电影没有分切，一部片子只有一个镜头。在单独一个镜头内表现的是一个视点的连续性观察，画面的变化是在这个镜头内完成的，其表达的意义也是在镜头内实现的。由于在一个镜头内往往不能完成叙事，尤其在拍摄新闻片时经常要移动机位，带来很大麻烦，这就不得不打破固定机位连续拍摄的惯例。

发明特写镜头的是英国的史密斯，他和他的同事发现了特写和远景镜头的相互作用，首次将特写镜头插进全景和中景镜头之间，从不同的距离和角度表现事件和刻画人物，突破了电影的戏剧形式，开始用电影特有的方式来观察世界。这就使原来只有一个镜头的电影，可以被分切为由许多镜头组成；原来只有一个全景的电影，可以用不同视距的景别来充分表现。这种多视点、多空间的剪接形式，标志着早期蒙太奇技术的基本形成。

发明了分切以后，摄影师观察的视点可以在一个连续性的场景中作不同视距不同角度的跳跃性的选择，使电影增加了景别；同时也超越了只能表现一个场面的局限，使时空的叙述可以中断或加插，电影能够交替表现同一时间内不同空间的几条线索的发展，或者同一空间内不同线索的发展。

分切虽然属于技术或技巧上的概念，但其依据是人的视觉经验和心理体验，人在观察事物的时候，注意力会集中到某一被吸引的物体，其他位置的视像则是模糊的；当注意力转移到另一物体时，会省略中间的移动过程，视线直接跳到另一物体上；在观察全景时，视线会不断流动，按照兴趣逐次看清所有的东西；在观察时还会产生丰富的心理联想，观察的速度随心情平和或心情激动而相应变慢或加快，这就是镜头转换的视觉体验基础和心理体验基础。在此基础上，分切能赋予镜头画面本身含义之外的更丰富的含义，时间的、空间的、现实的、心理想象的，一切外在和内在的元素可以通过多种方式重新组合并能表达一种全新的意念，这些新的组合几乎可以无限地自由地发挥和表现一切。

简言之，分切的意义在于突破一个视距的束缚，突破一个时空的限制，使电影能够自由地表现一切。分切可以说是一种组合的艺术、剪辑的艺术，这些组合必须遵循一定的原则，符合一定的语法规律，有基本的表现手法。

运用分切的方式来设计不同景别的镜头组合，就是分镜头。在节目拍摄前必须设计好分镜头剧本或做好分镜头构思和计划，即设计好一个个镜头，表述事件发展的阶段和动作分解与组合的过程，这是运用画面语言表达拍摄意图和节目内容的过程，体现着制作者对节目的整体结构和各种表现形式能否准确把握。分镜头剧本通常包括镜头的景别、拍摄方式、拍摄技巧、镜头长度和声画内容等。

分切的作用：

（1）用于动作的连贯与分解。

（2）带来拍摄角度和视点的变化。在拍摄中，角度的选择可以视为生活观察的延伸，它带有明显的主观认识倾向，能体现作者对客观事物的某种评价、审美判断以及相应的心理感受，起参与叙述和表现的作用，成为内容的一部分，从而构成视听语言中重要的、常用的表现性元素。

角度的选择可以构成不同的视点（影响视点的因素包括拍摄距离、方向、拍摄方式和镜头焦距等），一般划分为客观视点和主观视点。客观视点代表观众的眼睛；主观视点代表节目中人物的视点。视点的选择决定了观众的观察方式，即解决观众怎样看的问题。

（3）建立时空重组的关系。

11.1.3　重组的时空关系和画面的连贯性

电视中的时空关系与真实的时空关系有所区别，它是重新构建的。观众之所以能够理解和愿意相信这种重组的时空关系，是因为它符合事物发展的逻辑，符合思维的规律和情绪的发展。通过镜头的组接，事物的空间运动和时间脉络的发展没有中断，并且产生连贯性。镜头与镜头之间是相互关联的，能建立起联系的，能产生明确的表述意义或描写意义的。就是说，每一个镜头必须由上一个镜头衍生出来，并与下一个镜头相融合，上下镜头一经建立联系，观众便会感到真实可信，不会产生歧义。合理的连贯性可以让观众忽略镜头的存在而专注于内容的发展，观众不必忙着找出摄影机突然跑到了什么地方，不至于费解人物在不同的时间空间内发生的变化，从而带来一种全新的现场体验。连贯性的表现包括时间的连贯性、地点的连贯性和动作的连贯性。

1. 时间的连贯性

在电视中的时间包括真实的时间和表现的时间。真实的时间只沿着一个方向运动（向前运动），运动的速度是确定的；表现的时间则不只是沿着一个方向运动，而且可以跳跃发展。不同的时间指向表现为过去、现在、将来等时态，而且其运动的速度是不确定的。时间的多向性跳跃发展包括闪回和闪进，闪回是指从现在跳到过去，闪进是指从现在转到将来。时间的连贯性表现除了方向性的时态变化外，还包括速度变化所产生的连贯性。这种速度的变化表现为可压缩、可延展、可保持相对静止。其中压缩的技巧包括淡化、叠化、声音或音响转换、字幕的提示等，使事件、情节的发展过程更紧凑；延展的技巧有动作放慢、动作重复、情绪积累等，有助于对事件局部的细致刻画，可强化画面冲击力；瞬间的相对静止提示时间的凝固，仿佛空气停止了流动，用于营造强烈的气氛，或极度渲染情绪，增加画面的张力。

2. 地点的连贯性

影视中事件发生的地点大多数并不局限于同一地方，画面的变化可以瞬间将观众送到不同的地方，但对观众来说，他们很少会产生困惑，这是由观众的视觉习惯所形成的期待和猜测决定的，同时还与正确的剪辑有关。地点的交代通常必须由一个远景或全景介绍整体的环境，并由此建立其他细节部分在整体环境中的位置关系，然后运用正确的视线角度来表现不同的细节。当地点发生变化时，同样必须运用各种技巧将这些不同的地点联系在一起。这些技巧与连接时间的技巧相似，包括淡化、叠化等技巧和字幕、画外音、音响或音乐的运用等。在画面剪接上，还可以运用场景转换法等技巧（将在下一章的"场景连接法"中介绍）。

3. 动作的连贯性

动作的连贯性是指一组连续镜头的组接和构建使观众相信画面中的动作是连续的。这种连贯性的建立是连续构成中最复杂的一部分，也是最容易出错的部分。它的建立在很大程度上依赖拍摄方向的确定和正确的组接原则。这将在"画面方向的规律"和下一章的"动态连接法"及"镜头运动连接法"中讲到。

11.1.4　画面景别的功能

景别是指画面范围和构图对象在画面中所占据的比例大小，由视距或镜头焦距变化而形成。视距就是从不同视点到被摄主体的距离（三坐标中的物距），视距远，景别范围大；视距近，景别范围小。视距不变，镜头焦距短，景别大；镜头焦距长，景别小。景别不同，画面包含内容或多或少，说明摄影师通过镜头的运动变化对拍摄内容范围的取舍。不同景别的有机组合，能带给观众不同的感受，形成画面的外部节奏感。

按照拍摄范围以及人物在画面中所占的位置，一般将景别分为远景、全景、中景、近景、特写五种。

1. 远景（Long Shot）

从较远的距离上观察和拍摄时形成的景别，又称大全景。它视野广阔，通常用来交代事件发生的地点以及周围的环境，人物主体在画面中通常只占较小部分，画面细节不易辨清，看不出特定的主体对象。观众要全部了解画面内容的时间较长，因此镜头长度应以让观众能看清画面中主要景物所需的时间为标准，一般需要 5 秒或以上。有的划分方法是将使用摄像机镜头的最大极限以更远距离来展现环境的镜头称广角镜头或地理镜头（XLS），人物在画面中极小或根本看不到。这种景别适宜表现宽广辽阔的场面和雄伟壮观的气势，用于描写环境和景物富有抒情的气氛和意境。

2. 全景（Full Shot）

表现人物主体对象的全部或事件场景的概貌的景别。用于表现被摄体完整的形态以及所处的部分背景，通常并不包括周围的大环境。与远景相比，画面中有较明确的对象和内容中心，人物成像为全身镜头，能比较清晰地展现其交流和活动的空间，尤其是人物移动的过程，画面动态明显。

3. 中景（Medium Shot）

中景包括画面主要被摄对象或主体的主要部分，人物成像在膝部以上。中景用于表现事件中的主要事物，表现主体的形状特征，有利于兼顾动作和情节的发展以及人物之间的交流，并能揭示人物之间、人物与场景或所处位置之间的关系，是电视节目制作中的常用景别。

4. 近景（Close Shot）

近景中人物成像占画面的大部分，一般是人物腰部以上。用于突出人物情绪神态的特征和幅度不太大的动作，在电视中是描写人物情感和事物细节的主要景别。

5. 特写（Close-up）

主要对象或主体的某一局部充满画面，或人物成像在胸部以上的景别。有利于刻画人物心理活动和强烈的情绪特点，揭示人物内心世界和事物的本质。特写将人或物体与周围环境分离，能引导观众从细微处观察对象的特征，起强调的作用，给人以鲜明突出的印象。特写的画面内容比较单一，易于被观众理解，镜头长度一般只需要 2 秒左右。由于特写具有强烈的视觉冲击力，尤其是表现人物表情的大特写镜头，通常只适合在内容描述的关键时刻或情绪节奏达到高潮时运用。

按照人物划分的特写还可以分为：

中特写：胸部以上，即近景，常用于人物对话的分切。

特写：头部以上，表现人物脸部表情的细微变化以生动地描述人的内心世界。

大特写：是以最近距离拍摄景物目标的镜头，只突出某一局部，如人的眼睛、鼻子或嘴角，能带来强烈的情绪感染。

电视节目是由镜头组成的，镜头是由不同的景别和长度所组成的，它们有各自不同的功能和表现力，所表达的内容有量和影响程度的区别，体现着不同的节奏和情绪。景别的有机组合是镜头画面表现人、事、物、景的有力手段，能发挥写景、抒情、叙事、刻画人物的作用。景别的选择和组合有一定的规律性，必须以符合人们观察事物的心理和视觉规律为依据。合理运用和设计景别，使内在的画面节奏和外部的剪接节奏和谐统一，能有效控制剧情的发展和对观众情绪的影响，使节目更加扣人心弦。

11.1.5　画面的构成方式

画面的构成方式就是运用镜头组接形成画面语言的方式，是一种画面语言的语法结构方式。

1. 连续构成

表现同一对象的几个镜头（不同景别或角度）连接起来，称连续构成。对事件的发生、发展，动作的相对完整过程起叙述作用。连续构成按照时空的顺序组接镜头，能保持对象动作、事件发展线索的连续性，强调镜头叙述的流畅和连贯。

2. 对列构成

表现不同对象的几个镜头连接在一起，称对列构成。起揭示不同对象以及各种画面因素相互关系的作用，是一种蒙太奇的构成方式，利用镜头的对列组接能产生新的意念和感觉。

在电视节目中多运用对列构成可以避免镜头组接上的一些难题，如可以避免环境的跳跃和动作的跳跃，并有利于将主体、陪体的对应关系表现出来。

运用镜头组接的对列作用的手法叫对列表现法，是蒙太奇剪辑的重要方法，包括镜头或句子之间的对列、段落之间的对列、镜头内部的对列、声画对列等。

11.1.6　画面叙述的句型

不同景别镜头的组合运用有一定的规律性。构成不同的句型方式并与画面内容相配合形成节奏感，不同节奏的蒙太奇句子组成段落，它们的叙述方式能模拟或操纵观众的感受，能渲染气氛，起某种强调作用，对观众产生情绪影响。

1. 前进式句子

景别变化从远到近，沿着远景—全景—中景—近景—特写的方向前进。用于由面到点的观察和叙述，剧情发展趋向迫近或紧张，把观众注意力从环境整体引导集中到环境的某一特定对象或精彩的局部细节。例如对于某一事件的表现来说，前进式句型的发展过程为：事件发生的环境、概貌—事件全部—事件主体—主体的细节。观众的视觉感受随着景别的发展不断加深加强，情绪上升并推向高峰。

2. 后退式句子

景别变化从近到远，沿着特写—近景—中景—全景—远景的方向后退。用于由点到面的观察和叙述，剧情发展趋于平缓或结束，让观众先了解精彩的、重点的局部细节，注意力被吸引后，再交代与局部对象有关的环境全貌。例如，《鹰狼传奇》中将菲利普越狱时挖穿洞口的特写场景作为全片的开头，深深引起观众的注意，然后再展开与此相关的情节。后退式句型通常还用在段落或故事的结尾，观众在了解内容的细节特征后，情绪就会趋于回落，并在后退扩展的场景中融入某种联想的空间气氛。

3. 复合句子（环形句子）

在一个句子中，既有前进式，又有后退式，包含两种句型的称复合句子。情节叙述有起伏变化，先进后退，或先退后进，情绪发展有升有降。

下面以 Pizza Hut（必胜客）的一则电视广告为例，说明画面的构成方式、景别的实际运用和句型的发展对故事叙述、节奏和情绪的影响。这是在世界杯足球赛期间推出的以足球为主线演绎的故事情节型广告，短短 30 秒内容纳了 27 个镜头（时间长度以帧为单位），巧妙地将广告主题融入一个精练的、扣人心弦的故事中。

（1）	全景	从网后拍对方球员射门	10 帧
（2）	全景	从正面拍小守门员扑球	16 帧
（3）	全景	球从小守门员脚下进网	11 帧
（4）	特写	教练的表情	10 帧
（5）	全景	小守门员趴下	18 帧
（6）	近景	对方球员欢呼	17 帧
（7）	中景	教练与队员背影	1 秒 09
（8）	全景	走进餐厅	1 秒
（9）	中景	小守门员坐下	1 秒 05
（10）	中景	教练坐下	24 帧
（11）	特写	小守门员情绪低落	13 帧
（12）	中景	侍者托盘子走出	14 帧
（13）	近景	侍者被足球绊倒	23 帧
（14）	近景	盘子脱手而出，侍者倒吸口气	17 帧
（15）	特写	Pizza 横飞过画面（慢镜头）	23 帧
（16）	近景	小守门员站起	13 帧
（17）	特写	伸手接饼（慢镜头）	17 帧

（18）	近景	救球动作般飞身倒下（慢镜头）	18 帧
（19）	中近景	队员们纷纷站起来看	18 帧
（20）	中近景	教练站起，侍者也站起来	1 秒 11
（21）	中近景	小守门员从桌底举起 Pizza	3 秒 13
（22）	中景	众人喝彩	24 帧
（23）	特写	小守门员得意的样子	24 帧
（24）	大特写	Pizza	14 帧
（25）	特写	教练吃 Pizza	14 帧
（26）	特写	守门员吃 Pizza	22 帧
（27）	字幕标版：融入必胜客世界杯热潮，旗开必胜		5 秒 08

这则广告的画面语言构成基本上是沿用了电影叙事的方式，并结合广告的特点，以清晰简洁的句型，明快紧凑的节奏，既高度浓缩又充分展示了剧情的发展。其中 1~4 为前进式句型，在 3 个节奏紧凑的射门动作后，突出教练对失球的反应，忧虑和失望的情绪开始积累；5~6 为对列构成，用对方球员欢呼的背影来映衬守门员的伤心沮丧；7~8 为后退式句子，同期声是教练对守门员的鼓励，情绪趋于平静；9~11 为对列构成和前进式句子，表明低落情绪仍在保持并预示剧情将继续发展；12~25 以前进式句型为主，带出第二条线索发展的全部过程，剧情出现另一个高潮。其中 12~15 和 16~18 为侍者被足球绊倒和守门员的反应动作，一气呵成，节奏紧凑，尤其是 15~18 用慢镜头表现，分解和延长了瞬间的动作过程，有效发挥了积累作用，贯穿前部分的低落情绪到此转变为高涨情绪；19~20 的对列表现继续积累众人紧张和焦急的心情；20 和 21 是较长的镜头，将关注、等待、盼望奇迹出现的复杂气氛提升到顶点，然后终于让观众看到完整无损的 Pizza 在守门员手上托起，情绪发展被推至高峰；而最后出现的连续的特写画面和字幕则迅速缓解紧张的气氛，引出广告主题，将激动和高涨的情绪释放融入广告品牌的特定氛围之中。

在整体的节目中，由句型运用带来的情绪变化总是有起有伏，有快有慢，错落有致。既有渐进式的前进或后退，也有突变式的两极镜头直接组合。一般来说，只要有两个以上的不同景别切换，就能体现情节发展的进退变化，景别相邻越近，节奏发展越平缓，适合一般性的叙述；景别相邻越远，节奏发展越紧迫，用于强调突变的情绪和紧张的气氛，制造强烈的视觉印象和心理冲击。

通常在电视中，极端的远景运用不多，因为电视屏幕不易展现远方的景物层次和细节，而多以全景代替，以表现人物和近处环境为主，景别及句型的发展多选择在全、中、近、特的范围内。

11.1.7　电视画面情绪发展的控制

1. 情绪发展曲线

电视以直观的形象化特点，引起观众的直觉感受，产生情绪的感染力，它不同于文字方式需要间接地从想象中感受客观的物象，所以更强调具象的、动态的可视因素和可经历过程的再现，更讲求视觉震撼、气氛、节奏对情绪的影响。

画面语言用情绪发展曲线来表明镜头和句型的运用以及剪接点的选择对内容和对观众情绪影响的程度。影响情绪的因素包括景别、镜头运动、镜头长度和节奏等，在做分镜头计划时，必须设计不同的景别、镜头长度和句型发展，使之与剧情内容相吻合。情绪向上发展时用前进式句子构成情绪上升曲线，情绪回落时用后退式句子构成情绪下降曲线，而用环形句子表现情绪起伏、内容跌宕变化。图 11-1 说明三种句型的运用对情绪发展的影响。

（1）情绪上升

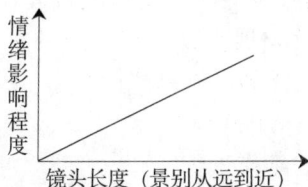

（2）情绪下降

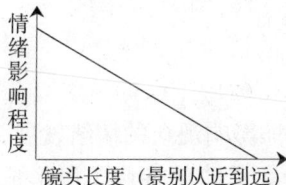

（3）情绪起伏

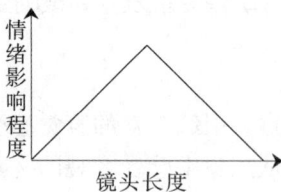

图 11 - 1

2. 内容调子曲线

影响观众情绪的首先是画面的内容，内容调子曲线表明内容本身对情绪影响的程度，这是内在节奏发挥的作用。曲线随时间的推移上升，即随着镜头长度的增加，画面内容逐步被观众所理解，当曲线上升到一定程度，表示画面内容被完全理解，如果没有新的内容继续出现，观众情绪就会下降并逐渐消退。图 11 -2 表明镜头长度与内容调子的关系。

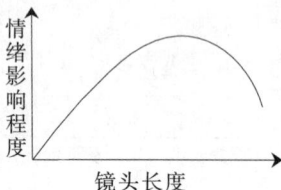

图 11 - 2   内容调子曲线

3. 剪接调子曲线

画面的外部剪接节奏同样影响观众的情绪发展，通过剪接把几个镜头的内容调子累加起来叫剪接调子。反映剪接调子所形成的曲线称为剪接调子曲线，表明剪接效果对情绪影响的程度。

当剪接点选择在内容调子曲线上升到顶点时，及时转换到下一个镜头，那么下一个镜头的内容调子就不是从零开始，而是从上一个镜头的高峰点开始。这是因为镜头虽然转换，但观众的情绪还没有立即下降消退，而是累加到下一个镜头中，成为下一个镜头内容调子上升的基础，这种现象叫做情绪积累。在一定的条件下，通过这样一次次的积累，把观众情绪一步步推向更高峰，形成正确的剪接调子曲线。图11-3为剪接调子曲线。

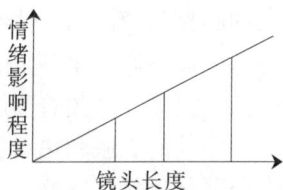

图11-3　剪接调子曲线

但是，如果将剪接点选择在内容调子还没有上升到顶点即观众还没有完全理解或在内容调子已经下降时才转换画面，就达不到情绪积累的效果，这种选择称为错误的剪接点，积累效果可能等于零。图11-4为错误剪接点。

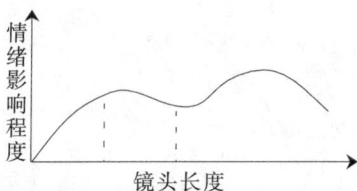

图11-4　错误剪接点

运用剪接调子的积累效果称为积累蒙太奇，是画面语言特有的表现技巧。运用得好，就可以使情绪在将要下降时马上转换到另一个镜头，保持情绪一个比一个上升，紧紧吸引住观众，维持和延续情绪的发展。

4. 积累效果和制约效果

积累效果是运用剪接调子把几个镜头对观众的影响作用累加起来所形成的效果，使情绪发展扣人心弦。

制约效果是指内容本身会限制剪接调子的发展，不能随意无限增加，当内容被理解、情绪到达顶点后就要下降，这是内容调子对剪接调子的制约。

这里以电影《鹰狼传奇》的一个片断说明积累效果和制约效果的运用：黎明前，菲利普帮助伊莎为摆脱教堂追兵来到城堡顶层，画面上不断交替切换追逃双方，景别越来越近，镜头越来越短，前进式的句型运用把情绪积累一步步推向高峰。随后，在慌乱中，伊莎滑出悬崖，菲利普紧紧拽住她的手，画面出现伊莎悬吊在半空的惊险场面，并反复切换两人惊恐万状的脸部特写和将要松脱的手部特写，此时，观众的心被紧紧抓住，情绪发展达到高潮。就在两只手松开的一刹那，天边露出一抹朝阳并瞬间洒满耀眼的光芒，在晨光照耀下，正在下坠的伊莎神奇般地幻化为一只鹰。伴随着凄厉的鹰叫声，特写的慢镜头展现着人和鹰眼睛的交替变幻、飘动的衣服和拍动的翅膀的交替变幻，观众情绪发展从极度紧张转为惊异万分并最后舒缓在群山怀抱中的鹰在飞翔的大全景画面所展示的意境之中。

这个片断的前部分运用的是典型的前进式句型，带动情绪上涨；结尾部分运用了后退式句型，情绪由紧张恢复到平静。这种叙述事情发展经过的画面，叫做叙述画面。把一系列叙述性镜头按照事物发展的逻辑顺序排列，以达到把事情说清楚的目的，称为叙述性剪辑。叙述画面的内容调子向上升的过程，就是观众领会画面内容的过程，也代表理解画面内容所需要的时间。

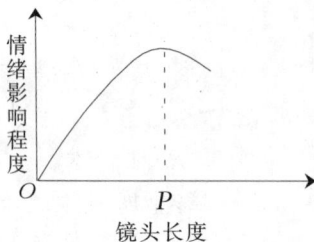

图11-5 叙述剪接点

如图11-5所示，从内容调子的顶点向表示镜头长度的横坐标作垂线，其相交点 P 称为叙述剪接点，OP 为这个镜头的正确长度。如果超过了这一时间镜头还不转换，内容调子就会下降。也就是说，剪接调子不能无限制地上升，当积累效果达到饱和状态，即剪辑调子上升到顶点时，也就是矛盾得到解决之时，积累效果就会很快消失，这就是客观内容所起的制约作用。

例如伊莎在悬崖上的惊叫，给观众造成极度的紧张，但不能一直呼喊下去，当惊恐万状的脸部特写已为观众所熟悉时，内容调子曲线很快就会下降，而且，反复出现的次数越多，下降速度越快。为了使情绪保持上升，使千钧一发的场面延续，就必须不断加快节奏，镜头转换越来越频繁，同类镜头出现的长度也越来越短，以减少内容调子的制约效果，造成剪接调子继续上升。

在表现同一事件的各个画面中，为了减少内容调子制约而选择的剪接点，就是比较剪接点。如悬崖上的惊险场面从特写到大特写，反复交替出现并渐次缩短，那些重复出现的镜头的出点，就是比较剪接点。

运用叙述剪接点和比较剪接点造成积累效果，特别适合表现那种紧急、危险、千钧一发的场面；把同类性质或相近内容的画面叠加在一起，同样可以造成不断积累的情绪效果；而专门用于表现情绪变化的描写性画面，其剪接点的选择根据情绪发展变化所经历的时间和剧情表现所需的过程而定，称为情绪剪接点。

11.1.8　画面语言的节奏

节奏是客观事物发展变化过程中的固有现象，自然界的变化、物体的运动状态，无不表现出有规律、有对比、交替出现的节奏。四季更换，花开花落，日月星辰，潮涨潮落等现象都与节奏有关，可以说，节奏是大自然中客观存在的生命的现象，只要有生命，有运动，就有节奏的产生。

在艺术作品中，节奏发挥着微妙的独特的作用。对于作品来说，节奏是感染欣赏者情绪的重要手段；对于欣赏者来说，节奏是欣赏者的一种心理感受。法国电影理论家亨利·阿杰尔说："节奏是由一种物质因素和一种感情因素组成的运动的发展。"节奏，经常作为音乐中的术语，是指音乐中交替出现的有规律的长短、强弱的现象；在诗词朗诵里，它则是抑扬顿挫、音韵音调的变化，与音乐一样，都是作用于人的听觉，使人们产生心理的共鸣。而作为视觉艺术的节奏，它体现在建筑艺术中，是高低起伏、方圆曲直的结构布局的对比和变化；体现在美术作品中，是线条、色彩、影调等元素的搭配安排、交替出现的形式等。

在电影电视作品中，节奏同时作用于人的视觉和听觉，它的体现关系到更加复杂多样的因素。存在于画面语言中的节奏包括两个方面，一方面是画面内部的节奏，又称为叙述性节奏，它是指镜头所摄物体、事件、情节、人物情绪等发展的强度和速度，是由事物的内在矛盾冲突、人物的内心情绪起伏等因素所构成，表明内容本身对观众心理影响的程度；另一方面是画面的外在节奏，又称为蒙太奇节奏或造型性节奏，主要由镜头的长度和幅度所组成（幅度是指对观众心理影响程度），不同景别、长度的镜头，不同的动感方式、镜头组接方式等的运用能构成节奏感（见图 11-6）。

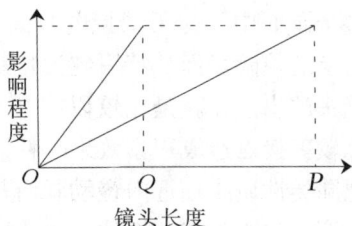

图 11 - 6

这种外部节奏主要是通过剪辑这一环节来实现的，它是控制节目结构形态的重要依据和吸引观众的重要手段。图 11 - 6 中两线条的对比，说明如果对观众的影响程度要达到同等水平，运用近景镜头只需要 OQ 的时间长度，而全景镜头则需要 OP 的长度。前者的速度比后者快得多，由此显示不同的节奏感。可见，在节目制作中把握外部节奏的意义就显得更为重要。

影响外部节奏的因素主要包括：由景别、角度、焦距等因素造成的对主体运动速度的影响，镜头运动本身对节奏的影响，镜头切换频率对节奏的影响等。其中掌握景别的发展变化规律和镜头组接的规律是剪辑过程中处理节奏的必不可少的步骤。

1. 景别变化的节奏

景别是控制节奏快慢强弱变化和观众情绪变化的重要因素。例如，运用中景、近景、特写景别，内容调子上升快，对观众的心理冲击强，情绪上升快；而运用全景、远景和长镜头的方式，内容调子上升慢，对观众的心理冲击较小，情绪影响慢。画面景别的发展也是形成节奏的重要手段，画面句型运用中相邻的镜头景别相差小，可构成渐变式的画面节奏；景别相差大，则构成突变式的画面节奏。如果将全景和特写这两种镜头相接，会带来节奏十分强烈的感觉。

2. 镜头切换的节奏

镜头的长度构成画面切换的频率，即剪辑率，同样是形成节奏的重要因素。不同景别的镜头长度应以画面所包含内容容量和观众理解的时间长度为依据。镜头的长度安排要适宜，镜头过短，观众还没有看清楚画面的内容，镜头就转换了，就失去了这一镜头存在的意义；镜头太长，如果没有新鲜的内容加入，就会造成节奏拖沓，使观众感到厌烦。一般来说，表现较大的场面和特定的环境气氛，要用较长的镜头连接，切换率宜慢；而表现强烈的动感、紧张的局面、激烈的情绪等，用较短的镜头，加快切换率，则有助于加剧节奏，强调情绪的变化与发展。此外，运用"无技巧剪接"即正常的切换方式转换镜头，节奏表现紧凑；运用"有技巧剪接"即淡化、叠化等方式转换镜头，节奏则显得缓慢、柔和，适合于抒情、回忆、幻想以及配合情节段落的起伏和转变等。

节奏总是通过对比才能表现出来的，快慢动静的交替出现，长短强弱的相互转换，才能使情绪起伏变化，内容错落有致。例如紧张过后的一段舒缓，就像乐章的快慢拍交替出现，达到更强的艺术效果。

普多夫金说："节奏是从情绪上感染观众的手段。导演用这种节奏可以使观众激动，也可以使观众平息下来。"节奏虽然不是影响观众情绪的唯一因素，但的确能引起人们的情感体验，不同的节奏，带给人或平缓、安静、舒适，或轻快、活泼、跳跃，或激动、紧张、慌乱等不同的心理感受。例如，喜剧的节奏是轻快、活跃的；悲剧的节奏是沉重、缓慢的；追逐的段落是急促、紧张的；交代性的段落是中速、平和的。人们将节奏比喻为一种特殊的力量，认为它能将视听艺术作品各个组成部分、各种表现要素有机地结合起来，发挥协调和统一的作用，能表现特定的情调、性格和气氛，给作品以呼吸、以生命。也就是说，在影视节目中，根据内容和结构的特点，合理安排节奏和冲突，既能适应事件情节变化的"转折点"，又能为观众提供符合情绪起伏的"换气点"，从而带来丰富的艺术感染力。

因此，在节奏的处理上，应以节目内容和结构要求为依据，并按照观众的情绪和心理要求作出足以感染他们的节奏安排，使节奏与观众的心理同化，达到内外节奏共振的目的。对快节奏的处理，可以多运用短镜头，多分切，镜头推拉摇移速度快，多插入近景、特写镜头，采用前进式结构，使节目的内容紧凑，细节丰富，不断向观众传送新的信息，心理冲击力就强；相反，如果需要舒缓的效果，减慢节奏，就运用少分切、长镜头、景别渐变等方式，循序渐进。

在电视节目中，节奏运用和处理得好，节目的感染力就强。富有节奏感的表现，能使观众的心理随情节波动，带动情绪的发展。相反，节奏运用和处理不好，节目就显得杂乱无章，令观众不得要领，更无感染力可言。

11.1.9 画面方向的规律

电视画面具有运动性，而这些运动总是沿着一定的方向进行或通过对列关系表现出来的，如物体或人物的行进方向、人物的视线方向等。方向性也是构成画面语言的要素之一，不同方向的组合，构成不同的表述关系，方向不同，表达的意思可能完全相反；方向性不明确，会造成语义模糊，概念不清。

在拍摄和组接一些方向性明显的画面内容时，如运动行走的方向、体育比赛项目、采访对象的相互呼应等，要尤其注意方向性和对应关系，遵循画面运动方向的规律，正确反映不同运动的含义，避免出现错位的现象。

1. 第一条规律：拍摄方向决定画面方向

拍摄对象的运动或视线本身就具有方向性，但在画面上表现出来的方向性与实际运动中的并不一样。首先，屏幕中的运动方向受到画框的限制是没有东西南北之分的，而是表现出横向、垂直、斜向和弧线等方式。不同运动方向的镜头连接，表示不同的实际运动的意义。此外，人们在屏幕上观察主体运动方向时的感受并不同于现实生活中的体验，由于画面上缺少周围环境物的参照，当运动方向发生变化时，观众往往不能意识到要相应调整视点的变化，难以正确判断出真实运动的方向。这就决定了画面方向具有假定性，画面中表现出来的方向性并不是由动体本身的方向决定的，摄像机的位置和拍摄方向对画面方向的形成起着决定性的作用。

如图 11 - 7 所示，假设中间的箭头表示人物的行走方向，①②③④⑤⑥⑦⑧为不同的拍摄机位方向，位置③是学校南门，④是学校的教学大楼，由③走向④，用不同的机位拍摄，因拍摄方向不同，画面中的行走方向也就各不相同。这就是画面方向形成的规律：画面方向是由拍摄方向所决定的。

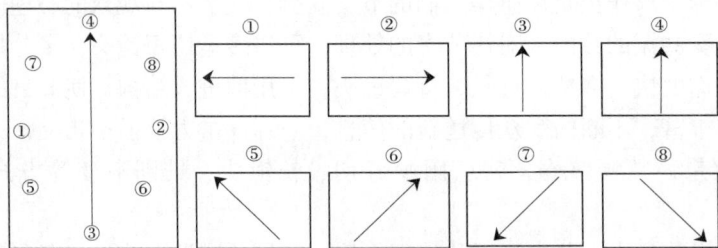

图 11 - 7

2. 第二条规律：轴线规律

根据画面方向形成的规律，当摄像机的位置确定时，就同时为主体的运动和主体之间的对应关系确定了一个基本的方向概念，这时，在摄像机与被摄体之间存在一条假想的线条，这是一条为保持画面的基本方向概念而设定的方向性轴线：顺着主体运动的方向所作的延长线称为运动轴线；汇聚主体之间指引方向的延长线称为方向轴线。如图 11 - 8 所示。

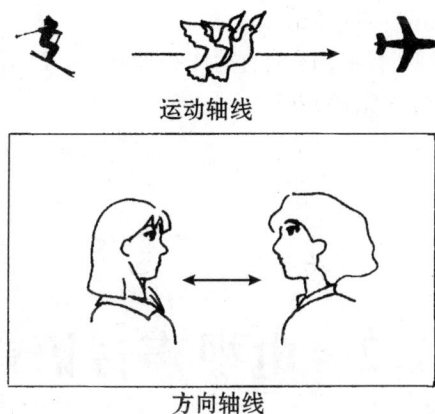

图 11 – 8

位于这条轴线的 180°内拍摄的镜头称为同轴镜头。超过轴线的 180°拍摄的镜头称为反轴镜头。当摄像机越过轴线拍摄时，运动方向和指引方向就会产生逆转。为了保持方向的一致，画面组接时相连的镜头必须选择位于方向性轴线的同一侧所拍摄的镜头，即拍摄位置的改变不能超越此轴线的 180°才能保持一连串镜头之间方向关系不致混乱，这就是轴线规律，也称 180°规律。

轴线规律是拍摄和编辑具有方向性画面时必须遵守的规则，它能为观众提供主体运动及其方向关系的准确印象。在拍摄时，必须根据主体活动的规律、拍摄场地的特点以及背景、光线等情况，确定一个主要表现面，也就是确定了拍摄的总角度。总角度就是拍摄时的主要视觉，它主管着一连串镜头的大方向，要求这组镜头都必须保持同轴，使摄像机的位置始终保持在方向性轴线的同一侧进行拍摄，这样，即使拍摄距离和角度有所改变，画面的方向关系也能保持一致。

当画面中的主体处于活动状态时，其方向性轴线也是活动的，由此形成的动作方向也在改变，必要时在拍摄中可以突破轴线的限制，具体做法是：

（1）运用移动拍摄方式，边拍边越过轴线，让观众看到拍摄的总角度在改变。

（2）运用固定拍摄方式，表现主体运动的本身正在改变方向性轴线，让观众看到主体的运动方向在变化。

（3）在两个向相反方向运动的镜头之间，加入中性镜头或特写镜头。中性镜头是指在方向性轴线上拍摄的镜头，特写镜头的画面方向性不明显，它们一般不反映与其他事物的位置对应关系，可以减弱相反方向运动的冲突感，对轴线两侧的画面连接起过渡作用。

（4）利用方向转变时幅度较大的动作为剪接点，以引导观众对动作的注意来消除方向变化造成的视觉跳动感。

11.2　电视声音语言

电视是视听合一的媒介。视与听共同构筑起电视节目的大厦，缺少听觉要素的电视语言将是不完善的，其信息传递也是不完整的。在电视节目制作中，掌握运用声音语言的能力和掌握画面语言表达能力同样重要。

在信息传播的过程中，声音语言是表达、交流思想内容的主要手段之一，它同文字语言一样，具有叙述、描写、抒情等基本功能；在电视节目中，声音语言更具备丰富的表现形式和表现要素，活用各种表现要素，能为形象化的报道增添更加清晰、准确、真实的信息含量，使观众不但能耳闻目睹，而且感同身受。

随着电视录音技术的迅速发展和人们对声音语言认识的不断深化，在节目编辑过程中，对声音语言的运用和处理已不单纯局限于各种后期配音的方式，而对前期拍摄现场同期声的收录提出了更高要求，为各种声音元素综合效能的发挥创造出更为广阔的天地。

11.2.1　声音的基本概念

1. 三种声音元素

电视节目中的声音元素包括语言、音响、音乐三种类型。

语言是指电视中出现的有声语言，即人物说话的声音，它包括对话、自述、旁白和解说等形式。语言是用于表达思想、叙述内容的主要手段之一。

音响是指电视中收录到的各种现场声音，也称效果声，它包括人物发出的声音（如喧闹声、噪声等）、自然界发出的声音（如风声、雨声、鸟鸣、蛙叫等）以及各种人为制造的环境声（如轰鸣的厂房、马路上的汽车声等）。音响的主要作用在于增加现场真实感和画面的感染力，给人以身临其境的感觉。

音乐是特指在节目后期制作时配录到画面上的音乐或歌曲，也称配乐。主要用于表达感情，渲染气氛，增加画面的意境。

2. 写实声与写意声

电视节目中的声音，按其使用的功能来划分，有写实声和写意声两类。

写实声通常是指在拍摄现场、拍摄过程中能直接收录到的真实的声音。这些声音的声源是现实中客观存在的，是由画面中的发声主体直接产生的，如说话的语言、现场音响效果等，在新闻节目中，多称为现场声。运用写实声音能增强画面形象的真实感。

写实声在电视节目中出现有四种情况：

（1）同期声。在画面中可见其声源的声音。

（2）前延声。在表现其声源的画面之前出现的声音。

（3）后延声。表现声源的画面已经转换但仍然持续着的声音。

（4）画外声。只出现声音，不出现其声源的画面，如节目的解说词、记者的旁述等。

前延声是转换为同期声之前的画外声；后延声则是由同期声转换而来的画外声。

写意声通常是指后期制作时配录到画面上的声音，如音乐或某些特殊的效果声。这些伴随画面出现的声音，是通过想象、虚构产生的，观众并不能看到发音主体的声源画面出现。但它与画面所表现的场景、情节、对象又有某种内在的紧密联系，符合内容特征，能为节目增加一定的意境，启发人们产生联想，从而对节目制作者的意图心领神会。

3. 平行声与对照声

电视节目中的声音，按其运用的形式来划分，有平行声和对照声两类。

平行声是指声音的出现与其相对应的画面同步进行，即在画面上既出现发声主体，又同时听到其发出的声音，这种声画合一、声画共同表现同一观念的声音，称为平行声。

对照声是指声音的出现并不单纯重复画面中已经清楚表达的内容，而是声画分离，各自独立发展，形成对列关系。表面看来，这种不同步的声画关系并非客观存在，却保持一种主观上的内在联系，声画互相对照，表现更深刻的内涵。这种与画面表现不同观念的声音称为对照声。运用对照声的方法叫声画对位法。

4. 主体声与非主体声

电视节目中的声音，按其表现的地位作用来划分，有主体声和非主体声两类。

主体声是用来表现主题思想内容，在节目中起主要作用的声音。

非主体声是主体声之外的各种声音。

就像我们日常所处的各种声音并存的语言环境一样，电视节目在一定的时间空间范围内所表现的声音也是多种多样的。例如，伴随人物讲话的声音，还存在各种环境声或自然声，这些声音有的是节目所必需的效果声，对表现主体内容起重要的作用，有的却是起干扰作用的噪音。在拍摄过程和编辑过程中，都必须分清哪些是主体声，哪些是非主体声，遵循录音规律中的主次律、互易律，突出主体声，减弱或排除非主体声。

11.2.2 三种声音元素的运用

1. 语言

语言是指电视中说话的声音，即有声语言，例如报道词的内容、人物的说话等。

电视画面形象的长处是表现具象的、可视的事物，而节目中的思想内容、抽象概念、思维感受，仍然离不开语言方式的传递，用语言之长，可以弥补画面的不足，声画结合，才能共同构成节目的整体。但电视中的有声语言不同于阅读的文字语言，它不是单通道的视觉接收，而是作用于人的听觉，是对可视形象的写作。因此，这种语言应与视觉形象相配合，尽可能运用说话的方式、口语的方式，做到为看而写，为看而说。

2. 音响

音响是指在拍摄现场所听到的、与画面同时收录的真实存在的声音，也称效果声，例如环境声、自然声等。

音响效果是表现环境的重要标志，它帮助再现环境的特点和气氛，衬托主题，增加现场感。音响效果在节目中不能单独存在，它伴随画面形象、有声语言等元素同时摄录，与现场特征融为一体，形声一致。在拍摄和编辑时必须对现场的音响效果有选择性地运用，遵守典型、清晰、准确的原则，拾取和录制那些有代表性的、符合主题特征的，同时又不干扰语言表达效果的音响。

3. 音乐

音乐通常是指在后期制作时配录到电视画面上的音乐或歌曲，也称配乐。在各种声音元素中，音乐是属于一种抽象的、情绪的、无形的语言传递，歌曲则属于一种音乐化的语言，它们直接作用于人的情感、心理，衬托图像，渲染气氛，抒发感情，引起联想。音乐的运用必须与画面内容匹配，在大多数情况下，应以近似的声音力度配合画面的总力度。与情绪气氛一致，与画面节奏统一，对表达主题产生合力和强化的作用；而当音乐与画面形象形成明显的对比时，可产生强烈的心理冲击力。

在电视节目中，声音的整体作用是：表达主题内容、增加气氛、连接和转换画面、增强画面感染力。声音的录制包括同期收录、后期配录和合成等方式。

11.2.3 现场声的运用

电视现场声的运用越来越受到重视，在电视节目拍摄过程中，拾取典型的有代表性的现场声已和捕捉精彩的画面形象一样，显得同样重要，它体现着电视传播视听合一的优势，在声音信息和画面信息的相互作用下，为观众提供更为真实完整的现场感。

现场声包括拍摄现场中各种人物，如记者、主持人、被采访者、嘉宾、群众等说话的声音和各种同期音响效果，如环境声、自然声等。现场声的形式包括画内声和画外声，在各种声音成分中，实际上还包括有用的声音信号和对节目主题起干扰作用的噪声，这就需要具备灵敏的耳朵，对各种声音有准确的识别能力。除了掌握设备技术的制作能力外，更需要准确地把握贴近节目主题的声音色彩和美学要求。

在现场拍摄中，对同期声采用分话筒和分声道录制是一种效果较好的方式，就是使用一个话筒（例如具有远程拾音功能的、强指向的话筒）将人物讲话、对话等主要声源录制在录像带的一个声道上，而用另一个话筒（通常是附在摄像机上）从取景方向接收来自周围环境的音响并录制在另一个声道上。这种分录的方法有助于在编辑时按照一定的比例把各种声音成分混合在一起，并便于根据需要调整各种音量的主次强弱和控制音质。

现场声的运用能提供更真实自然的现场效果，但是由于各种现场环境声音成分的复杂性，多层次、多变化，声音制作有时显得比录音室内的录音更具难度，在声音效果的总体控制上必须符合以下要求：

1. 真实再现环境特征

以往讲电视的现场性往往只强调画面的现场，大部分电视新闻的声音制作仍在录音室内完成，不能完整体现电视传播的优势。现在不少高水准的电视节目十分讲究对现场环境声的运用，现场性的体现与录音室内千篇一律的录音效果相比不可同日而语。环境声是丰富多彩的，尽管它同时包含一些不必要的噪声，但它依然是场景的真实写照，例如，轰隆的机器声展现车间的场面，尖厉的警车声预示事故的发生，呼啸的风声提示恶劣的天气。它们向观众传递着信息的特定气氛和情感，强化事件的表现。在各种声音成分中，要准确判断在一定的情况下，什么声音起主要作用，什么声音起衬托作用，什么声音起干扰作用以及它们随着事件和时间的发展所起的变化。

2. 展示声音的层次感

电视节目中的声音质量应与声源所在空间环境景物的动态有直接联系，人们在日常观察中对各种现场信息的视听接收是统一的，观看远近不同景物的同时，接收到的声音也有远近之别。就像景物的空间透视现象一样，声音也具有不同距离的层次感，音量和音质会随之产生相应的变化。距离越近，音量越大，频率相应较高；距离越远，音量越弱，频率相应较低。这种多层次的空间声音与不同景别的画面图像配合，构成声音的透视图，即对近景、特写的画面应配以较近距离的声音，对远景、全景的画面则配以较远的声音，才能反映出声画的真实关系。

声音的透视关系主要由不同话筒的拾音方式所决定，并依靠调音台的混录功能来实现。录音时，运用指向性强的话筒以尽量接近的距离收录人物的讲话声和各种近处动态的声音，以避免近处噪声（例如风声、嘈杂声等）对主体声的干扰；而以超指向的话筒从较远的距离在大范围内收录环境声，尤其是那些典型的现场音响，以配合画面特征。混音时，要在总背景声中突出最重要的声源，并随时根据变化调整它们之间适当的比例，由此形成不同的声音层次，提供与画面内容密切相关的特质，帮助构建一个最接近自然现实的立体空间。

3. 声音质量保持连续性

在电视节目中，声音语言比画面语言更讲究结构完整，除了语言本身的逻辑性外，音调音质的连续性都对画面转换起着重要的连贯作用。在现场报道时，如果对声音质量的控制把握不好，就会破坏声音语言效果的完整统一。这种情况大多出现在录音场地转换时（如从室外现场到演播室或录音室），例如在新闻采访中，经常需要现场录音与后期录音相结合，当记者手持话筒作现场报道时，声音背景中包含当时现场环境的特征；而当报道声转换为画外声时，录音场地可能已转移到录音室，这时，我们会发现原有的背景声突然变得一片寂静，画面场景没有变化，声音质量却出现了明显的差异。这种差异主要是由于使用了不同的话筒和不同的录音场所造成的。另外，由于环境的改变，记者讲述报道的内容时音量、音调也会相应变化。因此，不应忽略环境声在后期制作时对保持声音的连续性的重要作用。在现场报道时，利用一个话筒（或小型录音机）在拍摄时同步接收环境声，最好是单独录在一个音频轨迹上；在后期制作时，尽量使用相同的话筒，并根据需要控制好报道声和环境声的混音效果及均衡效果，使配合画面的声音质量保持一致。

11.2.4 录音的规律

1. 主次律

当多种声音成分共存时，人的听力特性能根据吸引程度和需要程度对主要声源作出判断和选择，通常音量较大的声音更能引起人的有意识收听。在电视中，由于缺少真实环境的衬托，判断不同层次的声音成分比现实中困难，当伴随画面出现两种以上声音成分时，特别要强调主次分明、强弱得当。如果主次关系不明显，将会导致每种声音都听不清。因此，在各类声音要素中只能有一种成为主要的表现手段，其余的居于次要或从属地位，甚至完全退出。在声音要素之间，以音量大小体现主次；在图像与声音两大类要素之间则以吸引注意力的强弱来区别。

声音成分的主次之分，被认为类似于景物中的前景和背景之分，就是说，像观察景物中吸引人的内容一样，我们也能挑选出声音中的重要部分，使之进入前景，即赋予它们前景的音色，而将其他部分置于背景——环境中。置于前景的声音正是我们所关注的和想听到的主体声，其他处于背景状态的声音即使有时音量较大，也会被人们所忽略。在后期的混录过程中，可以通过调音台对各路声音信号的比例加以适当的调节，使主体声和背景声主次分明。

掌握主次律是为了使各种表现要素之间互相配合而非互相干扰以致影响注意力的集中，使观众能清楚地接收节目信息。

2. 互易律

在一定的时间范围内主次之间可以互换，居主导地位的要素会退下来变成次要的；居次要地位的要素会升上去成为主导者，这就是主次互易。在大多数情况下，声音语言是各种声音元素中最强的部分，音响、音乐则作为衬托。在一些特定的场合，一定的时间范围内，根据节目的要求有时则把音响效果或音乐作为主要声源，使原来居于次要地位的声音上升为主体声，表达语言之外更丰富和强烈的含义。互易的作用是使主题表现灵活多样，增加节奏感，保持情绪上升，优化节目的整体效果。互易的方法是通过编辑和混音处理，适当调节改变不同声音的音量比例。

3. 分立对位律

电视节目的画面和声音是有机统一不可分割的，声音的录制不能脱离画面的情况，必须遵守声画的分立和对位规律。在电视图像与语言、音乐、音响的对列表现中，它们之间的相互关系既分立又对位。分立是指声画两者分开，各自独立按一定规律发展；对位表示声画既各自独立发展，又应互相对准位置，有机配合形成特殊的对列表现形式，揭示声画的正确关系。

4. 听觉的相对完整性规律

声音是帮助确定视觉连续性的主要元素之一，尤其在连接一些缺少连贯性的画面片断时能发挥重要作用。而人的听觉对声音语言有完整性要求，它比画面的完整性要求严格得多。例如，解说的内容、音乐的乐句，都不应在句子或节拍不完整的地方突然中断，这会造成内容被打断了的感觉。因此，在配合画面编辑时，随着镜头的转换，声音语言和音乐的沿用应保持有清晰完整的过程和明确的开始和结束句，或用一种缓和的淡化方式作处理，使表达的含义相对完整。

5. 淡入淡出律

三种声音元素中，根据主次律，有主体声和非主体声之分；根据互易律，主次的地位会互换；根据听觉的要求，互换时不应造成突变，必须采用逐步过渡的淡化方式，使转换显得自然、舒适和流畅。例如，在环境转换时，就经常运用声音的淡出淡入方式配合转场。

本章小结

电视语言由画面语言和声音语言共同构成，它直接从电影语言发展演变而来，又具有丰富的表现要素和独特的语言规律。本章介绍了电视画面语言的单位、构成要素、句型结构及其表述能力、节奏表现力和情绪影响力，并介绍了电视声音语言的基本概念，各类声音元素的特点、运用方法及其规律和要求。

复习思考题

1. 如何认识电视语言及其特殊规律？
2. 怎样理解分切及其意义？
3. 为什么要遵守画面方向的规律？
4. 掌握配音的规律和声音效果控制的基本要求。
5. 结合节目实例，分析积累效果和制约效果的作用和意义。

12

电视节目编辑

本章要求

- ☐ 全面理解电视编辑的工作过程、特点、意义、角色定位和主要任务。
- ☐ 了解编辑技术发展进程，认识编辑系统构成以及各类编辑模式和基本工作方法。
- ☐ 熟悉编辑系统组成，掌握设备的一般功能操作和编辑功能操作，按正确编辑程序工作。
- ☐ 认识蒙太奇的含义、作用和分类。掌握蒙太奇运用的基本手法和画面转换的原则与技巧。

12.1　电视节目编辑概述

编辑是电视节目后期制作中的重要环节。后期制作包括把拍摄的原始素材编制成一个完整的电视节目的全部工作过程。它主要包括整理素材带镜头、确定编辑点和画面转换方式、组合素材镜头编辑成节目母带、制作字幕和画面特技效果、配制音响效果和音乐等步骤。

电视节目编辑的概念是直接从电影剪辑中引用过来的。但是由于电视节目制作的特殊性质，编辑和剪辑的含义已经有了很大的区别。在电影中，剪辑的概念通常是指将素材镜头按照一定的逻辑顺序和表现需要重新组合成为一个完整的节目。从技术的角度讲，它只是后期制作中的一个步骤；而电视编辑通常是指包括画面素材和声音素材在内的处理，同时包括字幕叠加和特技效果制作等在内的一系列工作过程。从设备功能和操作技术上讲，每一个环节都可以在多功能的编辑控制台上完成。因此，电视编辑工作的含义和职责范围要比电影中单纯剪辑的概念丰富得多。

电视节目编辑的许多方式方法都是直接从电影中借鉴而来的，电影庞大的理论体系和丰富的表现手法为电视节目制作提供了宝贵的源泉。而对电视来说，其优势在于：设备工具方面越来越领先的地位和不断更新的水平、技术发展方面越来越进步的趋向、制作方面为编辑带来越来越丰富的表现技巧等。

因此，学习电视节目编辑起码包括以下三方面的内容：

（1）电视节目编辑的技术。

（2）电视节目编辑的理论。

（3）电视节目编辑的技巧。

本章内容主要由此展开，并侧重于有关电视节目编辑的一些基本概念和基础知识的介绍，这是编辑人员在实际操作过程中必须掌握的。涉及的编辑过程中对设备功能的掌握和操作程序的应用，则在前几章已有介绍。

12.1.1 电视节目编辑的特点

电视节目编辑是一个过程。它可以分为一系列步骤，各步骤之间有着内在的逻辑顺序。只有遵循它们的规律，才能创作出最高水平的作品。

电视节目编辑是一项技术性和艺术性兼而有之的工作。它要求编辑人员不仅要掌握技术设备应用的专业知识，还应对镜头剪辑的艺术原则具备运用自如的能力。

电视编辑是一项集体协作完成的任务。它要求与此有关的人员，包括制片人、导演、场记、音响技术员、录像员和编辑本人共同投入、齐心协力地完成。

编辑角色呈现多元化。由于电视节目制作各环节工作紧密联系，人员分工虽然精细，但角色界限却逐渐变得模糊，尤其在新闻节目制作中，编辑人员的角色呈现多元化趋向。编辑的本职特色不但体现在后期制作过程中，而且还融入前期的报道策划、选题、采访和后期播出的环节中。现代电视新闻记者的培养应朝着采、编、播合一的方向发展。

12.1.2 电视节目编辑的任务

"剪辑"是电视节目编辑中最主要的一项任务。电视编辑的许多艺术原则继承了那些由电影摄制者们完善起来的手法和技巧，虽然早已不再使用影片中"剪切"的方式，大部分的编辑工作都已通过电子编辑的方式来完成，人们仍然习惯于将这一环节称为"剪辑"。在电视节目编辑的过程中，对画面素材镜头的处理方式仍与电影的剪辑艺术、技巧有着千丝万缕的联系，编辑的任务也大致相同。

1. 结构的把握

结构的把握是指根据拍摄意图和创作构思确定节目的整体结构方式。

从技术上讲，剪辑只要把一连串镜头连接组合起来即可，但这只是一种纯机械性的工作。对具体的节目要求来说，要将零散的镜头组织成一个完整的节目，就必须在节目结构上有准确的把握，要清楚交代事件发生发展的来龙去脉，反映出一定的内容含义，明确表达节目编辑的意图，使它们成为一个交流事实、思想和感情的整体。

2. 剪接点的选择

剪接点的选择要有章法，镜头的连接要准确、通顺、自然、流畅。

剪接点的选择是电视节目编辑中最关键的一步，它相当于文字写作中的遣词造句、编织成章。就像写文章要有一定的语法修辞要求一样，电视剪辑也有自己独特的章法结构、语言方式和规则技巧。通过剪接点的选择，让一个个镜头组合成有机的整体，让节目中人、事、物、景的运动及其发展流畅连贯地进行，这是编辑最基本的任务之一。流畅和连贯不仅指动作上的连贯，而且要求情节表现上的连贯和内在结构上的连贯。

3. 节奏的安排

根据内容和结构要求，安排节奏的起伏，做到节目的外部节奏与内部节奏相一致。

用剪接来改变画面节奏以增强对观众的感染力，是编辑中一个很有效的手法。编辑人员可以运用延长或压缩镜头和段落长度的方式来改变画面的节奏和视觉效果。编辑在改变镜头运动的自然节奏时，必须以节目主题内容为前提，注意保持节目段落的流畅。

在不同的节目中，对结构安排、剪接点选择、节奏处理有不同的编辑要求。处理方式不同，表达的含义也不一样，即使是同样的镜头，通过不同的连接方式，也会产生不同的外延意义。尤其是声音语言同时发挥着重要的作用，在不同的语言、音响、音乐的配合下，镜头的不同的排列组合、不同的结构方式，会产生比单纯画面组合之外更深层的含义。

如在 1998 年长江流域抗洪抢险战斗中，同是解放军战士抢险救灾的画面镜头，在新闻节目中，画面连接的方式是按照事件发生发展的顺序，强调事实本身的叙述作用，观众看到的是抗洪大军日夜奋战，保护大堤，保护后方老百姓安全的感人事迹。而在中央电视台举办的"我们万众一心"大型赈灾晚会上，一组组连接成片段的、以特写镜头为主的、安排得节奏紧凑的画面被反复播放：传递沙包，与洪水搏斗，大堤上奔跑的战士，洪水中穿行的冲锋舟，被解救出的老百姓。此时画面所起的作用已不单是叙述，其原有的含义获得提升，传达出一种更强烈更丰富更感人的力量。此外，在音乐电视节目"抗洪大军之歌"中，伴随着总政慰问团演员们在抗洪前线的激昂洪亮的歌声，我们再次看到一组组奋战洪水的感人场面，其意义已完全超越了画面本身叙述事件的作用，强调的是画面节奏的力量和这种连接方式带来的外在冲击力。而在洪水过后对灾难进行反思的一些评论性节目中，同样的画面传达的则是发人深省的思辨的力量。

这就说明，镜头组合的不同的连接方式，在不同的声音语言作用下，既可以客观地记录事实，又能传达不同的主题思想和感情内容，并产生更为丰富的外延意义。作为一名编辑人员，要胜任编辑工作，除了应掌握一般的技能技巧外，更要善于挖掘这种外延意义。

12.1.3 电视节目编辑的要求

1. 新闻素质的要求

就新闻工作而言，无论是电视新闻记者，还是电视编辑、节目主持人都必须具备一名新闻工作者应有的新闻素质，这是新闻工作的共性要求。除了思想素质、新闻业务素质外，编辑人员还必须具备较为全面的知识结构和全局观念，能够从纷繁复杂的信息中筛选并发现新闻线索，具备敏锐的判断能力、深刻的分析能力和善于从表面现象探寻事物本质的能力。在现场新闻报道、现场直播大量运用的今天，已一改过去前期采访拍摄、后期写稿录音的做法，采编更多地融为一体，编辑更应突破单纯在后期等待的被动局面，发扬深入实际、深入调查研究的精神，参与第一线的采访，培养超前的工作意识。

2. 电视素质的要求

作为电视编辑人员，必须牢固树立电视观念，能够掌握电视特性，充分发挥电视传播的优势，编制出电视表现力强的节目，以满足电视观众的需要。电视素质的要求包括电视意识、观众意识和基本电视知识等方面的要求。

（1）电视意识。是指对电视传播媒介的特性和优势必须要有正确的认识，在电视节目中必须能够反映出这些特性和优势。一些电视节目之所以不能受到观众的欢迎和认可，很重要的一个原因是没有发挥出电视本身的优势，严格地说，这是没有电视特色的电视节目。例如，现场真实性是电视最明显的特性，在节目中如果缺少了声画完整的现场信息，变有声为无声，或者缺乏动态的和典型的有代表性的视觉化形象，或者变快为慢，就人为地失去了电视的特色。因此，应该充分把握电视特性和优势，并善于有效地发挥和运用，才能编辑制作出有电视意识的节目。

（2）观众意识。从传播学的角度看，信息传播应是双向进行的。因此，编辑节目时必须时刻考虑观众的需求和传播的效果，要认识观众地位的重要性，针对不同层次的观众需求、观众心理来编制节目。也就是说，眼前要有观众。千万不能一厢情愿地凭主观意念创作节目，摆出灌输式、说教式的姿态，观众一旦失去了选择收看的兴趣，甚至产生抵触情绪，传播效果将无从实现。

（3）基本电视知识。首先是运用电视语言的能力。电视依靠画面镜头和镜头之间的组接变化来形成特有的艺术语言，除了对前期提出的拍摄要求外，后期编辑是将这种独特的语言付诸实现的关键环节，编辑必须熟练掌握电视语言的规则和章法，充分发挥对这种语言的驾驭能力和组织能力。

其次，对声画结合方法和技巧运用的能力也显得格外重要。在电视节目中，声音和画面是共同起作用的。以往由于深受电影剪辑做法的影响，电视节目制作偏重于画面的编辑，对声音的运用往往局限在后期配音和配录解说词上，而忽略了对丰富的声音语言的运用。声音语言除了包括解说词、音乐外，还包括大量的现场同期声、现场音响，在新闻节目中，这些因素起着不可忽视的作用。缺乏声音语言的配合，传播的信息是不完整的，同时也削弱了画面本身的叙述力量。

3. 技术素质的要求

电视编辑技术发展之快、变化之大，对电视节目制作的影响是极其深远的。面对日新月异的技术、不断更新换代的设备和令人眼花缭乱的新技能，唯有不断学习，尽快掌握和适应，做到能懂会用，努力做一个称职的编辑。当然，对一些技能技巧的运用应以节目表现之需为前提，注意不能滥用，不应为技巧而技巧。

12.1.4 电视节目编辑的原则

电视节目编辑必须遵循的原则是完整、连贯、流畅、精致。

在电视节目中，画面和声音是一个整体，声画结合构成分立和对位的关系，声画结合的形式有同步、平行、对立三种类型。在节目编辑时，应按照节目内容表现的需要对声画结合的方式和节目的整体结构作全面的考虑，通过镜头的有机组合，传达和表现完整的信息概念、思想内容和心理感受。

编辑是一门剪接和组合的艺术，镜头的组合讲究连贯性，其中包括视觉的连贯（例如镜头之间内容动作保持连续性，场景转换得顺畅自然，避免硬切跳割突变的痕迹）、声音的连贯、时空的连贯和意义的连贯。流畅的剪接是一种技巧的或技术上的手段，必须遵守一定的规则，使电视语言的表达清晰、准确、生动和完美。

连贯流畅的要求是对节目的整体结构和电视语言的表述方式而言，在镜头内容的选择安排上，还必须做到：

1. 镜头剪接要有明确的动机

镜头的组合是电视语言的表达方式，它通过有目的的选择和安排，引导观众将注意力由一个形象转换到另一个形象，这种选择和安排以内容和接受心理为依据，同时带有明显的主观性，无论是画面的编辑还是声音的编辑，每一次剪接都要有明确的动机和充分的理由，将一系列的镜头按照一定的规则有意识地排列到一起。任何组合都意味着镜头之间存在某种联系，这种内在的联系就是剪接的动机。一个声音、一个动作、一个脸部表情，都可以产生剪接的动机。例如，前一个镜头出现一个人举枪瞄准的动作，观众就会关心下一个镜头将出现的目标，假如将一个无关的目标或场景接在后面，观众就会产生错觉或者感到失望。将毫无关联的镜头硬接在一起，就无法表现清楚的概念和完整的意思。

2. 镜头剪接要带来新的信息

镜头剪接以视觉连续性为依据，必须符合事物发展的逻辑，在观众的期待下，每一次剪接都应带来新的信息和感受。同类内容的镜头重复有时能起强调的作用，但如果不是突出某种情绪或感受，而且没有带来新的信息，同上一个镜头表达的又是同一意思，就不应编上去。景别和角度变化不大的镜头，信息没有明显的发展且会造成视觉跳动，也应该避免。好的编辑应该将尽量多的信息传达给观众，吸引他们不断关心下一个镜头的出现，有兴趣观看下去，清楚地了解画面内容，从视觉理解到心理感受，产生思想上的共鸣。

12.2　电视节目编辑基本理论

12.2.1　蒙太奇理论和蒙太奇摄影

蒙太奇（Montage）原为建筑学上的术语，意为组合、构成、装配。引申借用到电影艺术中，即剪辑和组合。因为电影是由一个个镜头组合而成，这些组合有很多规则和技巧，与研究建筑结构相似。

蒙太奇理论作为一种美学的、哲学的理论，是对意识形态的考察，在世界电影理论史上有十分重要的地位，尤其是苏联蒙太奇学派及其理论体系。

蒙太奇摄影与剪辑技巧建立在一定的理论基础上，是一名艺术家、导演所运用的表现手法，目的是用于艺术创作。苏联蒙太奇学派尤其关注电影的语言方式，即蒙太奇语言，运用语言学、修辞学的概念和术语，强调蒙太奇的隐喻、象征等意义。

爱森斯坦是苏联蒙太奇学派的主要代表之一，是伟大的艺术家、导演、理论家、哲学家。爱森斯坦的蒙太奇理论是蒙太奇学派的主要核心。在他之前，蒙太奇理论停留在关于剪接和画面意义的关系上。到了爱森斯坦，蒙太奇才发展成为一种电影哲学。

关于蒙太奇的作用，爱森斯坦认为，两个（或一系列）镜头的冲突创造出一个概念，这个概念在原先单独的镜头中并未被包含、被暗示。将这个概念有力地传达到观众心灵中，能激发观众的感知，"使观众的意识中出现了与原先浮现在创作者面前最初的概括相同的形象"。观众由此变成主动参与创作过程，他们的感情活动被积极调动起来，这就是蒙太奇的启蒙作用。蒙太奇就是这种在观众心灵中创造概念的安排。

蒙太奇的镜头组接意义在于：分切产生了镜头的对列、对列产生了新意的力量、新意在于启发联想思考等心理活动。

12.2.2　蒙太奇的功能

一般认为，蒙太奇发展分为三个功能，即叙事的蒙太奇、艺术的蒙太奇和思维的蒙太奇。在此基础上形成了蒙太奇的两大类表现技巧：叙述蒙太奇和表现蒙太奇。

1. 叙事的蒙太奇

是把时间、空间中断的胶片连接起来，保持叙事的连贯性，属于一种技术手段。

2. 艺术的蒙太奇

在这个意义上，蒙太奇作为一种电影修辞手段，即通过隐喻和节奏引起强烈的艺术效果。

3. 思维的蒙太奇

把蒙太奇作为一种思维方式、一种哲学看待，不仅是电影技术手段，首先是揭示思想意识观念的手段，其实质在于力图驾驭思想，通过两个或数个画面撞击产生出来的思想。由理性蒙太奇形成的理性电影是对现实的哲学理解。

12.2.3　蒙太奇的实验

1. 库里肖夫效应

库里肖夫是苏联的电影艺术家，对创立蒙太奇理论基础作出了重要贡献。他在 1920 年做了一个试验，把下面五个场面连接在一起：

①一名青年男子从左向右走来。

②一名青年女子从右向左走来。

③两人相遇，握手，青年男子用手指向远方。

④一幢有宽阔台阶的白色建筑物。

⑤两人走向台阶。

每一个片断都是在不同地方并在不同时间拍摄的，其中前三个是在俄国不同的市区拍摄的，第四个则是美国白宫的画面。但是在观众看来，这里叙述的完全是情节连贯的一场戏，是男青年带着女青年走向那座白色大厦。

库里肖夫的这个实验证明，两个以上对列的镜头连接在一起，能产生新的意义。导演按照自己的意图，通过镜头组接能创造出新的地理环境和事件组合，形成为观众理解并接受的电影语言。后来人们就将通过一定意图组接所产生的这种效果称为库里肖夫效应。

2. 普多夫金试验

苏联电影导演、电影理论家普多夫金在库里肖夫实验的基础上，也做了一个成功的蒙太奇试验，他准备了三个镜头：

①一个人在哈哈大笑（近景）。

②还是这个人惊慌失措（近景）。

③另一人用手枪指着（近景）。

普多夫金分别按 1→3→2 和 2→3→1 的顺序连接上述镜头，结果得出了完全相反的意思，前一种组接顺序给观众的印象是这个人胆小懦弱；后一种给观众的印象则是这个人勇敢无畏。

由此可见，不同的镜头组接顺序可以传递不同的画面信息，给观众留下不同的印象。这一试验再次验证了库里肖夫效应。

3. 莫兹尤辛特写组合

库里肖夫和普多夫金还做过一个有趣的实验，他们从某一部影片中选了俄国著名演员莫兹尤辛的几个特写镜头，这是一些静态的没有任何表情的特写镜头，然后分别在这些相同的特写后紧接上从其他影片中找出的几个不同片断，连接成三种组合，这些片断是：

①桌子上摆放着一盘汤。

②棺材里躺着一个女尸。

③一个小女孩正在微笑着玩一个滑稽的玩具小熊。

观众从这三种组合中看到的印象是：莫兹尤辛分别表现出沉重心酸、悲痛难过、轻松愉快的不同表情，观众也随之相应产生饥饿、悲痛、父爱的心理联想，对画面的内容流露出同情、感动和高兴，对这位演员的演技大为赞赏。

这些蒙太奇方式通过演员的表演和镜头的组接来创造生活，对爱森斯坦通过镜头组接来创造意识形态产生了很大的影响。

12.2.4　巴赞的电影理论

安德烈·巴赞（Andre Bazin，1918—1958）是法国电影理论家。他的名字与意大利新现实主义电影、法国新浪潮电影、法国20世纪50年代电影评论的发展以及电影现实主义美学紧密联系在一起，他的理论被称为电影理论史上的第二个里程碑（一般认为，以爱森斯坦为代表的苏联蒙太奇学派为电影理论史上的第一个里程碑；以巴赞为代表的现实主义美学为第二个里程碑；以麦茨为代表的电影符号学为第三个里程碑），影响了整整一代人的电影研究和创作。

1. 巴赞电影理论的特点

巴赞强调电影应该重视社会现实，而电影是最适合用来表现现实的。他不仅论证现实主义理论，而且研究如何实现这一理论。

2. 影像本体论

巴赞从哲学、心理学、社会学、美学等方面研究电影，极大地丰富了电影理论。影像本体论是巴赞电影理论的重要组成部分，它基于电影再现世界的完整性、时空的真实性、影像与客观世界中被摄物的同一性。

巴赞认为电影具备再现现实的功能，而电影发明的心理依据就是人类追求逼真地复现现实的要求，这种心理因素决定了银幕形象必须真实，必须再现一个"完整无缺的"、"一个声音、色彩、立体感等一应俱全的外部世界的幻景"（巴赞：《电影是什么》）。这种再现在电影语言上就表现为长镜头和景深镜头摄影，运用这两种电影手法才能完整地再现客观世界，而这些方式与蒙太奇组合是相对立的。

3. 长镜头摄影

巴赞在《蒙太奇运用的界限》中说："在必须同时表现动作中两个或若干因素才能阐明一个事件的实质的情况下，运用蒙太奇是不能允许的。"他主张用长镜头来代替蒙太奇的分切。因为电影实质上是一种"现实的艺术",而蒙太奇手法是依靠分切形成的,是人为的方法,它往往破坏时间和空间的真实关系,从而使电影离开了真实,违反了电影的本性。

长镜头手法和蒙太奇的分歧在于:

(1)长镜头。电影的本性是事物再现,客观记录。主张不分镜头,不切换,不剪接,讲求逼真再现眼前的现实世界,不经加工,强调事物本身内在联系。当必须强调上下镜头密切关系时,应运用长镜头,不停机,不分切,才能如实反映事物。

(2)蒙太奇。认为电影中的情景不是交代给观众的,而是观众自己创造的,观众能从画面中认同事件的真实性,正是由于影像与现实之间的偏离,使电影能成为一门独立的艺术。蒙太奇讲求镜头之间的内在联系,总结了镜头组接的规律和对列的作用,丰富了电影艺术表现手段。

12.3 电视节目编辑技巧的运用

编辑的连贯性是保持视觉连续性和情节连续性的重要原则。无论是动作连接,场景转换,还是对列表现,都应以内容要求、剧情的发展以及观众的视觉习惯为镜头剪接的内在依据,把时间、空间、事件的发展融为一体。

高明的编辑总是能够不露痕迹地保持连贯性,无论是动作的组合或分解,过程的连贯或省略都能恰到好处地为观众所理解,使观众以自己的感知来构建一种视觉空间的完整感受,在不知不觉中接受编辑的意图。

12.3.1 动态连接法

运用连续性的画面表现动态是电视构图的基本特点,在镜头组合和画面连接中,能否完整连贯地表现各种不同动态的组合,直接影响到节目结构的完整和节奏的流畅。动态产生的因素既有物体本身各自运动的过程和变化,也有摄像机的运动拍摄方式的运用。在电视编辑中,按照主体动作特点组接镜头、转换场景、发展情节等动态性的连接占有相当大的比例，各种镜头组合方式和连接技巧也由此而产生。

1. 动作切换点

在两个电视画面相连接时，总要寻找一些动作的连贯因素，尤其是运用连续构成方式表现同一主体时，镜头的连接通常利用在动作中转换即动作切换点的方式。

动作切换点产生于动作过程中，以主体的动作作为镜头组接的依据，当镜头表现的是特定场景下处于运动状态或动作过程中的主体时，其每一动作的出现，都意味着存在一次镜头转换的机会，产生一个最佳的动作切换点。例如，从一个人低头看书的全景接下一个近景镜头表现这个人正抬头思考，这个抬头的动作就是最佳的动作切换点。在选择动作转换时，所表现的动作幅度越大，越明显，转换效果越好。因为动作本身具有连续性，当观众注意力集中在动作上时，不容易发现镜头的转换，镜头的变化就被连续的动作所隐蔽，最容易达到不露痕迹、流畅自然的效果。

运用动作切换时，有时表现的是时间因素明显的连贯性动作，如抬头思考、端起杯子喝水等，这类动作的连接必须严格保持完整性，不能出现动作的重叠或间歇。例如，从一个中景切换到一个特写的镜头表现一个人喝水的动作，前一个镜头他刚刚拿起杯子，下一镜头中已经是他在喝水的动作了，那么这个"拿起杯子喝水"的过程就发生了中断，动作表现不完整。因此，在表现这一类动作性的画面时，必须选择最佳的"动作切换点"，以保证动作过程的完整和连贯。利用多机拍摄有利于准确地表现动作的连贯。

而另一种情况是动作过程较长，其时间因素、完整性要求并不高，就可以运用省略的方式以保持情节发展的适当节奏。例如，要表现一个人在路上行走，然后走进家门，可以用一个全景的行走动作接下一个开门的特写镜头；或表现一个人走向车门开车离去，可以用一个走向汽车的全景镜头接下一个上车的特写镜头。这类动作的连接并不强调全过程的表现，因此可以省略中间变化不大的过程，只表现关键的动作，同样能保持逻辑上的联系和意思上的连贯。

当运动的物体有明显的或短暂的起止过程时，即从静到动或从动到静的转换时，镜头切换要在动作过程中完成。例如，一个人从座位上站起来，或从走路的姿势到停下的动作，注意不要选择在动作开始之前或完成之后在静态中转换，镜头连接应避免出现物体从静态到动态或从动态到静态的突然变化。当用远景表现动作的某一部分时，时间应比近景的部分稍微长一些，因为在全景中所看到的动作幅度较小，观众感受的时间需要较长。

由于这种连接方式是在连贯的动作过程中进行的，要求镜头转换要快而不露痕迹，必须采用分切的方法，保证动作的连贯性，而不宜使用叠化、淡化等慢转换的方式。

对动态连接的转换方式有时也有例外，如有意打破规则，采用一些跳跃性的切换或慢转换等方式，造成动作的中断、不连贯。此时，强调的已不是动作本身的连续性或位置、方向关系的对应性，而是刻意表现动作的某种形态、力度或跳跃的节奏感，以吸引和保持观众的注意力。在 MTV、电视广告等节目中常用这种表现手法。

2. 动态的对列表现

运用对列构成方式表现不同主体的动态时，可运用动接动的方式。动接动一般是指利用不同主体的动态因素相连接，并经常与运动拍摄方式相配合，以跟随动态的表现。例如，把公路上奔驰的汽车与铁路上奔驰的列车连接起来，对列交替出现，形成平行发展的两条线索，以突出不同主体对列关系的密切关联，加强节奏感，带动剧情的连贯紧凑发展。有时将一组相关或类似的运动主体连接在一起，例如，运动会上跑步、跳高、跳水、投篮等一组相关的镜头连接，或同一项目中不同选手的镜头相连，利用不同主体的动态、速度、方向的一致性使画面自然转换，也可以达到连贯流畅的视觉效果。还有一种情况是摘取对列双方动作的精彩部分，以不完整的动作片断组成视觉上连贯的过程，使节奏紧凑。在影视节目中常见这种表现方式，例如，用中、近景镜头各自表现球赛双方选手的各种精彩的动作，然后交替组接起来，形成一个完整的过程。由于这种动态表现纯粹靠剪接的方式完成，有的与现实的动作情景往往不相符合，在强调真实表现的节目如新闻报道中必须慎用。

这种对列性的动态连接，必须以方向、速度、位置的相应或基本一致为依据，尽量利用不同主体运动速度相近的点，在运动的过程中转换。

12.3.2 场景连接法

当主体的活动范围处于同一空间范围时，一般采用主体不出画不入画的方式转换镜头，即主体一直处于画面中，以保持空间的统一和时间上的连续，镜头变化只代表视点景别的变化。而当主体的活动范围不固定在某一特定场景，或活动的时间跨度较大，时空关系处于变化发展之中时，为了省略动作的过程和时空的跨度，镜头转换应以主体的活动和动作的延续为线索，带动观众接受场景的变化，以不产生环境突变为原则，既保持主体的动态连续性，又使场景的发展能符合视觉习惯和观察规律。

1. 走出走进连接

即人物从前一个环境的镜头走出画面，再从后一个环境的镜头中走进画面，使观众直接看到主体活动的空间环境的变化。在时空跨度较大时可用于省略式表现，使节奏紧凑。

2. 交错连接

将走出走进的转换点选择在前一个镜头主体即将走出画面而又未完全走出的瞬间，接下一个镜头时则让主体刚刚进入画面的位置作为开始，这种利用走出走进交错连接的方法比较适合表现主体在变化不大的时空范围内的活动，它将场景转换完全融入动作的连贯过程之中，能获得特别流畅的视觉连续性。

3. 空镜头转换

空镜头是指画面中只有环境而没有明确主体的镜头，常用于转场和段落之间的连接，介绍环境，表达意境和增加情绪气氛。从空镜头开始有两种形式：一是从空镜头摇到主体；二是让主体进入空镜头。用这种方法处理连续构成能消除环境突变，使人物活动的空间场景变化自然顺畅。有时则利用环境中的某些物体如树丛、建筑物、人群等将主体遮挡住，造成视觉注意的暂时分散，巧妙地将人物活动的不同空间连接在一起。

4. 从局部开始，引向局部结束

画面主体的局部是指不包括环境在内的特写镜头，它在场景转换中发挥十分灵活的连接作用。在连续构成句型中，常以特写作为句子段落之间的过渡或间隔，消除环境突变，即在一组镜头中从特写镜头开始，景别由近到远，处理成后退式句子；或景别由远到近，最后一个镜头用特写结束，处理成前进式句子，这种方式有利于不同场景的顺利转换。因为在特写镜头中，主体局部占据了大部分画面而缺少具体的空间概念，排除了环境因素，当观众注意力集中在局部细节上，就容易分散对场景变化的注意，自然地接受了新的画面空间。

5. 景别发展规律

在场景变化中，句型景别的发展要符合对事件叙述和对环境、气氛描写的要求。在强调主体动作、形态、特征、引导注意力的情况下运用前进式句子；后退式句子用于展现场景，带有结束感。

在表现同一场景、同一主体对象的句型景别变化时，景别发展要有明显的变化。因为在基本相同的景别中，同一环境内的对象画面内容变化不大，镜头的转换一方面没有实际意义；另一方面当景别变化太小时，人物在画面中的位置就像突然跳动了一下，会使人觉得好像是摄影机的抖动，而不是有意识的切换。如果不需要太大的景别变化时，可以在拍摄角度上选用有较大变化的镜头作转换，一般要求角度变化在45°以上，但应保持在轴线的同侧。

在表现不同场景、同一主体对象的句型景别变化时，要避免全景接全景、中景接中景。因为这种连接会带来太大的环境跳动感，视觉上缺少连贯，很不顺畅。例如，当用一系列镜头表现同样的人物时，景别没有明显的变化，背景却不同了，观众就会弄不清，为什么人物会从一个地方突然跳到另一个地方。因此在这一类镜头连接的时候，要加入过渡的画面，使动作和环境的变化顺理成章。

6. 方向、位置对应

运用场景连接时还应注意场景变化要与主体的动态表现相配合，使动作、位置、方向等因素在场景的变化中保持连续性和对应性。

（1）画面要保持正确的方向感。为了保持动作与场景变化的连贯和匹配，必须使被摄体的运动方向在画面转换中保持一致。例如，拍摄画面中人物的移动时，前一个镜头是从左向右行进的，后一个镜头就不能和该人物从右向左行进的画面连接在一起。如果出现这种剪接上的错误，观众就会产生误会，以为人物改变了方向，又往回走了，结果造成视觉上的混乱。因此在拍摄和编辑这类移动或对话等方向性强的画面时，必须遵守"轴线规律"。

（2）注意被摄体的画面位置。在一连串镜头中保持被摄体在画面中的位置对于剪接的连贯性也是至关重要的。当镜头改变时，如果被摄体看上去从画面的一个位置突然跑到另一个位置，例如，前一个镜头表现一个人位于画面中央正转身向右移动，在下一个镜头中他却位于画面的左边，观众的视线就会产生跳跃，感到不真实。当人物的位置、场景有所变化时，可利用动作的转换，或利用空镜头、特写等方式使环境过渡自然。

12.3.3　镜头运动连接法

1. 动接动

动接动是利用含有动态因素的镜头互相连接，"动"是指画面含有动态的因素，视觉上有明显动感的镜头。除了利用画面主体本身的动态连接外，在很多情况下，画面动感是由运动拍摄的方式所造成的，因此，动接动还包括：

（1）运动镜头与动态主体连接。用运动拍摄的方式跟随表现动态的主体，可以是同一主体在不同范围内活动的连续构成方式，也可以是分别表现不同主体动态的对列构成方式。

（2）运动镜头与静态主体连接。在运动拍摄方式下，静态主体同样具有明显的"动感"，例如，使固定的背景变静为动，就像带动视线浏览巡视不同的景物。

（3）固定镜头与动态主体连接。拍摄位置固定，主体处于动态过程中，这种连接方式有利于集中表现特定场景下主体的动态，视觉动感明显。

（4）运动镜头的互相连接。在镜头运动过程中直接转换，例如，摇接摇，变焦接变焦等，可以保持连贯流畅的运动效果和视觉效果。连接时对内容大致相同、节奏相近的画面，可以在上下镜头运动速度大体一致的过程中转换，而不必等到运动状态停顿后才剪接，也就是说画面可以不保留起幅与落幅，但应保持运动速度、方向的大体一致。在表现一些静态的场景时常运用这种方式，以增加一种外在的动感。

总体来说，动接动是利用造成视觉动感的因素来组接镜头，它通过同一主体或不同主体自身动态或静态的因素和外部的镜头运动因素构成不同的组合形式，这些方式产生的综合运动，其画面效果都是"动"，都能造成流畅的视觉效果。

2. 静接静

静接静是指视觉上没有明显动感的镜头的互相连接，"静"包括画面内主体状态的静和镜头运动的静止状态。一般来说，电视画面所表现的主体较少出现绝对静止的状态，静接静通常是指视点不变的固定镜头的互相连接，这是一种十分灵活方便的剪接方式。但在选择剪接点时，同样要考虑画面中的动态因素，尤其是运用连续构成句型或主体动作幅度较大时，要特别注意建立主体动态的连贯性。例如，当一个主体处于运动状态的镜头与一个静态镜头连接时，要选择在运动开始之前或运动停止的时刻来转换；当动作幅度较大时，可选择速度变慢或主体位置不明显、景别较远时转换，以缓和速度的突然变化，保持镜头内外节奏的平稳。

静接静有时是指一种特殊的动态连接方式，例如，运动镜头的互相连接，前一个镜头可在运动停止后，即落幅停稳后，再与下一个运动镜头的静止起幅相接。如果将运动镜头与固定镜头连接，同样需要在落幅停稳后连接，使动静变化能平稳过渡，带来十分完整的镜头感。

动接动、静接静是镜头连接最基本的方式，这种连接方式能带来和谐自然的视觉感受，在画面编辑时大量运用。而动接静、静接动在镜头转换中则较少出现，因为动静的明显变化往往造成强烈的视觉和心理冲击，是用于突出画面的对比节奏，强调剧情突变效果时才采用的组接方式。

12.3.4 相似形象连接法

在画面转换时，利用两组镜头中具有相似或相同特点的主体形象作为转换点，能加强前后镜头或场景之间的联系，加深观众对画面含义的领会，达到视觉连续、意义连贯的目的。例如，在河边视察水源的现场，镜头推至取水样的容器，下一个镜头从另一个容器的特写拉出，场景已转换到实验室内，过渡变得十分自然顺畅。

在影视节目中，这种连接方式经常运用，各种相似之处包括人与人之间、人与物之间、物与物之间的形状、形态、色彩、动作、位置等许多方面，如杯中的水滴接到游泳池，转动的篮球接到摇晃的脑袋，在书写的钢笔笔尖接到芭蕾舞旋转的脚尖等等。有时在一些节目中，采用这种连接方式人为的痕迹过于明显，注意不要牵强附会，要根据剧情的安排巧妙地寻找那些能建立起联系的因素并加以利用，才能有效地增加镜头连接的表现力。

12.3.5　思维连接法

这是一种蒙太奇的表现技巧，运用对列表现的方式、修辞的手法连接镜头，使上下镜头或段落建立一种内在的联系，观众必须通过思考、联想、判断等心理活动来领会理解，所表达的意思超出了原来镜头内容的单纯含义，寓意深刻。例如，用漫山遍野的红杜鹃接严寒的冬季，象征革命烈火即将燎原；用快要熄灭的红烛接病危的教师，隐喻点燃自己照亮他人的奉献精神；用大桥飞架接昔日的百里十渡，对比衬托交通建设的巨大变化；用沉思的目光接一段往事的叙述，表示回忆的心理等等。

思维连接法必须建立在人们对事物的认识和观察的心理规律上，符合由表及里、由浅入深的思维逻辑，才能为观众理解和接受。

12.3.6　视线连接法

当前面的镜头表现的是观看、拍照、瞄准等一类与视线有关的内容时，紧接的画面就会被理解为是视线的目标，即看见的东西、拍摄的对象、瞄准的靶子等。例如，上一个镜头表现人物推开房门朝里看，那么下一个镜头就表示他看到的房间内的情景。这种连接方式在视觉的作用下，依靠人的思维直接产生联想，将上下镜头联系起来，使表达的内容直观，容易掌握和理解，同时使镜头表现下的视线空间范围得以充分展示。

利用视线连接的画面既可以是眼前现实的情景，也可以通过"看"的动作和神态表情，利用画面中人物观看角度的主观镜头，与不同时空下的人、事、物、景连接起来，建立广泛的联系，表达人物内心丰富的思想情绪，达到视觉上和心理上的连续性，从而产生一种随同观看和感同身受的参与感，因此也属于一种心理上、意念上的连接方式。能把思想化为可视的图像，使心理活动形象化。

运用视线连接法必须注意保持方向对应性和意义上的连贯，如果出现互不关联的目标或场景，会使人莫名其妙，失去完整的感觉。

12.3.7　声音连接法

声音语言具有更强的逻辑性和语义连贯性，因此在镜头转换和节目整体中发挥着重要的连接作用。在新闻报道和一些纪录片节目中，报道词把各个看似零散的镜头组织串联成一个整体，尤其是当动作和情节表现较少，画面本身的连续性并不明显时，主要依靠声音语言起连贯的作用。在各种声音要素中，语言、音乐和音响同样具有连续画面、转场、增强空间感、抒情表意的作用。

声音连接法通常体现在同期声、前延声和后延声的运用上。

运用同期声，声画内容同时出现，声音的连接伴随画面转换同步进行，声画关系真实一致。例如，在同一场景下表现人物的对话，随着说话对象的改变直接转换画面。这种方式剪接方便，但有时会使人感到转换突然。

前延声可以作为画面转换的动机，起预示的作用，可谓先声夺人，它让观众对下一个镜头将出现的内容产生心理预感和期望，对随之出现的画面就感到顺理成章，转换得自然合理。

后延声起延伸画面内涵的作用，把声音的连续发展作为纽带，从同期声延续到后面的镜头，可以连接同一场景下的不同主体或不同时空下的主体，构成更丰富的对列关系。

利用音乐或音响连接不同的场景或片断，还可以通过将音量逐渐加大或减弱的方式来引导画面的过渡，也会收到连贯自然的转折效果。

12.3.8　常用的蒙太奇表现手法

1. 叫板蒙太奇

借用京剧中叫板的形式，即利用上一段戏的最后一句台词，引入下一段戏，如最后一句唱到谁，谁就接着出场。电影中的叫板蒙太奇常用于转场，也是一种声音连接的方式，具有上下呼应、节奏明快、通俗易懂的特点。它利用语言的相互呼应巧妙地连接画面，转换场景，如说到谁，谁就出现，讲到什么事情，就出现相应的画面内容，声画关系十分密切。在影视剧中，这种方式被大量运用，如电视剧《还珠格格》中小燕子独闯围场的一段戏，紫薇和金锁在柳青家中正为小燕子的安危担忧，说："小燕子现在在哪里？"紧接着画面就出现小燕子在围场受了伤，中箭倒地的情形，两段戏就巧妙自然地连接起来了。

2. 错觉蒙太奇

又称反叫板蒙太奇。它利用两段镜头之间某种呼应关系故意使观众产生错觉，以为下一步将出现什么意料之中的事，但剧情的发展却偏偏出乎意料，能产生悬念，加深印象。如两队人马在河边打斗，一触即发，镜头推向人物胸前的特写，接着镜头再从类似的特写拉开，果然是一场激烈的较量，但仔细一看，场景已转换到武术馆中的练习了。这是一种利用视觉错觉的转场，段落过渡几乎不留痕迹，带来流畅的视觉连续感。

3. 平行交叉蒙太奇

把同一时间、不同空间位置里事件发展的几条线索通过镜头、句子或段落的并列组接，平行发展，互相衬托，共同构成情节。例如，将世界各地人们迎接新世纪日出的画面组织在一起，有利于表现同一主题中的不同方面以及人们的不同反应，或同一事件中不同线索发展的相互联系，加强深化镜头组织的内在含义，强调时间的同一性和情节的统一性；或者是几条线索既平行发展，又交替出现，形成对比呼应关系，展示悬念和矛盾的冲突，既表现严格的同时性，又强调密切的逻辑关系，而线索的交替出现越频繁，就越能造成紧张的戏剧效果，把情节引向高潮。

第一次运用平行交叉蒙太奇的是美国的导演格里菲斯，他在电影《党同伐异》里用两条线索展开叙述：一位无辜的工人被押赴刑场处死；他的妻子坐在汽车里正以飞快的速度追赶一列火车，因为唯一能下令停止行刑的州长正在火车上。两条线索反复交替出现，一面是工人一步步走向绞架，另一面是汽车越来越靠近火车。切换越来越快，气氛越来越紧张，当绞索被套上工人脖子的千钧一发的时刻，他的妻子拿着州长的赦免令及时赶到了。这种剪辑手法后来被称为"格里菲斯的最后一分钟营救手法"，此后一直被广泛应用。

平行交叉蒙太奇也可以表现同一空间内几条线索的平行发展，交替出现，例如，围绕同一事情，依次表现或交替出现不同人物的不同情绪反应，由此形成鲜明的对比关系。

4. 积累蒙太奇

在叙述过程中通过一系列镜头的组接，不断积累观众的情绪并逐步达到高潮。通常是利用同类镜头的并列、句型的发展、反复交替的对列表现、加快节奏等方式来引导观众的注意力，并利用音乐、音响的配合来营造某种特定的气氛，调动观众情绪跟随情节的发展而起伏，往往能将那种一触即发的场面渲染得紧张激烈，扣人心弦。

5. 联想蒙太奇

根据人们思维认识的逻辑关系把不同内容的镜头组接在一起，通过镜头的对列产生一种新的含义，寓意深刻，观众必须调动想象力加以理解。通常运用对比、隐喻、象征、抒情等修辞手段，以具体可视的画面形象和声音语言表达含蓄的意境或抽象的概念，为观众提供想象的余地，表达出比画面表象更丰富的内涵和更深层的意义。在普多夫金的一个电影里，把俄国士兵在战场上死去的镜头和表现股票交易所里股票价格飞涨的镜头交替切换，暗示资本家利用战争牟取暴利。这个含义在单个镜头内并不存在，而它正是导演意图让观众通过联想得出的结论。

联想的剪辑手法多种多样，要注意寻找合理的想象依据，选择的画面应做到既自然贴切又耐人寻味，避免公式化的、牵强附会的痕迹。例如，有一个电影，表现凶手在暗影下正一步步走近房间内正在弹钢琴的女主角，镜头交替出现，突然，琴声中断……虽然没有直接交代结果，但是极富想象的空间，这种间接含蓄的手法能使人产生自然合理的联想，不落俗套。有一则电视广告描写一位老人手提着鸟笼，过马路时违规翻越护栏，汽车的急刹车后，接一个向上摇的镜头，一只小鸟正飞向天空……以此提示人们注意交通安全，意味深长。

6. 心理蒙太奇

通过剪接，将人物的心理活动如思考、回忆、判断、分析等形象化地表现出来，使本来看不见的心理活动过程视觉化，这是电影常用的表现手法。例如，在一段叙述中穿插一些回忆的片断，或插入人物推理分析的片断，这些片断在叙述的现实场景中并不存在，或者时过境迁已经看不到，但它存在于人物的内心世界，插入的剪接带有明显的主观色彩，对原有情节的叙述是一种打断，但在情绪上却是前后统一的。

7. 理性蒙太奇

镜头的组接是非叙事性的，往往注入哲理，以引导人们对某一问题或事件作理性思考为目的。爱森斯坦认为，理性蒙太奇的实质在于力图驾驭思想，"不仅是感性形象可以直接展现在银幕上，抽象概念、按照逻辑表达的论题和理性现象也可以化为银幕形象"（《爱森斯坦选集》第一卷，第417页）。电影常以对比、象征、隐喻等视觉修辞手法形象地体现某种深刻的含义或哲理，是一种高度的思想概括和生活提炼。《话说运河》在追思古运河的同时，把视角对准今天运河两岸人们的生活以及污染、断流等现状。通过对比，引导人们深刻地思考，关注运河今天和明天的命运，使节目更具思想深度。

蒙太奇的形式多种多样，除了通过镜头或句子、段落组接所产生的蒙太奇效果外，还有利用镜头内部运动形成的画面对象之间对列关系的内部蒙太奇、利用声画对列关系产生的声画蒙太奇等。

蒙太奇的分类依据不同，分类方法也各有侧重。

巴拉兹按照蒙太奇表达的意念，把它分为思维蒙太奇、隐喻蒙太奇、诗意蒙太奇、寓意蒙太奇、理性蒙太奇、节奏蒙太奇、形态蒙太奇、主观蒙太奇等。

爱森斯坦按照蒙太奇的发展阶段，把它分为长度蒙太奇、节奏蒙太奇、音调蒙太奇、谐调蒙太奇、理性蒙太奇等，体现了蒙太奇由浅入深的发展。

马尔丹按照蒙太奇对内容的叙述和表现形式，把它分为叙述蒙太奇和表现蒙太奇。

叙述蒙太奇以不同景别、不同角度的镜头来叙述动作、事件的外部形态，着重于建立主体运动的连续性，反映事件发展过程和事物之间的有机联系。它"是蒙太奇最简单、最直接的表现，是意味着将许多镜头按逻辑或时间顺序分段撮集在一起，这些镜头中的每个镜头自身都会有一种事态性内容，其作用是从戏剧角度和心理角度（观众对剧情的理解）去推动剧情的发展"。（马赛尔·马尔丹：《电影语言》，中国电影出版社 1980 年版，第 108 页。）

表现蒙太奇（也称对列蒙太奇）不以叙事为目的，不强调以事件发展顺序为依据，而是通过不同内容镜头的对列，产生隐喻、象征等含义，表现更为丰富的画面外延含义，以期加强情绪感染、引发心理联想和深刻的理性思考，是一种表情达意的艺术创作方法。

本章小结

编辑是电视节目后期制作中的重要环节。本章概述了电视节目编辑的特点、任务、要求和原则，并从技术基础、编辑理论和编辑技巧等方面介绍了电视节目编辑的基本知识。科技发展尤其是数字技术的广泛运用为编辑工作提供了丰富的创造性发挥的空间，了解编辑技术的基本发展历程，掌握基本的编辑知识，是电视编辑的必要前提，而蒙太奇等电影理论及其丰富的表现手法和技巧则为电视编辑提供了重要依据。

复习思考题

1. 考察现阶段电视编辑技术的发展状况和节目状况。

2. 了解磁带编辑系统和非线性编辑系统的区别和各自的特点与作用。

3. 按照节目结构要求和节奏要求准确选择镜头剪接点，熟练运用编辑技术，把握视频信号、音频信号、字幕等各类信号源的编辑方式，准确、流畅、自然、通顺地编辑完整的电视节目。

4. 通过实例分析，认识蒙太奇的作用及其运用的意义和效果。将蒙太奇表现手法应用到节目创作中，提高电视语言运用的综合能力。

5. 如何理解长镜头摄影和蒙太奇理论的分歧？

参考文献

1. ［美］赫伯特·泽特尔. 电视节目制作手册. 张一心，姜绍禹译. 北京：中国水利水电出版社，1998.

2. 李子先. 电视摄制学. 广州：广东高等教育出版社，1990.

3. 陈思善. 电视节目制作基础. 上海：复旦大学出版社，1993.

4. 李思维，咸彦平. 电视摄像技术. 北京：电子工业出版社，1994.

5. ［美］安德鲁·博伊德等. 欧美广播电视高级教程. 北京：新华出版社，2000.

6. 钟大年，王桂华. 电视片编辑艺术. 北京：北京广播学院出版社，1993.

7. 许作民. 电视节目制作手册. 北京：中国广播电视出版社，1990.

8. 徐国光. 电视节目制作. 北京：中国广播电视出版社，1991.

9. 孟群. 电视节目制作技术. 北京：中国广播电视出版社，1991.

10. 王世荣，谢贺添. 电视采编设备原理与使用. 北京：中国广播电视出版社，1998.

11. ［美］赫伯特·泽特尔. 电视制作基础. 陈犀禾译. 上海：复旦大学出版社，1998.

12. 刘日宇，杨士颖. 电视现场制作. 上海：复旦大学出版社，1998.

13. 马棣麟. 摄影艺术构图. 上海：复旦大学出版社，1995.

14. 杜都等. 图解家用摄像机实用技巧. 北京：人民邮电出版社，1996.

15. ［美］光伦·沃秉尔. 电视制作大全. 林作坚等译. 北京：中国电影出版社，1993.

16. 张琦等. 电视节目制作技术手册. 北京：北京广播学院出版社，1990.

第四版后记

　　《电视节目制作》自 2001 年出版以来，分别于 2004 年、2008 年出版了第二版和第三版，重印 12 次，发行 4.5 万册。作为一本专业性较强的书籍，在"出书的人比看书的人多"的今天，能够取得如此的发行量，实在是要感谢一直支持本书的读者！你们的支持令我们有勇气继续前行耕耘。

　　我们身处的是历史长河中高速发展的社会阶段。电视作为社会的主流媒体，承载着信息沟通交流的重任，其观念的变革、技术的更新速度，是以往任何一个时期都不能比拟的。正是在这种背景下，我们觉得有必要对本书进行再一次的修订。

　　这一版的修订仍然保持了前三版的主要特点，注重基础知识和实际运用相结合。全书在整体结构和纲要基本不变的基础上，增加了近年来快速普及的高清技术和设备介绍，进一步删减了逐步被淘汰的模拟设备介绍。同时，对前三版中出现的一些错误和疏漏作了进一步修改和完善。本书既可以作为高等院校相关专业的教材，也可作为电视工作者及希望了解电视工作的广大社会读者的参考书。

　　本书写作分工如下：第一章第三、四节，第二章第一至五节，第六章，第七章，第八章，第九章第一至五节，第十章由谢毅编写；第一章第一、二、五、六节，第三章，第四章，第五章，第十一章，第十二章由张印平编写；第二章第六、七节，第九章第六节由鲁婷编写。

　　在编写过程中，我们参阅和应用了大量相关论著和资料，部分已在参考文献中列出，在此对所有这些论著和资料的知名和不知名的作者一并表示诚挚的感谢！

　　鉴于电视事业的高速发展和作者水平、时间所限，此次修订可能仍然存在许多疏漏、不周甚至错误之处，在此，我们诚恳地希望读者提出宝贵意见，以使之不断完善。

作者

2013 年 5 月